유한계급론

소스타인 베블런

Thorstein Bunde Veblen

현대지성 클래식 24

유한계급론

The Theory of the Leisure Class

소스타인 베블런 | 이종인 옮김

현대
지성

차례

저자 서문　**8**

제1장　서장　**11**

제2장　금전적 경쟁　**31**

제3장　과시적 여가　**44**

제4장　과시적 소비　**76**

제5장　금전적 생활수준　**108**

제6장　금전이 좌우하는 취향의 기준　**120**

제7장　금전 문화를 표현하는 의복　**166**

제8장　노동 면제와 보수주의　**186**

제9장　태곳적 특징의 보존　**208**

제10장　현대 사회에서 발견되는 용맹성의 흔적　**239**

제11장　행운에 대한 믿음　**266**

제12장　독실한 종교 예식　**282**

제13장　비-차별적 이해관계의 잔존물　**317**

제14장　금전 문화를 표현하는 고등교육　**345**

저자 연보　**378**

해제　**384**

저자 서문

이 책의 목적은 유한계급이 현대 생활에서 하나의 경제적 요인으로서 어떤 가치를 가지고 있고 또 어떤 지위를 누리는지 알아보려는 것이다. 그러나 이 책의 논의 범위를 그와 같은 한계 안에다 엄격하게 국한시키는 것은 현실적으로 어려운 일이다. 유한계급이라는 제도의 기원과 발전 상황, 그 사회적 생활의 특징도 함께 논의될 것인데, 이런 것들은 일반적으로 경제학의 범위로 분류되지 않는 까닭이다.

논의가 어떤 지점에 이르면 우리의 논의는 지금껏 친숙하지 않은 경제 이론이나 문화인류학적 원론을 다루게 될 것이다. 따라서 논의의 초점이 애매모호해지는 것을 사전에 예방하기 위하여 다음에 이어지는 서장에서는 이러한 이론적 전제의 성격을 충분히 규정해 놓을 생각이다. 좀 더 명확한 이론적 설명은 "노동자 본능과 노동의 곤란한 점", "소유권의 시작", "여성의 야만적 지위" 등 『미국 사회학 저널』 제5권에 수록된 일련의 논문들에 제시되어 있다. 그러나 우리의 논의는 이런 새로운 총론에만 머물지 않는다. 다시 말해, 이런 총론이라고 하더라도 구체적인 경제 이론의 가치가 있는 사안으로 기술되어 있는 것이다. 그리하여 독자가 보기에 그 총론이 권위 있는 데이터의 뒷받침을 받지 못한다는 느낌이 들지는 않을 것이다.

부분적으로 논의의 편의를 위하여 또 어떤 경제적 현상에 대한 오해의 가능성을 미리 불식시킨다는 의미에서, 총론을 구체적으로 설명하는 데 필요한 데이터는 일상생활 중의 사례들로부터 가져왔다. 그 사례들은 아주 추상적인 학술 자료들이 아니라 내가 직접 목격했거나 여러 사람들에게 널리 알려져 있는 것들을 주로 선택했다. 이런 일상생활의 사례들을 예시한 것에 대하여 독자는 자신의 문학적 혹은 과학적 안목을 무시당했다고 생각하지 말기 바란다. 또 독자는 대중적인 현상을 아주 냉정하고 자유롭게 분석한 것에 대해서도 너그럽게 양해해 주기 바란다. 이런 현상은 우리의 일상생활 중에 너무나 친숙하게 자리 잡고 있어서 다들 경제적 논의의 대상이 되지 않는다고 생각할 수 있는데 실은 그렇지가 않은 것이다.

일상생활 중의 비근한 사례들 이외에 추상적 자료들로부터 가져온 전제나 뒷받침 증거, 그리고 문화인류학에서 가져온 이론이나 추론 등도 잘 알려진 친숙한 것들이어서, 박식한 독자들이라면 그 출처를 금방 알아볼 것이라고 생각한다. 이 책은 출처와 전거를 일일이 제시해야 하는 학술적 관례를 따르지 않았다. 마찬가지로 책 속에서 예시를 위해 사용된 일부 인용문들은 일반적으로 잘 알려진 것이어서, 인용 근거를 제시하지 않더라도 금방 알아볼 수 있는 것들이다.

제 1 장

서장

유한계급[1]이라는 제도는 야만적 문화의 후기 단계에 이르러 가장 잘 발달이 되었다. 예를 들어, 중세 유럽이나 중세 일본이 좋은 사례이다. 이런 사회에서는 계급간의 구분이 아주 엄격하게 준수되었다. 이런 계급 구분에서 경제적으로 가장 눈에 띄는 유의미한 특징은, 각각의 계급이 담당하는 일을 아주 엄격하게 구분한다는 것이다. 상류 계급은 관례에 의하여 생산 업무로부터 면제되거나 제외되며, 그 대신에 상당한 명예가 따르는 일을 하게 된다. 중세 사회의 명예로운 일들 중에서 으뜸을 든다면 전쟁에 나가는 전사戰士이고, 그 다음은 종교 업무에 종사하는 사제직이다. 만약 야만 사회가 전쟁을 주로 하지 않는 사회라면 사제직이 유한계급 업무의 으뜸이 되고 전사는 그 다음이 될 것이다. 그러나 전사든 사제든 상류계급은 생산직에 종사하지 않으며 이러한 노동 면제는 그들의 우월한 지위를 경제적으로 표현해주는 것이다. 야만사회에서

---

1 유한계급有閑階級: 생산 활동에 종사하지 않으면서 소유한 재산으로 소비만 하는 계층.

이러한 일반 원칙은 거의 예외 없이 유지된다. 브라만이 사회 계급의 꼭 짓점에 있던 인도는 이 두 계급이 완전히 생산 노동으로부터 제외되어 있었다.

야만적 문화의 후기 단계에 도달한 사회에서는, 폭넓게 말해서 유한 계급이라고 불리는 계급 내에 상당히 분화된 하위 계급들이 있었다. 유한계급이라 하면 전반적으로 보아 귀족과 사제 계급, 그리고 그들의 수행원 상당수를 의미했다. 따라서 이 계급의 직업도 분화되어 있었다. 하지만 그들은 생산직에 종사하지 않는다는 점에서는 동일했다. 생산직에 종사하지 않는 상류 계급의 직업은 대체로 말해서 통치(정부 관리), 전쟁(전사), 종교적 예배(사제), 스포츠(사냥) 등이었다.

야만문화의 초기 단계와 업무의 분화

야만 문화의 초기 단계에서(하지만 첫 시작 단계를 말하는 것은 아니다), 유한계급은 덜 분화된 형태로 존재했다. 계급 구분도 직업상의 구분도 세밀하거나 복잡하지 않았다. 폴리네시아 섬 주민들은 이런 발전 단계를 잘 보여준다. 그러나 그 섬에는 커다란 사냥감 짐승들이 없었으므로, 사냥은 그들의 일상생활에서 명예로운 일의 지위를 누리지 못했다. 사가 Saga(중세의 북유럽 영웅 전설)가 만들어지던 아이슬란드 사회도 그런 사례이다. 그러나 이런 사회에서 계급 간 구분은 엄격했으며 각 계급이 담당하는 업무의 구분도 철저했다. 육체 노동, 생산직, 생계를 위한 일상생활 중의 일과 직접적으로 관련 있는 일 등은 전적으로 하층 계급이 담당하는 것이었다. 이 하층 계급은 노예, 하인, 그리고 모든 여성을 포함했다. 귀족제가 발달되어 있다면 높은 신분의 여성들은 생산 업무에 종사하지 않거나 적어도 각종 육체 노동은 하지 않았다. 상류 계급의 남자들은 생산직에 종사하지 않을 뿐만 아니라 사회 관습상 그런 일을 하는 것이 금지되었다. 그들이 할 수 있는 일은 엄격하게 규정되어 있었다. 이미 앞에서 언급한 바와 같이 그런 일은 통치, 전쟁, 종교적 예배, 스포츠 등이었다.

이 4대 활동이 상류 계급 남자들의 주된 일상생활 중 행위였고 아주 신분 높은 사람들 — 가령 왕이나 족장 — 은 사회적 상식과 관습에 비추어 오로지 이 활동만 해야 되었다. 이런 생활양식이 완전하게 정착된 사회에서, 최고위층에 속한 인사는 스포츠 행위를 하는 것이 다소 의심스럽게 여겨졌다. 유한계급의 하층부를 차지하는 사람들은 다른 일도 할 수 있었지만, 그 다른 일이라는 것은 결국 4대 행위에서 부수되거나 파생되는 일들이었다. 구체적인 예를 들어 보자면, 무기와 의복의 제작과 유지, 전쟁용 카누의 제작, 말·개·매의 훈련, 종교 행사에 필요한 도구의 준비 등이었다. 하층 계급의 사람들은 이런 부차적 업무에서도 배제되었다. 그들은 주로 생산직 일을 했고, 때때로 4대 행위와는 아주 희미하게 관련이 있는 생산 업무에 종사했다.

우리가 이런 후대 야만 문화보다 훨씬 이른 시기의 야만 단계를 살펴본다면, 거기에는 잘 발달된 유한계급이 없다는 것을 발견한다. 그러나 이 초창기 단계에서도 이미 유한계급이 생겨날 만한 관례, 동기, 상황 등이 존재하여 그 배아적胚芽的 상태의 성장 단계를 보여준다. 전세계적으로 널리 퍼져 있는 유목-수렵 부족들은 이런 업무 분화分化의 원시적 단계를 잘 보여준다. 이와 관련하여 북 아메리카의 수렵 부족들은 그 어느 부족이 되었든 좋은 사례가 된다. 이 부족들은 잘 규정된 유한계급 같은 것은 없었다. 하지만 기능의 구분은 있었고, 그 구분을 바탕으로 한 계급의 구분은 있었다. 하지만 상위 계급이 아주 완벽하게 생산 노동에서 면제가 된 것은 아니어서 "유한계급"이라는 용어는 적용하기가 어렵다. 이런 유목 부족들의 경제적 수준에서, 경제활동의 분화는 결국 남녀 간의 활동 구분 정도였고, 그러한 구분은 차별적 성격을 갖고 있었다. 이런 유목 부족 사회에서 여자들은 사회적 규범에 의하여 결국 생산직 업무로 발전되는 일만 했다. 반면에 남자들은 이런 천한 일로부터 면제되어 전쟁, 사냥, 스포츠, 종교 의식 등의 일만 했다. 이렇게 볼 때 남녀 간에는 아주 명확하게 일이 구분되어 있었다.

이러한 노동의 분업은 후대 야만 문화에서 등장하게 되는 노동 계급과 유한계급의 구분과 정확하게 일치하는 것이다. 일의 다양화와 특수화가 진행되면서, 남녀라는 구분의 경계선이 결국 생산직과 비생산직의 구분이 되었다. 초창기 야만 단계에서 남자들이 했던 일은, 후대에 들어와 생산직이 생겨나는 모태가 되지 않았다. 남자들의 일은 나중 단계에 들어와 비생산적인 일, 가령 전쟁, 정치, 스포츠, 학문, 제사 등의 일로 발전했다. 이에 대한 예외가 있다면 어업漁業과, 위에 말한 4대 행위의 부수적 일들, 가령 무기, 종교적 도구, 스포츠 용품 등의 제작이 있을 뿐이다. 따라서 모든 생산적 업무는 사실상 원시 야만 공동체에서 여자들의 일이 발전된 형태이다.

초창기 야만 문화에서 남자들의 일은 여자들의 그것 못지않게 공동체의 생존에 필수적인 것이었다. 남자들의 일은 식량 조달과 기타 생필품 마련이 주된 일이었다. 실제로 이런 "생산적" 특징이 너무나 현저하여, 전통적인 경제학 책들은 사냥을 원시적 산업의 한 가지 유형으로 취급한다. 하지만 야만인들은 이 문제를 그런 식으로 인식하지 않았다. 그 야만인 남자의 눈으로 볼 때, 그는 노동자가 아니며 따라서 여자와 함께 분류되어서는 안 되는 것이었다. 또한 그의 일이 여자들의 천한 일, 노동, 생산업 등과 같은 것으로 분류되어 남녀의 일이 혼동될 정도라고 여기지도 않았다. 모든 야만 사회에서는 남자의 일과 여자의 일 사이에 엄격한 구분이 있었다. 남자의 일이 공동체의 존속에 기여하기는 하지만, 그 탁월함이나 효율성에 있어서 여자들의 사소하면서도 지루한 일과는 비교의 대상이 되지 않는다고 생각했다.

원시 문화의 더 앞선 시기로 거슬러 올라가면 – 가령 아주 야만적인 부족들 – 일의 분화는 그리 정교하지 않으며, 계급이나 일의 차별적 구분은 그리 일관된 것도 아니고 또 엄격하지도 않았다. 그러나 남녀 간이나 계급간의 구분이 거의 없는 완벽한 원시 야만 문화는 찾아보기가 어렵다. "원시 야만"이라고 규정되는 집단들조차도 좀 더 발전된 문화적 단계로부터 그리 멀리 떨어진 것 같지 않기 때문이다. 그러나 이런 원시적 야만의 특징을 다소 충실하게 보여주는 몇몇 집단들 – 이런 집단 중 몇몇은 퇴행의 결과로 그렇게 된 것이 아니다 – 이 있다. 이 집단의 문화는 유한계급이 없다는 점과, 그 계급을 만들어 내는 공격적이거나 차별적인 마음이 없다는 점에서 다른 야만 사회와는 구분된다.

그러나 경제적 위계질서가 없는 이런 원시 야만의 공동체는 인류 분포에서 거의 무시할 만한 정도이다. 이런 문화 단계를 보여주는 좋은 사례는 인도의 안다만 부족이나 닐기리 산간山間 지대의 토다 족이 있다. 이 인도 부족들은 유럽인들과 최초로 접촉하던 당시에 유한계급이 없는 사회적 특징을 보여주었다. 또다른 사례로는 예조의 아이누 족이나, 다소 의심스럽기는 하지만 몇몇 부시맨이나 에스키모 집단이 있다. 몇몇 푸에블로 공동체도 같은 범주에 넣어볼 수 있다. 이런 공동체들은 모두 다 그렇다고 할 수는 없지만 그 중 대부분이 처음부터 계급 구분이 없었던 사회가 그대로 이어져 온 것이라기보다, 발달된 야만 상태로부터 원시 상태로 퇴화된 경우라고 보아야 한다. 따라서 이들 공동체는 예외적이기는 하지만 그래도 "원시적" 주민들의 일부로 볼 수 있다.

유한계급이 없는 공동체

이렇다 할 유한계급이 없는 이들 공동체는 사회적 구조와 생활 방식에서는 유한계급이 있는 공동체와 서로 닮아 있다. 그 공동체는 소규모 집단이지만 단순한(원시적) 구조를 갖고 있다. 그 사회는 대체로 평화롭고 정주적定住的이다. 그들은 가난한 사람들이었고 개인의 소유권이 경제 제도의 주된 특징으로 확립되지도 않았다. 그렇다고 해서 이 집단이 기존 공동체의 가장 작은 단위라는 얘기는 아니고, 또 그들의 사회 구조가 모든 면에서 전혀 분화되지 않았다는 뜻도 아니다. 이 공동체는 가장 평화로운 ─ 아주 특징적으로 평화로운 ─ 원시적 집단의 사람들을 포함한다는 점을 주목해야 한다. 실제로 이 공동체들에게 공통되는 가장 주목할 만한 특징은 그 구성원들이 폭력이나 기만에 직면했을 때에도 온순하면서도 비효율적으로 대응한다는 것이다.

(폭력과 기만의 원어는 force and fraud이다. 폭력은 우리가 흔히 알고 있는 불법적 폭력violence과는 구분되는 것으로서, 개인의 신체적 힘이나 집단의 무력을 가리킨다. 기만은 우월한 입장에 있는 개인이나 집단이 상대방을 속여서 그의 재물이나 사람을 약탈해 오는 것을 말한다. 저자는 유한계급의 약탈적 기질과 관련하여 이 두 특징을 가장 중요하게 본다 : 옮긴이).

아직 발전이 안 된 낮은 단계에 있는 공동체의 관습이나 문화는 다음과 같은 특징을 보여준다. 즉, 유한계급의 제도는 원시 사회 단계에서 야만 사회 단계로 이행하는 과정에서 서서히 발전해 온 것이다. 다시 말해, 평화로운 생활 습관에서 지속적인 전쟁의 습관으로 이행하는 과정에서 생겨난 것이다. 지속적인 형태의 유한계급이 생겨나기 위해서는 다음 두 가지 조건이 필수적이다.

[1] 그 공동체는 약탈적 생활 습관을 갖고 있어야 한다. 약탈적 행위는 전쟁, 커다란 짐승의 사냥 혹은 두 가지 모두를 가리킨다. 이 경우 배아기 상태의 유한계급을 구성하는 사람들은 무력이나 전략으로 상대방에게 피해를 입히는 일에 익숙해져야 한다.

[2] 생필품의 획득이 비교적 용이해져서 그 공동체의 상당수 구성원들이 지속적이고 반복적인 노동으로부터 면제될 정도가 되어야 한다.

유한계급은 아주 이른 시기에 여러 가지 일들을 서로 구분하는 것으로부터 생겨난 것인데 이로 인해 어떤 일은 가치 있는 것으로 여겨졌지만 다른 것들은 그렇지 못했다. 이런 오래전의 구분에 의하면, 가치 있는 일은 약탈로 분류될 수 있는 일을 가리키는 것이었다. 반면에 가치 없는 일은 높이 평가되는 약탈의 요소가 전혀 없는 일상적인 일을 가리켰다.

이러한 구분은 현대의 산업 공동체에서는 그다지 뚜렷한 의미를 갖지 못했고, 그래서 경제학자들은 그 구분을 별로 주목하지 않았다. 현대의 경제적 논의를 주도하는 상식의 관점에서 볼 때, 그것은 형식적이고 사소한 것으로 보일 뿐이다. 그러나 그것은 끈질기게 살아남아 현대 생활에서도 아주 일반적인 전제조건으로 위력을 발휘하고 있다. 가령 우리가 육체노동을 싫어하는 것이 그 구체적 사례이다. 그것은 어떤 개인의 우월함과 열등함을 구분해주는 요소이기도 하다. 문화의 초창기 단계에서, 개인의 신체적 힘이 사태에 즉각적이면서도 명백한 위력을 발휘할 때, 약탈의 요소는 일상생활 중에 더 큰 힘으로 간주된다. 이해관계는 상당 부분 그 개인적 힘에 집중되어 있다. 따라서 이를 바탕으로 한 구분은 오늘날의 구분보다는 훨씬 더 강제적이면서도 결정적인 것이었다. 따라서 사회가 계속 발전함에 있어서 그런 구분(개인적 힘의 있고 없음)은 실질적인 것이고 또 아주 타당하고 일관된 근거가 되었다.

사실들을 구분하는 밑바탕 근거는 그 사실들을 바라보는 관점이 바뀌면 그에 따라 같이 바뀌게 된다. 이런 주변 사실들은 당대의 이해관계가 집중되는 뚜렷하고 실질적인 근거가 된다. 그러나 이런 사실을 다른 각도에서 바라보고 또다른 목적으로 평가하는 사람들에게 이러한 사실 구분은 무의미하게 보인다. 그러나 다양한 목적과 활동 방향을 구분하고 분류하는 습관은 언제 어디에서나 반드시 힘을 얻게 되어 있다. 인생에 통용되는 이론이나 적절한 생활양식에 도달하기 위해서는 그런 습관이 필수적인 까닭이다.

인생의 사실들을 분류하는데 아주 중요한 기준으로 활용되는 어떤 특정한 관점이나 기준은 어떻게 힘을 얻게 되는 것일까?

그것은 사실들을 분류하는데 적용되는 이해관계가 어떤 것이냐에 달려 있다. 따라서 구분의 근거와 사실 분류의 통상적 절차는 문화가 성장하면서 발전적으로 변화하게 된다. 인생의 사실들을 이해하는 목적이 바뀌면 인생을 바라보는 관점 또한 바뀌는 것이다. 따라서 문화의 어떤 단계에서 어떤 사회 계급이나 활동이 뚜렷하고 결정적인 특징으로 여겨졌으나, 나중에 문화의 후대 단계에 이르면 그 계급이나 활동은 상대적 중요성을 유지하지 못하게 된다.

생산직과 비생산직의 구분

그러나 기준과 관점의 변화는 어디까지나 점진적 과정으로서, 과거 한 때 받아들여졌던 기준이나 관점이 통째로 폐기되거나 억압되는 일은 거의 없다. 현대에 들어와서도 생산직과 비생산직의 구분은 여전히 유효하다. 이런 현대적 구분은 야만 시대에 약탈하는 일(힘으로 빼앗는 일)과 천한 일을 서로 구분했던 것이 변용된 형태이다. 사람들의 머릿속에서, 전쟁, 정치, 공공 예배, 공공 축제 등의 일은 생활의 물질적 수단을 얻기 위해서 하는 노동과는 본질적으로 달랐다. 현대에 들어와 생산과 비생산을 구분하는 경계선은 초창기 야만 문화의 그것과는 같지 않지만, 그래도 생산을 기준점으로 하는 개괄적 구분은 여전히 통용된다.

오늘날에 통용되는 묵시적이면서도 상식적인 구분은 이런 것이다.

어떤 활동이 인간을 제외한 다른 물질 혹은 생물을 활용하여 뭔가 만들어 내는 게 궁극적인 목적이라면, 그것은 산업적(생산적) 활동으로 간주된다. 인간이 강제력(폭력)을 동원하여 인간을 활용하는 것은 산업적 기능으로 여겨지지 않는다. 그러나 인간 외부의 환경을 활용하여 인간의 생활을 향상시키려는 활동은 산업적 행위로 간주된다. 고전적 전통을 이어받아 수호하는 경제학자들은, 인간이 갖고 있는 "자연에 대한 힘"이 산업적 생산성의 특징적 요소라고 주장한다. 자연을 제압하는 이런 산업적 능력은 모든 동식물과 자연 환경을 통제하는 인간의 힘을 가리킨다. 이렇게 하여 인간과 자연의 야생 동식물 사이에 구분선이 그어지는 것이다.

그러나 다른 시대에, 다른 전제조건을 가진 인간들의 사회에서, 그들의 경계선은 우리가 오늘날 긋고 있는 그것과는 사뭇 달랐다. 원시 시대 혹은 야만 시대에, 그 경계선은 다른 장소에서 다른 방식으로 그어졌다.

야만 문화가 지배하던 모든 공동체에서는, 다음 두 가지 포괄적인 현상을 아주 분명하게 구분했다.

[1] 야만인 자신도 포함되어 있는 현상.

[2] 식량이 있는 현상.

다시 말해, 식량이 야만인과 그의 주변 환경을 갈라놓는 경계선이었다. 또한 경제적 현상과 비경제적 현상도 명확하게 구분했다. 그러나 이것은 현대적 의미의 구분은 아니었다. 현대에서는 인간과 동식물 및 자연환경 사이에 경계선을 긋고서 구분했지만, 야만시대에는 생명 있는 animate 사물인가 아니면 생명 없는inanimate 사물인가를 기준으로 구분을 했다.

이렇게 설명하면 지나친 노파심일지 모르겠는데, 아무튼 야만인들이 사용한 "생명 있는"이라는 단어는 오늘날 우리가 사용하는 "살아 있는 living"이라는 단어와 같은 것이 아니었다. "생명 있는"이라는 단어는 반드시 살아 있는 것만 의미하는 것은 아니며 그 외에 다른 많은 것도 의미했다. 가령 폭풍우, 질병, 폭포 같은 자연현상도 생명 있는 것으로 여겨졌다. 반면에 과일이나 약초, 집파리, 구더기, 레밍, 양 등 사소한 동물들은 집단적으로 가리킬 경우를 제외하고는 살아 있는 것으로 보지 않았다.

또한 이 단어("살아 있는")는 반드시 사물에 내재한 영혼이나 혼령을 의미하는 것도 아니었다. 애니미즘을 신봉했던 야만인들이 어떤 행동을 할 때 무섭다고 생각했던 것들도 "살아 있는" 것의 범주에 들어갔다. 이러한 범주에는 다수의 자연 풍물과 자연 현상이 들어갔다. 이처럼 생명 있는 사물과 생명 없는 사물을 구분하는 것은 심지어 오늘날에도 생각 없이 살아가는 사람들의 사고방식에 어른거리고 있으며, 인생과 자연과정을 바라보는 이론에 심대한 영향을 미치고 있다. 그러나 문화와 사상의 초창기 단계에서 애니미즘이 일생생활 중에 발휘했던 것 같은, 폭넓고 원대한 실제적 영향력이 오늘날 현대인의 일상생활에 스며들어 있는 것은 아니다.

야만인의 눈으로 본다면, 움직이지 않는 자연이 제공하는 것을 잘 가공하여 활용하는 행위는 그(야만인)가 "생명 있는" 사물이나 힘에 대응하는 행위와는 전혀 차원이 다른 것이다. 생명 있는 사물과 생명 없는 사물의 구분선은 다소 막연하고 가변적인 것이지만, 그래도 그런 폭넓은 구분은 원시인의 생활양식에 영향을 줄 정도로 실제적이고 강력한 것이었다. 야만인은 생명 있는 것으로 여겨지는 사물들의 클래스(부류)에다, 어떤 목적에 연계된 활동을 결부시켰다. 바로 이런 목적론적 관점 때문에 어떤 사물이나 현상이 "생명 있는" 것으로 여겨지게 되었다. 단순한 원시인이나 야만인이 자신을 방해하는 자연 중의 어떤 행위를 만나게 되면, 그는 자신이 즉각 떠올릴 수 있는 생각의 관점으로 그것을 해석한다. 그 관점이라는 것은, 야만인 자신의 행위를 바라보는 그 자신의 의식 속에서 즉각 떠오르는 관점을 말한다(야만인은 무서운 바람 소리를 들으면 자신의 분노하면서 소리치는 행위를 연상한다는 뜻 : 옮긴이).

따라서 자연 중의 행위는 인간의 행위와 동화되고 살아 있는 사물에게는 인간이 할 수 있는 어떤 행동을 한다고 여겨지게 된다. 이러한 성격의 자연 현상 — 특히 인간을 무섭게 하고 좌절시키는 현상 — 은, 야만인이 아무렇지도 않게 대하는 비활성非活性 사물과는 다른 종류의 정신적 태도와 신체적 능력으로 맞서야 한다고 생각했다. 이런 자연현상에 성공적으로 대응하는 것은, 열심히 일해서 생산하는 것과는 다른 차원인 약탈exploit의 차원에 속하는 일이었다. 그것은 근면이 아니라 용맹성

prowess이 발휘되어 얻어낸 결과였다.

(약탈을 가리키는 원어인 exploit는 이 책에서 많이 나오는 중요한 용어이다. 야만인이 힘으로 남의 것을 빼앗아 가지는 행위를 가리킨다. 힘으로 남의 것을 빼앗는 행위를 저자는 때때로 용맹성이라고 표현하고 있다. 야만인은 선사시대의 야만인만 가리키는 것이 아니라, 현대 국가가 정립되어 법치가 완전히 제자리를 잡기 이전의 모든 시대의 사람, 즉 힘으로 남의 것을 빼앗는 것을 당연시하던 시대, 가령 중세의 사람도 함께 가리킨다 : 옮긴이).

약탈과 노동의 구분

활성活性과 비활성非活性이라는 이런 투박한 구분의 관점에서 본다면 원시적 사회 집단의 행위는 두 가지 분류로 나뉘는데, 현대식 용어로 말해보자면 약탈exploit과 노동industry이다(저자는 이 책에서 산업, 생산, 노동을 때때로 같은 뜻으로 사용하고 있다 : 옮긴이). 노동은 새로운 것을 만들어내는 데 들어간 에너지를 가리키는데, 그 제작자가 수동적인 "비활성 물질brute material"로부터 뭔가를 만들어서 그 물건에 새로운 의미를 부여하는 것이다. 반면에 약탈은 그 행위자에게 유익한 결과를 가져오는 행동이며, 을이라는 행위자가 전에 다른 목적으로 쏟아 부었던 에너지를 갑(약탈자)의 목적으로 전환시키는 것을 의미한다. 여기서 말하는 비활성 물질은 야만인들이 그 물질에 부여한 심오한 의미를 그대로 간직한 상태를 말한다.

약탈과 노동의 구분은 곧 남자와 여자의 구분과 부합한다. 남녀는 신장이나 완력뿐만 아니라 기질에 있어서도 아주 다르다. 이 때문에 아주 초창기부터 그에 부합하는 노동의 분업이 이루어졌다. 약탈에 해당하는 폭넓은 범위의 활동은 남자들의 몫이었다. 그들이 더 힘이 세고 덩치가 크고 갑작스럽고 난폭한 완력의 행사를 더 잘하고, 자기주장이 강하고 적극적으로 경쟁하고 공격성이 강하기 때문이다. 남녀 간의 덩치 차이, 생리적 특징, 기질적 차이 등은 원시 부족의 구성원들 사이에서 그리 중요하지 않았을 것이다. 아주 오래된 원시 사회에서는 그런 남녀 간의 차이가 비교적 사소하거나 중요하지 않은 것으로 여겨졌던 듯하다. 이에 대해서는 인도의 안다만 부족이 좋은 사례이다.

그러나 이런 신체와 기질의 차이에 바탕을 둔 기능의 구분이 일단 정착되자, 당초의 남녀 구분의 범위는 점차 넓어지기 시작했다. 일의 분업에 선별적으로 적응하는 과정이 점점 축적되기 시작했는데, 특히 야만인들이 살고 있는 지역이 상당한 완력에 의한 대응을 필요로 하는 동식물이 많은 지역일수록 이런 구분이 촉진되었다. 덩치 큰 짐승을 정기적으로 사냥하려면 덩치, 민첩함, 맹렬함 등 남성적 기질이 필요했고, 이것이 남녀 간의 기능 구분을 더욱 촉진하고 넓혀놓았다. 그리고 한 집단이 다른 집단들과 적대적 관계에 돌입하면서, 이러한 기능의 분화는 약탈과 노동의 구분이라는 더욱 세련된 형태로 발전했다.

이러한 약탈적 사냥꾼 집단에서 전투와 사냥은 당연히 튼튼한 몸을 가진 남자의 일이 되었다. 여자들은 그 이외의 나머지 일들을 담당했다. 남자의 일을 할 수 없는 다른 집단 구성원들도 여자와 마찬가지로 분류되었다. 남자의 사냥과 전투는 똑같은 특성을 가진 것으로서 곧 약탈적 기질의 표현이다. 전사와 사냥꾼은 자신이 직접 씨 뿌리지 않은 것을 거두어들인다. 남자들은 폭력과 전략을 공격적으로 사용하고 그것을 자랑스럽게 여기는데 이것은 여자들이 비활성 물질을 근면하게 다듬어서 물건을 만들어 내는 사소한 행위와는 명확하게 구분된다. 남자의 일은 생산에 종사하는 노동이 아니라 약탈 행위로 남의 물건을 빼앗아오는 것이다. 이처럼 여자들의 일로부터 가능한 한 멀리 떨어진 것이 야만인 사회에서 남자의 일로 간주되었다. 그래서 용맹성이 가미되지 않은 행위는 남자들의 품위에 못 미치는 일로 치부되었다. 전통에 의하여 이러한 구분이 일관성을 얻게 되자, 공동체 내에서 통용되는 상식은 그것을 하나의 행동 규범으로 삼았다.

따라서 이러한 문화의 발전 단계에서, 용맹성 즉 폭력과 기만을 바탕으로 하지 않는 일이나 물품의 획득은 그 사회의 남자들에게는 도덕적으로 용납될 수 없는 것이었다. 오랜 숙달 과정을 통하여 약탈적 생활 습관이 그 집단 내에 정착되면서 사회 경제 내에서 유능한 남자가 해야 할 일은, 생존 경쟁에서 그에게 저항하거나 불복하는 자를 죽이거나 파괴하고 또 주변 환경 속에서 반항적으로 나오는 낯선 세력을 정복하여 굴복시키는 것이었다. 약탈과 노동을 이처럼 정교하게 구분하는 이론은 아주 철저하면서도 세련되게 확립되었다. 그리하여 많은 수렵 부족들 사이에서, 남자는 자신이 죽인 큰 짐승을 직접 집으로 가져오면 안 되었고, 그런 천한 운반 업무는 여자들에게 시켜야 했다.

이미 위에서 언급한 바와 같이, 약탈과 노동의 구분은 여러 가지 일들을 차별적으로 구분하는 것이다. 약탈로 분류되는 일은 가치 있고, 명예롭고, 고상했다. 약탈의 요소가 가미되지 않은 다른 일들, 특히 복종이나 굴복이 수반되는 일들은 무가치하고, 비천하고, 수치스러운 일이었다. 어떤 개인이나 개인적 행동에 부여되는 위엄, 가치, 명예 등의 개념은 계급이나 계급 구분을 발전시키는 일차적 원인이었다. 따라서 그런 개념이 어떻게 생겨났고 그 의미가 무엇인지 알아보는 것이 필요하다.

그 심리적 바탕은 다음과 같이 개괄적으로 설명해 볼 수 있다.

하나의 선택적 필요로서 인간은 행위를 해야 하는 행위자이다. 그는 자신을 뭔가 추진하는 행위, 즉 "목적론적" 행위를 수행하는 중추적 행위자라고 생각한다. 그는 모든 행위에서 어떤 구체적·객관적·몰개성적 목적을 달성하기를 바라는 행위자이다. 이런 목적을 가진 행위자이기 때문에 그는 효과를 올릴 수 있는 일을 좋아하고, 그렇지 못한 무의미한 노력은 싫어한다. 그는 효용성 혹은 효율성을 좋게 평가하고 무의미, 낭비, 무능력 등을 나쁘게 평가한다. 이러한 관점 혹은 경향은 일솜씨 본능이라고 할 수 있다. 생활 속의 상황이나 전통이 효율성의 측면에서 갑과 을의 능력을 항상 비교한다면, 일솜씨 본능은 경쟁적 혹은 차별적 관점에서 갑과 을을 비교하면서 발휘되게 된다. 이런 결과(경쟁적 혹은 차별적 관점)가 어느 정도 성취되는가 하는 문제는 상당 부분 그 집단 주민들의 기질에 달려 있다. 갑과 을의 차별적 비교가 항시적으로 이루어지는 공동체에서는, 그 경쟁에서의 가시적 성공이 곧 추구해야 할 유용한 목적이 되고 또 존경의 기반을 이루게 된다. 따라서 남자들은 객관적 증거로 자신의 효율성을 제시함으로써 사회 내의 존경을 얻으려 하고 가능한 한 비난을 피하려고 한다. 그 결과, 한 개인의 일솜씨는 그가 가진 경쟁력을 과시하는데 기여한다.

사회 발전의 원시적 단계에서, 공동체는 늘 평화로웠고, 어느 한 지역에 모여서 사는 정주사회였고, 차별적 소유권이 아직 생겨나지 않았다. 이런 공동체에서 한 개인의 효율성은 주로 그 집단의 전반적 생활에 기여하는 어떤 일에 의해 정기적으로 드러났다. 이런 집단에서 그 구성원들 사이의 경제적 경쟁이라는 것이 있었다면, 주로 생산적 효용성의 경쟁이었을 것이다. 하지만 경쟁을 유도하는 동기가 그리 강력하지 않앉고 또 경쟁의 범위도 그리 넓지 않았다.

평화적인 원시 단계와 약탈적인 야만 단계

공동체가 평화로운 원시 단계에서 약탈적인 야만 단계로 넘어가면서, 경쟁의 조건들은 바뀌었다. 경쟁을 유도하는 기회와 요인은 그 범위와 긴급성이 더 크고 넓어졌다. 인간의 행위는 점점 더 약탈의 성격을 띠게 되었다. 한 사냥꾼 혹은 전사를 다른 사냥꾼 혹은 전사와 차별적으로 비교하는 것이 점점 흔해지고 또 쉬워졌다. 용맹성의 구체적 증거 ─ 전리품 ─ 는 사람들의 사고방식에서 인생의 필수 장식품으로 여겨지게 되었다. 전리품, 사냥과 습격의 기념품 등은 뛰어난 힘을 객관적으로 보여주는 증거물로 높이 평가되었다. 공격성은 널리 인정받는 것이 되었고 전리품은 성공적 공격 행위를 보여주는 객관적 증거물이 되었다.

이 문화적 단계에서, 자기주장의 가치 있는 형태로 인정되는 것은 경쟁이었다. 몰수(폭력)나 강제에 의해 획득된 유익한 물품이나 서비스는 경쟁을 성공적으로 수행한 것을 보여주는 관습적 증거물이었다. 이와는 대조적으로 약탈이 아닌 다른 방법으로 얻은 물품은 전성기의 남자에게는 어울리지 않는 무가치한 것으로 여겨졌다. 생산적인 일 혹은 어떤 개인에게 봉사하는 일 등은 같은 이유로 인해 혐오의 대상이었다. 이렇게 하여 약탈과 폭력에 의한 획득과, 근면한 생산에 의한 획득이라는 차별적 구분이 생겨났다. 생산 노동은 거기에 따르는 불명예 때문에 성가신 것으로 여겨지게 되었다.

비록 그 소박한 개념이 후대의 분화와 파생적 의미로 인해 다소 불분명해지기는 했지만, 원시 야만인들의 사회에서 "명예로운"이라는 개념은 우월적인 힘의 과시를 의미했다. "명예로운"은 "무서운"이었고, "가치 있는"은 "능력 있는"이었다. 명예로운 행동은 결국 성공을 거둔 공격적 행위 그 이상도 이하도 아니었다. 공격성이 곧 사람이나 짐승과의 싸움을 의미하는 것이라면 특별히 명예롭게 여겨지는 행위는 강인한 힘의 발휘였다. 원시 시대에는 모든 힘의 발현을 개성 혹은 "의지력"의 관점에서 해석했는데, 이것은 전통적으로 강인한 완력을 칭송하던 태도를 크게 강화시켰다. 야만 부족들과 후대의 더 발전된 문명사회의 사람들 사이에서, 명예로운 별명이라고 하면 주로 이런 완력과 관련되는 명예의 흔적을 간직하고 있다. 족장을 부를 때 사용하는 호칭과 별명, 그리고 왕과 신들에게 간원할 때 사용하는 호칭과 별명은 압도적인 폭력과 저항할 수 없는 파괴력을 가리키는 경우가 많다. 이것은 오늘날의 한층 문명된 공동체에서도 어느 정도 통용되는 진실이다. 왕가나 귀족 가문의 문장紋章에 사나운 맹수나 맹금을 즐겨 그려 넣은 것은 이런 공격성 주장을 뒷받침한다.

이런 가치와 명예를 중시하는 야만 사회의 상식으로 볼 때, 목숨을 빼앗는 것 ― 사람이든 짐승이든 무서운 경쟁자를 죽이는 것 ― 은 가장 높은 수준의 명예로 칭송되었다. 살해 행위를 살해자의 최고 능력의 표현으로 보았기 때문에, 이것은 모든 살해 행위와 그에 관련된 모든 도구와 보조 수단 또한 귀중한 것으로 보게 만들었다. 무기는 명예로운 것이었고, 들판에서 몸집이 작은 사소한 동물을 죽이는데 그 무기를 사용하는 행위 또한 명예로운 일이 되었다. 동시에 물품 생산에 종사하는 일은 혐오스러운 것으로 여겨졌고, 생산에 사용되는 도구와 장비를 사용하는 것은 유능한 남자의 체면과는 어울리지 않는 일이 되었다. 한 마디로 노동은 짜증나는 것이었다.

이 책에서는 문화의 단계가 다음과 같이 발전해 왔다고 가정한다. 즉, 원시 시대의 인간 집단은 최초의 평화로운 단계에서 전투가 그 집단의 중요하고 특징적인 일로 간주되는 야만의 단계로 이행했다. 그렇지만 평화와 선의가 늘 지속되던 시대가 어느 순간 갑자기 전투를 중시하는 더 높은 생활 단계로 이행된 것은 아니다. 사회가 약탈적인 문화의 단계로 이행하면서 모든 평화로운 산업(생산 업무)이 갑자기 사라졌다고 가정하지도 않는다. 사회 발전의 아주 초창기 단계(평화가 지배하던 아주 원시적인 사회)에서도 싸움은 있었을 것으로 보아야 한다. 이때의 싸움은 주로 남녀 양성간의 경쟁을 통하여 벌어졌을 것이다(한 여자를 두고 두 남자가 싸우는 경우 : 옮긴이). 원시 부족들의 잘 알려진 습관이나 영장류 원숭이의 생활 습관, 그리고 잘 알려진 인간성의 특징들도 그런 추정을 뒷받침한다.

따라서 이 책에서 가정된 바, 평화로운 생활이 지속된 최초의 원시 사회라는 것은 아예 없었던 게 아니냐는 반박이 나올 수 있다. 그러나 싸움이 아예 없었던 문화 발전의 단계를 논의하는 건 무의미하다. 여기서 요점은 싸움이 가끔 혹은 산발적으로 벌어졌는가, 혹은 빈번하게 습관적으로 벌어졌는가 하는 것이 아니다. 정말로 중요한 요점은 습관적인 호전적 심리 상태가 있었는가 여부이다. 다시 말해, 전투의 관점에서 사실과 사건을 판단하는 사고방식이 정립되었는가 하는 것이다. 그리하여 문화의 약탈적 단계가 도래하는 것은 다음 세 가지가 충족되었을 때이다.

(1) 사회 구성원들 사이에서 약탈적 태도가 습관적인 것이 되고 또 약탈적인 사고방식이 널리 인정을 받을 때.

(2) 싸움이 생활 방식에서 주도적인 양태가 되었을 때.

(3) 전투에서의 수행 능력을 가지고서 사람이나 사물을 높이 평가하

는 상식이 통용될 때.

평화 단계와 약탈 단계의 구분선

따라서 문화의 평화 단계와 약탈 단계를 갈라놓는 결정적 구분선은 기계적인 것(가령 전투가 있었느냐 없었느냐 : 옮긴이)이라기보다 정신적인 차이라 할 수 있다. 정신적 태도에 변화가 오게 된 것은 그 공동체 생활의 물질적 측면이 변화했기 때문에 생겨난 결과이다. 약탈적 태도를 촉진하는 물질적 환경이 조성되면서 서서히 그런 태도가 생겨났다. 그리고 생산 문화가 상한선에 도달하면서 비로소 약탈 문화가 생겨났다. 다시 말해, 생산 방법이 잘 발달되어 잉여물(이것이 전투의 목표가 된다)이 생겨나고 또 생산업에 종사하는 사람들의 생계유지에 필요한 것보다 더 많은 생산물이 생겨날 때, 비로소 약탈은 어떤 집단 혹은 계급의 습관적·관습적 획득 수단이 된다. 따라서 평화에서 약탈로의 이행은 생산 기술의 발달과 도구의 이용에 달려 있었다. 마찬가지 이유로 약탈 문화는 아주 원시 시대에는 비현실적인 것이었다. 무기가 개발되어 인간이 무서운 동물로 등장하는 때가 되어서야 비로소 약탈 문화가 태동했다. 따라서 도구와 무기의 초창기 발달은 두 가지 다른 관점에서 볼 수 있는 현상이다.

(도구와 무기를 평화와 약탈의 두 관점에서 볼 수 있다는 뜻으로, 도구가 발달해서 생산물이 늘어나 그 잉여물 때문에 싸움이 벌어지게 되었다는 것이다 : 옮긴이).

설혹 싸움이 벌어진다 해도 그 싸움이 구성원의 사고방식에서 핵심 요소가 아니고 또 일상생활의 주도적 특징이 아니라면, 그 공동체의 생활은 평화로운 것으로 규정지을 수 있다. 그렇지만 생활양식이나 행동 규범이 약탈적 기절에 의해 좌지우지될 정도라면 그 집단은 분명 약탈적 문화에 돌입한 것이다. 따라서 문화의 약탈적 단계는 약탈적 능력, 습관, 전통 등이 누적되는 과정을 통하여 점진적으로 생겨났을 것으로 짐작된다. 이러한 성장 결과는 그 생활 집단의 환경 변화에 의한 것이다. 평화로운 생활보다는 약탈적 생활을 선호하는 인간성의 특징, 공동체의 전통, 생활 규범 등을 보존하고 발전한 결과 사회의 성격이 그렇게 바뀐 것이다.

원시 시대에 평화를 사랑하는 문화의 단계가 있었다는 가설을 뒷받침하는 증거는 대체로 문화인류학보다는 심리학에서 가져온 것인데 여기서는 상술하지 않겠다. 그것은 현대의 문화에서 원시적인 인간성의 특징이 존속하는 현상을 논의한 뒷장에서 부분적으로 다루어질 것이다.

제 2 장
금전적 경쟁

문화 발전의 여러 단계에서 유한계급의 출현은 시기적으로 소유권의 시작과 일치한다. 이것은 명백한 진실인데 두 제도(유한계급과 소유권)가 동일한 세트의 경제적 힘으로부터 나왔기 때문이다. 두 제도는 발전의 초창기 단계에서 사회적 구조의 동일한 사실들을 서로 다르게 보여주는 양상에 지나지 않았다.

여가와 소유가 우리의 논의에서 관심사가 되는 것은 그것이 사회적 구조의 요소들 – 관습적인 사실들 – 이기 때문이다. 일을 상습적으로 게을리 한다고 해서 그것이 유한계급을 형성하는 것은 아니다. 유용한 물품의 사용과 소비라는 기계적 사실이 소유권을 형성하는 것도 아니다. 따라서 우리의 논의는 게으름의 시작이나, 유익한 물품의 개인적 사용에 초점을 맞추지 않는다. 이 책의 핵심적 논점은 한편으로는 관습적 유한계급의 기원과 성격을 알아보는 한편, 다른 한편으로는 관습적 권리 혹은 평등한 주장으로서의 개인적 소유권이 생겨난 기원을 탐구하는 것이다.

소유권의 시작

유한계급과 노동 계급의 초창기적 구분 형태는 낮은 단계의 야만 사회에서 남자의 일과 여자의 일을 구분한 것이었다. 마찬가지로 소유권의 가장 이른 형태는 공동체의 유능한 남자들이 여자를 소유한 것이었다. 이것을 좀 더 전반적 관점에서, 야만 시대의 생활 이론에 맞추어 표현해 보자면 남자가 여자를 소유한 것이 소유권의 시작이었다.

여자를 소유한 관습이 생겨나기 이전에 틀림없이 어떤 유용한 물품들을 소유한 관습이 있었을 것이다. 우리에게 알려진 아주 초창기의 원시 사회에는 여자의 소유가 없었다는 사실은 이러한 관점을 뒷받침한다. 모든 공동체에서 남자든 여자든 그 구성원들은 여러 가지 유용한 물품들을 개인적 용도에 걸맞게 사용했다. 그러나 이런 유익한 물품은 그것을 사용하고 소비하는 사람에 의해 소유되었다고 간주되지 않았다. 어떤 사소한 개인적 사물을 습관적으로 사용하고 소비하는 행위는 소유권의 문제를 일으키지 않았다. 그러니까 외적인 사물들을 공평하게 사용하는 것이 하나의 관습이었다.

여자의 소유는 문화 발전 과정에서 낮은 단계의 야만 사회에서 시작되었는데, 여자 포로를 강제로 잡아온 것이 그 계기였을 것이다. 여자를 강탈하여 활용하게 된 당초의 이유는 여자가 유용한 전리품이었기 때문이다. 적들로부터 그들의 여자를 강제로 트로피 삼아 강탈해온 습관은 소유-결혼의 형태를 만들어 냈고, 그 결과 남자를 우두머리로 하는 가정이 생겨났다. 그 다음에는 여자 이외에 다른 포로와 열등한 사람도 노예로 삼는 등 노예제의 범위가 확대되었고, 이어 적에게서 붙잡아온 여자 말고 다른 여자에게도 소유-결혼의 형태가 확대 적용되었다.

따라서 약탈적 생활 조건 아래에서 경쟁이 벌어진 결과가, 한편으로는 강제에 의한 결혼 형태로 나타나고, 다른 한편으로는 소유권의 관습으로 정착되었다. 이렇게 볼 때 두 제도(유한계급과 소유권)는 발전의 초기 단계에서 서로 구분이 되지 않는다. 두 제도는 유능한 남자가 자신의 약탈 결과를 대중 앞에 드러냄으로써 자신의 용맹성을 널리 과시하고 싶은 욕망에서 생겨났다. 두 제도는 약탈적 공동체에 널리 퍼져 있던, 남을 지배하려는 성향에 봉사하는 제도이다. 일단 여자를 소유한 것을 시작으로 하여 그 여자가 노동하여 만들어 낸 물품에 대하여 소유권이 확대되고, 그리하여 사람뿐만 아니라 물건에 대해서도 소유권이 정립되기에 이르렀다.

이런 식으로 해서 물품에 대한 재산권 제도가 점진적으로 정착되었다. 문화 발전의 후기 단계에 이르러 물품의 소비 효용성은 그 가치 사다리에서 가장 밑바닥을 차지하게 되었지만, 그래도 부는 그 소유주의 전반적 능력을 잘 보여주는 명예로운 증거물이었다.

사유재산 제도의 발전 흔적이 조금이라도 보이는 곳에서, 경제적 과정은 물품을 얻기 위한 남자들 사이의 갈등이 주된 특징이다. 이런 갈등이 본질적으로 생존을 위한 갈등이었다고 해석하는 것이 경제 이론의 일반적 관점이다. 또 현대화된 고전 경제 이론을 철저히 신봉하는 경제학자들도 그런 관점을 지지한다. 생산업이 아주 초창기여서 효율성이 별로 높지 않던 단계에서는, 대체로 갈등은 곧 생존을 위한 갈등이었다. "인색한 자연"이 너무 인색하여 공동체에게 먹을 것을 잘 내주지 않아서, 그 구성원들이 굶어죽지 않으려면 힘들게 식량을 찾아다녀야 하는 상황에서는 생존을 위한 갈등이 일반적 상황이었다. 그러나 모든 발전적 공동체들은 곧 기술 발전이 이루어져서 이런 생존을 위한 갈등의 단계를 벗어났다. 생산 효율성은 곧 높아져서 그 생산에 참여한 사람들의 생계유지 수준을 훌쩍 뛰어넘게 된다. 그리하여 기존의 경제 이론은 이런 새로운 생산(즉 잉여품)을 얻기 위한 부의 갈등을 생활의 편의 수준을 높이기 위한 경쟁으로 해석한다. 그런 물품의 소비가 가져다주는 신체적 안락을 더욱 높이기 위하여 경쟁을 한다고 보는 것이다.

지금까지는 물품을 획득하고 축적하는 목적이 그 축적된 물품을 소비하기 위한 것이라고 추정되었다. 그 소비는 물품의 소유주가 직접 하는 것일 수도 있고 아니면 그에게 부속된 가족 구성원이 할 수도 있는데 이런 가족은 이론상 그 소유주와 동일인이다. 이것이 경제적으로 볼 때 물품 획득의 타당한 목적이었고, 또 이것만을 경제 이론은 받아들였다. 이러한 소비는 소비자의 신체적 필요와 안락에 이바지하고, 또 나아가 영성적, 미학적, 정신적, 기타 여러 가지 형이상학적 필요에 부응한다. 후자의 필요는 경제학을 잘 아는 독자들이 친숙한 방식대로, 소유주가 물품을 간접적으로 소비함으로써 충족된다.

(간접 소비는 재물이 많은 사람이 가난한 사람에게 쌀을 대주거나 아니면 자선 기관에 돈을 기부하는 것을 뜻함 : 옮긴이).

소유권의 동기가 경쟁의 동기

하지만 이런 순진한 관점에서 크게 동떨어진 관점에서 재화의 소비를 살펴보면 그 축적이 어떤 근본적 동기에서 나온 것인지를 파악할 수 있다. 소유권의 뿌리에 놓여 있는 동기는 곧 경쟁의 동기이다. 이 경쟁 동기는 소유권 제도를 더욱 발전시킬 뿐만 아니라, 소유권과 관련되는 사회 구조의 주된 특징을 발전시키는 힘이다. 부의 소유는 명예를 가져오는데 이것은 부의 소유자에게 남들과 구분되는 지위를 안겨준다. 재화의 소비, 다른 상상 가능한 재화 획득의 동기, 부를 축적하고자 하는 동기 등을 설명하는 데에는 경쟁보다 더 강력한 설명 요소는 없다.

하지만 다음의 사실을 간과해서는 안 된다. 거의 모든 재화가 개인 재산인 사회에서, 생계유지의 필요는 그 사회의 가난한 구성원들에게 강력하면서도 상존하는 행동 동기이다. 생계유지와 신체적 안락의 증진은, 주로 육체노동을 하거나, 생계가 불안정한 수준에 있거나, 소유한 것도 적고 축적한 것도 적은 계급의 사람들에게는 재화 획득의 주요 동기이다. 그러나 우리가 논의를 진행해 나가는 과정에서 밝혀지게 되겠지만, 심지어 이런 가난한 계급의 사람들에게조차도, 신체적 필요의 동기는 일반적으로 추정되는 것처럼 그리 결정적인 요소가 아니다. 반면에 주로 부의 축적에 관심이 있는 사회 구성원들이나 계급에게, 생계유지와 신체적 안락의 증진은 그리 중요한 요소가 아니다. 소유권이라는 개념은 최소한의 생계와는 무관한 바탕 위에서 시작되어 하나의 제도로 정착된 개념이다. 소유권의 주도적 동기는 처음부터 부와 관련된 차별적 구분이었고, 일시적이거나 예외적 상황을 제외하고는 이것(차별적 구분) 이외에 다른 동기가 후대의 발전 단계에서 소유권의 주도적 동기가 되어본 적이 없었다.

재산은 성공적인 약탈의 기념물인 전리품의 형태로 출발했다.

어떤 공동체가 원시적인 공동체적 조직으로부터 별로 벗어나지 않는 한, 그리고 다른 적대적인 집단과 긴밀하게 접촉하는 한, 소유된 사물 및 사람의 유용성은 그 소유자와 그것을 빼앗아온 적敵 사이의 차별적 비교에서 나왔다. 개인의 이해관계와 그 개인이 소속된 집단의 이해관계를 서로 구분하는 습관은 분명 후대에 들어와 생겨났다.

명예로운 전리품의 소유자와, 그런 전리품이 없는 동일 집단 내의 다른 이웃들과의 차별적 비교는, 소유된 물품 그 자체의 효용성 못지않게 유용한 가치로 숭상되었다. 물론 이것이 처음에는 가치의 최우선적 요소는 아니었다. 약탈해온 사람의 용맹성은 일차적으로 소속 집단의 용맹성이었고 전리품의 소유자는 당초엔 일차적으로 소속 집단의 명예를 수호하는 자였다. 공동체가 약탈을 이처럼 높이 평가하는 태도는 사회 발전의 후기 단계에서도 발견되는데, 가령 승리의 월계관이 좋은 사례이다.

그러나 개인 소유권의 관습이 정착되기 시작하면서, 사유 재산을 차별적 비교의 기준으로 보던 관점은 바뀌게 되었다. 실제로 전자(소유권)가 바뀌게 된 것은 후자의 변경(관점)을 반영한 것이다. 소유권의 초창기 단계, 즉 노골적 강탈과 변환에 의한 획득 단계는 개인 재산(노예)을 바탕으로 하는 초창기 생산 조직의 단계로 이행한 것이다. 이웃 부족을 약탈하던 습격대가 이제 자급자족적인 산업 공동체로 바뀌었다. 따라서 소유는 성공적인 전투의 증거물로 평가되는 것이 아니라, 공동체 내의 다른 사람들에게 과시할 수 있는 소유주의 우월적 지위를 보여주는 증거로 평가되었다.

이제 차별적 비교라고 하는 것은 일차적으로 물품의 소유주와, 집단 내의 다른 구성원들 사이의 비교가 되었다. 재산은 여전히 전리품의 성격을 띠고 있었지만, 문화가 발전하면서 점점 더 소유권의 게임에서 더 많은 점수를 올린 사람의 성공 트로피가 되어 갔다. 이제 소유권 게임은 유목민 생활의 유사類似-평화적 방법 아래 공동체의 구성원들 사이에서 벌어지는 재화 축적의 게임으로 바뀌었다.

재산은 능력과 성공의 표시

공동체의 일상생활과 사람들의 사고방식에서, 산업 활동이 서서히 약탈 활동을 대체하기 시작하면서 축적된 재산이 약탈의 전리품을 대신하게 되었고, 또 능력과 성공을 알려주는 관습적 표시로 인식되었다. 따라서 정착 산업이 성장하면서 부의 소유는 명성과 존경의 일반적 근거가 되었고 그 상대적 중요성과 효율성이 더욱 높아졌다. 물론 용맹성의 다른 직접적 증거도 여전히 사람들의 존경을 받았다. 성공을 거둔 약탈적 공격성이나 전투적인 약탈도 사람들의 승인과 존경을 이끌어 냈고 또 성공을 거두지 못한 경쟁자들의 질투를 받았다.

그러나 이런 우월한 힘을 직접적으로 보여주면서 얻을 수 있는 명성의 기회는 범위나 빈도가 점점 제한되었다. 반면에 공격적인 산업 활동의 기회와, 유목민 산업의 유사-평화적 방법에 의한 재산 축적의 기회는 그 범위와 빈도가 더욱 늘어났다. 이제 재산은 영웅적인 행위나 약탈적 행위보다 더 뚜렷하게 구분되면서 멋진 성공의 객관적 증거로 쉽게 인식되기에 이르렀다.

따라서 재산은 존경을 받는 통상적 근거가 되었다. 사회 내에서 명예로운 지위를 누리려면 그것을 어느 정도 가지고 있는 것이 필수적이다. 공동체의 구성원이 자신의 좋은 명성을 유지하려면 반드시 재산을 획득하고 축적해야 한다. 이런 식으로 축적된 재화가 효율성의 공인된 징표가 될 때, 부의 소유는 사람들로부터 존경을 받는 독립적이면서도 결정적인 근거가 된다. 본인의 노력에 의하여 공격적으로 획득한 것이든 상속에 의하여 수동적으로 얻은 것이든 재화의 소유는 명성의 일반적 근거로 정착된다. 부의 소유는 처음에는 단지 효율성의 증거로 여겨졌으나 곧 사람들의 인식 속에서 그 자체로 가치 있는 행위가 되었다. 부는 이제 본질적으로 명예로운 것, 그 소유자에게 명예를 안겨주는 것이 되었다. 부의 개념이 더욱 세련되게 정립되면서, 조상이나 친척으로부터 수동적으로 획득된 오래된 부가 이제 자수성가하여 얻은 새로운 부보다 더 명예로운 것이 되었다. 하지만 이러한 구분은 금전 문화의 후기 단계에 해당하는 이야기이므로 앞으로 그것을 논할 차례가 되면 좀 더 자세히 말하게 될 것이다.

부가 통상적 명성과 흠결 없는 사회적 지위의 바탕이 되기는 했지만, 그래도 용맹성과 약탈이 여전히 가장 높은 대중적 명성을 누리는 기반이었다. 약탈적 본능과 거기서 나오는 약탈적 효율성을 숭상하는 태도는 상당히 오랜 기간 약탈적 문화 속에서 살아온 사람들의 머릿속에 뿌리 깊게 자리 잡은 사고방식이었다. 일반 대중의 평가에 의하면, 인간이 누릴 수 있는 가장 큰 명예는, 전쟁에서 비상한 약탈적 효율성을 발휘하여 얻은 명예이거나 혹은 정치에서 거의 약탈적인 효율성을 발휘하여 얻은 명예이다. 이것은 심지어 오늘날에도 그러하다. 그러나 사회 내에서 통상적으로 존경받은 지위를 얻기 위해서라면 전쟁이나 정치 대신에 재화의 획득과 축적만으로도 충분할 것이다. 공동체 구성원들에게 호평을 받기 위해서는 비록 확정적인 것은 아닐지라도 어느 정도 부의 기준을 충족시키는 것이 필요하다. 이것은 초기 약탈 문화의 단계에서, 야만적 남자가 호평을 받기 위해서는 신체적 지구력, 영리함, 무기 다루는 능력 등이 어느 수준을 충족시켜야 했던 것과 마찬가지 이치이다. 초기 야만 단계에서는 어느 정도의 용맹성이, 그리고 후기 단계에서는 어느 정도의 부가 명성의 필요조건이었고, 그 어느 정도를 초과하는 부나 용맹성은 가치 있는 것으로 여겨졌다.

따라서 이 두 가지를 가지고 있지 않은 공동체의 구성원은 동료들의 존경을 받을 수 없었다. 그 결과 그 사람은 자존심마저도 사라지게 된다. 왜냐하면 어떤 개인에게 자존심을 부여해주는 기반은 그의 이웃들이 부여해주는 존경심이기 때문이다. 비정상적으로 일탈적인 기질을 가진 개인만이 동료들의 비난에도 불구하고 그 자신의 자존심을 유지할 수 있다. 이러한 원칙에서 예외가 되는 경우는 엄청나게 강력한 종교적 확신을 가진 사람이다. 그러나 이런 예외도 자세히 살펴보면 진정한 예외라고 할 수 없다. 왜냐하면 이런 종교적인 사람도 그 자신의 행위를 승인해주는 어떤 초자연적 존재의 승인을 필요로 하기 때문이다.

따라서 재산의 소유가 대중적 존경의 바탕이 되자마자, 그것(재산)은 우리가 자존심이라고 부르는 심리상태의 필수 조건이 되었다. 재산을 각자 소유하는 공동체에서, 개인은 자신의 편안한 마음을 유지하려면 그 자신이 속한 계급의 다른 사람들 못지않게 상당한 재화를 소유해야 한다. 그리고 남들보다 더 많은 재화를 소유한다면 그것은 아주 마음에 흡족한 일이 된다. 그러나 한 개인이 새롭게 재화를 획득하여 그 새로운 부의 수준에 익숙해지자마자, 그 새로운 기준은 예전의 기준보다 더 큰 만족을 주는 것을 멈추게 된다. 어느 경우가 되었든 금전 문화는 현재의 금전적 기준을 출발점으로 하여 더 많은 새로운 부를 창출하려는 경향을 보인다. 이것은 효율성의 새로운 기준을 제공하고 남들과 비교하여 자기 자신에 대한 새로운 금전적 분류를 부과한다.

현재의 논의를 요약해 보자면, 부의 축적이 추구하는 목적은, 금전적 능력과 관련하여 공동체의 다른 구성원들보다 더 높은 지위에 올라가자는 것이다. 그러한 금전적 비교에서 자신이 열등하다고 생각되면 통상적이고 평균적인 개인은 자신의 현재 상태에 지속적인 불만을 품게 된다. 그 개인이 노력하여 공동체 내에서 통용되는 평균적 금전의 기준에 도달하면, 그가 지금껏 느껴온 불만은 이제 또다른 노심초사로 바뀌게 된다. 즉, 이제 자신이 그 평균으로부터 더 위로 올라가 나중에 그 평균에 도달하는 사람과의 거리를 가능한 한 넓히려고 끝없이 긴장하며 노력하는 것이다. 이러한 부의 차별적 구분은, 어떤 개인이 금전적 명성과 관련하여 경쟁자들보다 훨씬 높은 지위에 있다는 것을 느긋하게 확신할 수 있을 때까지는 결코 멈추지 않는다. 그리하여 개인은 늘 불편한 마음으로 더 위로 올라가야 한다는 심리에 시달리게 된다.

부에 대한 욕망은 충족되지 못한다

사정이 이렇기 때문에, 어떤 개인의 부에 대한 욕망은 결코 충족되지 못하며, 부에 대한 평균적이고 일반적인 욕망이 충족되면 그걸로 만족한다는 것은 불가능하다. 설사 어떤 사회의 부가 아무리 폭넓게 동등하고 "공평하게" 분배되어 있고 또 그 사회의 부가 전반적으로 증가한다 할지라도, 개인의 이런 금전적 욕망을 충족시키지 못한다. 왜냐하면 그 욕망의 근본적 바탕은 남들보다 더 뛰어나야 한다는 욕구이기 때문이다. 만약 부를 축적하려는 동기가 때때로 추정되는 것처럼 가족의 생계와 신체적 안락을 위한 것이라면, 어떤 공동체의 전반적인 경제적 필요는 그 사회의 산업적 효율성이 증가함에 따라 어느 정도 충족될 수 있다. 그러나 그 갈등은 본질적으로 차별적 비교를 바탕으로 한 명성을 얻으려는 경쟁이기 때문에, 완벽하게 만족을 얻는다는 것은 불가능하다.

그렇다고 해서 금전적 지위를 얻어서 존경을 받고 또 남의 부러움을 사는 것만이 부의 획득과 축적의 유일한 이유이고 그 외의 다른 요인은 없다는 얘기는 아니다. 신체적 안락을 더욱 증진하고 결핍으로부터 자유롭게 되는 욕망, 이것은 현대의 산업 공동체 내에서 벌어지는 축적 과정의 모든 단계에서 하나의 중요한 동기로 존재한다. 하지만 이런 측면에서의 충분함이라는 기준은 금전적 경쟁의 습관으로부터 크게 영향을 받는다. 상당한 정도에 이르기까지, 이런 경쟁이 개인적 안락과 품위 있는 생활수준 등을 위한 소비 방법과 또 소비 물품을 결정하는 것이다.

이것 이외에도 부 자체가 제공하는 힘도 재산 축적의 동기가 된다. 행위자인 인간이 목적에 부합하는 행위를 좋아하고, 쓸데없는 노력을 싫어하는 경향은 아무리 환경이 바뀌어도 어디로 가거나 완전히 사라지지 않는다. 원시 공동체 문화에서, 생활의 주된 방식은 개인과 소속 집단의 완벽한 상호 유대관계에 의해 영위되지만 이 때에도 그런 합목적적 경향이 작용한다. 그리고 인간은 이러한 문화에서 협의적 의미의 자기 이익 추구가 주도적인 생활 방식으로 자리 잡는 약탈적 단계로 이행하면서도, 그런 경향이 생활양식을 결정짓는 특징으로 등장한다. 구체적 업적을 좋아하고 실적 없는 무익함을 싫어하는 경향은 가장 결정적인 경제적 동인이다. 이러한 경향은 그 본질은 바뀌지 않고, 그것이 표현되는 형태와 그 실현을 위해 인간의 에너지가 집중되는 대상만 바뀔 뿐이다.

개인의 소유권이 인정되는 제도 아래에서, 그런 목적을 가시적으로 달성할 수 있는 가장 객관적인 수단은 재화의 획득과 축적이다. 인간들 사이의 이기적 대립이 심화될수록, 업적을 달성하려는 경향 — 일솜씨의 본능 — 은 점점 더 금전적 업적에서 남들보다 뛰어나려는 노력으로 구체화된다. 차별적인 금전적 비교에 의해 검증되는 상대적 성공은 곧 통상적인 행동 목표가 된다. 현재 합법적인 것으로 인정되는 행동 목표는 좋은 업적을 올려 남들보다 더 뛰어난 사람이라는 평가를 받는 것이다. 따라서 업적 없는 무익함을 싫어하는 것은 어느 정도까지는 경쟁 동기에 부합한다. 그것(무위를 싫어하는 것)은 금전적 성공에 도움이 되지 않는 단점이나 단점의 증거를 날카롭게 비난함으로써 금전적 명성에서 우위를 차지할 것을 강조한다. 유의미한 행동은 일차적으로 부의 축적을 더욱 그럴 듯하게 드러내주는 행동에 집중된다. 따라서 부의 축적 동기 중에서 그 범위나 강도에 있어서 으뜸이 되는 것은 바로 이 금전적 경쟁에서 승리하려는 동기이다.

이것은 췌언에 불과할지 모르나, 아무튼 "차별적invidious"이라는 단어를 사용하면서 이 단어로 지칭되는 유한계급의 여러 가지 행위나 현상을 칭송 혹은 비난하거나, 권장 혹은 만류하려는 의도는 전혀 없음을 미리 밝힌다. 이 단어는 기술적technical 의미로 사용되었다. 기술적 의미라고 하는 것은 상대적 — 미학적·도덕적 의미에서 — 가치의 관점에서 평가하고 등급을 매길 목적으로 사람들을 비교한다는 뜻이다. 나아가 사람들 자신이 스스로 평가하거나 남들이 평가해주는 상대적 만족의 정도를 서술하고 규정하는 것을 뜻하기도 한다. 따라서 차별적 비교는 가치의 측면에서 사람들이 어떤 것을 좋게 보고 어떤 것을 나쁘게 보는지 드러내는 과정이다.

(차별적이라는 단어의 원어는 invidious이다. 이 단어의 사전적 뜻은 "비위에 거슬리는, 불공평한, 불쾌한" 등이다. 따라서 차별적이라는 사전적 의미는 없으나, 베블런이 이 단어를 사용하는 앞뒤 문맥을 살펴보면 "차별적"이 가장 저자의 뜻에 부합하는 번역어라고 생각된다. 유한계급은 남들과 차별되기 위하여 금전적 경쟁을 벌이고, 또 그런 경쟁의 구체적 표현으로 과시적 소비를 하고 과시적 여유를 부리는 것이다. 베블런은 이처럼 유한계급이 느끼는 가치와 만족도의 정도를 드러내기 위해 "차별"이라는 말을 썼지만, 정작 베블런 자신은 그런 태도를 칭송 혹은 비난하거나, 권장 혹은 만류하려는 의도는 없다고 밝히고 있

다. 그러나 이런 언명이 유한계급을 풍자하려는 저자의 태도를 모두 다 감추어

주는 것은 아니다 : 옮긴이).

제 3 장

과시적 여가

다른 경제적 힘이나 축적 과정의 다른 특징으로부터 방해를 받지 않았더라면, 위에서 말한 금전적 경쟁이 가져오는 직접적 효과는 근면성과 절약 정신이었을 것이다. 그런 효과가 하층 계급에서는 실제로 어느 정도 나타나기도 했다. 이 계급에서 재화를 획득하는 통상적 수단은 생산 노동이니까 말이다. 이것은 농업을 주로 하는 정주 사회의 노동 계급에게 더욱 잘 해당되는 효과이다. 그 사회에서는 재산의 상당한 세분화가 이루어져 있고, 또 그 법률과 관습은 노동 계급이 근면하게 노동하여 얻은 재화의 상당 부분을 차지하도록 보장해준다. 이런 하층 계급은 아무튼 노동을 하지 않을 수 없고, 그래서 그들이 노동을 한다는 사실은 그다지 불명예스러운 것은 아니다. 특히 그 노동 계급들 사이에서는 노동을 숭상한다. 노동이 그 계급의 공인된 생활 방식이기 때문에, 그들은 자신의 일 효율성 덕분에 얻게 되는 명성에 경쟁적 자부심을 느낀다.

사실 이것이 그들이 할 수 있는 유일한 경쟁이다. 그래서 생산 효율성과 절약에 의해서만 획득과 경쟁을 할 수 있는 사람들의 경우, 금전적 명성은 어느 정도까지 근면과 절약의 집중에 의해서 얻어진다. 그러나 앞으로 설명하게 될 경쟁 과정의 2차적 특징이 등장하여, 상류 계급은 물론이고 하층 계급 사이에서도 이런 방향(근면과 절약)으로의 경쟁을 크게 제한하고 수정하게 된다.

그렇지만 현재 우리가 여기에서 논의하려고 하는 금전적으로 뛰어난 유한계급은 사정이 그렇지 않다. 물론 이 계급에도 근면과 절약의 동기가 전혀 없는 것은 아니다. 하지만 부자 계급의 행동은 금전적 경쟁의 2차적 요구에 의해 크게 영향을 받으므로, 이 방향(근검과 절약)으로의 집중은 실제적으로 크게 억제되며, 근면의 동기는 별 위력을 발휘하지 못하는 경향을 보인다. 경쟁의 2차적 요구 중에서 가장 위력적이고 또 광범위한 사항은 생산 업무에서 면제되어야 한다는 요구이다. 이것은 문화의 야만적 단계에서도 특별한 의미를 가질 정도로 중대한 요구였다. 약탈적 문화에서, 노동은 사람들의 사고방식 속에서 용맹함이 없는 허약함 혹은 주인에 대한 복종과 같은 것으로 여겨졌다. 그것은 열등함의 표시였고 따라서 가장 우수한 지위에 있는 남자에게는 어울리지 않는 일로 간주되었다. 이런 전통 때문에 노동은 비천한 것으로 여겨졌고 이 전통은 결코 사라지지 않았다. 오히려 사회적 분화가 진행되면서 그것은 오래되고 또 당연시되어 왔기 때문에 거의 원칙이나 다름없는 힘을 획득하게 되었다.

부와 권력의 증거

남들의 존경을 얻고 또 유지하기 위해서는 부나 권력을 소유한 것만으로는 충분하지 않았다. 사람들의 존경은 구체적 증거가 있어야만 나오는 것이기에, 그 부와 권력을 증거로 보여주어야 했다. 부의 증거는 부자의 중요한 위상을 남들에게 각인시켜 주고 또 그 위상을 생생하고 실감나게 유지해 줄 뿐만 아니라, 부자의 자존심을 높이고 또 유지하는 데에도 그에 못지않게 유익한 것이다. 아주 저급한 단계를 제외한 거의 모든 문화의 단계에서, 평균적 인간은 "근사한 환경"의 유지와 "비천한 일"로부터 면제 등으로부터 위안을 얻고 또 자존감을 높이게 된다. 인간은 일상생활의 장식품이나 날마다 하는 노동의 종류와 강도 등에서 남들의 강요에 의하여 근사한 생활 기준을 누리지 못한다고 생각하면, 그것을 자신의 품위에 대한 모욕으로 여긴다. 이것은 동료들의 그런 생활에 대한 승인 혹은 불승인을 그(인간)가 의식했는지 여부와는 전혀 별개의 문제이다.

이처럼 인간의 생활 방식을 비천한 것과 명예로운 것으로 구분하는 원시사회의 원칙은 심지어 오늘날에도 그 오래된 힘을 상당 부분 간직하고 있다. 그래서 상류 계급에 속하는 사람들은 천박한 형태의 노동에 대해서는 본능적인 혐오감을 느낀다. 그래서 우리의 사고방식은 비천한 서비스를 제공하는 노동직에 대하여 유별날 정도로 지저분하다는 의례적儀禮的 느낌을 갖고 있다. 그래서 세련된 취향을 가진 사람들은 하인들이나 할 법한 일에는 정신적 오염이 수반된다고 느낀다. 대중적 환경, 천한(다시 말해 값싼) 주거지, 조잡한 생산직 등은 가차 없이 비난되고 또 회피된다. 그런 일들은 "고상한 생각"을 주로 하는 만족스러운 정신적 생활과는 양립될 수 없다.

고대 그리스 철학자들의 시대에서 오늘날의 현대에 이르기까지 어느 정도의 여가와, 일상생활의 즉각적 필요에 부응하는 생산 과정으로부터의 면제는 아름답고 흠결 없는 생활을 누리는데 필수 조건이라고 여겨져

왔다. 모든 문명인의 눈으로 볼 때 한가한 생활은 그 자체로 혹은 그 파급 효과에 있어서, 아름답고 또 사람을 고상하게 만드는 것이다.

여가의 직접적이고 주관적인 가치와 그 외의 부의 다른 증거들의 가치는 대체로 말해서 2차적이면서 파생적인 것이다. 그 가치는 부분적으로 여가가 다른 사람들의 존경을 얻어내는 수단으로 유익하다는 사실에서 나오고 또 대리적인 심리적 만족을 가져다준다는 점에서도 나온다. 노동을 한다는 것은 전통적으로 힘의 열등함을 보여주는 표시였고 그래서 간단히 말하면 본질적으로 천박한 것으로 여겨졌다. 그런 만큼 여가가 있다는 것은 힘의 우월함을 보여주고 또 자신이 그런 천박한 일을 하지 않아도 되는 사람이라는 자기만족을 가져다주는 것이다.

약탈적 문화의 단계에서, 그리고 약탈 단계에 뒤이어 나오는 유사-평화적 산업 발전의 초창기 단계에서, 여가 생활은 금전적 능력의 가장 즉각적이면서도 결정적인 증거였고 따라서 우월한 힘을 보여주는 것이었다. 따라서 여가를 누리는 사람들은 명백하게 안락하고 편안한 생활을 영위했다. 이 단계에서 부는 주로 소유한 노예들의 숫자를 의미했고, 부와 권력의 소유에서 나오는 혜택은 주로 개인적(노예의) 노동이나 그 노동의 즉각적인 결과물이었다. 따라서 노동으로부터의 과시적 면제는 우월한 금전적 능력을 보여주는 표시였고 부자의 명성을 널리 드러내는 통상적 지표였다.

반면에 생산 노동에 종사한다는 것은 가난과 굴복의 표시였으므로, 공동체 내의 명예로운 지위를 가져다주지 못했다. 따라서 근면과 절약의 습관은 금전적 경쟁의 무대에서는 일관되게 추진되지 않았다. 오히려 금전적 경쟁은 생산 노동에의 참여를 간접적으로 억제했다. 노동은 가난의 표시였으므로 불가피하게 불명예가 되었다. 예전의 문화적 단계에서 물려져 내려온 오래된 전통 아래에서는, 노동이 품위 없는 것이 아니었음에도 불구하고 금전적 경쟁이 가열되면서 노동의 위상이 그렇게 추락해 버린 것이다. 약탈 문화의 전통에서는, 생산 활동은 유능한 남자에게는 어울리지 않는 일이므로 피해야 마땅했다. 이러한 전통은 약탈 문화에서 유사-평화적 산업 발전의 초창기 단계로 이행하는 동안에 폐기된 것이 아니라 오히려 강화되었다.

유한계급은 소유권의 최초 결과

유한계급의 제도가 개인 소유권의 최초 등장과 함께 나타난 것은 아니지만, 생산직에 부여된 불명예의 느낌 때문에 유한계급은 소유권이 가져온 최초 결과의 하나로 생겨나게 되어 있었다. 유한계급은 이론상 약탈 문화의 초창기부터 있었다고 말할 수 있지만, 그 제도는 약탈 문화에서 그 다음 단계인 금전적 문화로 이행하면서 새롭고 본격적인 의미를 획득하게 되었다. 이 시기부터 이론과 실제가 명실상부한 "유한계급"이 생겨났다. 이 시점부터 완성된 형태의 유한계급 제도가 시작되었다.

약탈 단계에서 유한계급과 노동 계급의 구분은 어느 정도까지는 의례적 구분일 뿐이었다. 유능한 남자들은 그들이 보기에 비천한 노동이라고 생각되는 것은 무엇이든 적극적으로 멀리했다. 하지만 그들의 활동은 그 집단의 생존에 크게 기여했다. 그 다음인 유사-평화 산업의 단계는 특징적으로 가재家財 노예제, 개인 소유의 소 떼, 목축인과 목동의 하인 계급이 정립되었다. 이 단계에서 산업이 크게 발달하여 공동체 구성원들은 생계를 위하여 사냥이나 그 외에 탈취로 여겨지는 행위 등에 더 이상 의존하지 않게 되었다. 이때부터 유한계급의 주된 특징은 모든 유용한 생산 활동으로부터 남들의 눈에 띄게 면제되는 것이었다.

이 성숙한 문화 발전의 단계에서, 유한계급의 통상적이고 특징적인 업무는 그 형태에 있어서 예전 단계의 그것과 똑같다. 즉 통치, 전쟁, 스포츠, 종교적 예배 등이다. 이론의 세세한 측면을 따지기 좋아하는 사람들은 이 네 가지 업무도 간접적으로 혹은 부수적으로 "생산"과 관계된다고 주장할 것이다. 그러나 이 문제와 관련하여 다음과 같은 결정적인 사항을 주목해야 할 필요가 있다. 그 네 가지 업무에 종사하는 유한계급이 겉으로 내세우는 통상적인 동기는 어떤 생산적 노력으로 부를 증가시키려는 것이 아니다. 이 단계나 다른 문화적 단계에서, 통치와 전쟁은 그 행위에 참여한 사람들의 금전적 소득을 얻기 위한 부분도 있다. 그러나 이것은 약탈과 변환의 명예로운 방법에 의해서 획득된 것이다.

(약탈과 변환: 약탈은 갑이라는 행위자가 을에게서 무력으로 재화를 빼앗아 오는 행동이며, 변환은 을이라는 행위자가 전에 다른 목적으로 쏟아 부었던 에너지를 갑[약탈자]의 목적으로 전환시키는 것을 의미한다. 가령 적의 여자나 하인을 데려와 노예로 사용하는 경우가 변환에 해당한다 : 옮긴이).

네 가지 업무는 그 본질이 약탈적인 일이지 생산적인 일은 아니다. 사냥에 대해서도 똑같은 말을 해볼 수 있으나 약간 뉘앙스가 다르다. 어떤 공동체가 수렵 단계를 벗어나게 되면, 사냥은 점차 뚜렷이 구분되는 두 가지 다른 일로 분화된다. 첫째, 주로 소득을 얻기 위해 하는 전문 직종이 된다. 이 경우 약탈의 요소는 사실상 없어지거나, 아니면 소득을 얻기 위한 생산업이라는 소리를 안들을 정도로 약탈의 요소가 충분히 존재하지 않는다. 둘째, 사냥은 스포츠로서, 간단히 말해서 약탈적 충동을 발산하는 행위이다. 이런 의미에서 볼 때 사냥은 그럴 법한 금전적 동기를 제공하지는 않지만 다소간 약탈의 요소를 명백하게 포함하고 있다.

바로 이 후자의 개념 — 즉 생산 업무라는 비난이 배제된 사냥 — 만이 잘 발달된 유한계급의 생활양식에서 용납되고 또 가치 있는 것으로 받아들여지는 것이다.

노동 면제는 명예와 품위의 필수 요소

노동을 하지 않는 것은 명예롭고 가치 있는 것일 뿐만 아니라 품위 있는 생활의 필수 요소이다. 부가 축적되던 초기 단계에서, 재산을 명성의 근거로 삼는 태도는 아주 노골적이면서 오만한 것이었다. 노동을 하지 않는 것은 부의 통상적 증거였고, 따라서 사회적 지위를 보여주는 관습적 표시였다. 이런 식으로 부가 가치 있다고 주장하는 태도 때문에 좀 더 강력한 여가에의 요구가 나오게 되었다.

Nota notae est nota rei ipsius.

(사람들이 인식하는 것의 표시가 곧 사물 그 자체의 표시이다).

(사람들이 부자는 여가가 많다고 생각하고 그런 식으로 부자를 표시하게 되면 여가가 곧 부의 표시가 된다는 뜻 : 옮긴이).

잘 확립된 인간성의 법칙에 의하면, 인간 사회의 규범은 이러한 관습적인 부의 증거(여가)를 포착하여 그것을 그 자체로 가치 있고 고상한 것으로 인간의 마음속에다 각인시킨다. 반면에 생산적 노동은 그와 똑 같은 과정을 거쳐서 다음과 같이 이중으로 무가치한 것이 되어버린다.

첫째, 사회 규범은 노동을 공동체 구성원들의 눈에 불명예스러운 것으로 만들어버리고,

둘째, 고상한 자유인에게는 도덕적으로 불가능하고 또 가치 있는 생활과는 양립할 수 없는 것으로 각인시킨다.

이처럼 노동을 기피하는 터부는 산업을 기준으로 하는 계급의 분화를 가져왔다. 인구가 조밀해지고 약탈 사회가 정주 산업 사회로 이행하면서, 소유권을 지배하는 권위와 관습은 그 적용 범위와 일관성이 더욱 공고해졌다. 이제 노골적인 약탈로 부를 축적하는 것은 현실적으로 불가능해졌고, 그렇다고 해서 고상한 마음을 가졌지만 돈이 없는 사람들이 생산업에 의해 돈을 획득하는 것도 불가능해졌다. 그들에게 남아 있는 대안은 구걸과 빈곤뿐이었다. 과시적 여가라는 규범이 아직도 예전과 다름없이 통용되는 곳에서는, 2차적(그러니까 가짜의) 유한계급이 생겨날 것이다. 이들은 아주 가난하여 결핍과 불편의 불안정한 삶을 살아가고 있지만 도덕적으로는(정신적으로는) 몸을 낮추어 소득을 올리는 일을 하지는 못한다. 왕년에 유한계급이었다가 지금은 퇴락한 신사숙녀는 오늘날 결코 낯선 현상이 아니다.

이처럼 뿌리 깊은 육체노동에 대한 혐오감은 문명인들에게는 친숙한 것이며, 문명 발전도가 떨어지는 금전적 문화의 사람들에게도 낯익은 것이다. 신사숙녀의 매너에 오랫동안 익숙해져 온 은근한 감수성의 소유자들에게, 육체노동에 대한 수치심은 너무나 뿌리 깊은 것이어서 때로는 생존 본능보다 더 강력한 힘을 발휘한다.

가령 어떤 폴리네시아 섬의 추장들은 체면을 너무나 강조한 나머지, 그들의 손으로 음식을 직접 집어먹으니 차라리 굶어죽는 것을 선택했다고 한다. 이러한 행동은 부분적으로, 추장이라는 신분에 부착된 과도한 제재와 터부 때문에 발생한 것이다. 그 터부는 추장의 양손이 만지는 대상에 곧바로 부과되었다. 따라서 추장이 만지는 것은 뭐든지 인간의 음식으로는 부적절하게 되었다. 그러나 이 터부 또한 노동의 무가치성 혹은 도덕적으로 용납할 수 없는 것에서 파생한 것이다. 따라서 이런 식으로 해석을 하고 보면, 폴리네시아 추장의 행동은 처음 보았던 것보다 훨씬 더 명예로운 여가의 규범에 부합하는 것임을 알 수 있다.

이보다 더 구체적이고 분명한 사례는 어떤 프랑스 왕의 경우이다. 그는 좋은 체면 치레를 유지하기 위하여 과도한 도덕적 정력을 탕진한 끝에 자신의 목숨을 잃어버렸다. 왕의 의자를 옮겨주는 직책을 맡은 관리가 옆에 없었기 때문에 왕은 불이 났는데도 아무 불평 없이 의자에 앉아 있다가 그만 불에 타죽고 말았다. 하지만 그렇게 함으로써 왕은 가장 고귀한 기독교도 군주인 그 자신의 몸이 비천한 노동으로 오염되는 것을 막을 수 있었다.

Summum crede nefas animam praeferre pudori,
Et propter vitam vivendi perdere causas.
(정신을 수치스러운 일에 내맡기고, 그리고 목숨을 부지하기 위해
 살아가는 목적을 잃어버리는 것은 최고의 죄악임을 알아야 한다.)

여기서 사용된 "여가"라는 용어는 게으름이나 한적함을 의미하지 않는다는 것은 이미 위에서 언급한 바 있다. 여기서 말하는 여가는 시간을 생산과는 무관한 일을 하면서 보내는 것을 의미한다. 이처럼 시간을 비생산적으로 소비할 수 있는 것은

〔1〕 생산적인 일을 무가치한 것으로 여기기 때문이고,

〔2〕 게으른 생활(노동을 하지 않는 생활)을 할 수 있는 금전적 능력을 객관적으로 과시하고 싶어서이다.

그렇다고 해서 유한계급 신사의 전반적 생활이 그가 누리는 명예로운 여가에 깊은 인상을 받을 만한 구경꾼이 보는 데에서만 전개되는 것

은 아니다. 그의 생활 중 어떤 부분은 사람들의 눈에 띄지 않는 곳에서 영위된다. 하지만 그 은밀한 부분에 대해서, 유한계급의 신사는 그의 체면을 위하여 그럴 듯한 해명을 내놓을 수 있어야 한다. 그는 구경꾼이 없는 곳에서 즐긴 여가에 대하여 증거를 제시하는 수단을 강구해야 한다. 그것은 비록 간접적이지만 어떤 구체적이고 지속적인 결과물을 내놓음으로써 해결된다. 가령 그(유한계급의 신사)가 부리는 장인匠人이나 하인이 그가 여가를 즐기는 중에 해놓은 노동의 구체적이고 지속적인 결과물이 그 증거가 된다.

생산적 노동의 지속적인 증거물은 그 물질적 생산물인데 보통 소비가 가능한 물품이다. 약탈의 경우에는 전리품이나 기념품의 형태로 구체적 결과물을 획득하여 사람들에게 전시하는 것이 가능하다. 문화 발전의 후기 단계에서 약탈의 공인된 표시로 받아들여지는 배지나 휘장을 패용하는 것이 일반적이다. 그런 배지나 휘장은 어느 정도로, 어느 만큼 약탈을 했는지 보여주는 상징이 된다. 그러나 인구가 조밀해지고 인간관계가 복잡다양해지면서, 인간생활의 세부사항들은 정교화와 선택의 과정을 거쳐 가게 된다. 이런 정교화 과정에서 트로피의 사용은 지위, 작위, 등급과 휘장의 체계로 차차 발전해 나가는데, 그 구체적 사례는 문장, 메달, 훈장 등이다.

여가는 약탈과 밀접한 관계

경제적 관점에서 볼 때, 여가는 하나의 직업으로 간주된다. 그것은 속성상 약탈의 생활과 밀접한 관계가 있다. 여가 생활에 특징을 부여하고 또 그 생활의 적절한 기준으로 남게 되는 업적들은 약탈 행위의 트로피와 공통점이 많다. 협의적 의미의 여가, 즉 약탈 행위와 구분되고 또 본질적 가치가 없는 물건을 만들어 내는데 기울이는 생산적 행위와 구분되는 여가는 보통 물질적 제품을 만들어 내지 않는다. 따라서 과거에 누린 여가의 기준은 "비물질적" 재화의 형태를 취한다. 과거에 누린 여가의 비물질적 증거는 유사-학문적, 유사-예술적 업적들이며, 또한 인간 생활의 진보에 직접적으로 기여하지 않는 과정이나 사건들에 대한 지식이다.

가령 우리의 시대에, 사어死語(라틴어와 고대 그리스어 : 옮긴이)와 신비주의 학문에 대한 지식, 정확한 철자법 지식, 통사론과 작시법 지식, 실내악과 기타 가정家庭 예술의 다양한 형태에 관한 지식, 최신식 의상, 가구, 마차에 대한 지식, 게임, 스포츠, 개나 경주마 등 기호嗜好 동물에 대한 지식 등이 구체적 사례이다. 이런 분야의 지식을 얻으려 하고 또 그런 지식을 널리 유통시킨 일차적 동기는 여가 시간을 생산적 업무를 하면서 보낸 것이 아님을 증명하려는 것은 아니었으리라. 하지만 이런 지식의 획득이 비생산적 시간 사용의 납득할 만한 증거로 제시될 수 없었더라면, 그런 지식들은 살아남지 못했을 것이고, 또 유한계급의 통상적 업적으로 자리 잡지도 못했을 것이다.

이러한 업적들은 어떤 의미에서는 학문의 한 분야로 분류될 수 있다. 이런 것들 이외에, 학문 분야에서 신체적 습관이나 기술로 분화해 나간 일련의 사회적 사실들도 있다. 그것들은 매너, 교양, 공손한 태도, 예의범절, 공식적이고 의례적인 절차 등으로 알려져 있다. 이런 부류의 사실들은 좀 더 직접적이고 눈에 띄게 관찰되며, 여가의 결정적 증거로 폭넓게 또 강력하게 제시된다. 여기서 한 가지 특기해야 할 사항은, 일반적으로 매너라는 항목으로 분류되는 의례적 절차는, 후대의 문화적 발전 단계보다는 과시적 여가가 크게 유행되는 문화적 단계에서 사람들의 존경을 더 많이 받게 된다는 점이다.

산업의 유사-평화 단계에 있는 야만인은 후대의 그 어떤 교양 높은 남자보다 더 잘 교육을 받은 신사이다. 사회가 가부장적 단계로부터 이행하면서 매너는 점점 더 악화되었다는 것은 잘 알려진 사실이고 또 지금도 널리 믿어지고 있다. 많은 구식 신사들은 현대 산업 사회의 상류계급 사람들조차도 교양이 부족한 매너와 태도에 대하여 눈살을 찌푸리며 개탄하고 있다. 민감한 감수성을 가진 사람들이 볼 때, 산업(생산직) 계급들 사이에서 발견되는 의례적 규범의 퇴보 — 다르게 말해서는 삶의 세속화 — 는 후기 문명의 주요한 과실 중 하나이다. 바쁜 사람들 사이에서 발견되는 의례적 규범의 퇴보는 다음과 같은 사실을 증명한다. 즉, 예의범절은 유한계급이 주도적으로 만들어 낸 것으로서 신분제 사회에서 발아하여 만개한 것이다.

매너의 근원 혹은 파생은, 좋은 매너를 얻기 위해 많은 시간을 들였음을 보여주는 좋은 매너의 사람들의 의식적인 노력에서 생겨난 것이 아니므로, 그보다는 다른 어떤 것에서 찾아야 한다. 매너의 혁신과 정교화의 주된 목표는 아름다움과 표현의 측면에서 더욱 효과적인 성과를 거두자는 것이었다. 대체로 말해서 예의범절의 의례적 규범은 남을 달래거나 선의를 보여주려는 의도에서 출발하여 성장해 왔다. 이것은 인류학자와 사회학자가 다들 그렇게 추정하고 있다. 이러한 최초의 동기가 문화의 후기 발전 단계에 오면 좋은 매너를 갖춘 사람들의 행동에는 반드시 들어가 있다.

그러나 매너는 부분적으로는 어떤 동작의 정교화이지만, 동시에 예전에 있던 지배의 행위, 개인적 봉사의 행위, 개인적 접촉의 행위가 관습적으로 혹은 상징적으로 존속한 것이다. 대체로 보아 매너는 신분 관계의 표현인데, 한쪽에는 지배자가 있고 다른 한쪽에는 복종자가 있는 상징적 팬터마임(무언극)이다. 약탈적 심리 상태와 그에 따른 주종 관계가 어떤 사회의 주된 생활양식이라면, 모든 행동을 정해진 절차에 따라 꼼꼼하게 해내는 것이 아주 중요하며, 또 등급과 작위에 대한 의례적 준수가 유사-평화적 유목 문화의 야만인들이 규정한 이상理想에 거의 근접한다. 몇몇 대륙 국가들은 이런 정신 상태가 여전히 잔존하고 있음을 잘 보여준다. 이런 사회들에서는, 야만 시대의 이상을 그대로 답습하면서 매너에 대하여 마치 그 안에 어떤 본질적 가치가 있는 것처럼 높이 평가한다.

예의범절은 상징과 팬터마임으로 시작되었고 그 상징되는 사실과 속성을 은근히 드러내는 줌으로써 그 가치를 획득한다. 그러나 그것은 곧 인간들 사이의 사교 측면에서 상징적인 어떤 것 이상의 의미를 갖게 된다. 사람들의 마음속에서 매너는 곧 그 자체로 어떤 실질적 효용이 있는 것처럼 여겨지는 것이다. 이렇게 하여 매너는 어떤 성스러운 특징을 갖게 되고, 당초 그것이 상징했던 사실들로부터 상당히 분리된다. 예의범절로부터 벗어나는 것은 모든 사람들에게 본질적으로 혐오스러운 것이 되고, 일반 상식 속에서 훌륭한 교양은 인간적 훌륭함의 어떤 부수적 표시가 아니라, 고귀한 인간 영혼의 본질적 특징으로 여겨지게 되는 것이다. 예의범절의 위반처럼 우리의 본능적 혐오감을 촉발하는 것은 없다. 매너의 준수에 본질적 효용을 부여하는 태도가 진화할수록 우리는 매너 없는 사람과 그 사람의 본질적 무가치를 서로 구분하기가 어려워진다. 믿음을 위반하는 것은 묵과할 수 있어도 매너를 위반하는 것은 그렇지 못한다. "매너는 인품을 만들어 낸다."

매너의 밑바탕은 여가

행위자나 구경꾼이 볼 때 매너는 이런 본질적 효용을 갖고 있지만, 예의 범절이 이런 본질적 올바름을 갖추고 있다고 생각하는 것은 매너와 교양의 일차적 밑바탕일 뿐이다. 매너의 궁극적·경제적 밑바탕은 여가(혹은 시간의 비생산적 사용)의 명예로운 특징에서 찾아야 한다. 만약 여가가 없다면 좋은 매너라는 것도 생겨나지 않는다. 좋은 체면에 대한 지식과 습관은 오래 지속된 관습에서 나오는 것이다. 세련된 기호, 매너, 생활 습관은 상류계급의 유용한 증거이다. 왜냐하면 좋은 교양은 시간, 노력, 비용이 들어가야 하는 것인데 생산적인 일에 시간과 에너지를 투입해야 하는 사람들로서는 그것을 감당하기 어렵기 때문이다.

좋은 체면에 대한 지식은 다음과 같은 사실에 대한 일차적 증거이다. 즉, 교양 높은 사람이 남들 보지 않는 데서 보낸 시간은, 금전적 소득과는 무관한 업적을 획득하기 위하여 보람 있게 사용된 것이다. 결국 매너의 가치는 여가 생활의 보증서라는 사실에 있다. 따라서 여가는 금전적 명성을 얻게 해주는 전통적 수단이고, 그 명성을 얻기 원하는 사람은 좋은 매너를 갖추는 것이 필수적이다.

남들 보지 않는데서 보낸 여가 시간이 명성을 높여주는 목적에 부응하는 것은 다음과 같은 경우이다. 그 시간은 어떤 구체적이고 가시적인 결과물을 남겨야 하는데, 그것은 명성을 얻기 위해 경쟁하는 같은 계급의 사람이 내놓은 결과물과 비교, 측정될 수 있는 것이어야 한다. 여유로운 매너와 몸가짐에서 나타나는 이런 효과는 지속적으로 노동을 하지 않는데서 자연스럽게 생겨난다. 심지어 어떤 사람이 이 문제(노동하지 않음)를 깊이 생각하지 않고 여가인餘暇人의 풍요로움과 우월적 태도를 교묘하게 흉내 내어 그런 매너와 몸가짐을 어렵사리 갖추었을 때에도 그런 효과가 나타난다. 이런 식으로 여가인의 생활이 몇 세대 동안 계속되면 그 사람의 매너에는 지속적이면서도 조사 가능한 효과가 나타나고, 또 그의 습관적 행동이나 몸가짐에서도 그런 효과가 발생한다. 그러나 누적된 여가인의 생활과 수동적으로 물려받은 능숙한 예의범절은, 주의 깊은 생각과 명예로운 여가인의 특징을 모방하려는 노력에 의해 더욱 향상될 수 있다. 지속적이고 체계적인 단련을 통하여 노동을 하지 않는다는 이런 부수적 표시를 더욱 자신 있게 외부에 드러낼 수 있는 것이다.

분명, 노력과 비용을 지속적으로 경주하면 여가인의 특징을 더욱 품위 있게 획득하는데 도움이 된다. 이런 능숙한 매너가 더 잘 드러날수록, 그리고 금전적 소득이나 유익한 목적과는 무관한 기술이나 지식에 더 많이 종사했다는 증거가 분명하게 나타나고 또 그런 것들의 획득에 들어간 시간이나 비용이 많았다는 게 드러날수록, 거기서 파생되는 명성은 더 높아지는 것이다. 따라서 좋은 매너의 숙련도를 두고서 벌어지는 경쟁적 갈등에서는, 예의바른 습관을 배양하는데 많은 노력이 들어가게 된다. 예의범절의 세부사항은 포괄적 규범의 수준으로 발전하고, 온전한 명성을 누리고자 하는 사람은 그 규범을 그대로 준수해야 한다. 반면에 예의범절을 파생시킨 이 과시적 여가는 점진적으로 정교한 행동 수칙과 기호와 차별의 교범을 만들어 낸다. 그리고 이 수칙과 교범에 따라서 어떤 물품의 소비와 소비 방식이 예의범절에 부합하는지 여부가 결정된다.

이와 관련하여 다음 사항은 주목해볼 필요가 있다. 영리한 모방과 체계적인 훈련으로 병적이거나 괴팍한 사람이나 매너를 만들어 낼 가능성도 있으나, 이것(모방과 훈련)은 어떤 문화적 계급이 의도적으로 형성된 사실을 설명해준다. 그런 과정은 때때로 아주 좋은 효과를 거두기도

한다. 구체적 사례로는, 속칭 속물근성snobbery으로 알려진 과정이 그 것이다.

(속물 snob은 다음 두 가지 의미를 갖고 있다. 첫째, 상류계급의 사람을 존경하고 하층계급의 사람은 경멸하는 자. 둘째, 자신의 지능이나 취미 등이 뛰어나다고 생각하면서 자신이 남들보다 우월하다고 생각하거나 행동하는 자. 베블런은 이 두 번째 의미를 취하여 실은 자신이 노동 계급이면서도 모방과 훈련을 통하여 유한계급의 지능이나 취미를 갖추었다고 생각하는 사람을 속물이라고 지칭하고 있다 : 옮긴이).

다수의 가정에서는 여러 세대를 통하여 좋은 가문과 교양의 점진적 진화가 이루어진 것이다. 이처럼 의도적으로 만들어진 좋은 가문은, 오랜 세월 금전적 능력의 특징을 갖추어서 힘든 훈련을 쌓지 않아도 되는 유한계급의 사람들과 비교해도 본질적으로 별로 떨어지지 않는 유한계급의 특징을 갖추게 된다.

게다가 이들은 소비의 예의바른 수단과 방법을 규정한 최근의 공인된 규범을 상당 부분 준수한다. 이런 이상적 규범의 준수 정도에 따라 이 사람과 저 사람 사이의 차이를 비교할 수 있고, 매너와 교양의 발전 규모에 따라 사람을 정확하고 적절하게 등급을 매기고 목록을 만들 수 있다. 이런 점에서, 공인된 기호의 규범에 대한 준수 여부를 바탕으로 하여 어떤 사람이 품위 있다는 평가를 내릴 수 있다. 그 사람의 금전적 지위나 누리고 있는 여가의 정도 등을 의식적으로 따지지 않고 말이다. 그러나 그런 평가를 내리는 기호의 규범은 과시적 여가의 규정에 의하여 끊임없이 감시를 당하며, 실제로 그 규정에 더욱 일치되기 위하여 그 규범은 계속 바뀌고 또 수정된다. 따라서 유한계급이냐 아니냐를 구분하는 기준은 유동적이지만, 그래도 좋은 교양을 결정짓는 원칙과 지속적인 검증 수단은 비생산적인 일을 하면서 보낸 시간이 어느 정도이고 또 어느 정도 겉으로 드러나는가이다. 이 원칙이 적용되는 범위에 대해서는 세부적으로 들어가면 어느 정도 변화가 있을 수 있지만, 그것은 형태나 표현의 변화일 뿐 본질(노동을 하지 않음)의 변화는 아닌 것이다.

일상적 사교 중의 공손한 행동은 대부분 배려와 선의가 직접적으로 표현된 것이고, 따라서 그(공손한 행동) 존재나 호감의 이유를 설명하기 위하여 유한계급의 명성이라는 근본 원리까지 거슬러 올라갈 필요는 없다. 그러나 예의범절의 규범에 대해서는 그렇게 말할 수가 없다. 이 규범은 신분의 표현이다. 눈썰미가 있는 사람들에게 다음의 사실은 아주 명백한 것이다. 하인들이나 금전적으로 종속 관계에 있는 열등한 존재들에 대한 우리의 태도는 곧 신분 관계에서 우위에 있는 사람의 태도이다. 물론 겉으로 드러나는 행동은 원래의 지배관계의 노골적 표현으로부터 크게 수정되고 완화된 것이기는 하지만 말이다. 마찬가지로 상급자나 동등한 지위의 사람들을 대하는 우리의 태도는 다소간 복종의 태도를 표시한다.

고상한 마음을 가지고 있는 신사 숙녀의 당당한 존재를 한번 살펴보라. 그들의 태도는 위압적인 지배와 독립적인 경제적 상황을 증언하고, 나아가 우리가 갖고 있는 옳고 우아한 것에 대한 감각에 아주 설득력 있게 호소해 온다. 상급자는 아예 없고 동료는 아주 소수인 이들 최고위 유한계급 사이에서 예의범절이 가장 활발하고 원숙하게 꽃피어난다. 또 이 최고위 계급이 예의범절의 결정판을 제시하고 그것은 차 하위 계급에게 행동의 규범이 된다. 여기에서도 그 행동 규범은 아주 분명하게 신분 규범이며, 모든 세속적인 생산 업무와는 양립되지 않음을 아주 확실하게 보여준다. 최고위 계급은 신성한 확신감과 오만할 정도의 만족감을 가지고 있다. 남들의 복종을 받고 내일은 전혀 신경 쓰지 않는 확신감과 만족감은 가장 훌륭한 신사의 생득권生得權 겸 자격 기준이다. 일반 대중의 사고방식 속에서, 이러한 행동은 우월한 가치의 본질적 속성으로 인정되며, 비천하게 태어난 보통 사람들은 그 속성 앞에서 고개를 숙이고 복종한다.

재산 획득의 3가지 동기

앞 장에서 이미 언급한 바와 같이, 소유권 제도가 사람의 소유, 일차적으로 여자의 소유로 시작되었다고 볼 만한 이유가 있다. 이런 재산을 획득하게 만드는 동기는 다음 세 가지이다.

[1] 남을 지배하고 강제하고 싶은 심적 경향.

[2] 노예는 소유주의 용맹성을 보여주는 증거로서 유익하다.

[3] 노예가 해주는 서비스는 유익하다.

사람(여자 혹은 노예)이 해주는 서비스는 경제 발전에서 특별한 자리를 차지한다. 유사-평화 산업의 단계에서, 특히 이 단계에서 산업이 발전하던 초창기에, 사람이 해주는 유익한 서비스는 일반적으로 사람이라는 재산을 얻게 만드는 주도적 동인이었다. 하인들은 그들의 서비스 때문에 가치 있는 존재로 평가되었다. 그러나 이것이 주도적인 동기가 된 것은 하인에게서 얻을 수 있는 다른 두 유용성(위의 1과 2: 옮긴이)이 덜 중요하게 되어서 그런 것은 아니다. 그보다는 생활환경이 바뀌면서 이 마지막 목적(위의 3: 옮긴이)의 유용성이 더욱 강조된 것이다. 여자와 노예는 부의 증거일 뿐만 아니라 부를 축적하는 수단으로 높이 평가되었다. 어떤 부족이 목축을 주로 하는 집단이라면 소 떼와 함께 그들(여자와 노예)은 이익을 올릴 수 있는 통상적인 투자 형태였다. 이런 식으로 해서 여자 노예는 유사-평화적 문화의 경제생활에 하나의 특징을 부여했다.

따라서 그런 문화 단계에 있는 사람들 – 가령 호메로스 시대의 사람들 – 에게 여자는 가치 있는 경제 단위로 인식되었다. 이런 문화적 상황에서, 산업 체계의 근본은 가재家財 노예제이고 여자들은 일반적으로 노예였다. 이 제도 아래에서 가장 보편적인 인간관계는 주종관계였다. 공인된 부의 증거는 많은 여자들을 소유하는 것이었고, 곧이어 주인에게 몸종으로 봉사하고 또 주인을 위해 물품을 제작하는 다른 노예들의 소유를 의미했다.

노동의 분업이 곧 시작되어 주인의 몸종으로 일하는 것은 하인들 사이에서 특별한 업무로 여겨졌고, 오로지 산업 활동에만 종사하는 노예들은 주인과는 아무런 직접적 관계를 맺지 못하고 멀리 떨어진 존재가 되었다. 그리하여 가내 업무를 비롯하여 몸종으로 주인에게 개인적 서비스를 하는 하인들은 소득을 올리기 위해 생산 업무로부터 점점 제외가 되기 시작했다.

일상적 노동으로부터 점점 면제되는 이런 과정은 처음엔 아내 혹은 본처를 면제시켜 주는 것이 출발점이었다. 공동체가 정착 생활로 이행해 가면서 적대적 부족으로부터 아내를 빼앗아오는 것은 현실적으로 아내를 공급받는 전통적 방식이 될 수가 없었다. 이런 식의 문화 발전이 이루어진 곳에서, 본처는 으레 고상한 가문 출신이었고, 그녀의 그런 신분은 천박한 일을 면제받는 과정을 더욱 촉진시켰다. 고상한 가문의 피라는 개념이 생겨난 방식과, 그 개념이 결혼 제도의 발전에서 차지하는 위상은 여기서 논의될 화두는 아니다.

그러나 당장의 논의를 위해서, 고상한 피는 축적된 부 혹은 연면連綿

한 특권에 오랫동안 노출되어 고상하게 된 피라는 것만 말해주면 충분하리라 본다. 이런 피를 가진 여자가 결혼의 대상으로 선호되었는데, 그녀의 강력한 친족과 동맹을 맺게 해주고 또 많은 재산과 많은 권력을 연상시키는 고상한 피에는 우월한 가치가 깃들어 있다고 여겨졌기 때문이다. 그렇지만 그녀는 처녀 때 아버지의 가재家財였던 것처럼 이제 돈 주고 사왔으니 남편의 가재(재산)였다. 그래도 친정 아버지의 고상한 피를 소유하고 있는 여자인 것이다. 따라서 그녀가 동료 하인들과 함께 비천한 일을 한다는 것은 도덕적으로 안 어울리는 일이었다. 그녀가 주인(남편)에게 절대 복종하는 존재이고 또 그녀가 태어난 집안의 사회 계층 내에서 남자 식구보다는 열등한 존재이기는 하지만, 그래도 고상한 피의 유전이라는 원칙 덕분에 그녀는 평범한 노예보다는 윗자리를 차지하는 것이다. 이 원칙이 규범적 권위를 얻게 되면서 그녀에게 어느 정도 고상한 피의 주된 표시인 여가의 특권을 부여하게 될 것이다.

이 고상한 피의 유전 원칙에 의하여, 그녀 주인(남편)의 부가 허용하는 범위 내에서 아내가 노동으로부터 면제받는 범위가 점점 확대될 것이고, 마침내 수공 생산을 포함하여 모든 비천한 서비스로부터 면제받게 될 것이다. 산업 발전이 계속 진행되어 재산이 비교적 소수의 사람들에게 집중되면서 상류 계급의 전통적인 부의 수준은 상승하게 된다. 수공 생산에서 제외되고 나아가 비천한 집안일로부터 면제시켜 주는 경향은 다른 아내들(일부다처제라면)에게도 확대될 것이고, 주인에게 직접 봉사하는 몸종들에게까지도 이런 특혜가 주어질 것이다. 하인이 주인을 직접 섬기는 것이 아니라 멀리 떨어져 있는 관계라면 이런 노동 면제의 혜택은 더디게 찾아올 것이다.

하인 집단의 발전

만약 주인의 금전적 상황이 허용한다면, 이 특별한 부류의 몸종 혹은 하인 집단의 발전은, 이런 개인적(주인의 몸에 해주는) 서비스에게 부여되는 의미가 중대할수록 더 빨리 촉진된다. 주인의 몸은 가치와 명예의 상징이어서 가장 중요한 것이기 때문이다. 공동체 내에서 주인이 차지하는 명예로운 지위와 주인의 자존심을 위해서, 주인은 이런 특화된 유능한 하인 집단을 두는 것이 아주 중요하다. 따라서 이 하인들은 주인에게 봉사하는 것이 가장 중요한 업무이고, 그 밖의 다른 일로 주의가 소홀해져서는 안 되는 것이다. 이 특화된 하인들은 그들이 실제로 수행하는 서비스보다는 과시용으로 더 유익하다. 이처럼 전시용이 일차적인 목적이고, 그 다음에는 남들을 좌지우지하고 싶어 하는 주인의 지배욕을 충족시켜 줌으로써 그에게 만족감을 안겨준다. 계속 늘어나는 집안의 가재도구를 지속적으로 유지하기 위해 추가의 노동력이 필요한 것도 사실이다.

그러나 가재도구는 안락의 수단이라기보다는 주인의 명성을 높여주기 위한 목적이 더 크기 때문에, 이것(가재도구의 유지)은 그리 중요한 사항이 되지 못한다. 이러한 유용성의 목적은 고도로 특화된 다수의 하인들에 의해 더 잘 봉사된다. 따라서 일반 하인과 몸종들 사이의 분화와 특화가 점점 더 많이 발생하여, 결국 몸종들은 생산 노동으로부터 점차적으로 제외되게 된다. 몸종들은 주인이 그들을 부릴 정도의 금전적 능력을 가지고 있다는 일차적 증거로서 더 중요하기 때문에, 이 몸종들의 임무는 점점 더 줄게 되어 마침내 그들의 서비스는 유명무실한 것이 되어버린다. 이것은 주인을 가장 가까운 거리에서 모시는 하인들에게 특히 해당되는 얘기이다. 이 하인들의 유용성은 대체로 말해서, 생산 노동의 과시적 면제에 있는 것이며, 또 그런 노동의 면제가 주인의 부와 권력을 보여주는 증거라는 데 있다.

이런 식으로 과시적 여유를 드러내기 위해 특별한 몸종 집단을 두는 관습이 상당히 진행되자, 그런 몸종으로는 남의 눈에 더 잘 띄는 남자가 여자보다 선호되기 시작했다. 이들 시종이나 다른 하인들은 힘이 좋고 호감을 주는 남자들인데 이들은 여자에 비해 분명 더 힘이 세고 또 더 값나가는 하인들이다. 그들은 비생산적 시간의 사용과 인간 에너지의 낭비를 보여주는 이런 일에 더 적임자이다. 따라서 유한계급의 경제에 들어와서, 열심히 일하는 하녀들을 거느리고 한량없이 바쁘게 일했던 초창기 가부장 시절의 가정주부는 측근을 거느린 귀족 부인으로 바뀌게 된다.

인생의 각계각층에서, 그리고 경제 발전의 그 어떤 단계가 되었든, 귀족 부인과 그 측근의 여가는 그것이 분명 힘든 종류의 일이기 때문에 귀족 신사의 여가와는 분명하게 구분된다. 그것은 대체로 보아 힘들게 주인에게 봉사하는 형태를 취하거나 집안의 각종 장식물을 정교하게 보수 유지하는 일의 형태를 취한다. 따라서 이 부류의 사람들(귀족 부인과 측근)이 생산적인 일을 하지 않는다는 점에서는 여가임이 분명하지만, 노동의 외부적 흔적을 애써 피해야 한다는 점에서는 여가가 되지 못하는 것이다. 귀족 부인이나 가내 하인들이 수행하는 일들은 종종 아주 힘이 드는 것이고 그 일들은 전 가정의 안락에 반드시 필요하다고 생각되는 목적에 직접적으로 결부되어 있다. 이러한 서비스가 가장이나 나머지 집안사람들의 신체적 편안함이나 효율성에 기여한다면 그것은 생산적인 일로 간주되어야 한다. 이런 생산적인 일을 제외한 나머지 일들만 여가의 행위로 분류되어야 한다.

그러나 현대의 일상적 생활에서 집안일로 분류되는 서비스의 상당 부분과, 문명인이 안락한 생활을 위해 필요로 하는 많은 "생활편의들"은 의례적 성격의 것이다. 따라서 그런 서비스는 이 책에서 사용된 여가의 의미에 입각하여 여가의 수행으로 간주되어야 한다. 비록 그처럼 의례적 성격을 띠고 있기는 하지만, 그런 서비스는 품위 있는 생활의 관점에서 볼 때 반드시 필요하고 또 개인의 안락을 위해서도 그에 못지않게 필요하다.

우리는 이런 서비스를 지키지 않으면 의례적으로 지저분하거나 무가치하다는 비난을 받게 된다고 배워왔기 때문에 그런 의례적 성격의 서비스는 강제적이고 필수적인 것이 된다. 우리는 그런 서비스가 없으면 불편함을 느끼는데 그것이 직접적으로 신체에 불편을 주기 때문에 그런 것은 아니다. 관습적으로 좋은 것과 관습적으로 나쁜 것을 구분하도록 훈련받은 고상한 취미는 그런 서비스가 없는 상태를 기분 나쁘게 여긴다. 사정이 이렇기 때문에 이런 서비스에 경주된 노동은 여가로 분류되어야 한다. 그런 여가를 경제적으로 자유롭고 자율적인 집안의 가장이 수행하지 않는다면, 그 서비스는 대리적 여가로 분류된다.

(집안의 주인이 경마를 좋아하여 하인을 데리고 경마장에 나갈 경우, 주인은 그 행위가 여가가 되지만 하인은 대리적 여가가 되며, 하인이 경마에 취미가 없는 경우에는 그 여가가 곧바로 지루한 노동으로 바뀌게 된다는 뜻 : 옮긴이).

대리적 여가는 지루한 노동

집안일의 명목 아래, 가정주부나 하인이 수행하는 대리적 여가는 종종 지루한 노동으로 바뀔 수 있다. 특히 명성을 얻기 위한 경쟁이 치열할 경우에는 더욱 그러하다. 이것이 현대 생활에서 자주 발견되는 사례이다. 이런 사례가 발생하면, 이 하인 계급의 의무는 대리적 여가라기보다 낭비된 노력으로 보아야 마땅하다(위의 경마장 나들이에 수행한 경마를 싫어하는 하인 : 옮긴이).

그러나 대리적 여가는 집안일에 이런 파생적 일도 있다는 것을 보여주며, 또 그런 일이 경제적 관점에서 상당한 유용성을 가지고 있음을 알려준다. 이런 일들은 집안의 주인이나 그 집안에 금전적 명성을 부여하는 유익한 수단이 된다. 다시 말해서, 그 정도의 금전적 여력이 있으므로 일정한 양의 시간과 노력을 과시적으로 낭비할 수 있다고 주위 사람들에게 알리는 것이다.

이런 식으로 해서, 2차적 혹은 파생적 유한계급이 생겨나는데, 이 계급의 주된 업무는 1차적 혹은 합법적 유한계급의 명성을 위하여 대리적.여가를 수행하는 것이다. 이 대리적 유한계급은 그 습관적 생활 방식에 의하여 1차적 유한계급과는 구분된다. 주인 계급의 여가는 노동을 하지 않아도 되는 능력의 표시이면서 동시에 주인의 충만한 복지와 보람찬 생활에 기여하는 것이다. 그러나 생산적 노동에서 면제된 하인 계급의 여가는 어떻게 보면 그들에게 강요된 여가 수행이고 그들의 편안함에 직접적으로 기여하지 않는다. 하인의 여가는 그 자신이 스스로 선택한 여가가 아니다. 그가 하인이면서 동시에 1차 유한계급의 말석이라도 차지하지 못하는 사람이라면 그 하인의 여가는 주인의 충만한 생활을 증진시키기 위한 특화된 서비스일 뿐이다. 이런 복종의 관계를 보여주는 증거는 그 하인의 행동이나 생활 방식에서 분명하게 드러난다.

이와 똑같은 얘기는 아내가 집안의 하인이나 다름없었던 경제적 발전의 모든 단계에서 그 아내에게도 적용된다. 다시 말해서, 남자가 집안의 가부장으로 위세를 부리는 한, 아내의 지위는 그러했던 것이다. 유한계급의 생활 필수조건을 충족시키기 위하여 하인은 복종의 태도를 보여야 할 뿐만 아니라 그런 태도를 갖추는 데 필요한 특별 훈련과 실천의 흔적을 내보여야 한다. 하인 혹은 아내는 어떤 일을 하면서 복종적 기질을 내보이는 한편, 복종의 전략을 숙지하고 있음을 보여주어야 한다. 효과적이고 과시적인 복종 규범을 철저히 준수하도록 훈련을 받았음을 내보여야 한다. 심지어 오늘날에도 이런 능력과 훈련된 기술을 통하여 주종간의 복종적 관계를 잘 보여주는 것이 고액 봉급을 받는 하인을 아주 유용하게 만드는 일차적 요소이며, 좋은 교양을 갖춘 아내가 제공하는 일차적 장식의 요소가 된다.

훌륭한 하인의 첫 번째 필수 요건은 자신이 하인이라는 위치를 잘 알고 있음을 과시적으로 드러내는 것이다. 그 하인은 어떤 바람직한 기계적 결과를 가져오는 것만으로는 충분하지 못하다. 그는 아주 적절한 복종의 형태로 그런 결과를 이끌어 내야 한다. 가정 내의 서비스는 기계적 기능이라기보다 정신적 기능이 되어야 한다. 그리하여 점점 좋은 형식(겉꾸밈)의 체계가 생겨나는데, 특히 대리적 유한계급에 속하는 하인들의 행동을 규제하는 체계가 더욱더 정교해진다. 이런 형식 규범으로부터 벗어나는 행동은 비난을 받게 된다. 그런 행동은 기계적 효율성이 부족하거나 심지어 순종적 태도나 기질의 부재를 보여주기 때문에 매도되는 것은 아니다. 오히려 복종을 몸에 익히는 특별한 훈련이 결핍되어 있기 때문에 비난받는 것이다.

개인 서비스의 행동에서 특별 훈련을 하려면 시간과 노력이 들어간다. 따라서 그런 훈련의 흔적이 고도로 드러나는 하인의 경우, 그가 생산적인 업무에 상당히 오랜 기간 동안 종사하지 않았음을 자연스럽게 보여주게 된다. 그러한 대리적 유한계급이 아주 오래전부터 존재하고 있었음을 보여주는 명백한 증거인 것이다. 그리하여 훈련된 서비스는 다음 두 가지의 유용성을 갖게 된다.

첫째, 주인의 훌륭한 일솜씨에 대한 기대를 충족시키고, 나아가 그가 부리는 사람들에 대한 과시적 지배욕을 잘 드러낸다.

둘째, 훈련된 하인의 서비스는 훈련받지 못한 하인이 보여주는 단순한 과시적 여가와 비교해 볼 때, 그런 서비스를 할 수 있을 때까지 훨씬 많은 노동력이 비생산적으로 소비되었음을 보여주는 객관적 증거로 유용하다.

만약 어떤 신사의 시종이나 마부가 주인의 식탁이나 마차에서 엉성한 방식으로 그의 임무를 수행하여, 그가 평소 하는 일은 밭갈이나 양치기 같은 일이었을 것이라는 느낌을 준다면 그것은 그 신사에게 심각한 낭패가 아닐 수 없다. 이런 엉성한 서비스는 주인이 숙달된 하인의 서비스를 얻을 만한 능력이 없음을 보여주는 것이다. 다시 말해, 그 주인이 엄격한 행동 규범에 따라 특별 서비스를 해주는 훈련된 하인을 얻는데 필요한 시간, 노력, 훈련을 감당할 금전적 능력이 없음을 드러낸다. 만약 하인의 행동거지가 주인의 금전적 수단의 부족을 증언한다면, 그것은 하인을 두는 실제적이며 주된 목적을 달성하지 못한 것이다. 하인을 두는 주된 목적은 주인이 충분히 그 정도의 지불 능력을 갖추고 있다는 것을 보여주는 데 있기 때문이다.

이렇게 말해 놓고 보니, 미숙련 하인이 잘못한 것은 곧 주인의 돈 없음과 그 하인 자신의 유용성이 떨어짐을 보여주는 것이라고 해석하는 사람도 있을 것이다. 하지만 그것은 사실이 아니다. 우선 그 둘 사이의 관계가 그리 직접적이지 않다. 여기서 말하는 것은 일반적으로 벌어지는 사항을 말하는 것이다. 처음에 우리가 합당하다고 생각하는 것은, 얼마 지나지 않아 그것 자체가 만족스러운 어떤 것이라고 우리는 생각하게 된다. 그리하여 그것은 우리의 사고방식 속에서 실질적으로 옳은 것으로 자리 잡게 된다. 그런데 어떤 구체적 행동 규범이 계속 우리의 호감을 얻으려면, 그 행동을 발전시킨 우리의 습관이나 성향을 뒷받침해 주거나 아니면 적어도 양립할 수 있는 그런 행동이 되어야 한다.

지금까지 해온 얘기를 종합하면, 대리적 여가의 필요 혹은 서비스의 과시적 소비가 하인을 두는 주된 동기이다. 이런 동기를 감안할 때, 그런 서비스를 하는데 필요한 훈련 기간이 별로 없었음을 보여주는 공인된 관례에서 벗어나는 하인의 행동은 용납될 수 없다. 이것은 더 이상 길게 논의하지 않아도 독자들은 선뜻 받아들일 것이다. 값비싼 대리적 여가의 필요는 우리의 기호嗜好 형성 — 이런 기호의 문제와 관련하여 우리가 올바르다고 생각하는 것 — 을 주도함으로써 간접적, 선별적으로 작용하고, 또 불편함을 안겨주는 행동에 대해서는 눈살을 찌푸림으로써 그런 이탈적 행동을 미연에 방지한다.

부와 용맹성의 과시

공통적 합의에 의해 인정되는 부의 수준이 높아짐에 따라, 잉여적 소비 능력을 보여주는 수단으로서, 하인을 두거나 활용하는 제도는 점점 더 세련되어진다. 재화의 생산에 노예를 소유하고 유지하는 것이 부와 용맹성을 보여주는 것이라면, 아무것도 생산하지 않는 하인을 유지하는 것은 그보다 더 높은 부와 지위를 증명한다. 이러한 원칙 아래에서는 다음과 같은 하인의 부류가 생겨난다. 그 하인은 숫자가 많을수록 좋은 것이고, 그의 임무는 주인에게 비생산적으로 봉사하는 것이며, 그리하여 엄청난 양의 비생산적으로 소비할 수 있는 주인의 능력을 보여주는 증명이 된다. 노동의 분업은 여가인의 명예를 유지하는 일로 평생을 보내는 하인들 혹은 부양가족 사이에서 발생한다. 한 그룹의 하인은 주인을 위해 재화를 생산하고, 다른 그룹의 하인(대체로 주인의 아내가 이끄는 집단)은 주인을 위하여 과시적 여가 행위를 한다. 이들은 주인이 아무리 돈을 많이 써도 그의 우월한 금전적 지위가 축나지 않는다는 것을 보여주는 증거가 된다.

가정 내 서비스의 성격과 발전을 보여주는 이런 다소 이상적이고 도식화된 개요는 "유사-평화적" 산업 단계라고 하는 문화적 단계를 아주 진실하게 보여주는 그림이다. 이 단계에서 개인(하인)의 서비스는 먼저 경제적 제도의 지위로 격상하게 되고, 그 제도는 공동체의 생활 양식에서 가장 큰 자리를 차지하게 된다. 문화의 발전 단계상, 유사-평화적 단계는 약탈 단계의 다음에 오는 것인데, 이 두 단계는 야만적 생활의 선후先後를 이룬다. 이 단계의 주된 특징은 평화와 질서의 형식적 준수이지만, 동시에 이 단계에서의 삶은 강제와 계급 적대감이 너무 강하여 완전한 의미의 평화라고 보기는 어렵다. 여러 가지 목적상, 그리고 경제적 관점 이외의 다른 관점에서 볼 때, 이 단계는 신분의 단계라고 명명할 수 있다. 이 단계에서 인간관계의 방식과 인간의 정신적 태도 등은 그런 용어(신분의 단계)로 요약될 수 있다.

그러나 산업의 주도적 방식을 서술하고 또 이 경제적 발전 단계의 산업 발전 흐름을 지시하기 위해서는, "유사-평화적"이라는 단어가 더 바람직하다고 생각된다. 서구 문화의 사회들에서, 이런 경제 발전의 단계는 이미 지나간 과거의 일이 되었다. 그러나 예외적이게도, 어떤 서구 사회의 수적으로 소수이지만 눈에 띄는 하위 공동체는 야만 문화 고유의 사고방식이 거의 손상을 입지 않은 상태로 존속하고 있다(가령 미국 사회의 마피아 조직이 그런 공동체이다 : 옮긴이).

개인적 서비스는 아직도 경제적으로 중요한 요소인데, 특히 재화의 유통과 소비에서 그러하다. 하지만 이 분야에서도 그 상대적 중요성은 예전만큼 중요하지는 않다. 대리적 여유가 가장 잘 발달한 사례는 현재보다는 과거에서 찾아볼 수 있다. 이런 대리적 유한계급 덕분에 현대 문화는 전통, 관례, 태곳적 문화 단계에 속하는 각종 사고방식을 보존할 수 있었다. 그런 유한계급이 있어서 그런 전통이 널리 수용되고 또 효과적으로 발전해 왔던 것이다.

(태곳적: 이 용어의 원어는 archaic인데 "원시의, 고대의" 등의 뜻이다. 그러나 위에서 저자는 이 태곳적 시대를 호메로스 당시의 가재 노예제가 실시되던 시대라고 말하고 있다. 그리스 사회에서 가재 노예제가 흔해진 것은 기원전 600년 전후이다. 따라서 상고시대라 함은 고대 그리스 역사에 나오는 아르카이크 시대를 가리키는 것인데, 대체로 기원전 750년에서 기원전 500년까지의 시대를 가리킨다. 그러나 저자가 상고시대를 원시 시대 혹은 태곳적 시대와 동일한 의미로 사용하고 있으므로 이 책에서는 상고시대라고 특별히 구분하지 않고 모두 똑같이 태곳적이라고 번역했다 : 옮긴이).

현대 산업 사회에서 일상생활의 안락과 편의에 봉사하는 기계적 장치들이 크게 발전되어 왔다. 그런 만큼, 몸종이나 각종 집안 하인들은 이제 별로 고용되지 않고, 단지 예전의 관례와 전통에서 물려져 내려온 명성의 기준을 지키려 할 때에만 하인을 고용한다. 여기서 유일한 예외는 병자와 정신 미약한 환자를 돌보기 위해서 고용되는 하인들이다. 하지만 이런 하인들은 가내 하인이라기보다는 훈련된 간호사의 범주로 분류되어야 할 것이고, 따라서 원칙에 대한 실제적 예외라기보다 외형적 예외에 지나지 않는다.

중산층이 하인을 두는 2가지 이유

오늘날 상류 중산층의 가정에서 가내 하인을 고용하는 주된 이유는 그 집안 식구들이 현대적 가정에 요구되는 모든 일들을 큰 불편함 없이 해낼 수가 없기 때문이다(외형적으로 그렇게 보인다). 그들이 집안일을 모두 해낼 수 없는 주된 이유는 다음 두 가지이다.

(1) 그들은 해내야 할 "사회적 의무 사항"이 너무 많다.

(2) 해야 할 일이 너무 어렵거나 너무 많다.

이 두 가지 이유를 좀 더 자세히 설명하면 다음과 같다.

(1) 엄격한 품위의 규범에 비추어볼 때, 이런 집안 식구의 시간과 노력은 과시적 여가의 행위를 겉으로 드러나게 하는데 소비되어야 한다. 가령 사교적 방문, 드라이브, 클럽, 바느질 모임, 스포츠, 자선 기관, 기타 사회적 행사 등이 구체적 사례이다. 이런 일들에 시간과 정력을 소비해야 하는 사람들은 사적인 자리에서 이런 일들의 실천과, 그에 따르는 의상 마련이나 기타 과시적 소비가 너무 성가시지만 그래도 회피할 수는 없다고 말한다.

(2) 재화의 과시적 소비라는 필요 때문에, 거주지, 가구, 골동품, 의상, 식사 등의 생활 방식이 아주 정교하면서 부담되는 것이 되었다. 이런 것들을 소비해야 하는 사람들은 하인의 도움이 없으면 체면치레에 걸맞은 방식으로 그 일을 해낼 수가 없다.

품위의 규범상 이러한 도움을 받기 위해 고용한 사람들과의 개인적 접촉은 그 집안의 식구들에게는 보통 불유쾌한 것이다. 하지만 부담스러운 가내 재화를 과시적으로 소비하는 일을 위임하기 위하여 그들을 고용하고 봉급을 지불하는 것이다. 가내 하인들이나 특별한 부류의 몸종 집단을 다수 두는 것은, 금전적 품위의 유지라는 정신적 필요를 위하여 신체적 안락함을 어느 정도 희생시키는 것이다.

현대 생활에서 대리적 여가가 가장 두드러지게 나타나는 것은 소위 집안일의 경우이다. 이 일은 가장家長의 필요에 의해 수행된다기보다는 하나의 집단 단위로서 가정의 명성을 지키기 위해 수행되는 것이다. 이 집단에서 아내는 겉보기에는 남편과 동등한 지위를 가지고 있다. 이런 일이 수행되는 가정이 소유-결혼이라는 태곳적 기반으로부터 신속하게 이동하면서, 그 집안일은 당초의 의미인 대리적 여가의 범주로부터 벗어나게 된다. 하지만 고용된 하인들이 그 일을 대행할 때는 여전히 태곳적 의미가 유지된다.

다시 말해, 대리적 여가는 신분 차이 혹은 고용된 서비스를 바탕으로 성립되는 것이므로, 문화의 발전 단계에서 어떤 사회의 인간적 교류상 신분 관계가 사라지면 그 사회에서는 대리적 여가도 자연 사라지게 된다. 그렇지만 이런 전제 조건에 대하여 다음과 같이 부연하는 것이 필요하다.

가정이 존재하는 한(설혹 부부가 공동 가장 노릇을 하더라도), 가정의 명성을 지키기 위해 수행되는 이런 비생산적 노동들은, 이제 그 의미가 약간 바뀌기는 했지만 그래도 대리적 여가로 분류되어야 한다. 이제 그 대리적 여가는 예전처럼 단 한 명뿐인 집안의 가부장을 위해 수행되는 것이 아니라, 유사-개인적 집단적 가정을 위해 수행되는 것이다.

(유사-개인적 집단적 가정: 예전의 가부장 시대에는 진정한 여가를 누리는 인물은 가부장 한 사람이었으므로 그 나머지의 여가는 대리적 여가에 불과했으

나, 이제는 가장, 아내, 맏아들 등 집안에서 누리는 지위가 거의 평등하게 되었으므로, 이 사람들을 위해 수행되는 대리 여가를 가리켜 "유사-개인적 집단적"이라고 한 것이다 : 옮긴이).

제 4 장

과시적 소비

대리적 유한계급의 발전과 유한계급이 노동계급으로부터 분화되는 과정을 서술하면서, 추가적인 노동의 분업, 즉 서로 다른 하인 계급들 간의 분업에 대해서도 언급되었다. 그런 하인 계급들 중 하나로서, 대리적 여가를 주로 수행해온 사람들은 또다른 새로운 의무를 수행하게 되었는데 곧 재화의 대리적 소비이다. 이 소비가 취할 수 있는 가장 분명한 형태는 하인의 제복制服을 입고 하인들이 넓은 근무 및 거주 구역을 차지하며 일을 보는 것이다. 좀 더 강력하고 덜 효과적인 또다른 대리적 소비의 형태는 ― 이것이 훨씬 폭넓게 발견되는데 ― 집안의 귀족 부인과 그 측근이 소비하는 음식, 의복, 주거, 가구 등이다.

그러나 귀족 부인이 등장하는 경제 발전 단계보다 훨씬 이전에, 이미 금전적 능력을 보여주는 재화의 특화된 소비가 등장하여 다소 정교한 형태로 진행되었다. 이러한 소비의 분화는 금전적 능력이라고 부를 수 있는 것이 등장하기 훨씬 전에 이미 존재했다. 그것은 야만 문화의 초창기 단계로 소급되며, 이와 관련된 최초의 분화는 야만 생활의 시작 이전으로까지 거슬러 올라간다는 주장도 나왔다. 재화 소비의 가장 원시적인 분화는, 그것이 의례적 성격을 띤다는 점에서 우리가 잘 아는 후대의 분화와 유사하다. 하지만 후대의 분화와는 다르게, 가장 원시적인 분화는 축적된 부의 많고 적음을 그 근거로 삼지 않는다. 부에 대한 증거로 소비를 활용하는 것은 파생적 성장으로 분류되어야 한다. 그것은 선택적 과정을 통하여 진화하면서, 이미 인간의 사고방식에 단단히 자리 잡고 있던 구분의 목적에 새롭게 적응한 것이다.

야만 문화의 경제적 구분

야만 문화의 초창기 단계에서 유일한 경제적 구분은 유능한 남자들로 구성된 명예로운 상류 계급과 노동을 하는 여자들로 구성된 천하고 열등한 하위 계급, 이렇게 두 그룹으로 나누는 것이었다. 이 당시 강력하게 통용되던 이상적 생활양식은 여자가 생산한 것을 남자가 소비한다는 것이었다. 여자들이 하는 소비는 그들의 노동에 부수적으로 딸려 나오는 것이었다. 여자들의 지속적인 노동을 지원하는 수단이었을 뿐, 여자들의 생활을 안락하게 하고 충만하게 하려는 것은 아니었다. 생산도 하지 않으면서 재화를 소비하는 것은 용맹성의 주된 표시였고 인간적 위엄의 필수 조건이었다. 또한 그 소비는 그 자체로 하나의 명예로운 행위가 되었는데, 특히 많은 사람들이 소망하는 재화를 마음껏 소비할 경우는 더욱 그러했다.

선별된 고급 음식이나 희귀한 장신구를 소비하는 것은 여자나 아이들에게는 터부가 되었다. 그 사회에 비천한(굴종적인) 남자 계급이 있었다면 그들에게도 이런 터부가 적용되었다. 문화가 더욱 발전하면서 이

터부는 다소 엄격한 특성의 간단한 관습으로 바뀌기도 했다. 그러나 터부와 더 큰 범위의 관습 등 그 사회에서 유지되는 구분의 이론적 근거가 무엇이든, 전통적인 소비 행위의 주된 특징들은 쉽게 바뀌지 않았다. 가재 노예제를 특징으로 하는, 산업의 유사-평화적 단계가 도래했을 때, 다소 엄격하게 적용되던 원칙은 다음과 같은 것이었다. 즉, 비천한 생산자 계급은 그들의 생계를 유지하기에 필요한 것만 먹어야 한다. 그런 사회 구조에서 사치품과 인생의 편의품은 당연히 유한계급의 차지였다. 이런 터부 아래, 어떤 음식과 음료는 오로지 상위 계급만 소비할 수가 있었다.

음식의 의례적 구분은 주류와 마약류의 사용에서 가장 분명하게 드러난다. 이런 물품의 소비는 고가를 지불해야 되었으므로 당연히 고상하고 명예로운 소비 행위로 여겨졌다. 따라서 비천한 계급(주로 여자들)은 이런 자극적 기호물을 소비하는 것을 강제로 금지당했다. 단 이런 기호물을 아주 싼 값에 구입할 수 있는 나라에서는 금지되지 않았다. 태곳적 시대로부터 가부장 제도가 힘을 발휘하던 모든 시대를 통하여, 이런 사치품을 준비하여 내놓는 것은 여자들의 몫이었고, 고귀한 신분과 배경을 가진 남자들은 그것을 소비했다. 습관적 음주에 의한 주취酒醉와 자극적 기호물을 남용하여 병에 걸리는 것은 우월한 신분 계급이 2단계로 떨어진 상태를 증명해주는 명예로운 것이었다(신분의 1단계 증거는 용맹성에 의한 약탈이고, 주취와 마약은 그 용맹성에 의해서 얻어진 금전의 결과이므로 2단계 증거가 된다 : 옮긴이).

주류와 마약류의 과도한 섭취로 병에 걸리는 것은 일부 부족들 사이에서 남자다운 속성으로 널리 인정되었다. 이런 과도한 주류나 마약류의 섭취에서 생겨나는 질병 상태를 가리키는 용어는 일상 언어에서 "고상한" 혹은 "점잖은" 등과 동의어가 되기까지 했다. 돈 많이 들어가는 악덕 행위의 징후가 우월한 신분의 표시가 되고 또 미덕이 되어 공동체 사람들의 존경을 받게 된 것은, 문화의 비교적 초창기 단계의 일이었다. 이런 값비싼 악덕에 부여되는 명성은 아주 강력한 힘을 보유하여, 그런 과도한 탐닉을 할 수 있는 부유하거나 고상한 계급의 남자에게 나타나는 부작용을 상당히 눈감아 주게 했다. 이런 차별적 구분은 여전히 위력을 발휘하여, 심지어 오늘날에도 여자, 미성년자, 열등한 계급의 남자들이 이런 종류의 악덕을 저지르면 비난을 받는다. 유한계급의 사례가 관습을 규제하는 데 있어서 상당한 강제적 힘을 발휘하는 지역에서는, 여자들은 아직도 자극적 기호물을 소비해서는 안 된다는 전통적 금욕을 강요당하고 있다.

상류계급의 여자들이 자극적 기호물의 소비를 크게 제한당했다고 하는 이런 주장은, 상식에 입각한 것이라기보다 남녀 구분의 논리를 과도하게 전개했다는 비난도 나올 수 있을 것이다. 그러나 관련 사실을 손쉽게 확인할 수 있는 사람들은, 여자들에게 금욕을 강요한 것은 부분적으로 강제적 관습 때문이었음을 알 수 있을 것이다. 이러한 관습은 가부장적 전통 — 여자가 가재家財에 불과한 전통 — 이 엄청난 위력을 발휘하는 곳에서는 아주 강력하게 작용했다. 물론 가부장적 전통의 범위나 엄격함이 크게 제약되는 형태로 위력을 발휘했지만 그래도 결코 그 본질적 의미를 상실하지 않았다. 이 전통은, 여자는 가재이므로 생계유지에 필요한 것만 소비해야 한다고 가르친다. 단 여자의 소비행위가 가부장의 좋은 명성이나 안락함에 기여할 경우에는 예외이다.

사치품의 소비는 소비자 자신의 안락에 기여할 때에만 진정한 소비가 되는 것이므로, 그 행위가 주인의 표시가 된다. 다른 사람들이 사치품

을 소비하는 것은 오로지 주인의 사전 승낙이 있어야만 가능하다. 일반
적 사고방식이 가부장적 전통에 큰 영향을 받는 사회에서, 우리는 그런
사치품에 대한 터부의 흔적을 발견할 수 있다. 가령 자유롭지 않거나 의
존적 계급의 사람들이 그런 물품을 사용하면 관습적으로 비난받는 것이
다. 이러한 터부는 특정 사치품에 대하여 더욱 엄격하게 적용된다. 의존
적 계급의 사람이 그런 물품을 사용하면 주인을 불편하고 불쾌하게 만
들 뿐만 아니라, 그 외의 다른 이유에서도 아주 의심스러운 행동으로 매
도되는 것이다.

서구 문명의 보수적인 중산층이 볼 때, 그들(의존적 계급의 사람들)이
다양한 자극제를 사용하는 것은 위에서 방금 언급한 두 가지 금기 중 어
느 하나에 해당하거나, 아니면 그 둘 다에 해당한다. 그것은 너무나 중대
한 사실이어서 결코 묵과할 수 없다. 가부장적 전통이 아직도 강력하게
남아 있는 독일 문명권의 중산층 사이에서, 여자는 주류와 마약류의 사
용과 관련하여 크게 제약하는 터부에 걸려 있다. 많은 예외가 있기는 하
지만 - 가부장적 전통이 쇠퇴하면서 더 많은 예외가 인정되겠지만 - 그
래도 여자는 주인의 이익을 위해서만 소비해야 한다는 일반 원칙이 타
당하고 유효한 것이다. 여성이 의상과 집안의 장신구를 많이 소비하는
행위는 이런 원칙에 예외가 된다는 반론도 제기될 수 있을 것이다. 그러
나 뒤이어지는 설명은 이런 예외가 실질적인 것이라기보다 외형적인 것
임을 보여줄 것이다.

경제 발전의 초창기 단계에서 아낌없는 재화의 소비 - 특히 고급품
에 해당하는 재화의 소비 - 는 원론적으로 최소한의 생계 수준을 넘어
서는 모든 소비를 의미했다. 그러나 이러한 제한은, 재화의 개인 소유,
임금 노동에 바탕을 둔 산업제도, 소규모 가내家內 경제 등을 갖춘 후대

의 평화로운 단계가 도래하면서 적어도 형식의 측면에서는 사라졌다. 그러나 그보다 앞선 유사-평화적 단계에서는 그렇지(사라지지) 않았다. 이 단계에서 유한계급의 제도가 후대의 경제생활에 영향을 미치도록 뒷받침한 많은 전통이 수립되고 또 일관성을 갖추게 되어, 이 원칙(소비에 제한을 두는 원칙)은 관습법에 준하는 힘을 갖고 있었다. 그것은 소비 행위가 준수해야 하는 규범이 되었고, 거기서 벗어나는 행위는 일탈적 형태로 간주되어 그 뒤에 이어지는 발전 과정에서 제거되었다.

유사-평화적인 여가인

따라서 유사-평화적인 여가인gentleman of leisure은 생계유지와 체력 비축의 범위를 넘어서는 물품을 소비할 뿐만 아니라 소비하는 물품의 품질에 대해서도 특화 과정을 거치게 된다. 그는 음식, 음료, 마약류, 주거지, 각종 서비스, 장신구, 의상, 무기, 복식, 오락, 부적, 우상 혹은 신성神性 등에서 가장 좋은 것을 자유롭게 소비한다. 여가인이 사용하는 물품의 품질이 점점 개선되는 과정에서, 혁신의 주된 동기는 그의 개인적 안락을 위하여 더 개선되고 더 정제된 제품의 효율성을 높이는 것이다. 그러나 이것이 여가인이 소비를 하는 유일한 목적은 아니다. 품위 있는 규범의 기준이라는 것이 그 여가인의 바로 옆에 존재하고 있어서, 그 기준에 입각하여 앞으로 살아남을 만한 혁신을 선택하는 것이다. 이런 뛰어난 제품의 소비는 부의 증거이기 때문에 그것은 명예로운 것이 된다. 반대로 적절한 품질과 수량을 유지하지 않으면서 소비하는 것은 열등하고 값어치 없는 것의 표시가 된다.

음식과 음료 등에서 이런 세밀한 구분이 강화되는 것은 여가인의 생활 방식뿐만 아니라 그의 훈련과 지적 활동에도 파급 효과를 미친다. 그는 더 이상 성공을 거둔 공격적인 남자, 완력과 재간과 용맹을 갖춘 그런 남자에 만족하지 않는다. 그는 그런 이미지가 굳어지는 것을 피하기 위하여 자신의 취미와 기호를 더욱 높여야 할 필요가 있다. 그는 이제 소비 가능한 재화 중에서 고상한 것과 천박한 것을 아주 세밀하게 구분하는 능력을 갖추어야 한다. 그는 다양한 가치를 가진 먹음직스러운 고기, 남성적 음료와 장신구, 맵시가 나는 의복과 건축물, 무기, 게임, 춤, 마약류 등에서 전문가가 된다.

이런 미학적 능력을 갖추려면 시간과 노력을 들여야 한다. 이와 관련하여 여가인에게 가해지는 요구사항들은 그의 한가한 생활을 열심히 배워야 하는 생활로 바꾸어 놓는다. 그는 어떻게 하면 여가 생활을 그 자신에게 어울리는 방식으로 또 남들 눈에 그럴 듯하게 보이는 방식으로 영위할 것인가 궁리해야 하는데 그게 배움의 생활인 것이다. 여가인은 가장 좋은 재화를 자유롭게 소비해야 한다는 요구사항 이외에도 그 재화를 남들 눈에 잘 띄는 아주 그럴 듯한 방식으로 소비해야 하는 것이다. 그의 여가 생활은 좋은 형태를 갖추고서 그럴 듯하게 영위되어야 한다. 이렇게 하여 앞 장에서 지적된 것과 같은 방식으로 좋은 매너가 생겨나게 되었다. 교양 높은 매너와 생활 방식은 과시적 여가와 과시적 소비의 규범에 부합하는 것이다

가치 높은 재화를 과시적으로 소비하는 것은 여가인이 자신의 명성을 드러내는 수단이다. 그러나 그의 부가 자꾸 축적되면서 그가 이런 방식(과시적 소비)으로 남들 도움 없이 혼자 소비하는 것은 그의 부를 객관적으로 과시하는데 별 도움이 되지 못한다. 따라서 귀중한 선물을 하고 값비싼 연회와 오락행사 등으로 친구들과 경쟁자의 도움을 요청하게 된

다. 선물과 축제는 노골적 과시의 근원과는 다른 근원을 가지고 있으며 아주 이른 시기부터 그 유용성을 인정받아 왔고 또 오늘날까지도 그 흔적이 남아 있다. 그 유용성은 오랜 세월 동안 이런 낭비적 관습의 바탕이 되는 실질적 근거를 제공해 왔다. 포틀래치potlatch나 공공 무도회 같은 값비싼 오락행사는 이런 목적에 맞추어 고안된 것이다.

(포틀래치: 선물을 주며 벌이는 축제 행사. 북아메리카의 콰키우틀 부족에서 발견되는 전형적 형태의 포틀래치는 엄숙한 대大 축제였다. 여기에는 두 그룹이 참가하는데 먼저 한 그룹이 상대 그룹에게 위엄과 의례를 갖추어서 엄청난 규모의 선물을 한다. 선물의 목적은 자기 그룹의 우월성을 과시하기 위한 것이다. 선물을 받은 상대방 그룹은 일정한 기간 내에 그 선물에 상응하는 답례 선물을 해야 하고, 가능하다면 그보다 더 많은 답례를 해야 한다. 이런 기이한 증여의 축제가 그 부족의 모든 공동체 생활, 가령 의례, 법률, 예술 등을 지배한다. 출생, 죽음, 결혼, 성인식, 문신 새기기, 묘혈의 건립 등 중요한 사건들은 포틀래치를 시행하는 계기가 된다. 추장은 집을 지을 때나 토템 기둥을 세울 때 포틀래치를 보낸다. 포틀래치 행사 때 가족이나 씨족은 가장 좋은 옷을 차려입고 신성한 노래를 부르면서 가면들을 내보이고, 의무醫巫들은 그들이 씨족의 혼령에 의해 사로잡혀 있는 광경을 보여준다. 하지만 가장 중요한 것은 물건의 분배이다. 축제를 여는 자는 씨족의 재산을 탕진한다. 그리고 그 축제에 참가한 다른 씨족은 그보다 더 많은 재산을 탕진해야 하는 의무를 떠안게 된다. 만약 상대방 씨족이 그 의무를 이행하지 않으면 그들은 이름, 명예, 씨족 표시와 토템, 심지어 민간적·종교적 권리마저 빼앗기게 된다. 그리하여 부족의 재산은 아주 모험적인 방식으로 "지체 있는" 집안들 사이에 유통된다. 당초 포틀래치는 두 씨족 사이에서 거행된 것으로 추정된다.

포틀래치에서 한 그룹은 엄청난 선물로 그들의 우월성을 과시하는 데 그치지 않고, 그들이 그런 재산 없어도 충분히 살아갈 수 있다는 것을 보여주기 위해, 놀랍게도, 그들의 재산을 파괴해 버린다. 이러한 파괴 행위에는 연극적인 의례와 오만한 도전이 수반된다. 이 행위는 언제나 경기의 형태를 취한다. 한 추장이 구리판을 깨트리거나 담요 더미를 불태워버리거나 카누를 파괴하면, 상대방 추장은 그와 동일한 숫자 혹은 그보다 더 많은 숫자의 구리판, 담요, 카누를 파괴해야 한다. 추장은 깨트린 구리판 조각을 상대 추장에게 보내면서 그것을 명예의 표시로 과시한다. 콰키우틀과 유사한 부족인 틀린키트 족의 경우, 추장이 상대 추장을 제압하기 위해 다수의 노예들을 살해하면, 상대 추장은 위신을 지키려면 그보다 더 많은 숫자의 자기 노예들을 살해해야 되었다 : 옮긴이).

이런 오락행사에서 비교의 대상이 되는 경쟁자는 바로 이런 과시적 우월함을 내보이려는 상대방이 된다. 경쟁자는 그의 호스트(상대편 경쟁자)를 위하여 대리적으로 소비하면서 동시에 그(호스트)가 단독으로는 소비할 수 없는 좋은 물품을 과도하게 소비하는 광경을 목격하게 된다. 이렇게 하여 그는 호스트가 에티켓을 능숙하게 수행하는 사람임을 알아볼 것을 강요당한다. 즉 상대방에게 자신이 얼마든지 재물을 낭비할 수 있을 정도로 부유한 사람임을 강제로 확인시키는 것이다.

값비싼 오락 행사를 개최하는데 있어서 이보다는 덜 경쟁적인 동기가 물론 존재한다. 축제의 관습은 아마도 연회를 좋아하는 기질과 종교적 기질로부터 시작되었을 것이다. 이 두 동기는 후대에 개발된 축제 행사에서도 발견되는데 물론 이 두 동기가 유일한 동기로 계속 남아 있는 것은 아니었다. 후대의 유한계급이 즐겼던 축제와 오락 행사는 일차적으로 종교적 필요에 부응하기 위한 것이고, 이차적으로 오락과 회식의 필요에 부응하려는 것이었으나 동시에 차별적 목적도 있었다. 축제와 오락 행사는 이런 비非 경쟁적 동기 속에서 비非 차별적 터전을 마련함으로써 그런 과시의 목적에 오히려 더 잘 봉사했다. 그러나 이런 사교적 행사들의 경제적 효과가 그로 인해 줄어드는 것은 아니었다. 재화의 대리적 소비나 까다로운 에티켓을 적절히 수행하는 데에도 경제 효과가 분명 있었다.

부가 축적되면서 유한계급의 기능과 구조가 더욱 발전했고, 그리하여 그 계급 내에서 분화가 발생했다. 계급과 등급의 정교한 체계가 만들어진 것이다. 이 분화는 부의 상속과 신분(귀족)의 상속으로 더욱 가속화되었다. 귀족 신분을 상속받으면서 의무적으로 여가 또한 상속받게 되었다. 그러나 신분은 위엄 있는 여가 생활에 필요한 부의 상속 없이도 상속될 수가 있었다. 귀족의 피는, 편안하고 자유로운 소비를 하게 해주는 재산 없이 후대로 상속될 수가 있는 것이다. 그리하여 위에서 지나가듯이 언급한, 돈이 없는 귀족 계급이 생겨나게 되었다. 이런 어정쩡한 귀족-유한계급은 서열 질서의 정교한 체제 속에서 맨 밑으로 추락한다. 출신 배경과 부의 관점에서 가장 높거나 혹은 높은 등급에 속하는 사람들은 등급이 떨어지거나 금전적으로 취약한 사람들을 신분상 앞지르게 된다. 이 낮은 등급의 귀족들, 특히 돈이 없는 귀족은 그들보다 지위가 높은 사람에게 충성을 바치면서 의지하는 상하관계의 제도에 의하여 그들 자신을 부지한다.

이렇게 함으로써 그들은 어느 정도 명성을 얻게 되고 후원자(아주 높은 지위의 귀족)로부터 여유로운 생활을 누리게 해주는 생활 수단을 얻는다. 그들은 그 후원자의 궁정신하, 봉신, 혹은 하인이 된다. 이처럼 후원자로부터 생계를 얻고 또 지원을 받기 때문에 그들은 그 후원자의 지위를 드러내는 지표가 되고, 또 후원자의 넘쳐나는 부를 대리적으로 소비하는 자가 된다. 이처럼 후원자에게 붙어 있는 사람들은 그들 자신의 이름으로 되어 있는 재산은 별로 없는 자들이다. 그리하여 이들 중 일부는 대리적 소비자가 아닐 수도 있고, 다른 일부는 부분적으로 대리적 소비자가 되기도 한다. 그렇지만 그들 중 대부분은 후원자의 가신 혹은 식객을 구성하므로 충분한 대리적 소비자로 분류될 수 있다. 많은 귀족들과 등급이 다소 떨어지는 귀족들의 상당수가 아내와 자녀, 하인, 수행원 등 대리적 소비자들의 집단을 그들 주위에 거느리고 있다.

여가와 소비는 후원자의 명성을 높여준다

이런 대리적 여가와 대리적 소비의 등급제等級制를 통하여 다음과 같은 원칙이 적용된다. 이들의 여가와 소비 행위는 그들이 모시는 후원자의 훌륭한 명성을 높여주는 방식으로, 또 그런 명성을 높여주는 상황이나 표시의 요구에 따라 수행된다. 이 피부양자들이 주인 혹은 후원자를 위해 수행하는 소비나 여가는 그(주인 혹은 후원자)의 좋은 명성을 높이려는 목적 아래 이루어진 일종의 투자이다. 축제와 자선 행위에는 이런 목적이 아주 뚜렷하다. 여기서는 남들에게 널리 알려지는 명성을 주인 혹은 호스트에게 부여하려는 동기가 즉각적으로 작동한다. 여가나 소비가 하인이나 수행원에 의해 대리적으로 수행될 때, 그들이 주인 곁에 가까이 있어야만 주인의 명성을 높여줄 수 있다. 주위에 있던 모든 사람들이 그 여가와 소비의 원천이 어디에서 나온 것인지 금방 알아볼 수 있는 까닭이다.

이런 식으로 자신의 명성을 드높이는 사람들의 집단이 커지게 되면서, 대리적 여가의 진원지를 더욱 분명하게 알려야 할 필요가 생겨났다. 그리하여 이런 목적을 달성하기 위하여 제복, 휘장, 하인 복장 등이 유행하게 되었다. 제복이나 하인 복장의 착용은 그 사용자 자신이 의존 상태임을 아주 잘 드러내며 종종 실제적이든 혹은 과시적이든 복종의 표시로 생각되었다. 제복과 하인 복장을 착용한 자는 대체로 자유로운 자와 복종하는 자, 고상한 자와 비천한 자, 이렇게 두 부류로 나눠볼 수 있다. 이들이 수행하는 서비스는 마찬가지로 고상한 것과 비천한 것으로 나누어진다. 물론 이런 구분이 실제 상황에서는 엄격하고 일관되게 지켜지는 것은 아니다. 비천한 성격의 서비스를 하는 사람과 덜 명예로운 일을 하는 사람은 종종 같은 사람일 경우가 많다. 그러나 이것 때문에 전반적인 구분이 무시되어서는 안 된다.

그런데 이런 구분을 더욱 복잡하게 만드는 것은 다음과 같은 사실 때문이다. 실제적으로 행해지는 과시적 서비스를 바탕으로 고상함과 비천함을 나누는 이런 근본적 구분에 더하여, 어떤 서비스를 해주거나 입고 있는 제복에 따라 그런 서비스를 하는 사람의 행위가 명예롭거나 굴욕적인 것으로 구분되는 2차적 구분이 교차交叉하고 있는 것이다. 구체적인 사례를 들어보자면, 유한계급이 원래부터 해오던 일, 즉 통치, 전투, 사냥, 무기와 군복의 관리 등은 고상한 서비스에 해당한다. 간단히 말해서, 이것들은 노골적으로 약탈적인 일로 분류된다. 반면에 생산 계급에 소속되는 일들, 가령 수공업, 생산 노동, 비천한 서비스 등은 비천한 일로 여겨진다. 그렇지만 이런 비천한 일일지라도 아주 신분 높은 사람을 위하여 수행할 때에는 명예로운 일이 된다. 가령 여왕의 시중을 드는 궁중 시녀나 나인, 그리고 왕의 말을 돌보는 사마관이나 왕의 사냥개를 사육하는 시종관 등이 그러하다. 방금 얘기한 이 두 가지 일은 다른 일들과도 전반적으로 관계가 있는 원칙을 말해준다. 그러니까 어떤 비천한 서비스가 전투와 사냥 등 일차적인 여가 행위와 직접적으로 관련이 될 경우에, 그 일은 반사적 영광에 의하여 명예로운 일의 위상을 획득한다. 이런 식으로 해서 그 자체로는 비천한 일일지라도, 아주 명예로운 일로 격상되는 것이다.

평화로운 산업이 발전하는 후기 단계에서, 제복 입은 사람들을 고용하는 관습은 서서히 사라졌다. 주인 혹은 후원자의 높은 신분을 보여주는 피 부양가족에 의한 대리적 소비는 제복을 입은 하인들의 일로 국한되었다. 따라서 제복은 굴종의 표시 혹은 비굴함의 표시가 되었다. 무장 가신의 제복은 명예로운 특징을 갖추고 있었으나, 제복이 전적으로 하인 신분을 보여주는 표시가 되면서 이런 특징은 사라졌다. 그것을 입어야 하는 거의 모든 사람이 제복을 혐오했다. 우리가 노예제의 상태에서 벗어난 것이 아주 먼 시대의 일이 아니기 때문에, 우리는 굴종의 표시가 되는 것에 대해서는 크게 민감한 반응을 보인다. 이런 반감은 어떤 회사들이 소속 직원을 다른 회사와 구분하기 위하여 부과하는 회사 복장이나 단체복에 대해서도 강하게 드러난다. 미국에서는 제복에 대한 혐오감이 아주 강하여 군인이나 공무원 등 정부 업무에 종사하는 사람들이 입어야 하는 제복이나 단체복에 대해서도 — 비록 온건하고 은근한 것이기는 하지만 — 반감을 드러낸다.

상하 복종 관계가 사라지면서 한 사람의 귀족에게 의존하고 있던 다수의 대리적 소비자들은 전반적으로 감소하는 경향을 보였다. 어떤 한 사람(주인)을 위해 대리적 여가를 수행하던 많은 하인들 사이에서는 이런 경향이 더욱 강하게 나타났다. 늘 그런 것은 아니지만, 대체로 말해서 이 두 그룹(대리적 여가 그룹과 대리적 소비 그룹)은 감소세가 서로 일치한다. 이런 일을 최초로 위임 받은 사람은 아내 혹은 본처였다. 그리고 충분히 예견된 일이지만, 이런 제도의 후기 단계에 들어와서, 평소 이런 일을 하던 사람들의 숫자가 서서히 줄어들어 아내가 최종적으로 남게 되었다. 사회의 상류층에서는 이런 서비스(대리적 여가와 서비스)가 상당히 많이 필요했다. 물론 여기서 아내는 다수의 하인들로부터 도움을 받았다. 그러나 사회의 하류층으로 내려가면 대리적 여가와 소비의 임무가 오로지 아내에게만 맡겨지는 수준이 나온다. 서양 문명의 여러 공동체에서, 이 수준은 하류 중산층에 해당한다.

아내가 대신 소비하는 현상

그리고 여기에서 기묘한 반전이 발생한다. 하류 중산층의 경우에 집안의 가장은 여가를 겉꾸밈 하지 않는다는 것은 널리 관찰된 사실이다. 상황의 힘이 작용하여 그러한 겉꾸밈은 사라지게 되었다. 그러나 중산층 가정의 아내는 집안과 가장의 좋은 명성을 위하여 대리적 여가를 계속 수행한다. 현대의 산업 공동체 내에서 계층이 아래로 내려갈수록, 가장의 과시적 소비는 비교적 일찍 사라져 버린다. 중산층 집안의 가장은 경제적 상황의 압박 때문에 생계를 유지해야 하는데, 그의 직업은 종종 생산직인 경우가 많다. 가령 오늘날의 평범한 사업가가 좋은 사례이다. 그러나 아내에 의한 대리적 여가와 소비, 그리고 하인들에 의한 대리적 여가의 수행 등은 여전히 하나의 관습으로 남아 있게 된다. 이것은 좋은 명성을 누리려면 생략할 수 없는 것이기 때문이다. 아내가 남편을 위해 일반 관습이 요구하는 바, 대리적 여가를 그럴 듯하게 즐길 수 있게 하기 위해, 남편이 아주 열심히 생산직에 종사하는 광경은 흔하게 목격된다.

　이런 경우에 아내가 누리는 여가는 게으름이나 나태함의 일방적 표시는 아니다. 그 여가는 일종의 외부적인 일, 집 안 일, 사교적 활동 등의 위장된 형태로 나타나는데, 그것은 집안의 아내가 소득을 올리는 일 혹은 실용적인 일을 하지 않아도 된다는 것을 보여주는 것 이외에는 아무런 목적도 없다. 매너의 항목에서 이미 언급한 바와 같이, 중산층 가정의 아내가 집안에서 하는 관습적인 일들은 대체로 이런 성격의 일들이다. 그녀의 집 안 일은 주로 장식적이고 청결함을 강조하는 것들인데 이것이 중산층 예절을 훈련받은 사람들에게 불쾌함을 준다는 얘기는 아니다. 그보다는 이런 장식이나 청소가, 낭비된 노력을 구체적 증거로 요구하는 행동 기준의 선별적 지도 아래 이루어지는 행위라는 것이다. 그런 장식과 청소의 효과가 우리에게 유쾌한 것은 대체로 말해서 우리가 그런 것을 유쾌한 것으로 인식하도록 교육을 받았기 때문이다.

이런 집 안 일에는 형태와 색채를 적절히 조합해야 한다는 요구가 따르며, 또 미학적 감각으로 분류될 수 있는 다른 목적도 충족시켜야 한다는 요구가 따른다. 그리하여 때때로 어떤 미학적 가치가 획득된다는 사실도 부정하지 못한다. 이런 생활을 즐겁게 하는 장식품들과 관련하여 다음과 같은 사실을 여기에서 강조하고 싶다. 중산층 집안의 가정주부가 집중하는 그런 장식적 노력은 시간과 돈의 과시적(낭비적) 지출의 법칙으로 형성되어온 전통의 영향을 받은 것이다. 만약 그런 장식품에 의해 아름다움이나 안락함이 획득되었다면 — 설사 획득되었다 하더라도 다소간 우연한 행운이 작용한 것이다 — 그것들(아름다움이나 안락함)은 낭비된 노력의 경제 법칙에 봉사하는 수단과 방법으로 획득되어야 한다. 중산층 가정의 장식품들은 한편으로는 그 가정의 품위를 높이고 또 남들에게 "보이기 위한 것"이지만, 다른 한편으로는 그 집안의 가정주부가 대리적 여가의 증거로 내세우는 수단인 것이다.

금전적 사다리의 낮은 단계에 있는 가정주부라도 대리적 여가의 의

무보다는 대리적 소비의 의무가 더 강력하게 작용한다. 의례적 청결함 같은 일에서 낭비적 노력을 전혀 하지 않고 또 과시적 여가를 의식적으로 시도하지 않는 하류 계층에서도, 가장의 명성과 품위를 지키려면 가정주부는 어떤 물품들을 과시적으로 소비해야 한다. 이렇게 하여 이 상고 시대의 제도(과시적 소비)가 후대로 내려오면, 과거에는 명실공히 남자의 가재이며 일꾼이었던 아내 — 남편이 소비할 물품을 생산하는 사람 — 가, 이제 위상이 역전되어 남편이 생산하는 물품을 의례적으로 소비하는 사람이 되어버린 것이다. 그러나 그녀는 여전히 이론적으로는 남편의 가재일 뿐이다. 왜냐하면 대리적 여가와 소비를 습관적으로 수행한다는 것은 자유롭지 못한 하인의 지속적 표시이기 때문이다.

중산층과 하류층의 가정주부가 행하는 이런 대리적 소비는 유한계급의 생활양식을 직접적으로 표현하는 것으로 간주되어서는 안 된다. 왜냐하면 이런 낮은 금전적 위상을 가진 가정은 유한계급이 아니기 때문이다. 여기에서 목격되는 유한계급의 생활양식은 두 단계 떨어진 상태에서 구현된 것이다.

(유한계급의 1단계는 주인이 자신의 여가를 직접 누리는 것이고, 2단계는 그 주인의 아내와 식솔들이 누리는 대리적 여가/소비의 단계이고, 3단계는 중산층과 하류층에서 오로지 가정주부만이 가장의 체면을 위해 대리적 여가를 누리는 단계이다. 따라서 3단계는 1단계로부터 2단계 떨어진 것이 된다 : 옮긴이).

유한계급은 명성의 관점에서 살펴보면 사회의 최정상에 있는 계급이다. 따라서 그 계급의 생활 방식이나 가치 기준은 사회 내의 전반적인 명성의 기준을 제공한다. 따라서 이런 기준은 최고 상류층 이하의 모든 하위 계층에게 지키고 싶은 규범이 된다. 현대의 산업 사회에서, 사회 계급들 사이의 구분선은 희미하고 또 일시적인 것이 되었다. 그러나 이런 구분선이 발생하는 곳에서는, 상류층이 부과하는 명성과 품위의 기준이 사회 구조 내의 모든 하위 계층들에게까지 강제적인 힘을 발휘하면서 거의 아무런 저항을 받지 않고 확대되었다. 그 결과, 사회의 각 계층은 차상위층에서 유행하는 생활방식을 품위의 이상적 기준으로 받아들이면서, 그 기준에 부응하려고 최선을 다했다. 그들은 좋은 명성을 유지하고 또 자존심을 지키기 위하여 겉치레일지라도 그런 기준을 지키려하는 것이다.

좋은 명성의 바탕은 금전적 능력

고도로 조직된 산업 사회에서 좋은 명성의 바탕은 결국 금전적 능력이다. 그런 능력을 보여주고 또 좋은 명성을 획득하거나 유지하는 수단은 여가와 소비(재화의 과시적 소비)이다. 따라서 이 두 가지 수단은 사회 계층의 저 밑바닥까지 그대로 위력을 발휘한다. 하류 계층에서 그 두 가지 수단은 주로 아내와 자녀에게 일임된다. 형식적이든 아니든 여가가 아예 불가능한 그보다 더 하위 계층(빈곤층)에서도, 재화의 과시적 소비는 그대로 남아서 아내와 자녀의 몫으로 돌아간다. 그 집안의 가장 또한 이 방향(과시적 소비)에서 나름 기여한다. 그러나 그보다 더 하위 계층 — 빈민가에 사는 극빈층 — 에서, 가장과 자녀는 체면치레용 물품 소비를 사실상 하지 못하고, 아내만이 그 집안의 금전적 품위를 지키기 위하여 유일하게 과시적 물품을 소비하는 사람이 된다.

이렇게 하여 사회의 모든 계층(심지어 극빈층을 포함하여)이 통상적인 과시적 소비를 생략하지 못한다. 아주 지독한 궁핍함이 압박해 오지 않는 한, 이런 부류의 소비 제품은 결코 포기되지 않는다. 아주 지독한 지저분함과 불편함을 겪기 전에는 마지막 장신구 혹은 금전적 품위를 지켜주는 마지막 허세를 포기하지 않는 것이다. 그 어떤 계층이나 나라가 되었든, 물질적 결핍의 압박은 정신적 필요보다 더 강한 것이 아니며, 수준 높은 정신적 필요의 충족을 위해 최대한 마지막까지 물질적 결핍을 견디려고 하는 것이다.

위에서 과시적 여가와 소비의 성장을 살펴보았는데, 명성을 얻기 위해 수행되는 여가와 소비에 공통되는 특징은 낭비의 요소인 듯하다. 여가의 경우에는 시간과 노력의 낭비이고, 소비의 경우에는 재화의 낭비이다. 두 방법은 부의 소유를 과시하기 위한 것이고, 전통적으로 여가와 소비는 서로 같은 것으로 여겨져 왔다. 둘 중 어느 하나를 선택하는 것은 편의성의 문제일 뿐인데, 그 편의성은 다른 원천에서 나온 예의의 기준에 영향 받는 정도에 따라 결정된다. 이런 편의성을 기준으로 하여, 경제 발전의 각각 다른 단계에서 여가 혹은 소비가 각각 선호되었다. 중요한 질문은, 두 방법 중 어떤 것이 영향을 미치고 싶은(자신의 부를 과시하고 싶은 대상이 되는) 사람들에게 더 빨리 효과를 거두느냐 하는 것이다. 사회의 관습은 상황에 따라 이 질문에 다르게 대답해 왔다.

어떤 공동체 혹은 사회적 집단이 규모가 작아서 일반적 명성만으로도 충분히 그 해당 개인에게 영향을 미칠 수 있을 경우, 그러니까 어떤 개인이 명성과 관련하여 적응해야 하는 주변 환경이 그의 개인적 친지들이나 이웃 사람들의 소문 등에 국한될 경우에, 한 방법(소비)은 다른 방법(여가) 못지않게 효과적이다. 두 방법은 사회 발전의 초기 단계들에서는 똑같이 영향력을 발휘한다. 그러나 분화가 계속 진행되어 훨씬 더 많은 사람들을 상대로 해야 할 경우에, 금전적 품위를 보여주는 통상적 방식으로는 소비가 여가를 훨씬 앞지르게 된다. 이것은 후대의 평화로운 경제적 단계에 더욱 해당하는 진단이다. 의사소통의 광범위한 수단과 인구의 유동성으로 인해, 개인은 수많은 사람들 앞에 노출된다. 그 많은 사람들은 어떤 개인이 남들의 직접적인 관찰 아래 그의 물품(혹은 출신 배경)을 과시하는 것을 보고서 그 개인의 명성을 판단한다.

현대의 산업 조직도 같은 방향으로 움직이지만 타고 가는 노선路線이 다를 뿐이다. 현대의 산업 체계는 개인과 가정을 병치시키지만, 그 둘은 병치되어 있다는 것 이외에는 별 다른 접촉점이 없다. 기계적으로 말해서, 한 개인의 이웃들은 사회적으로는 이웃이 아니며, 더 나아가 친지는 더더욱 아니다. 그래도 그들의 일시적 호평은 높은 유용성을 갖는다. 한 개인의 금전적 능력을 이런 무감각한 이웃들에게 각인시키는 가장 현실적인 수단은 지불 능력을 끊임없이 과시하는 것이다. 현대 사회에서, 개인은 대규모 사람들이 모여드는 곳에 참석하게 되는데, 그곳에서 그 개인의 일상생활은 전혀 알려져 있지 않다. 구체적인 예를 들면, 교회, 극장, 무도장, 호텔, 공원, 가게 등이 그런 곳이다. 이런 일시적인 관찰자들에게 깊은 인상을 남기고 또 그들이 보는 데서 개인의 자존심을 유지하려면, 개인의 금전적 능력은 누구나(심지어 달리는 사람까지도) 읽을 수 있는 커다란 글자로 기록되어야 한다. 따라서 오늘날의 발전 추세는, 여가보다는 과시적 소비의 유용성을 더욱 강조하는 쪽으로 움직이고 있다.

명성과 품위의 요소인 소비

또한 다음의 사실도 주목할 만하다. 명성을 알리는 수단으로 소비가 유용하고 또 금전적 품위의 요소로 소비를 강조하는 현상은, 개인들 사이의 접촉이 많고 인구의 유동성이 가장 높은, 사회 내의 어떤 부분들(위에서 말한 교회, 극장, 무도장, 호텔, 공원, 가게 등 : 옮긴이)에서 뚜렷하게 목격된다.

과시적 소비와 관련하여, 농촌 인구보다는 도시의 인구가 수입의 상당 부분을 지출하며, 또 도시일수록 그런 지출의 압력이 강하다. 그 결과, 그럴듯한 외양을 유지하기 위하여 도시 주민들은 농촌 주민에 비하여 그달 벌어 그달 먹는 생활을 하고 있다. 그래서 미국의 경우, 농부와 그의 아내 및 딸들은 똑같은 수입을 가진 도시의 장인匠人 가정에 비하여 옷도 덜 유행적인 것을 입고 매너도 덜 세련되어 있다. 그렇다고 해서 도시 주민이 과시적 소비에서 오는 독특한 만족감을 더 추구한다는 얘기는 아니고, 또 농촌 인구가 금전적 품위를 덜 의식한다는 얘기도 아니다. 그러나 과시적 소비의 증거를 내놓으라는 도발과 그런 일시적 효율성에 유혹당하는 현상은 도시일수록 더 뚜렷하게 발견된다. 그래서 이 방법(과시적 소비)에 더욱 즉각적으로 의존하게 되고, 남들과의 경쟁에서 앞서기 위하여 도시의 주민들은 과시적 소비의 기준을 아주 높은 수준으로 끌어올린다.

그 결과, 도시에서는 자신의 높은 금전적 능력을 보여주기 위하여 비교적 높은 수준으로 과시적 소비를 한다. 이런 높은 수준에 부응해야 한다는 의무는 필수적인 것이다. 계층 별로 지켜야 하는 일정한 품위의 수준이 있고, 각 개인은 그럴 듯한 외양을 유지하는 의무를 충실히 준수해야 하며 그렇지 못할 경우에는 사회적 카스트(계급 신분)을 잃어버린다.

소비는 농촌보다 도시에 생활수준의 결정적 요소가 되었다. 농촌 주민들의 경우, 소비는 어느 정도까지 저축과 집안의 편의 제품들(이웃들의 입 소문에 의해 알려진 제품으로 금전적 명성의 목적을 충분히 달성할 수 있는 그런 제품들)에 의해 대체된다. 이런 편의 제품들과 그로부터 나오는 여가 — 여가가 발견될 경우 — 는 상당 부분 과시적 소비의 품목으로 분류될 수 있다. 농가의 저축에 대해서도 같은 말을 해볼 수 있다. 반면에 도시의 장인 계층은 저축 액수가 많지 않다. 왜냐하면 농촌과 작은 마을에 사는 사람들의 저축에 비하여, 그가 살고 있는 도시 환경에서는 저축이 그리 효과적인 홍보(과시) 수단이 되지 못하는 까닭이다. 농촌 주민들의 경우, 모든 주민의 일들과 특히 그들의 금전적 지위가 누구에게나 잘 알려져 있다. 그러나 저축이 과시 수단이 되지 못하고 또 이웃끼리 서로 알지 못한다는 사실 그 자체가 도시의 장인과 노동자의 저축 감소를 설명하지 못한다. 그보다는 과시적 소비의 기준을 높이는 과정에서 남들보다 더 소비하려는 심리가 앞서서 저축 성향이 크게 억제되는 것이다.

이러한 명성의 기준이 가져오는 결과를 아주 잘 보여주는 사례로는, 위스키를 찔끔찔끔 마시기, "한 턱 내기", 공공장소에서 담배 피우기 등을 들 수 있다. 이런 행위들은 도시의 노동자와 수공업자들 사이에서 흔히 발견되며, 또 도시의 중산층 주민들 사이에서 일반적으로 목격된다. 출장 인쇄공들도 이런 과시적 소비를 즐겨 하는 계층으로 지목될 수 있다. 그들 사이에서 과시적 소비는 종종 사람들의 경멸을 받는 아주 뚜렷한 결과를 가져왔다. 이 계층의 특별한 습관은, 이 계층이 갖고 있다고 생각되는 잘못 규정된 도덕적 결핍 탓으로 돌려진다. 혹은 그 직업이 (다소 측정 불가능한 방식으로) 인쇄공들에게 미친다고 생각되는 도덕적으로 유해한 영향 탓으로 진단되었다. 평균적인 인쇄소의 식자실植字室이나 인쇄실에 근무하는 인쇄공들의 일반적 상황을 요약하면 다음과 같다.

어떤 인쇄소나 도시에서 노동자가 어떤 숙련된 기술을 갖고 있으면 그것은 다른 인쇄소나 도시에서도 즉각 활용될 수 있다. 다시 말해, 특별한 직업 훈련에 따르는 무기력遊休 상태가 거의 없다. 또한 이 직종은 평균 이상의 지능과 지식을 요구하며, 이 업종에 종사하는 노동자들은 그들의 노동력을 요구하는 상황이 조금만 바뀌어도 그것을 재빨리 활용할 채비가 되어 있다. 어떤 직장에 자리 잡을 때까지 필요한 무기력 상태 또한 별로 없다. 동시에 이 업종의 임금은 비교적 높아서 다른 인쇄소로의 이동이 용이하다. 그리하여 인쇄업에서는 노동자의 유동성이 아주 높다. 그들 못지않게 숙련도가 높은 다른 업종의 노동자들에 비해 한결 다른 직장으로의 이동이 빈번한 것이다. 이 인쇄공들은 새로운 집단과 끊임없이 접촉하지만 그들과 맺는 관계는 잠정적이거나 일시적인 것이다. 그렇지만 그들의 좋은 평가가 비록 짧은 기간 동안이기는 하지만 그래도 가치 있는 것으로 인식된다.

과시를 좋아하는 인간의 본성은 동료애라는 감정으로 강화되고, 그리하여 인쇄공들은 그들의 일시적 필요(잠깐 사귀는 동료들의 인정을 받는 것 : 옮긴이)를 적절히 충족시키기 위하여 과시적 소비를 하게 된다. 다른 곳에서와 마찬가지로 여기에서도, 규범이 널리 인기를 얻으면서 관습의 자리를 차지하게 되고 곧 공인된 품위의 기준으로 인정받게 된다. 그 다음 단계는 이 품위의 기준을 출발점으로 삼아 동일한 방향으로 더 높이 나아가는 것이다. 같은 업종의 모든 사람이 실천하는 낭비(과시적 소비)의 기준을 기계적으로 준수하는 것은 별 가치가 없기 때문이다.

인쇄공들 사이에서 낭비의 경향이 다른 업종보다 더 높게 나타나는 것은, 직업의 높은 유동성과 사귀는 사람들과 인간적 접촉의 한시적 성격에 기인하는 것이다. 그러나 이런 낭비를 뒷받침하는 실질적 바탕은 남들보다 우위에 서고 또 자신의 금전적 품위(능력)를 드러내려는 인간적 성향인 것이다. 바로 이런 성향 때문에 프랑스의 농부-지주가 인색할 정도로 근검절약을 하고, 또 미국의 백만장자들이 대학, 병원, 박물관을 건립하는 것이다. 만약 과시적 소비의 기준이 인간성의 다른 특징(과시적 소비와는 다른 특징)에 의해 어느 정도 상쇄가 되지 않는다면, 그들의 임금이나 소득이 아무리 높아도 도시의 장인이나 노동자 계층이 저축을 한다는 것은 논리적으로 불가능하다.

부와 그 표시 이외에 다른 명성의 기준 혹은 행동의 기준이 있다. 이런 기준들의 일부는 과시적 낭비의 폭넓고 근본적인 기준을 강조하거나 품위를 높여준다. 홍보(과시)의 효율성이라는 간단한 기준에서 살펴볼 때, 우리는 여가와 과시적 소비가 당초에는 금전적 경쟁의 분야를 골고루 차지한다고 생각해 볼 수 있다. 그러다가 경제 발전이 계속되고 공동체의 규모가 커지면서 여가는 뒤로 밀려나서 점점 사라지는 경향을 보일 것으로 예상되었다. 반면에 과시적 소비는 점차적으로 중요성이 더해가다가 최소한의 생계 수단용 물품을 제외하고 거의 모든 제품을 흡수해 버릴 것으로 추측되었다.

하지만 실제 발전 과정은 이런 이상적인 구도와는 다소 달랐다. 여가는 처음부터 우위를 차지했고, 부를 드러내고 품위의 기준으로서 과시적 소비보다 한결 높은 등급을 점유했다. 이러한 현상은 유사-평화의 시대에 더욱 두드러지게 나타났다. 그러나 그 시대 이후에 과시적 소비가 힘을 얻기 시작하더니 마침내 의심할 나위 없이 여가보다 우위를 차지하게 되었다. 하지만 최소한의 생필품을 제외한 거의 모든 제품의 소비에 그런 과시적 경향이 나타날 정도까지로 우위를 점한 것은 아니었다.

부의 증거로서 과시적 소비가 여가보다 더 효율적

여가가 명성을 높여주는 수단으로 먼저 등극하게 된 것은, 고상한 일과 비천한 일을 구분한 태곳적 시대로까지 거슬러 올라간다. 여가는 명예로운 것이었고 또 비천한 노동을 하지 않아도 되는 상태를 보여주기 때문에 높은 신분의 필수적 요소였다. 태곳적 시대에 고상한 계급과 비천한 계급을 구분한 것은 명예로운 일과 비천한 일을 차별적으로 구분한 데서 기인한 것이다. 이러한 전통적 구분은 초창기 유사-평화로운 단계 동안에 품위의 필수적 기준으로 자리 잡았다.

또 여가가 명성을 높여주는 수단으로 등극하게 된 것은, 부를 과시하는 수단으로서 소비 못지않게 유효한 방법이었기 때문이다. 문화 발전의 초창기 단계에서 개인들은 소규모의 안정된 사회 집단 속에서 생활했으므로 여가는 높은 신분을 알려주는 아주 효과적인 수단이었다. 여기에는 생산 노동을 경시하는 상고시대의 전통도 한몫 거들었다. 그 결과 돈이 없는 유한계급이 생겨나기에 이르렀고, 심지어 공동체의 산업을 최소한의 생계 수준으로 억제하는 일까지 벌어졌다.

이러한 극단적인 생산 억제가 회피될 수 있었던 것은 명성보다 더 억압적인 강요에 의해 일하는 노예 노동이 있었기 때문이다. 노예들은 강압에 떠밀려 노동자 계급의 최소 생계 수준을 웃도는 물품을 생산했다. 그 후 과시적 여가가 명성을 높이는 수단의 자리에서 밀려나게 된 것은 부의 증거로서 과시적 소비가 상대적으로 더 효율적인 수단이었기 때문이다. 하지만 여가가 밀려나게 된 또다른 부분적인 이유도 있는데, 그것은 과시적 소비와는 다른, 다소 이질적이고 때로는 적대적인 힘을 가리키는데 다음에서 설명된다.

이 이질적 요소는 일솜씨의 본능을 말한다. 다른 상황들이 우호적으로 허락해 준다면, 이 일솜씨 본능 때문에 인간은 생산적 효율성과 인간의 사용에 도움이 되는 것을 우호적인 시선으로 바라보게 되었다. 또 그 본능은 인간으로 하여금 물질이나 노력의 낭비를 경멸하게 만들었다. 일솜씨 본능은 모든 사람에게 깃들어 있으며, 아무리 어려운 상황에서도 그 존재를 드러낸다. 따라서 어떤 소비가 아무리 낭비적일지라도 과시의 목적에 합당한, 그럴 듯한 변명을 갖추어야 한다.

어떤 특별한 상황에서 일솜씨 본능이 약탈 행위나 고상하고 비천한 계급의 구분 등으로 구체화된 것은 이미 앞 장에서 언급한 바와 같다. 일솜씨 본능이 과시적 낭비의 법칙과 갈등을 일으킬 때, 그 본능은 실질적 유용성을 강조하기보다는 낭비를 싫어하고 낭비에 의해서는 구축될 수 없는 미학적 감수성을 주장함으로써 그 자신을 표현한다. 일솜씨 본능은 그 자체로 본능적인 성격을 갖고 있으므로, 그 본능을 위반하는 행위의 외형적 측면에 대해서는 즉각적으로 강력하게 인식한다. 반면에 그 위반 행위의 본질적 측면은 덜 즉각적이고 또 덜 강력하게 인식되며, 나중에 깊이 생각해 볼 때에만 그런 본질적 측면의 위반을 이해할 수 있게 된다.

(일솜씨 본능은 예술적 감각을 가리킨다. 여가를 누리는 것에 대한 거부감은, 그 여가를 예술 활동에 전용할 수 있다는 생각에서 비롯되는 것인데 이런 예술적 감각을 저자는 위에서 "과시적 소비와는 다른, 다소 이질적이고 때로는 적대적인 힘"으로 규정한다. 예술의 본능은 어떤 작품이 예술적으로 잘못 되었다는 것을 본능적으로 알아보지만 왜 잘못 되었는지 그 본질적 측면을 파악하기 위해서는 나중에 깊이 생각해 보는 것이 필요하다는 뜻으로, "나중에 깊이 생각해 볼 때에만 그런 본질적 측면의 위반을 이해할 수 있게 된다"라고 말하고 있다 : 옮긴이).

모든 노동이 지속적으로 오로지 노예들에 의해서만 수행된다면, 모든 생산 노동의 비천함은 너무나 명백하게 사람들의 마음속에 각인되어 일솜씨 본능이 생산적 유용성의 방향으로 작동할 수가 없었을 것이다. 그러나 유사-평화로운 단계(노예제와 신분제를 갖춘)가 평화로운 산업의 단계(임금 노동과 현금 지불)로 이행하면서, 일솜씨 본능이 한층 효율적으로 작동했다. 인간의 가치관 형성에 공격적으로 작용했고 자기 만족감을 표현하는 보조적 수단으로 그 존재감을 드러내기 시작했다. 다른 외부적 고려사항들을 배제한다면, 어떤 유용한 목적을 달성하려는 생각이 없는 사람(어른), 스스로 인간에게 쓸모가 있는 어떤 물건이나 사건을 만들려고 하는 의사가 없는 사람은 오늘날 점점 사라져가는 소수에 지나지 않는다.

그러나 이러한 성향은 명성을 가져다주는 여가의 압도적인 힘이나 품위 없는 유용성을 회피하려는 태도 등에 의해 옆으로 밀려난다. 그래서 일솜씨 본능은 겉꾸밈(일솜씨의 흉내)에 의해서만 그 모습을 드러낸다. 가령 "사교 행위", 유사-예술적·유사-학문적 성취, 집안의 장식과 청소, 바느질 모임 활동, 옷 수선, 의복, 카드, 요트 타기, 골프, 기타 여러 스포츠 활동 등으로 표현되는 것이다. 상황의 압박을 받아 일솜씨 본능이 이런 사소한 활동으로 표현된다고 해서 그 본능의 존재를 무시해버릴 수 없는 것은, 도자기 계란 위에 암탉을 앉혀 놓았다고 해서 암탉의 산란産卵 본능을 부정할 수 없는 것과 마찬가지이다.

일솜씨 본능

이처럼 후대에 들어와 의미 있는 활동 형태(개인이든 집단이든 품위를 손상시키지 않는 활동 형태)에 노력을 경주하는 것은, 현대의 유한계급과 유사-평화 시대의 유한계급 사이에 태도 변화가 발생했음을 보여준다. 앞에서 이미 언급한 것처럼, 문화의 초창기 단계에서 노예제와 신분제라는 압도적 제도는 오로지 노골적인 약탈적 목적에만 노력을 경주하도록 철저하게 유도했다. 예전에는 적대적인 집단이나 집단 내의 반항적 계급에 대한 무력 공격이나 탄압 등에서, 행동의 충동을 해소시키는 일거리를 찾아내는 것이 가능했다. 이것 덕분에 유한계급은 생산적이거나 생산적으로 보이는 일을 하지 않고서도 그들의 에너지를 발산하고 또 스트레스를 풀 수가 있었다. 사냥도 어느 정도 그런 목적에 봉사했다.

그러나 공동체가 평화로운 산업 조직으로 발전하고 또 폭넓은 토지 활용으로 사냥의 기회가 거의 무시할 수 있는 수준으로 축소되자, 유의미한 일거리를 찾는 에너지의 압력은 다른 방향에서 출구를 찾아야 했다. 강제 노동이 사라지면서, 유익한 생산 활동에 부여된 비천함의 느낌도 훨씬 강도가 약하게 되었다. 사정이 이렇게 돌아가자 일솜씨 본능은 더 집요하고 더 일관되게 그 존재감을 드러내기 시작했다.

생산 노동에 대한 저항의 강도가 변하기 시작했고, 전에 약탈 행위에서 배출구를 찾았던 에너지는 유익한 생산적 노동의 방향으로 시선을 돌렸다. 목적 없는 여가는 경멸받기에 이르렀고, 특히 유한계급의 상당수 사람들이 평민 출신이라는 사실은 그들을 위엄 있는 여가otium cum dignitate와 위엄의 전통으로부터 이탈하게 만들었다. 그러나 생산적 노동을 용납하지 않는 품위의 기준은 여전히 작동하고 있어서, 실용적이거나 생산적인 일을 잠시 유행처럼 해보는 것 이외에는 그 어떤 생산적 노동도 용인하지 않았다. 그 결과, 유한계급이 실천하는 과시적 여가에 변화가 발생했다. 그것은 본질의 변화라기보다 형태의 변화이다.

두 개의 갈등하는 의무사항(생산직 노동의 불용과 일솜씨 본능의 압박
: 옮긴이) 사이에서 나온 타협은 결국 겉꾸밈으로 구체화되었다. 복잡하
고 공손한 예절과 의례적 성격의 사회적 의무들이 개발되었다. 또한 많
은 단체들이 조직되었는데 그들의 공식적 표어나 단체 이름에서 구현된
바, 삶의 질을 개선한다는 그럴 듯한 목표가 표방되었다. 어떤 목적을 천
명하고 그에 대하여 많은 사람들의 왕래가 있고 사람들의 대화가 무성
하게 피어났지만, 정작 그런 대화를 나눈 사람들은 그들의 왕래에 어떤
효과적인 경제적 가치가 있는지 전혀 생각해보지 않았다. 그리하여 이
런 목적 있는 일거리라는 겉꾸밈에는, 아주 복잡하고 교묘하게도 어떤
진지한 목적에 결부된 유의미한 노력(생산적 노동)의 요소가 추가되었다.

범위를 좁혀서 대리적 여가의 분야에서도 그와 유사한 변화가 발생
했다. 가부장 제도의 전성기에 가정주부는 노골적으로 드러내놓고 게으
름을 부리며 시간을 보냈다면, 이제 진보된 평화 단계의 가정주부는 집
안 일 관리에 아주 근면하게 헌신한다. 이러한 가정 관리의 주요한 특징
은 이미 앞에서 언급한 바와 같다.

명성을 얻으려면 소비는 낭비적이어야

재화든 서비스든 인간의 생활이든, 과시적 소비가 진화하는 내내, 다음
과 같은 뚜렷한 원칙이 작동했다.

소비자의 좋은 명성을 효과적으로 유지하기 위해서는 여분의 것을
반드시 소비해야만 되었다. 명성을 얻고자 한다면 그 소비는 낭비적인
것이어야 했다. 생필품만 소비해서는 가치가 생겨나지 않았다. 그런 생
필품조차 결핍되어 있는 최극빈층과 비교하지 않는다면 말이다. 이런

극빈자와의 비교에서는 시시하고 매력 없는 품위의 수준 이외에는 소비의 기준이 생겨나지 않았다. 부 이외의 측면에서 차별적 비교를 허용하는 생활 기준이 여전히 가능했다. 가령 도덕적·신체적·정신적·미학적 힘의 발현 등 다양한 방면에서 비교가 가능했다. 오늘날 이런 방면들에서 비교를 하는 것이 대유행이다. 그러나 이런 분야의 비교는 금전적 비교와 긴밀하게 연결되어 있어서 서로 구분하기가 거의 불가능하다. 최근에 정신적·미학적 힘 혹은 능력을 평가하는데 있어서 이런 기준(금전적 능력의 기준)이 특히 중시되고 있다. 그래서 우리는 본질적으로는 금전적 차이에 불과한 것을 미학적 혹은 정신적 차이라고 종종 해석한다.

"낭비"라는 용어를 사용한 것은 어떤 의미에서 보면 불운한 것이다. 일상생활 중에 사용되는 이 단어는 경멸의 뜻을 내포한다. 우리는 과시적 소비의 동기와 현상을 설명하는데 더 좋은 단어가 없어서 이 단어를 사용했을 뿐이며, 인간이 만들어 낸 제품이나 인간의 목숨을 부당하게 소비한다는 혐오스러운 뜻으로 사용하지 않았다. 경제적 이론의 관점에서 보자면, 이 소비(낭비)는 다른 소비 못지않게 합당한 것이다. 여기서 "낭비"라는 용어를 사용한 것은 이 소비가 인간의 생활이나 복지에 봉사하지 않기 때문이지, 개인 소비자의 관점에서 바라본 노력과 소비의 낭비나 오용을 의미하는 것은 아니다. 만약 개인 소비자가 낭비를 선택한다면, 그것은 소비자와 관련된 유용성의 문제를 제거한다. 경멸받지 않는 비 낭비적 형태의 소비와 비교해 볼 때, 우리가 여기서 말하는 낭비는 소비자의 선택이 곧 그 유용성을 결정해주는 것이다. 어떤 형태의 소비를 선택하든, 또 그런 선택을 하면서 어떤 목적을 추구하든, 그 소비는 그의 선택에 의하여 그에게 유용성을 부여한다. 개인 소비자의 관점에서 볼 때, 경제적 이론의 범위 내에서는 낭비의 문제가 발생하지 않는다. 따라서 전문용어인 "낭비"의 사용은 과시적 낭비의 규범 아래에서 소비자가 추구하는 그런 행동(낭비적 소비, 혹은 과시적 소비)의 목적이나 동기를 경멸하는 것은 아니다.

(베블런은 자신이 여기서 말하는 전문적 의미의 낭비와 일반적 의미의 낭비를 구분한다. 일반적 낭비는 아무런 목적에도 봉사하지 않는 상태로 시간과 노력을 소비하는 것을 의미하지만, 유한계급의 과시적 낭비는 그 계급 사람의 품위와 명성을 유지하는데 결정적 도움이 되므로 경제적 관점에서 낭비가 될 수 없고 따라서 경멸의 대상도 될 수 없다는 것이다 : 옮긴이).

하지만 다른 관점에서는 다음 사실을 주목할 필요가 있다. "낭비"라는 용어는 일상 언어 중에서 낭비적이라고 할 수 있는 것에 대한 경멸을 내포한다. 이런 상식적인 내포 의미는 그 자체가 일솜씨 본능에서 생겨져 나온 것이다. 대중이 이처럼 낭비를 비난하는 것은 다음과 같은 의미를 포함한다. 자기 자신에 대하여 내면적 평화를 이루려고 하는 사람은 모든 인간의 일과 노력에서 인간의 삶과 복지가 전반적으로 향상되는 것을 볼 수 있어야 한다. 무조건적인 승인을 받기 위해서 경제적 사실은 몰개성적 유용성의 테스트를 통과해야 한다. 여기서 말하는 유용성은 인간 전체의 관점에서 본 유용성을 말한다. 한 개인이 다른 개인과 비교하여 상대적 혹은 경쟁적 우위를 차지하는 것은 경제적 양심을 충족시키지 못하며, 따라서 경쟁적 소비는 이런 양심의 승인을 받지 못한다.

차별적 비교가 과시적 낭비의 원인

아주 정확한 의미로 말하자면, 차별적인 금전 비교의 바탕에서 발생한 소비 이외에는 그 어떤 것도 과시적 낭비의 항목에 포함시켜서는 안 된다. 그러나 어떤 특정한 항목 혹은 요소를 과시적 낭비로 만들기 위해, 그 소비자가 그것을 낭비로 인식해야 하는 것은 아니다. 처음에는 낭비로 시작되었던 어떤 생활수준의 요소가 결국에는 그 소비자의 머릿속에서 생활 필수 품목으로 굳어지는 사례가 종종 발생한다. 이렇게 되면 그것은 소비자의 습관적 소비 생활에서 다른 물품들과 마찬가지로 필수불가결한 것이 된다. 이런 항목에 해당하고 또 이런 원칙이 적용되는 물품의 구체적 사례로는, 카펫과 태피스트리(벽걸이 융단), 은제 식기, 웨이터의 서비스, 실크 모자, 풀을 빳빳하게 먹인 리넨 셔츠, 많은 보석류와 의상 등이 있다. 일정한 습관 뒤에 관습으로 굳어져서 이런 제품들이 생활 속에서 필수불가결하게 되면, 낭비라는 용어의 전문적 의미로 파악하여 그 제품들을 낭비 혹은 낭비 아님으로 분류하는 것은 무의미해진다.

낭비 여부를 결정하기 위해 모든 제품이 통과해야 하는 테스트는 그것이 인류의 전반적 생활을 높여주는데 직접적으로 기여하는지 여부이다. 그것이 몰개성적으로 파악된 생활 과정을 증진시키는지 여부가 중요한 것이다. 바로 이것이 일솜씨 본능에 입각하여 상을 수여하는 기반이 된다. 그 본능은 경제적 진실 혹은 타당성의 문제와 관련하여 최종 심급審級의 법원이 되는 것이다. 그 질문은 냉정한 상식에 의하여 제기된 것이어야 한다. 따라서 질문은 개인의 습관과 사회적 관습이라는 기존의 상황 아래에서 어떤 소비 행위가 특정한 소비자의 만족감이나 마음의 평화에 기여하는지 여부가 아니다. 중요한 질문은, 획득된 취향이나 관례의 기준이나 관습의 용인을 떠나서, 어떤 소비의 결과가 인류의 안락이나 충만한 생활에 순수하게 기여했는가 여부이다. 관습적 소비가 낭비의 항목으로 분류되기 위해서는, 그 관습이 차별적인 금전적 비교를 하는 습관으로 소급될 수 있어야 한다. 이런 금전적 명성이나 상대적인 경제적 성공의 원칙이 뒷받침되지 않는다면 그 소비는 관습적이거나 규범적인 것이 될 수 없는 까닭이다.

어떤 특정한 소비 물품이 과시적 낭비의 범주로 분류되기 위해서 오로지 낭비의 목적에만 봉사해야 할 필요는 없다. 어떤 물품은 유용하면서 동시에 낭비적일 수가 있고, 그리하여 그 제품이 소비자에게 미치는 유용성은 다양한 비율의 유용함과 낭비의 요소로 구성된다. 일반적으로 말해서, 낭비의 요소는 소비재의 경우에 집중되는 경향이 있지만, 생산적 용도로 고안된 제품들은 그런 낭비의 요소가 별로 없다. 언뜻 보기에 오로지 과시용으로 만들어진 것 같은 제품들조차도 어느 정도 유용한 용도를 갖고 있다.

반면에 어떤 특정한 산업 과정을 위해 만들어진 특별한 기계나 도구류, 그리고 가장 조잡한 생산 설비 등에서도 과시적 낭비의 흔적들이 발견된다. 이런 제품들을 좀 더 자세히 살펴보면 허세의 습관이 발견되는 것이다. 1차적인 목적과 요소가 과시적 낭비를 위한 제품이라 할지라도 유익한 목적이 완전히 배제되어 있다고 주장하는 것은 위험하다. 또한 일차적으로 유용한 목적을 위해 만들어진 제품이라 할지라도 그 제품의 가치와 관련하여 낭비의 요소가 막연하게 혹은 직접적으로 들어가 있을지 모른다고 주장하는 것이 더 안전하다고 생각된다.

제 5 장

금전적 생활수준

현대 사회에 살고 있는 많은 사람들은 신체적 안락에 필요한 것 이상의 소비를 한다. 이렇게 되는 것은 그들의 구체적 소비 행위를 고가高價의 것으로 하려는 의식적 노력에서 비롯되는 것은 아니다. 그보다는 소비된 제품의 수량과 등급에 있어서 품위의 기준을 지켜야 한다는 욕망을 갖고 있다 보니 그런 소비 행위가 나오게 되는 것이다. 이러한 욕망은 더 이상 넘어가서는 안 되는, 경직된 불변의 기준에서 나오지는 않는다. 그 기준은 가변적이고 무한정 확대될 수 있다. 금전적 능력이 증가되는 현상에 적응할 시간이 충분하고, 또 그런 금전적 증가에 따르는 새롭게 넓어진 소비 범위에 쉽게 적응할 수 있다면 말이다. 부의 증가에 따라 기존의 소비 범위를 확대하는 것보다는, 일단 확대된 소비 범위에서 뒤로 후퇴하는 것이 훨씬 더 어렵다. 관습적으로 소비되는 많은 물품들이 자세히 분석해 보면 거의 낭비적이고 따라서 명예를 의식한 것들이다.

그러나 그런 제품들이 일단 품위 있는 소비의 범위 안에 편입되어 일상생활의 필수적인 한 부분이 되어버리면, 신체적 안락에 직접적으로 기여하는 제품 혹은 생명과 건강에 필요한 물품을 포기하는 것 못지않게 그런 낭비의 제품을 포기하는 것도 어렵게 된다. 다시 말해서, 정신적 복지를 제공하는 과시적·낭비적·명예적 소비가, 육체적 안락이나 최소한의 생계 등 "하급의" 필요에 이바지하는 소비 못지않게 혹은 그보다 훨씬 더 필수불가결한 것으로 자리 잡는다. 이미 상대적으로 낮은 상태인 생활수준에서 더 밑으로 내려가는 것 못지않게 "높은" 생활수준에서 뒤로 후퇴하는 것 또한 대단히 어렵다. 후자(높은 생활수준에서의 후퇴)의 경우에 당면하게 되는 어려움은 도덕적(정신적)인 것이지만, 전자의 경우는 신체적 안락을 제공하는 물질적인 제품을 희생시키는 것이다.

생활수준의 하락보다 진보가 더 쉽다

이처럼 기존의 생활수준에서 후퇴하는 것은 어려운데 비하여, 과시적 소비의 분야에서 새롭게 앞으로 진전하는 것은 비교적 쉽다. 그것은 마치 당연한 일인 것처럼 벌어진다. 그처럼 앞으로 진전해야 하는 드문 경우에, 충분히 소비를 증가시킬 수단이 있는데도 불구하고 그렇게 하지 않는다면 사람들은 그것을 의아하게 생각할 것이고, 그처럼 소비를 망설이는 사람의 심적 동기를 인색함으로 파악할 것이다. 반면에 소비 증가의 요구에 대하여 신속하게 반응하는 것은 정상적인 태도로 여겨질 것이다.

이것은 무엇을 의미하는가 하면, 우리의 소비 행동을 유도하는 기준은 이미 확보된 평균적·통상적 소비가 아니라는 것이다. 그것은 우리의 손이 미치지 못하는 곳에 있는 이상적 소비 기준으로서, 거기에 도달하려면 다소 힘이 드는 그런 기준이다.

소비의 근본적 동기는 경쟁이다.

차별적 비교가 우리에게 영향을 주어 우리는 같은 등급으로 분류되는 사람들과의 경쟁에서 한발 앞서 나가려고 노력하게 된다. 각 계급은 차 상위 계급을 부러워하고 또 모방하려 한다. 이런 격언에서도 우리는 경쟁의 동기를 발견할 수 있다. 반면에 각 계급은 차 하위 계급이나 아주 앞서 있는 상위 계급과 자기 자신을 비교하는 일은 거의 없다. 다시 말해서, 다른 부분의 경쟁과 마찬가지로, 소비행위에 있어서 품위의 기준은 차 상위 계급의 관례로부터 영향을 받는 것이다. 이런 식으로 해서, 계급 구분이 다소 모호한 사회에서는 명성과 품위의 기준, 그리고 소비의 모든 기준이 미묘한 등급 구분에 의하여 가장 높은 사회적·금전적 계급(부유한 유한계급)의 관례와 사고방식으로까지 거슬러 올라가게 된다.

어떤 사회가 품위 있고 명예로운 것으로 받아들이는 생활양식을 전반적으로 결정하는 계층은 바로 이 유한계급이다. 그들 계급의 원칙과 모범을 통하여, 사회적 품위의 구도構圖를 가장 높은 이상적 형태로 제시하는 것도 그들이다. 그러나 이 최상층의 유한계급도 어떤 물질적 제약의 범위 내에서 그들의 유사-사제적司祭的 임무를 수행한다. 다시 말해, 그 계급은 의례적 의무사항들과 관련하여 갑작스러운 혁명을 일으키거나 획기적인 반전을 유도하지 못한다.

대중들에게까지 변화가 스며들어가 그들의 습관적 태도를 바꾸는 데에는 시간이 걸린다. 특히 사회 최고위층으로부터 멀리 떨어져 있는 계급의 습관을 바꾸는 데에는 더 많은 시간이 걸린다. 인구의 유동성이 느리거나 여러 계급들 사이의 간격이 넓거나 갑작스러운 사회에서 변화의 과정은 더욱 느릴 수밖에 없다. 만약 충분한 시간이 허용된다면, 생활양식의 형태와 세부사항에 대하여 유한계급이 임의로 변화를 일으킬 수 있는 범위는 아주 넓다. 명성과 관련된 실질적 원칙들의 경우, 유한계급이 일으킬 수 있는 변화의 폭은 그리 많지 않다. 그러나 그 계급의 모범과 원칙은 하위 모든 계급에게 참고적인 규범으로 작용한다. 명성의 형태와 방법을 지배하는 원칙들을 만들어 내는데 있어서 — 하위 계급들의 관례와 정신적 태도를 형성하는데 있어서 — 이런 권위 있는 처방은 과시적 낭비의 기준과 일솜씨 본능으로부터 선별적 영향을 받는다. 이런 두 가지 규범에 인간성 — 약탈적 성격 — 이라는 또다른 원칙이 추가된다. 약탈적 성격은 일반적인 관점이나 심리적인 측면에서 볼 때 이 둘(과시적 낭비의 기준과 일솜씨 본능) 사이에서 중간쯤에 해당한다. 이런 약탈적 근성이 공인되는 생활양식에 어떤 영향을 미치는지에 대해서는 뒤에서 논의하게 될 것이다.

따라서 명성의 기준은 경제적 상황, 전통, 특정 계급(명성의 기준은 이 계급의 생활양식을 규제한다)의 정신적 성숙도 등을 감안한 것이 되어야 한다. 어떤 형식적 절차가 초창기에 아무리 높고 또 명성의 근본적 요구사항에 부합하는 것이라 할지라도, 그 힘을 그대로 유지할 수 없는 경우가 있다. 가령 시간이 경과되거나 그 절차가 하위의 금전적 계급으로 흘러내려갈 때, 품위의 기준에 역행한다면 그 힘을 발휘하지 못하는 것이다. 다시 말해, 금전적 성공이라는 차별적 비교의 목적에 부응하지 못하면 그 형식적 절차는 위력을 발휘하지 못한다.

이러한 소비의 기준은 그 어떤 사회, 그 어떤 계급이 되었든 그들의 생활수준을 결정하는데 커다란 영향력을 발휘한다. 이에 못지않게 자명한 사실이 있다. 그것은 어떤 시대, 어떤 사회에서 현재 득세하고 있는 생활수준이 명예로운 소비 행위의 형태에 큰 영향을 미친다는 것이다. 자연히 이런 "고상한" 필요(생활수준의 과시)는 사람들의 소비 행태를 좌우하게 된다. 이런 측면에서, 기존에 공인된 생활수준이 발휘하는 통제력은 대체로 말해서 부정적인(~~을 하지 말라 : 옮긴이) 것이다. 그 통제력은 일단 하나의 습관으로 받아들여진 과시적 소비의 범위에서 후퇴하는 것을 미리 예방하려고 한다.

생활수준은 습관의 문제

생활수준은 결국 습관의 문제이다. 그것은 주어진 자극에 반응하는 습관적 틀이면서 방식이다. 익숙한 생활수준으로부터 후퇴하기 어려운 것은 곧 이미 형성된 습관을 깨기가 어려운 문제인 것이다. 생활수준의 향상이 비교적 수월하게 이루어지는 것은 곧 다음과 같은 의미를 내포한다. 생활 과정은 여러 활동을 펼치는 과정이고, 그 활동은 언제 어디서나 자기표현表現(행위자의 의도와 목적을 구체적으로 드러내는 것)에 대한 저항이 가장 적은 곳을 지향한다. 이처럼 저항이 적은 곳을 따라 생활을 표현하는 습관이 형성되면, 에너지의 배출은 기존의 익숙한 배출구를 추구하는데 심지어 변화가 발생하여 외부의 저항이 크게 높아진 상황에서도 기존의 배출구를 고집한다. 어떤 주어진 방향으로 활동을 표현하려는 성향을 곧 습관이라고 할 수 있는데, 이 습관의 관성은 외부 상황의 변화로 높아진 저항의 강도를 상쇄시킨다. 다양한 습관, 습관적 모드(양태), 습관적 표현 방식 등이 개인의 생활수준을 구성하는데, 저항에도 불구하고 습관을 고집하는 강도와 주어진 배출구를 추구하는 강력한 지향성 등에 따라 생활수준의 상당한 차이가 생겨나게 된다.

이것을 오늘날 통용되는 경제 이론의 언어로 말해 보면 이렇게 된다.

인간은 어떤 방향으로 소비를 감축하는 것을 싫어하지만 어떤 방향은 다른 방향에 비하여 특히 감축하는 것을 싫어한다. 어떤 익숙한 소비 방식은 선선히 포기되는가 하면, 다른 어떤 소비 방식은 마지못해 간신히 포기한다. 소비자가 아주 끈질긴 힘을 발휘하며 고수하는 소비 제품 혹은 형태는 으레 생활 필수품이거나 최소 생계에 반드시 필요한 물품이다. 최소 생계 물품은 엄격하게 사전 결정되어 있는 것도 아니고, 종류나 수량도 엄격하게 규정된 불변의 것들은 아니다. 그러나 현재의 논의를 위하여 생명의 유지에 반드시 필요한 어떤 한정적이고 집합적인 제품으로 규정하기로 하자.

이 최소한의 제품은 소비가 점진적으로 축소되는 과정에서 으레 맨 마지막으로 포기된다. 달리 말해서, 한 개인의 삶을 지배하는 가장 오래되고 뿌리 깊은 습관들 ― 생명 유기체인 그 개인의 살아 있음과 관련되는 습관들 ― 은 가장 끈질기고 또 강제적이다. 이것들 다음에 더 수준 높은 필요들 ― 개인이나 종족의 삶에서 나중에 형성된 습관들 ― 이 포기되는데 다소 불규칙하고 일정하지 않은 등급의 포기 방식을 보인다. 일부 고급 필요들, 가령 특정한 자극제의 습관적 사용, 구원(종말론적 의미)의 필요, 좋은 명성의 필요 등은 때때로 하급에 속하는 좀 더 기본적인 필요보다 우위를 차지하기도 한다.

일반적으로 말해서, 어떤 습관에 익숙한 기간이 길고 또 그 습관이 지속적으로 유지되어 왔고 예전에 존재했던 생활 과정 속의 습관적 형태와 부합할수록, 그 특정 습관은 자신의 필요성을 강하게 주장하게 된다. 그 습관적 행동에 깃들어 있는 인간성의 특징이나, 그 행동 속에서 표현되는 어떤 특별한 기질 등이 기존의 생활 과정과 긴밀하게 관련이 있거나 또는 어떤 특정 인종의 생활사와 친밀하게 연결되어 있다면, 그 습관은 더욱더 강력한 힘을 발휘하며 웬만한 압력과 저항에도 포기를 거부한다.

서로 다른 습관들이 서로 다른 사람들에 의해 형성되는 과정은 다양할 정도로 다르고, 또 그 다른 습관들이 포기될 때 느껴지는 저항의 강도 또한 다양하게 다르다. 이것은 특정한 습관의 형성이 단지 숙성 과정의 시간문제로 그치는 것이 아님을 말해준다. 물려받은 기질이나 특징은 습관의 숙성 과정 못지않게 어떤 일정한 범위의 습관들이 어떤 개인의 생활상을 결정하는데 중요한 요인이 된다. 물려받은 기질의 주도적 유형(타입) 혹은 어떤 사회의 주도적 인종에게 소속된 기질의 유형은 그 사회의 습관적 생활 과정이 표현되는 범위와 형태에 결정적 영향을 미친다. 물려받은 기질이 한 개인의 급속한 습관 형성에서 얼마나 중요한지 보여주는 구체적 사례는 다음 세 가지이다.

(1) 알코올 의존증이라는 중요한 습관의 형성과정.

(2) 종교적 기질이 강한 사람이 종교적 실천의 습관을 아주 신속하면서도 손쉽게 형성하는 과정.

(3) 사람들이 소위 낭만적 사랑이라는 특별한 환경에 쉽게 익숙해지는 것.

물려받은 기질이나 어떤 활동을 비교적 수월하게 어떤 방향으로 수행하는 방식 등은 사람마다 다르다. 그리고 어떤 특정한 기질이나 손쉬운 표현 방식에 일치하거나 부합하는 방식으로 형성된 습관은 한 개인의 복지에 아주 중요한 것이 된다. 이런 기질적 요인 때문에 생활수준을 구성하는 여러 습관들을 가능한 한 유지하려고 고집하는 것이다. 이것은 사람들이 과시적 소비의 방식으로 습관적으로 소비하는 것을 가능한 한 포기하지 않으려 하는 태도를 잘 설명해준다. 이런 종류의 습관을 만들어 내는 기질 혹은 성향은 경쟁을 선호하는 기질 혹은 성향이다. 경쟁

- 차별적 비교 - 을 선호하는 성향은 아주 오랜 세월을 거쳐서 형성된 것이고 인간성의 보편적 특징이다. 그 성향은 각종 새로운 형태로 언제든지 튀어나와 왕성한 활동을 벌이고, 또 일단 어떤 습관적 형태로 구체적 표현을 얻게 되면 그 강력한 지구력을 발휘한다.

한 개인이 어떤 명예로운 소비의 형태로 그 경쟁 심리를 표현하는 습관을 형성하면 - 어떤 주어진 자극에 대하여 기민하고 뿌리 깊은 경쟁심리로 유도되는 특정한 종류와 방향의 행동이 습관적으로 형성된다면 - 그런 습관적 소비는 좀처럼 포기하기가 쉽지 않다. 반면에, 한 개인이 금전적 능력의 증가 덕분에 좀 더 규모가 큰 추가적 범위로 그의 생활 과정을 확대하고자 할 때면, 저 오래된 경쟁 심리가 발동하여 새로운 생활 방식의 전개 방향에 결정적 영향을 미치게 된다. 이런 경쟁 심리는 이미 다양한 관련 형태로 표현되면서 위력을 발휘하고 있고, 또 현재 공인되는 생활양식에 의해 더욱 강력한 지원을 받고 있으며, 그런 경쟁 심리를 표현하는데 필요한 물질적 수단과 기회도 얼마든지 많이 있다. 따라서 이 심리는 개인의 총체적 힘(금전적 능력)의 증가가 존재감을 드러낼 형태와 방향을 결정하는데 엄청난 발언권을 갖게 된다. 좀 더 구체적으로 말해 보자면, 과시적 소비가 생활양식의 한 요소인 사회에서, 개인의 증가된 지불 능력은 과시적 소비라는 기존의 공인된 방향을 따라가는 소비 형태를 취할 가능성이 높다.

자기 보존의 본능을 제외한다면, 경쟁 심리는 경제적 동기들 중에서 가장 강력하고 또 기민하게 활동하는 동기이다. 산업 사회에서 경쟁 심리는 금전적 경쟁으로 그 자신을 표현한다. 이것은 오늘날의 서구문명 사회들 관점에서 본다면 경쟁 심리가 과시적 낭비의 형태로 그 자신을 표현한다고 말하는 것과 같다. 따라서 가장 기본적인 신체적 필요가 충족된 다음에는, 과시적 낭비의 필요가 사회의 산업 효율성이나 재화의 생산에서 발생하는 증가분을 즉각 흡수할 준비가 되어 있다. 현대적 조건 아래에서 이런 결과가 나오지 않는 경우, 그 이유는 개인의 부가 너무 급격하게 증가하여 소비 습관이 그 증가 속도를 따라가지 못하는 데에 있다. 또는 부가 증가된 개인이 그 증가분의 과시적 소비를 나중으로 미루었기 때문이다. 그가 이렇게 미루는 이유는 나중에 벌어질 총체적 소비의 엄청난 효과를 극적으로 높이려는 목적이 대부분이다.

높아진 산업 효율성은 노동을 덜 하고서도 생계 수단을 확보할 수 있게 해주었다. 따라서 사회 내에서 생산직에 종사하는 사람들의 에너지는 노동 강도를 낮추어 신체적 편안함을 도모하기보다는 과시적 소비를 좀 더 높이는 쪽으로 집중하게 되었다. 산업 효율성이 증가되어 노동 강도를 낮추는 것이 가능해진다고 하더라도 긴장은 완화되지 않는다. 생산량의 증가분이 이 필요(과시적 소비)에 부응하기 위해 전용되기 때문이다. 그 필요는 무한정으로 늘어날 수 있는데, 경제 이론에 의하면 그 필요의 확장은 더 높은 정신적 필요에서 오는 것이다. 주로 생활수준의 이런 요소 때문에 J.S.밀은 다음과 같이 말했다. "지금까지 만들어진 기계적 발명품들이 과연 인간의 노동량을 단 하루라도 줄여주었는지 의문스럽다."

소비의 수준이 생활수준을 결정

한 개인이 소속된 사회 혹은 계급의 공인된 소비 기준이 대체로 말해서 그의 생활수준을 결정한다. 그 소비 기준은 그 개인의 상식에 그러한 기준이 올바르고 좋은 것이라고 호소함으로 그의 생활수준을 직접적으로 결정하는 것이다. 그 개인은 습관적으로 그 기준을 생각하고 또 그 기준을 충족시키는 생활양식을 자신의 것으로 동일시한다. 소비 기준은 또 간접적인 방식으로 개인을 압박한다. 그런 소비 기준을 지키는 것이 예의범절의 문제라고 그 개인에게 각인시키면서 동시에 그 기준을 무시하면 체면 손상이나 사회로부터 추방된다고 위협하는 것이다. 현재 유행하는 생활수준을 받아들여 실천하는 것은 유쾌하고 편리하며, 개인의 안락과 인생의 성공에 필수불가결한 요소가 된다.

과시적 낭비의 요소에 관한 한, 어떤 특정 계급의 생활수준은 그 계급의 소득 능력이 허용하는 한도만큼 높아진다. 그리고 그 한도는 점점 높아지려는 경향을 보인다. 이것이 인간의 진지한 행동에 미치는 효과는 이러하다. 인간은 더 많은 부를 축적해야 한다는 목적에 매달리게 되고 금전적 소득을 가져오지 않는 일은 배제하게 된다. 동시에 소비에 미치는 효과는 이러하다. 소비 행위는 소비자가 좋은 평가를 받고 싶은 관찰자들의 눈에 잘 띄는 방향으로 집중되어야 한다. 그리하여 시간이나 물질의 명예로운 소비를 동반하지 않는 기질이나 성향은 발휘될 기회가 없으므로 점차적으로 사라지게 된다.

가시적 소비를 선호하는 이런 경향을 통하여, 대부분 계급들의 가정생활은 상대적으로 초라해지게 된다. 사람들이 보는 데서 화려하게 전개되는 그 계급들의 다른 생활 부분과 비교해 볼 때 말이다. 가시적 소비를 선호하는 경향의 2차적 결과는, 사람들이 습관적으로 그들의 사생활을 남들 눈에 띄지 않게 한다는 것이다. 은밀하게 수행해도 아무런 비난을 받지 않는 소비의 부분에 대해서, 그들은 이웃과의 접촉을 피한다. 이렇게 해서 대부분의 선진 산업 사회에서는 가정생활이 폐쇄적인 구도를 갖게 되었다. 또 선진 사회의 상류 계급들의 예의범절에서 프라이버

시와 비밀 유지의 습관이 아주 뚜렷한 특징을 이루게 되었다. 품위 있는 소비의 의무가 강력하게 부과되는 계급이 낮은 출생률을 보이는 것은 과시적 낭비에 관련된 높은 생활수준의 유지가 부담이 되기 때문이다. 아이를 잘 키우려면 과시적 소비를 해야 하고 그에 따르는 비용 증가가 만만치 않으므로 이것이 출산을 억제하는 강력한 요인이 되는 것이다. 이것은 아마도 맬서스가 제안한 신중한 인구 억제책들 중 가장 효율적인 것이 아닐까 한다.

(맬서스T.R.Malthus 1766-1834. 영국의 사상가. 1798년에 발간한 『인구론』에서 인구증가는 기하급수적이고 식량 증산은 산술급수적이어서, 전쟁·가난·질병·기아 등으로 인구의 증가를 억제해야 한다고 주장했다. 그러나 북유럽을 널리 여행한 끝에 맬서스는 1803년 『인구론』의 개정판을 출간했는데 이 책에서 탐욕의 억제와 성욕의 억제가 인구 증가를 막는 주된 억제책이 되어야 한다고 말했다. 찰스 다윈은 『인구론』이 자신의 진화 이론을 형성하는데 큰 도움을 주었다고 말한 바 있다. 소스타인 베블런은 차라리 과시적 소비가 더 훌륭한 인구 억제책이 되는 것이 아니냐고 앞에서 주장한다 : 옮긴이).

신체적 안락과 유지에 기여하지만 남의 눈에 잘 띄지 않는 소비 행위를 감축하고 또 아이를 잘 낳지 않는 형태로 생활수준을 조절하는 이런 현상은 학자 집안 계급에서 가장 잘 목격이 된다. 학자는 높은 정신적 우월성을 갖고 있으나 수입이나 물질적 수단이 별로 없기 때문에, 이 계급은 전통적으로 그들의 금전적 능력에 비해 더 높은 사회적 등급을 부여받는다. 이 학자 계급의 경우, 품위 있는 소비의 스케일이 상대적으로 남들보다 높아서 그 결과, 생활의 다른 부문에 써야 할 비용이 거의 남아 있지 않게 된다. 이런 상황이기 때문에, 소비와 관련하여 좋고 올바른 것에 대한 학자들의 습관적 인식이 아주 높고, 또 사회 내에서도 학자들에 대한 금전적 품위에 대한 기대가 아주 높다. 학자 계급의 부와 소득 능력이, 비슷한 사회적 위상을 가진 비非 학자 계급의 부와 소득 능력에 비하여 그리 높지 않음에도 말이다.

오늘날의 현대 사회에서 더 이상 사제 계급이 학문을 전담하지 않으므로, 학자 계급은 다른 계급과 교류를 해야 하는데 당연히 학자들은 자신들보다 금전적으로 우위에 있는 계급들과 접촉하게 된다. 자연히 이들 상류 계급의 금전적 품위와 높은 생활수준이 학자 계급에게 흘러내려 오게 되는데 학자라고 해서 그 엄정한 기준이 다소 경감되는 것도 없다. 그리하여 학자 계급은 그들과 보조를 맞추기 위하여 수익의 상당 부분을 과시적 소비에 지출하게 된다. 현대 사회 내에서 이런 유사한 사례를 다른 계급에서는 찾아보기 어렵다.

제 6 장

금전이 좌우하는 취향의 기준

다음과 같은 사항에 대하여 주의를 기울여야 한다는 것은 앞에서 여러 번 말한 바 있다. 소비의 규범을 규정하는 것은 대체로 보아서 과시적 낭비의 요구사항이지만, 그렇다고 해서 어떤 특정한 상황에서 소비자를 행동하게 만드는 동기는 아주 단순하고 노골적인 형태의 원칙(과시적 낭비)을 실천하는 것이 아니다. 통상적으로 소비자의 동기는 기존의 관례에 순응하고, 불리한 세간의 이목과 구설수를 피하고, 소비되는 물품의 종류, 수량, 등급 등에서 기존 품위의 기준을 실천하면서, 그 자신의 시간과 에너지를 품위 있게 사용하는 것이다. 일반적인 사례에서, 이런 규범적 관례에 대한 인식이 소비자의 동기 속에는 상존하며, 그런 인식이 직접적인 억제력으로 작용한다. 특히 소비 행위가 다른 사람들이 관찰하는 데서 이루어진다면 더욱 그러하다.

그러나 남들에게 상당 부분 알려지지 않는 소비 행위에서도 규범적 사치의 요소가 상당히 발견된다. 가령 속옷, 일부 식품, 주방 집기, 과시의 증거라기보다 실용의 목적으로 고안된 집 안 내 도구 등이 그런 제품들이다. 이런 유익한 제품들을 면밀히 조사해 보면, 비용 상승 요인과 그 제품들의 상업적 가치를 높여주는 여러 특징들을 발견하게 된다. 하지만 그런 특징들이 그 제품들의 일차적인 물질적 목적을 그(비용과 가치의 투입)에 비례하여 높여주는 것은 아니다.

과시적 낭비의 법칙이 선별적으로 작용하는 상황에서, 공인된 소비의 기준이 생겨나게 된다. 그 기준은 위력을 발휘하여 소비자로 하여금 물품의 소비 행위와 시간과 에너지의 사용에서 사치와 낭비의 기준을 준수하게 만든다. 이런 규범적 관례는 경제생활에 직접적인 효과를 미치고, 또 다른 분야에서의 행동에 대해서도 간접적이면서 파급적인 영향을 미친다. 어떤 특정 방향으로 생활방식을 표현하게 만드는 생각의 습관은, 불가피하게 다른 방면에서도 삶의 좋고 옳은 것에 대한 습관적 인식에 영향을 미친다. 개인의 의식적意識的 생활을 구성하고 복잡하고 유기적인 생각의 습관(사고방식) 속에서, 경제적 이해관계는 다른 이해관계들과 뚝 떨어져서 별도로 존재하지는 않는다. 가령 경제적 이해관계가 명성의 기준과 관련이 된다는 것은 앞에서 이미 언급한 바와 같다.

과시적 낭비의 원칙은 생활과 제품 등과 관련하여 어떤 것이 정직하고 품위 있는 것인지 판단하는 사고방식의 형성에 영향을 미친다. 그 영향의 과정에서, 그 원칙은 일차적으로 금전적 명예의 기준과는 상관이 없으나, 그래도 직간접적으로 경제적 의미를 갖는 다른 행동의 규범들에도 파급 효과를 미치게 된다. 그래서 명예로운 낭비의 기준은 직접적이든 혹은 간접적이든 의무에 대한 인식, 아름다움의 인식, 유용성의 인식, 종교적 혹은 의례적 적합성에 대한 인식, 진실의 과학적 의미 등에 영향을 미친다.

명예로운 소비의 기준이 도덕적 행동의 기준과 습관적으로 교차하는 구체적 지점과 방식은 여기서 구체적으로 논의해야 할 필요는 없다. 그것은 기존의 공인된 도덕 기준으로부터의 이탈을 감시하고 경고하는 사람들이 크게 주목하고 또 여론을 환기시켜야 할 문제이다. 주요한 경제적·법적 특징이 사유재산인 현대 사회에서, 가장 현저한 도덕률 중 하나는 재산을 신성하게 여겨야 한다는 관습이다. 이 관습은 과시적 낭비로 좋은 명성을 얻기 위해 부를 추구하는 다른 습관과 긴밀하게 연결되어 있다. 이런 사실을 납득시키기 위해 구체적 사례를 들어가며 설명해야 할 필요조차 없을 것이다.

대부분의 재산 관련 범죄, 특히 상당히 중대한 범죄는 이 항목(재산의 신성함) 안에 포함된다. 범법자가 큰 재산을 얻게 되는 범죄 행위는 순전히 도덕률만 적용한다면 엄청난 징벌과 비난을 받아야 마땅하지만 실제로는 그렇게 비난받지 않는다. 범죄 행위로 큰 재산을 획득한 도둑이나 사기꾼은 좀도둑에 비하여 법의 엄정한 형벌을 모면할 가능성이 훨씬 높다. 그의 재산이 늘어났다는 사실과, 그가 부정하게 획득한 재산을 그럴 듯한 방식으로 소비했다는 것 때문에 그런 좋은 명성이 생겨난 것이다. 그가 불법하게 얻은 재산을 그럴 듯하게 소비한 행위는 교양 있는 재산가들에게 크게 호소하며, 그들이 그의 범죄 행위를 바라보며 느끼는 도덕적 타락상을 어느 정도 완화시켜주기까지 한다.

다음은 좀 더 정곡을 찌르는 사례가 될 것인데, 아내와 자식들에게 "품위 있는" 생활 방식을 제공하기 위해 범죄를 저지른 자의 경우, 우리는 그 범죄자의 재산 관련 범죄를 묵인해주고 싶은 심정이 된다. 게다가 그 범죄자의 아내가 "어릴 때부터 사치의 무릎에서 양육된" 여자라면, 그것은 추가로 정상참작의 사유가 된다. 그 범죄의 목적이 그 아내에게 금전적 품위에 입각하여 시간과 물질의 대리적 소비를 시켜주려는 것이기 때문에 우리는 그 범죄를 눈감아주고 싶은 심정인 것이다. 이런 경우에, 과시적 낭비를 어느 정도 승인해주는 습관이 재산권의 침해 행위를 경멸하는 습관에도 어느 정도 영향을 미쳐서, 때때로 그 절도(혹은 사기) 행위를 칭찬해야 할지 아니면 비난해야 할지 아리송해진다. 이런 반응은 그 범죄 행위가 약탈적인 요소나 해적질의 요소를 많이 가지고 있을수록 더욱 강해진다.

이 화제는 여기서 더 이상 논의될 필요는 없을 것이다. 하지만 다음과 같이 지적하는 것은 적절하다고 생각한다. 신성한 재산권의 개념과 관련된 여러 도덕률은 부를 상당히 가치 있는 것으로 여기는 전통에서 유래한 심리적인 침전물이다. 부를 신성하게 여기는 근본적인 이유는 과시적 소비를 통하여 좋은 명성을 얻을 수 있기 때문이라는 것도 부연해 둔다.

금전적 품위가 과학적 정신이나 지식의 탐구에 미치는 영향은 별도의 장에서 자세히 다루어질 것이다. 이(금전적 품위)와 관련된 종교적 혹은 의례적 가치와 적합성에 대해서도 여기서는 언급하지 않겠다. 이 문제는 뒷장(제12장 : 옮긴이)의 관련 부분에서 자연스럽게 언급될 것이다. 그렇지만 명예로운 소비의 관례가 종교적 문제들 중 올바르고 가치 있는 것에 대한 대중의 취향에 크게 영향을 미친다는 사실, 그리고 과시적 낭비의 원칙이 흔히 발견되는 종교적 실천과 관념에 파급 효과를 미친다는 사실 등은 여기서 언급하고자 한다.

과시적 낭비와 종교적 소비

과시적 낭비의 기준이 소위 종교적 소비 행위의 상당 부분에 작용한다는 것은 분명하다. 가령 신성한 예배당 건물, 사제의 복장, 기타 동급의 물품 등이 소비되는데 영향을 미치는 것이다. 심지어 가시적 신전을 거부하는 신들을 숭배하는 현대의 컬트(신흥 종교)에서도, 신성한 건물과 그 외의 다른 종교적 재산은 낭비적 소비의 명성을 얻기 위한 목적으로 건설되고 또 장식된다. 사치스럽고 화려한 예배당이 신자들의 마음을 앙양시키고 위로한다. 이러한 사실은 깊이 생각하거나 면밀히 관찰하지 않아도 다들 잘 알 것이다. 성스러운 장소에 가난함이나 지저분함의 증거가 남아 있으면 그것을 바라보는 사람들은 깊은 수치감을 느끼는데, 이런 사실 또한 앞에서 말한 것(예배당의 과시적 소비)의 필요성을 강화한다. 종교적 실천의 보조 수단들은 금전적으로 비난을 받지 말아야 한다. 설사 이런 보조 수단에 미학적 요소나 실용성 등을 많이 감안해 준다고 하더라도, 이런 금전적 우월함의 요구사항은 필수적인 것이다.

또한 다음 사실도 주목해 볼 만하다. 모든 공동체에서, 특히 주거에 대한 금전적 품위의 기준이 높지 않은 동네에서, 그곳 예배당은 신자들의 집에 비하여 아주 화려하며 그 건축 양식이나 장식에 있어서 뚜렷하게 과시적인 낭비의 요소를 보여준다. 이것은 기독교든 이교든, 모든 종파 및 모든 컬트에 해당된다. 특히 오래되고 성숙한 컬트일수록 이런 과시적 낭비의 요소가 강하다. 동시에 예배당은 신자들의 신체적 안락에는 거의 기여하지 않거나 아예 기여하지 않는다. 신성한 예배당 건물은, 신자들의 비루한 집과 비교해 볼 때 신자들의 신체적 복지에 별로 기여하지 않는다. 뿐만 아니라, 모든 신자들은 이렇게 생각한다. 진선미라는 올바르고 개명된 관점에서 볼 때, 예배당에 대한 모든 지출에서, 신자들의 안락에 봉사할 수 있는 것들은 과시적으로 배제되어야 한다.

만약 예배당 시설에 안락함의 요소가 도입되어야 한다면 그것은 겉으로 엄숙하게 드러나는 금욕의 외양 아래 감추어져야 한다. 건설비용을 아끼지 않은 후대의 유명한 예배당의 경우, 금욕의 원칙이 얼마나 엄격하게 적용되었는가 하면 예배당의 시설들이 신자의 육체를 괴롭히는 수단으로 보일 정도이다. 특히 겉보기에는 말이다. 종교적 소비의 문제와 관련하여 민감한 취향을 갖고 있는 사람들은 이런 금욕적이고 낭비적인 불편함이 본질적으로 옳고 좋은 것이라고 생각한다. 종교적 소비는 그 본성상 대리적 소비이다. 이러한 종교적 금욕의 기준은 과시적(낭비적) 소비의 금전적 명성에 바탕을 둔 것이고, 또 대리적 소비는 대리 소비자의 안락에 과시적일 정도로 기여하지 않는다는 원칙의 뒷받침을 받고 있다.

일부 컬트에서 예배당과 그 시설은 이런 금욕의 요소를 가지고 있다. 그 예배당이 모신 성인이나 신은 그에게 바친 이 화려한 취향을 몸소 강림하여 개인적으로 즐기거나 사용한다고 생각되지 않는다. 반면에 지상의 가부장이 누리는 생활 습관을 신神도 그대로 누린다고 믿는 다른 컬트들에서는 신이 직접 왕림하여 몸소 이런 물품을 소비한다고 생각한다. 이런 점에서 금욕의 요소를 가진 컬트는 이런 현세적 컬트들과는 다른 바가 있다. 현세적 컬트의 경우, 예배당과 그 시설은 현세의 주인이나 소유주(가부장)가 과시적 소비를 하기 위해 사용하는 물품들의 특징을 갖추고 있다. 반면에 신성한 제물들이 단지 신에 봉사하기 위한 경우에, 그러니까 신의 하인들이 신을 위해 대리적으로 그 제물을 사용하는 경우에, 신성한 재산은 대리적 소비에만 이용되는 물품의 특징을 갖추고 있다.

후자(대리적 소비)의 경우, 예배당과 신성한 시설은 대리적 소비자의 안락과 충만한 생활을 높이기 위해 고안된 것이 아니며, 또 그 소비의 목적이 소비자의 안락을 위한 것이라는 인상을 주지 않는다. 왜냐하면 대리적 소비의 목적은 대리 소비자의 생활을 충만하게 하려는 것이 아니라, 그 소비가 벌어지는 주인(신)의 금전적 명성을 높이려는 것이기 때문이다. 이 때문에 사제의 복장은 아주 사치스럽고, 화려하고, 불편하다. 신을 모시는 사제가 동료의 자격으로 신을 모시지 않는다고 생각되는 컬트는 금욕적이고 안락함이 없는 방식을 취한다. 그 컬트는 예배가 이런 방식으로 진행되어야 한다고 느낀다.

신인동형론 종교와 대리적 여가

낭비의 원칙이 의례적 실용성의 영역에 영향을 미친 것은 품위 있는 종교적 사치의 기준을 설정하는 데에만 국한되지 않는다. 그것은 종교적 사치의 수단과 방법뿐만 아니라 대리적 소비 및 대리적 여가와도 관련이 된다. 가장 훌륭한 사제의 태도는 초연하고, 한가하고, 형식을 준수하고, 신체적 쾌락과는 무관한 것처럼 보여야 한다. 이것은 정도 차이가 있기는 하지만 다른 종파와 컬트에서도 마찬가지이다. 그러나 신인동형론적 컬트 내에서 사제가 영위하는 생활은 시간을 대리적으로 소비하는 것이 가장 눈에 띄는 특징이다.

대리적 여가의 기준은 종교적 실천의 외부적 세부사항들에서도 구체적으로 드러나지만 모든 관찰자들에게 뚜렷하게 드러나기 위해서는 누군가가 지적을 해주어야 한다. 모든 예식은 결국 교리敎理의 실천으로 환원된다. 이런 식으로 교리가 발전하는 것은 고등 종교일수록 더욱 눈에 띄는 현상이다. 그 종교는 동시에 아주 금욕적이고, 장식적인 성격을 갖고 있고 또 사제의 생활과 복장을 엄격하게 규정한다. 반면에 비교적 최근에 생긴 새로운 종파의 예배 형식과 방법은 사제, 복장, 예배소 등과 관련하여 요구사항이 덜 엄격하다. 어떤 컬트(종교)가 오래되고 일관성을 유지할수록 예배("예배"라는 용어는 우리가 논의하고 있는 대리적 소비의 개념을 암시한다)의 실천은 점점 더 형식을 중시하게 된다.

(예배의 원어는 service인데 봉사의 뜻도 있으므로 저자는 이 봉사를 대리적 소비로 보고 있음 : 옮긴이).

이처럼 엄격한 형식을 준수하는 것은 신자들의 올바른 종교적 취향에 크게 부합하는 것이다. 여기에는 훌륭한 이유가 있다. 예배가 형식을 준수한다는 것은 신자들에게 실제적으로 봉사한다는 세속적 필요보다는 그 예배를 바치는 주인(신)을 그런 필요와는 무관하게 칭송한다는 뜻이기 때문이다. 신자들이 아무런 이득을 보지 않은 채 봉사한다는 것은, 그들의 주인의 명예를 드높인다는 뜻이 내포되어 있다. 여기서 사제의 임무와 시종의 임무가 서로 아주 비슷하다는 것은 지적조차 할 필요가 없을 것이다. 두 사람(사제와 시종)의 봉사에서 발견되는 분명한 형식성은 그것이 오로지 pro forma(형식의 준수)를 위한 서비스이고, 우리는 그러한 태도가 이 문제와 관련하여 아주 적절하다는 생각을 갖게 된다. 따라서 사제의 임무를 수행하는 데 있어서 상황에 따른 민첩성이나 기민한 임기응변 등은 절대로 있을 수가 없다. 가령 사제는 예배를 중단시키는 일은 절대로 하지 못하는 것이다.

이런 사제의 태도에는 신자들이, 신성神性의 소유라고 생각하는 기질, 기호, 성향, 생활습관 등이 모두 내포되어 있다. 신자들은 금전적 명성의 기준이라는 전통 아래 살아가고 있고, 그것을 신성에게 투사한 것이다. 인간의 주도적 사고방식을 통하여, 과시적 낭비의 원칙이 신자들이 신성에 대하여 가지고 있는 개념에 그림자를 드리우고, 또 신과 인간의 관계에도 영향을 미친다. 좀 더 순진한 종교일수록 이러한 금전적 아름다움의 삼투작용이 뚜렷하게 드러나는 것이지만 아무튼 모든 종교에는 이런 현상을 발견할 수가 있다. 각종 문화의 단계와 계몽의 단계에서, 사람들은 그들이 믿는 신에 대하여 어느 정도 진실하다고 믿는 정보를 만들어 내기를 좋아했다. 그들은 상상력을 발휘하여 신의 모습을 좀 더 생생하게 묘사했고, 위대한 인간의 이상적인 모습을 습관적으로 신에 투사했다. 신과의 영교靈交를 추구하면서, 인간의 마음속에 있는 신의 이상적 모습이 곧 신의 모습이라고 생각하면서 그것에 가장 가까이 다가가려고 노력했다. 어떤 공인된 방식을 따르고, 인간이 보기에 신성에 가장 부합된다고 생각하는 물질적 환경을 조성할 때, 가장 우아한 모습과 가장 좋은 효과를 발휘하며 신성과 소통할 수 있다고 보았다.

신과 소통하는 방식과 관련된, 이러한 이상적 태도와 환경은 물론 인간들 사이의 위엄 있는 교제에 통용되는, 본질적으로 가치 있고 아름다운 태도와 환경을 상당 부분 그대로 가져온 것이다. 이 때문에(본질적으로 가치 있고 아름다운 태도와 환경), 인간의 종교적 행동을 분석하면서 금전적 품위의 기준과 관련된 모든 증거들이 그 종교적 행동에 내재된 금전적 경쟁의 규범으로부터 직접적으로 또 노골적으로 나온 것이라고 보아서는 안 된다. 또 신성이 금전적 지위에 대하여 질투하는 마음을 가지고 있고 또 금전적 품위에 미치지 못하는 지저분한 상황과 환경을 회피하고 비난하는 습관을 갖고 있다고 보는 것도 역시 사태를 잘못 진단하는 것이다.

이런 본질적 가치의 전제를 미리 말해 놓았으므로, 금전적 명성의 기준이 신성에 대한 우리의 인식이나 신과 소통하는 타당한 방식에 대한 우리의 판단에 직간접적으로 영향을 미친다고 말하고 싶다. 우리가 믿는 신은 아주 평온하고 또 여유로운 생활 습관을 가지고 있는 것을 생각된다. 교육적 효과 혹은 종교적 상상을 위하여 신의 거처를 시詩 같은 데서 상상할 경우, 언어-화가word-painter(말로 그림을 그리는 자)는 부와 권력의 표시가 넘쳐나는 보좌에 앉아 있고 또 많은 봉사자들의 섬김을 받는 신의 모습을 그려내고 있다. 이러한 천상의 거주지에서, 이 봉사자들이 하는 역할은 대리적 여가이고 그들의 시간과 에너지는 비생산적인 일을 하는데 쓰인다. 그 일은 모두 신의 가치 높은 특징과 위엄을 드러내기 위한 것이다.

또 천상보좌의 배경은 귀중한 금속들이 반짝이고 또 온갖 값비싼 보석들이 휘황찬란하게 빛을 발하는 것으로 묘사된다. 금전적 품위가 종교적 이상에 이처럼 극단적으로 등장하는 것은 종교적 환상을 아주 조잡하게 표현할 때뿐인데, 남부 흑인들의 종교적 이미지에서 아주 극단적인 사례가 등장한다. 그들의 언어-화가는 황금 이외의 것으로는 묘사를 할 수가 없다. 그래서 남부 흑인의 경우, 금전적 아름다움이 크게 강조되어 노란색이 아주 놀라운 효과를 발휘한다. 그것은 진지한 취향을 가진 신자들로서는 도저히 참아줄 수 없을 정도이다. 그렇지만 종교적 의례의 이상(신성한 도구가 어떤 것이 되어야 올바른 도구인지를 규정하는 이상)을 드높이기 위하여 금전적 가치의 이상을 동원하지 않는 컬트는 아마도 없을 것이다.

마찬가지로 신성에 봉사하는 사제는 생산적인 일을 하지 않아야 한다는 느낌이 강하고 그런 느낌은 실제로 실천된다. 그 어떤 일 — 구체적으로 인간의 용도에 이바지하는 일 — 도 신의 앞에서 행해서는 안 되고, 또 성소의 구내에서도 이루어져서는 안 된다. 신의 현존 앞에 들어서는 자는 그 몸이나 의복에서 세속의 생산적 특징을 모두 씻어내야 하고, 또 가장 값비싼 옷을 입고 들어와야 한다. 신을 경배하고 또 교제하는 축일에는 인간의 용도에 이바지하는 일은 그 누구도 해서는 안 된다. 성전에서 멀리 떨어진 재가 신자들도 일주일에 하루는 안식일을 지키면서 대리적 여가를 누려야 한다.

종교적 실천 및 인간과 신의 관계에서 적절하고 합당한 행동을 하는 데 있어서, 금전적 명성의 기준이 영향력을 발휘한다는 것은 분명하다. 그 기준이 이런 문제와 관련된 종교적 판단에 직접적으로든 혹은 간접적으로든 영향을 미치는 것이다.

아름다움과 실용성에 영향을 미치는 금전적 품위

이런 명성의 기준은 일반 대중이 소비재의 아름다움과 실용성에 대해서 갖고 있는 믿음에 대하여 위와 유사하지만 좀 더 확정적인 영향을 미친다. 금전적 품위의 요구사항은 실용품이나 기호품의 아름다움과 실용성에 상당 부분 영향력을 행사한다. 이런 물품은 어느 정도까지 과시적 낭비의 용도에 적합하기 때문에 선호되는 것이다. 그 물품들은 낭비적인 경향이 있고 또 실용적 목적과 상관없는 정도에 따라서 선택된다.

아름다움 때문에 선택되는 제품의 유용성은 값비쌈의 상태에 크게 의존한다. 다음과 같은 비근한 사례는 그런 의존상태를 분명히 보여줄 것이다. 상업적 가치가 약 10~20 달러 정도 되는 수제 은 스푼은 같은 재질에 기계로 만든 스푼보다 — 순전히 실용의 측면에서 보자면 — 더 실용성이 좋은 것은 아니다. 또 그보다 "낮은" 재질, 가령 알루미늄으로 기계로 만든 10~20 센트 하는 스푼보다 더 실용적이라 할 수 없다. 실제로 앞의 두 은제 스푼은 실용적인 목적에서 볼 때 알루미늄 스푼보다 효용이 떨어지는 물품이다. 여기서 그런 관점을 취한다는 것은 고가 스푼의 사용 목적을 도외시한 것이라는 반론이 제기될 수 있다. 가령 수제 스푼은 우리의 취향과 미적 감각을 만족시키는 반면에, 기계로 만든 저급한 금속 스푼은 실용적 용도 이외에는 아무런 유익한 봉사를 하지 못한다고 반론을 펴는 것이다. 객관적 사실은 이런 반론이 주장하는 바, 그대로이다. 그러나 이 문제를 깊이 생각해 보면 그런 반론은 결정적인 것이 아니라 그럴 듯하게 보일 뿐인데 그 이유는 다음 세 가지이다.

〔1〕두 숟가락의 상이한 재질은 각자 숟가락 원래의 아름다움과 실용성을 가지고 있다. 그러나 수제 은 숟가락은 알루미늄 숟가락보다 1백배나 값이 비싸지만, 그 결이나 색깔 등 본질적 아름다움이 그 가격에 상응할 정도로 뛰어나지 못하고 또 기계적 실용성에 있어서도 그 만큼 뛰어나다고 할 수 없다.

〔2〕만약 면밀히 조사해 본 결과, 수제 숟가락이 실제로는 정교한 모조품이어서 고도의 전문가를 제외한 나머지 사람들에게 정품과 똑같은 선과 표면을 갖고 있는 듯한 인상을 주는 것이라면, 수제 숟가락의 유용성(소비자가 아름다운 제품이라고 생각하면서 얻은 만족감을 포함하여)은 즉각 80~90 퍼센트 혹은 그 이하로 떨어져버릴 것이다.

〔3〕두 숟가락이 외양이 거의 똑같아서 손으로 무게를 달아보아야만 그 차이를 느낄 정도라면, 스푼의 형태나 색상은 기계식 스푼의 가치를 높여주지도 못하고, 또 사용자의 "미감美感"의 만족 정도를 눈에 띨 정도로 높여주지도 못한다. 값싼 알루미늄 스푼이 새로운 물건도 아니고 또 싼값에 구입할 수 있는 것이라면 말이다.

두 스푼의 사례는 미감과 값비쌈의 관계를 보여주는 전형적인 것이다. 비싸고 아름답다고 생각되는 제품의 사용이나 관찰에서 나오는 우월한 만족감은 대체로 말해서 아름다움이라는 가면 아래 감추어진 값비싼의 인식을 만족시키는데서 나오는 것이다. 우리가 우월한 제품을 높이 평가하는 것은 그 제품의 본질적 아름다움을 평가하는 것이라기보다 우월한 명예적(금전적) 특징을 평가하는 것이다. 우리는 취향의 기준을 감안할 때, 과시적 낭비의 요구사항을 직접적으로 의식하는 것은 아니지만, 그 요구사항은 우리의 미적 감각을 선별적으로 구축하고 유지하는 구속적인 규범으로 존재하며, 또 아름다운 것과 아름답지 않은 것을 적절히 구분하는 지침으로 작용한다.

아름다운 것과 명예로운 것이 서로 교차하는 바로 이 지점에서, 우리는 구체적 물품의 유용성과 낭비성을 칼 같이 구분하기 대단히 어렵다. 과시적 낭비라는 명예로운 목적에 봉사하는 제품이 동시에 아름다운 제품인 경우가 빈번히 발생하는 까닭이다. 과시적 낭비에 투입되는 노동이 동시에 그 제품의 형태와 색상을 아름답게 하는 데에도 투입되는 것이다. 이 문제는 다음의 사실에 의하여 더 복잡해진다. 가령 보석류나 치장과 장식을 위한 제품들은 먼저 아름다운 제품으로서 효용성이 있기에 비로소 과시적 낭비의 제품으로서 효용성을 인정받게 된다. 가령 황금은 고도의 감각적 아름다움을 가지고 있다. 높은 평가를 받는 예술 작품들은 종종 물질적 한계가 있지만 본질적으로 아름답다. 의상에 사용되는 옷감, 몇몇 풍경화들, 그 아름다움의 정도가 다소 떨어지는 다른 많은 것들 등이 그러하다. 이런 본질적 아름다움이 없다면, 그 물품을 그 자체로 탐내는 일은 없을 것이며, 또 그것을 소유하거나 사용한 자에게 자부심을 주는 물품이 되지도 못했을 것이다. 그렇지만 이런 물품들이 그 소유주에게 유익한 것은 그 본질적 아름다움보다는 그 소유와 소비가 가져다주는 명예, 그리고 그것들이 멀리 물리쳐주는 불명예 때문인 것이다.

다른 면에서도 물론 유익하지만, 이런 제품들의 유용성은 바로 이런 측면(명예) 때문에 아름답고 유익한 것이다. 그 제품들을 전유하거나 독점할 수 있기에 가치 있는 것이다. 따라서 그것들은 가치 있는 소유물로 선망의 대상이 되고, 또 소유주는 그 제품들을 독점적으로 향유함으로써 금전적 우월감을 충족시킬 뿐만 아니라 동시에 그 자신의 미감도 충족시키는 것이다. 그러나 그 제품의 아름다움은 그것을 독점하게 만드는 원인이 되거나 상업적 가치의 원천이 된다기보다는 하나의 부수적 현상인 것이다. "보석의 감각적 아름다움이 크기는 하지만 그 희귀함과 가격이 그 보석을 다른 제품과 뚜렷하게 구분해주는 것이며, 만약 보석이 값쌌더라면 그런 구분을 얻지 못했을 것이다."

이 항목의 일반적 사례에서 볼 수 있듯이, 과시적 낭비의 제품으로서 명예로운 특징을 갖고 있지 않았더라면, 이런 아름다운 물건들을 독점적으로 소유하고 사용하고 싶은 동기 유발이 별로 되지 않았을 것이다. 이런 부류의 제품들은 대부분, 개인적 장식품을 제외하고는, 명예로운 목적 이외에 다른 목적에도 잘 봉사한다. 그 제품을 바라보는 사람이 그것을 소유했는지 여부는 상관이 없다. 심지어 개인적 장식품의 경우에도, 그 주된 목적은 그런 장식품이 없는 사람과 비교하여 그 제품의 사용자(혹은 소유주)에게 광휘를 부여하는 것이다. 아름다운 제품의 미적 효용성(유용성)은 소유에 의하여 크게 높아지는 것은 아니다.

값비쌈과 아름다움

지금까지 해온 논의를 일반화하면 다음과 같이 된다.

어떤 가치 있는 제품이 우리의 미감에 호소하기 위해서는 아름다움과 값비쌈의 요구조건에 모두 봉사해야 한다. 그러나 이것이 전부는 아니다. 이것 이외에 값비쌈의 기준이 우리의 취향에도 영향을 미치는데 그 방식은 이러하다. 우리의 평가에서, 값비쌈의 표시는 물품의 아름다운 특징과 긴밀하게 연결되어 있으며, 거기서 생겨나는 효과를 아름다움의 평가라는 항목 아래 포섭하는 것이다. 다시 말해, 값비쌈의 표시가 곧 고가高價 품목의 아름다운 특징으로 받아들여지는 것이다. 고가 품목은 명예로운 값비쌈의 표시이기 때문에 사람을 즐겁게 하고, 그 즐거움은 그 제품의 형태와 색상이 부여하는 즐거움과 뒤섞이게 된다. 그리하여 우리가 어떤 의상 제품을 가리켜 "아주 사랑스럽다"라고 말할 때, 그 물품의 미적 가치를 면밀히 분석해 보면, 그런 선언은 그 제품이 금전적으로 명예로운 것이라고 말하는 것에 다름 아니다.

이처럼 값비쌈과 아름다움의 요소가 적절히 혼합된 양상은 의상과 가구 품목에서 가장 잘 드러난다. 의복의 경우, 명성의 기준이 모양, 색깔, 소재 등을 결정하고, 또 적합한 의상인지 여부를 결정한다. 이런 기준에서 벗어난 것은 우리의 취향에 거슬리는 것이 되고, 동시에 미학적 진실로부터도 벗어난 것으로 인식된다. 우리가 유행하는 의복을 좋아하는 것은 결코 순전한 겉꾸밈이 아니다. 우리는 유행하는 옷이 진정으로 우리의 눈을 즐겁게 한다고 생각한다. 세련되게 외양이 잘 마무리되고 중립적인 색깔을 선택한 옷이 유행일 때, 보풀이 일거나 색깔 효과가 너무 뚜렷한 옷은 우리의 눈을 피곤하게 한다. 올해에 유행하는 고급 여성용 모자는 지난해에 유행했던 것 못지않게 우리의 감수성에 호소해 온다. 그러나 4반세기라는 장기적 관점에서 볼 때, 지난해의 것과 올해의 것 중 어떤 것을 승자로 꼽아야 할지 아주 난감할 것이다.

순전히 인체의 관점만 놓고 보자면, 신사모와 신사용 가죽 구두의 반짝거림이나 닳아빠진 소매의 반짝거림은 똑같이 본질적 아름다움을 가지고 있지 않다. 그렇지만 교양 높은 사람들(서구 문명사회의 교양인들)은 본능적이고도 무의식적으로 전자(신사모와 신사용 가죽 구두의 반짝거림)는 아주 아름다운 것으로 여기지만, 후자는 아주 혐오스러운 것으로 여기면서 피하려 한다. 따라서 아름답다고 생각하지 않는다면, 그 어떤 긴급한 이유가 되었든 과연 서구사회의 높은 신사모를 쓸 사람이 있겠는지 의심스럽다.

고가 물건을 긍정적으로 인식하는데 길들여짐으로써 또 아름다움을 명성과 동일시함으로써 자연스럽게 저가인데도 아름다운 물건은 별로 아름답지 않은 것으로 여겨지게 된다. 이렇게 해서 몇몇 아름다운 꽃들은 불쾌한 잡초 정도로 여겨지게 되었다. 손쉽게 가꿀 수 있는 다른 꽃들은, 사치스럽고 값비싼 꽃을 키울 여력이 없는 중산층에 의하여 받아들여지고 또 평가되었다. 그러나 값비싼 꽃을 사들일 능력이 있고 또 화훼 제품 중에서 고급 제품의 금전적 아름다움에 익숙한 사람들은 이런 값싼 꽃들을 천박한 것이라고 하여 거부한다. 반면에 이런 값싼 꽃들에 비하여 그 자체로 별 본질적인 아름다움을 가지고 있지 않은 다른 꽃들은 엄청난 비용을 들여서 가꾸어지고 또 화훼 애호가의 사랑을 받는다. 그들의 취향이 품위 있는 환경의 비판적 지도 아래 함양되었기 때문에 이런 꽃들을 사랑하는 것이다.

사회 내의 계급에 따라 취향이 달라지는 이런 다양성은 다른 많은 소비재에서도 발견된다. 가령 가구, 주택, 공원, 정원 등이 그러하다. 이런 제품들에서 발견되는 아름다움의 다양성은 순전히 미의식美意識의 기준에 의거한 다양성이 아니다. 아름다움은 순전히 미학적 관점에서 의거하여 그 차서次序를 정하는 것이 아니다. 또한 어떤 제품이 명예로운 소비의 범위에 속하는지 여부를 결정하는 것은, 아름다움의 비평가가 소속된 계급에서 적용되는 명성의 기준인 것이다. 소비자가 어떤 기호품과 예술품을 비난을 받지 않고서 소비할 수 있는지 여부는 또한 예의범절의 전통을 준수하는가 여부에 달려 있다. 이와 관련하여 다소 편차가 있을 수도 있겠으나, 이 전통은 그 소비자 계급의 금전적 생활수준에 의하여 엄격하게 결정된다.

잔디밭과 공원의 금전적 아름다움

일상생활은 금전적 아름다움의 기준이 사회 계급에 따라 달라지는 기이한 사례를 많이 제공한다. 또 관습적인 미의식도 금전적 품위의 기준에 따라 원래의 미의식으로부터 종종 벗어난다. 이에 대한 좋은 사례가 잔디밭, 풀을 잘 깎아놓은 마당 혹은 공원이다. 이런 것들은 서구인의 취향에 진정으로 호소한다. 그것은 장두금발長頭金髮(블론드 머리의 백인)의 요소가 현저한 사회의 유복한 계급의 취향에 특히 호소한다.

잔디밭은 하나의 대상으로만 놓고 보아도 감각적 아름다움의 요소를 가지고 있다. 그래서 모든 인종과 모든 계급의 눈에 직접적으로 호소한다. 하지만 그것은 다른 사람들보다 블론드 머리의 백인의 눈에 특히 더 아름답게 보인다. 이 인종이 다른 인종에 비해 잔디밭을 더 사랑한다는 사실은 이 인종의 다른 특징들과 함께 금발 백인이 습한 기후를 가진 지역에서 오랫동안 농업에 종사해 왔음을 보여주는 것이다. 잘 가꾸어진 목초지나 방목지를 바라보며 즐거움을 얻었던 사람들의 눈에는 잘 깎아놓은 잔디밭이 즉각 아름답게 보이는 것이다.

그 잔디밭이 소의 방목지라면 더욱 아름답게 보일 것이다. 오늘날 어떤 경우에 — 값비쌈을 중시하는 부수적 환경이 검약을 거부하는 곳에서 — 금발 백인의 전원적 풍경은 잔디밭이나 개인의 땅에 암소를 도입함으로써 복원된다. 이런 경우에 도입되는 암소는 대체로 보아 값비싼 품종이다. 암소는 곧 검약을 의미하는 대중적 상징물인데, 그런 특성은 이 동물을 장식적으로 사용하려는 의도와 완전 배치된다. 따라서 사치스러운 환경이 그런 특성을 상쇄해주지 않는 모든 경우에, 암소를 취향의 품목으로 사용하는 일은 회피된다. 그러나 방목하는 동물을 넣어서 목초지의 그림을 완성하고자 하는 의욕이 강한 경우에, 암소는 옆으로 밀려나고 대신 사슴, 영양, 기타 이국적 동물이 그 자리를 차지한다. 이런 대체동물은 서구인의 전원적 눈에는 암소보다는 덜 아름답지만, 그 동물들의 값비쌈이나 무용성無用性 혹은 그에 따르는 금전적 명성 때문에 선호되는 것이다. 그 동물들은 명실공히 저속한 이익 추구와는 무관하다는 걸 증명해 주는 것이다.

물론 공원도 잔디밭과 같은 범주에 들어간다.

공원은 기껏해야 잔디밭의 모방일 뿐이다. 이런 공원은 방목에 의하여 가장 잘 유지된다. 방목지의 소 떼는 그 자체로 아름다움의 요소를 더욱 증대시킨다. 잘 가꾸어진 목초지를 본 적이 있는 사람이라면 이러한 주장을 금방 이해할 것이다. 그러나 대중적 취향의 금전적 품위가 작용하여, 공공용지를 이런 식(소의 방목)으로 보존하는 방식은 좀처럼 채택되지 않는다. 숙련된 공원 관리인의 감독 아래 인부들이 공원을 가꾼다면 어느 정도 목초지 비슷하게 만들 수는 있겠지만, 소들이 유유히 방목하는 예술적 효과에는 멀리 미치지 못한다. 그러나 일반 대중의 눈에, 소 떼는 근검절약과 유용성을 노골적으로 드러내는 것이므로 소 떼가 일반 유원지에 등장하면 그 유원지를 아주 값싼 것으로 만들어버린다. 이처럼 비교적 값싼 방식으로 공원 용지를 관리하는 방식은 금전적 품위에 미치지 못한다.

공공용지의 또다른 특징에도 동일한 현상이 목격된다. 단순함과 조야한 실용성의 겉꾸밈과 함께, 다른 한편에서는 값비쌈의 측면이 꾸준히 전시되는 것이다. 개인들이 소유하거나 관리하는 개인 공원도 이런 특징을 보인다. 그런 개인들의 취향은 중산층의 생활습관이나 상류층의 전통에서 형성된 것인데, 그 상류층이 형성된 시기는 사람의 나이로 따진다면 지금 소년기에 해당한다. 최근에 형성된 상류층의 세련된 취향에 부합하는 공원들은 이런 특징(조야한 실용성과 겉꾸밈의 값비쌈이 뒤섞인 것 : 옮긴이)을 그리 노골적으로 드러내지 않는다. 유복한 사람들의 과거 세대와 현재 세대가 이런 차이를 보이는 것은 변화하는 경제적 상황에서 그 원인을 찾아볼 수 있다. 유원지의 이상적 조건 이외에 다른 측면에서도 그와 유사한 차이가 감지된다.

다른 나라들에서도 마찬가지지만 미국에서도, 지난 반세기 동안 소수의 사람들만이 근검절약을 무시할 수 있을 정도의 부를 소유했다. 불완전한 의사소통 수단 때문에, 이 소수의 사람들은 흩어져 있는데다 서로 효율적으로 접촉하지 못했다. 따라서 비용을 무시하는 취향이 생겨날 수 있는 기반이 허약했다. 따라서 대중적 근검절약에 반대하는 세련된 취향은 아직 형성되지 않았다. 값싸거나 근검절약하는 환경에서 소박한 미의식이 표출되었다 할지라도 "사회적 확증"이 결여되어 있었다. 그런 확증은 뜻이 같은 사람들이 모여서 해주어야 하는 까닭이다. 따라서 공원의 관리에서 싸구려 요소를 단속해줄 효과적인 상류층의 의견이 존재하지 않았다. 그리하여 결과적으로 유원지의 외형에는 유한계급의 이상과 하류 중산층의 이상 사이의 차이점이 크게 드러나지 않았다. 두 계급은 사람들로부터 금전적 악평을 받을 걸 두려워하면서 별 차이가 나지 않는 이상에 따라 공원을 건설했다.

오늘날 이상의 차이가 분명하게 드러나기 시작했다. 한 세대 이상 노동과 금전적 염려로부터 지속적으로 면제된 유한계급 사람들이 상당히 많아져서 그들 나름의 취향을 형성하고 유지했다. 그 계급의 유동인구도 늘어나서 "사회적 확증"이 계급 내에서 쉽게 이루어지도록 도와주었다. 이 선별된 계급 내에서 근검절약으로부터의 면제는 너무나 흔하여 근검절약이 금전적 품위의 바탕이 되는 일은 없게 되었다. 따라서 후대의 상류계급이 준수하는 품위의 기준은 사치의 과시와 근검절약의 배제를 그리 철저하게 고집하지 않는다. 이렇게 하여 이들 사회적·정신적 고위 계층에서, 공원과 공공용지에 관한 한 전원적이고 "자연스러운" 것을 선호하는 태도가 등장했다. 이러한 선호는 상당 부분 일솜씨 본능의 결과이기도 하다. 그 본능은 다양한 정도의 일관성을 보이면서 결과물을 내놓고 있다. 하지만 그것이 언제나 자연스러운 것은 아니다. 때로는 위에서 언급한 전원풍의 겉꾸밈과 별반 다를 것이 없는 상태로 퇴색하기도 한다.

직접적이고 유익한 용도를 가진 아주 실용적 시설을 좋아하는 것은 중산층의 취향에서도 발견된다. 그러나 그런 편애는 과시적 낭비의 강력한 힘으로 적절히 억제된다. 따라서 그것(편애)은 실용성을 겉꾸밈 하는 다양한 방식으로 표출된다. 가령 전원풍의 울타리, 다리, 나무 그늘 휴게소, 정자, 그리고 이와 유사한 장식적 특징 등이 그런 구체적 사례이다. 경제적 아름다움의 일차적 자극으로부터 크게 벗어난 형태로, 실용성을 겉꾸밈 하는 경우로는 전원풍의 철책, 격자 울타리, 저택의 앞마당을 우회하는 드라이브웨이(차량 진입로) 등이 있다.

상류 유한계급은 이처럼 금전적 아름다움에 유사-실용성을 가미하는 변형을 특정 부문에서는 완전 벗어났다. 그러나 최근에 유한계급으로 올라선 사람들의 취향과 중산층과 하위층의 취향은 여전히 심미적 아름다움을 보충하는 금전적 아름다움을 필요로 한다. 심지어 그 자체로 자연스럽게 아름다워서 존경을 받는 대상에 대해서도 이런 아름다움을 추가하려고 한다.

이와 관련된 대중의 취향은 공원이나 유원지 장식용으로 가지치기된 나무들이나 화단 등을 높이 평가하는 데에서 드러난다. 중산층의 취향에서, 금전적 아름다움이 심미적 아름다움을 제압하는 사례는 최근에 시카고의 콜럼버스 박람회가 들어선 공공용지의 재건설 공사가 있다. 이것은 화려한 전시를 극력 피하는 곳에서도 금전적 사치스러움의 요구사항이 여전히 강력한 힘을 발휘한다는 것을 보여준다. 재건설 공사에 의해 실제로 조성된 예술적 효과는 금전적 취향과 무관한 사람의 손에 그 땅을 맡겼을 경우에 비해 크게 다르다는 것을 보여준다. 그래서 그 도시의 상류 계급도 그 재건설 공사의 진척을 쌍수를 들어 환영했다. 이러한 반응은 이 공사의 경우에는 그 도시의 상류층과 중하위층의 취향에 별반 차이가 없음을 보여준다. 선진 금전 문화의 대표 도시라 할 수 있는 시카고 시민들의 미적 감각은 과시적 낭비의 원칙으로부터 벗어나는 것을 크게 경계하는 것이다.

자연에 대한 사랑(이것 또한 상류계급의 취향으로부터 빌려온 것인데)은 때때로 금전적 아름다움의 기준으로부터 영향을 받아서 영 엉뚱한 방식으로 표출되며, 그런 원인을 생각하지 않는 관찰자에게는 우스꽝스럽게 보인다. 예를 들어, 미국에서 나무 없는 지역에 나무를 심는 보편적 관행이 명예로운 지출 행위로 여겨져서, 심지어 나무가 많은 지역에까지 그런 관행이 전파되었다. 나무 많은 지역의 마을이나 농부가 농가 주위나 거리에서 원래의 자생 나무를 제거하고 그 자리에 외래종 묘목을 심는 일이 흔하게 되었다. 이런 식으로 해서, 울창한 숲에서 참나무, 느릅나무, 너도밤나무, 호두나무, 솔송나무, 참피나무 등을 베어내고 그 자리에 단풍나무, 사시나무, 버드나무 등의 묘목을 심는 것이다. 숲속에 있던 원래의 나무들을 그대로 내버려 두는 것은 장식적이고 명예적인 목적에 봉사하는 나무를 이식하는 것에 비하면 위엄이 떨어진다고 보는 것이다.

반려동물과 금전적 취향

이런 취향의 원칙이 동물의 아름다움을 평가하는 기준에도 그대로 적용된다. 이 취향의 기준이 암소에게 부여하는 미학적 지위는 이미 앞에서 언급한 바 있다. 같은 얘기를 공동체의 산업 활동에 유익한 다른 동물들, 가령 닭, 돼지, 소, 양, 염소, 짐말 등에도 해볼 수가 있다. 이 동물들은 생산재의 성격을 가지고 있고 또 유용하면서도 소득을 올리는 목적에 봉사한다. 그러나 이런 생산적 목적에 봉사하지 않는 반려동물, 가령 비둘기, 앵무새와 기타 조롱에 든 새, 고양이, 개, 경주마 등의 경우에는 얘기가 달라진다. 이것들은 과시적 소비를 위한 것이고, 따라서 그 본성상 명예롭고 그런 이유로 아름다운 것이 된다. 전통적으로 상류층은 이런 부류의 동물을 좋아했으나, 반면에 금전적으로 하위 계층 — 과 과시적 낭비의 원칙을 지키지 않는 소수의 유한계급 — 은 미美와 추醜를 결정하는 엄격한 금전적 구분을 하지 않고서 반려 동물 못지않게 생산에 봉사하는 동물도 아름답다고 생각한다.

명예롭기 때문에 아름답다고 여겨지는 반려 동물의 경우, 금전 이외의 하위적 가치가 있는데 여기서 그것을 언급해 보겠다. 소득과 무관한 특성을 지녔다는 이유로 명예로운 반려동물의 부류에 들어가는 새들을 제외하고, 여기서 언급해볼 만한 반려동물로는 고양이, 개, 경주마 등이 있다. 고양이는 다른 두 동물보다 덜 낭비적이기 때문에 덜 명예롭다. 고양이는 때때로 실용적인 목적에 봉사하는 것이다. 동시에 고양이의 기질은 명예로운 목적과는 부합하지 않는다. 고양이는 사람과 동등한 입장에서 살아가며, 가치, 명예, 명성 등이 기반이 되는 저 오래된 신분 관계를 알지 못하며 주인과 이웃사람들 사이의 차별적 비교에 대해서도 손쉽게 적응하지 못한다. 이런 규칙의 예외적 존재가 희귀한 동물인 앙고라 고양이이다. 이 고양이는 고가라는 측면에서 다소 명예로운 가치를 가지고 있으며, 그런 금전적 바탕 덕분에 아름다움을 평가받는 다소 특별한 자격을 가지고 있다.

개는 특별한 기질의 측면뿐만 아니라 쓸모없음이라는 측면에서도 유리한 점을 갖고 있다. 개는 명예로운 뜻에서 사람의 친구라고 종종 말해지고 있으며 개의 총명함과 충성심은 널리 칭찬된다. 이 말의 뜻은 개가 사람의 하인이며 또 무조건 복종하는 기질과 주인의 심기를 헤아리는 노예의 기민함을 갖고 있다는 것이다. 신분 관계에 잘 적응하는 이런 특징에 더하여 — 현재의 논의에서 실용적인 특징이라고 규정할 수 있는데 — 개는 다소 애매모호한 심미적 가치도 가지고 있다. 개는 반려동물 중 몸이 가장 더럽고 또 습관도 지저분하다. 하지만 이런 결점을 주인에 대한 복종적이고 아첨하는 태도로 보충하며 주인 이외의 나머지 사람들에게 즉각 피해와 불편을 주려고 한다. 따라서 개는 우리의 지배 근성에 영합

함으로써 우리의 편애를 이끌어낸다. 개는 값비싼 동물이면서 아무런 생산적 목적에 봉사하지 않고 또 인간의 평가에서 좋은 명성을 지닌 반려동물로 평가받는다. 우리는 또 개 하면 사냥을 연상한다. 사냥은 가치 있는 일이고 또 명예로운 약탈적 충동을 표현하는 행위이다.

이런 유리한 입장에 서 있기 때문에 개의 아름다운 몸집, 움직임, 기타 가상한 심리적 특징 등은 관습적으로 널리 인정되고 또 확대 평가된다. 개 애호가들에 의해 기이한 변형으로 사육된 다양한 형태의 개들도 많은 사람들에 의하여 정말로 아름답다고 간주된다. 이 다양한 개들 ─ 말이 난 김에 그 외의 기이하게 사육된 다른 동물 ─ 은 그 변형의 기이함과 불안정성의 정도에 따라 심미적 가치가 매겨지고 또 평가된다. 현재의 논의를 위하여 덧붙여 말해 보자면, 변형의 기이함과 불안정성에 바탕을 둔, 이런 차별적 유용성은 결국 희소성과 그에 따른 비용의 문제로 환원된다. 남녀가 널리 애완견으로 사용하는 변형된 개의 상업적 가치는 결국 그런 개를 사육하는 높은 비용에 달려 있으며, 그 개들이 주인에게 가치가 있는 것은 주로 과시적 소비의 대상으로 유용하기 때문이다.

또 우리는 그 개들이 명예로운 사치품이라고 생각함으로써, 간접적으로 그 개들에게 사회적 가치를 부여한다. 그리고 손쉬운 말과 개념의 대체로 인하여, 개들은 존중받고 또 아름답다는 평가를 받는다. 이런 반려동물에 대한 관심은 소득이나 실용과는 무관하기 때문에 그것은 명예로운 것이 된다. 그 결과 반려동물에게 기울이는 관심은 아주 지속적이고 관대한 특성을 갖는 습관적 애착으로 발전한다. 따라서 반려동물에 쏟는 관심에는 값비쌈의 기준이 하나의 규범으로 존재하며 그 규범은 반려동물의 선택과 그 동물에 대한 애착을 유도한다. 뒤에서 곧 다루게 되겠지만 사람에 대한 애착에 대해서도 같은 얘기를 해볼 수 있다. 하지만 이 경우에 값비쌈의 규범이 작용하는 방식이 개의 그것과는 약간 다르다.

경주마의 경우는 개의 경우와 아주 유사하다. 경주마는 전반적으로 보아 값비싸고, 낭비적이고 또 생산적인 목적에는 무용하다. 공동체의 복지를 증진하고 인간의 생활을 편리하게 해주는 방식으로 경주마가 갖고 있는 생산적 목적은 어떤 것일까? 그것은 대중의 미적 감각을 충족시키는 힘의 과시와 날렵한 기동성의 형태를 취한다. 이것은 물론 상당한 실용성이다. 말은 개처럼 복종하고 의존하는 정신적 기질을 갖고 있지 않다. 그러나 주인의 충동적 기질에 효과적으로 부응한다. 가령 주인은 주변 환경의 "살아 있는" 힘들을 자신의 판단과 용도에 따라 변형시키면서 그 힘들을 통해 자신의 개성을 표현하고자 하는 충동을 갖고 있는데, 이런 용도에 경주마가 적절한 것이다(경마를 통하여 소유주의 경쟁 심리를 자극하고 충족시킨다는 뜻 : 옮긴이).

빠른 말은 정도의 차이가 있을 뿐 잠재적으로 경주마이다. 바로 이 경주마의 자격으로 빠른 말은 그 소유주에게 특별히 유용하다. 경주마의 효용은 주로 그것이 경쟁의 수단이 된다는 데에 있다. 그것은 이웃주인의 말보다 더 빨리 달림으로써 주인의 공격성과 지배욕을 충족시킨다. 이런 용도는 소득과는 아무런 상관이 없고 일관되게 낭비적이고 또 과시적이므로, 명예로운 것이 된다. 또 그 때문에 경주마는 높은 명성을 누리게 된다. 이것 이외에 경주마는 도박의 수단이 되기에 비생산적이면서도 명예로운 용도를 갖고 있다.

따라서 경주마는 심미적인 관점에서 인간에게 호감을 주는 동물이다. 금전적 품위의 기준은 말이 가지고 있는 아름다움 혹은 실용성을 높이 평가하는 까닭이다. 말의 소유는 과시적 낭비의 원칙을 충족시킬 뿐만 아니라 지배와 경쟁이라는 약탈적 기질의 뒷받침도 받는다. 게다가 말은 아름다운 동물이다. 심지어 경주마를 소유하는 계급에 소속되지도 않고, 경마 대회의 상금에 눈살을 찌푸리며 도덕적 경각심을 내세워 미의식을 억누르려는 계급도 아닌 사람이 보아도 경주마는 상당히 아름다운 것이다. 이처럼 순수한 취향을 가진 사람이 볼 때, 가장 아름다운 말은 마필 사육업자의 선택적 교배로 인하여 급격하게 변모된 말보다는 천연 그대로의 모습을 갖춘 말이다. 그래서 작가나 연설가 — 특히 그 웅변이 아주 평범한 사람 — 는 동물적 우아함과 유용성을 예시하고자 하면 반드시 말을 생각하게 되는데, 그가 글이나 연설을 끝내기 전에 자신이 생각하는 그런 대상이 경주마임을 드러내고 만다.

미국의 유한계급은 영국 유한계급을 모방

다양한 품종의 말과 개를 점진적으로 좋아하는 과정에서 — 심지어 이런 문제에서 취향이 그리 발달하지 않은 사람들에게서도 발견되는 바인데 — 명성을 추구하는 유한계급에게 영향을 미치는 직접적인 계보가 있다. 예를 들어, 미국의 유한계급의 관례와 습관은 상당 부분 영국 유한계급의 그것으로부터 영향을 받는다. 개보다는 말에서 이러한 영향이 뚜렷이 드러난다. 말 중에서도 승마용 말 — 오로지 낭비적 과시의 목적에만 봉사하는 말 — 이 그러하다. 일반적으로 말해서, 승마용 말은 영국의 승마용 말을 더 많이 닮을수록 더 아름다운 것을 간주된다. 명성 높은 관례에 비추어 볼 때 영국의 유한계급은 곧 이 나라의 상류층 유한계급에 해당하고, 그래서 그보다 낮은 계층의 모범이 된다. 이처럼 아름다움을 인식하는 방법과, 취향의 판단 기준을 흉내 내는 것이 가짜 취향 혹은 위선적이거나 허세의 취향이 되는 것은 아니다. 이러한 편애는 진지한 것이고 또 실질적인 취향의 반영이다. 다른 기준에 의존할 때 못지않게 이 기준(영국 상류층의 모방) 또한 진실한 것이다. 단지 이러한 취향이 미학적 진실을 추구하는 것이 아니라 금전적 품위를 추구한다는 점만 다르다.

또 한 가지 부연할 사항은 그러한 흉내가 말 그 자체의 아름다움을 넘어서는 부분에까지 확대된다는 것이다. 그것은 장비와 승마기술까지 포함한다. 따라서 금전적 품위의 측면에서 적절하고 아름다운 장비나 승마 자세, 그리고 말의 기이한 보폭 등이 영국의 관례에 의해 결정된다. 금전적 아름다움의 기준에서 어떤 것이 적절하고 또 적절하지 않은지 결정하는 상황은 때때로 우연의 소치이다. 이것을 보여주기 위해 한 가지 사례를 들어보면 이러하다.

이 영국식 안장과 그런 안장이 필요하게 만든 말의 기이한 보폭 등은 영국의 빈약한 도로 상황이 만들어 낸 산물이다. 영국의 도로는 물웅덩이와 진창이 많아서 말 탄 여행자가 편안한 속도로 지나가는 것이 거의 불가능한 상태였다. 그래서 오늘날 승마술에 조예가 있는 기수는 꼬리를 바싹 자른 말을 아주 불편한 자세로 올라타서 아주 어색한 보폭으로 달려가는 것이다. 지난 한 세기 동안 영국 도로가 말 본연의 달리는 자세로 통과하기가 거의 불가능했기 때문에 이런 결과가 나온 것이다. 말은 원래 탁 특인 평지에서 활달한 자세로 달리는 것이 본연의 보폭인데, 영국의 도로 상황 때문에 그런 승마 자세가 나오게 되었는데 그것을 그대로 흉내 내고 있는 것이다.

사람에게 적용되는 아름다움의 기준

취향의 기준이 금전적 명성의 기준으로부터 영향 받는 것은 소비재 ―
반려 동물을 포함하여 ― 뿐만이 아니다. 사람의 아름다움을 평가하는
데에는 그와 비슷한 기준이 적용된다. 여기서는 논쟁의 여지를 피하기
위하여, 전통적으로 부유한 성인 남자라고 하면 연상되는 위엄 있는(여
유 있는) 몸가짐과 비만한 신체 등 일반적인 인상을 거론하지는 않을 것
이다. 이런 특징들은 어느 정도 개인적 아름다움의 요소로 받아들여진
다. 그러나 지금의 화제와 관련하여 너무나 구체적이고 특징적인 여성
적 아름다움의 요소들이 있으므로 별도로 떼어내어 검토해볼 만하다고
생각한다. 상류 계급이 여자들의 서비스를 소중하게 여긴 경제 발전의
단계에서, 이상적인 아름다움을 지닌 여성은 건장하고 사지가 큰 여성
이었다. 이 경우, 여성미를 평가하는 일차적 기준은 강건한 신체였고 얼
굴 생김새는 부차적 기준이었다. 초창기 약탈 문화에서, 이런 이상적 여
성미의 잘 알려진 사례는 호메로스 서사시에 나오는 처녀들이다.

이 아름다움의 이상은 그 후의 시대, 가령 상류계층 아내의 주된 임
무가 대리적 여가가 되는 시대에 들어와 다소 바뀌게 되었다. 이 후대의
여성적 이상은 지속적으로 강요되는 여가 생활의 특징을 반영했다. 이
상황에서 받아들여진 이상은 기사도 시대의 시인들이나 작가들이 묘사
한 아름다운 여성상에서 추정해볼 수 있다. 이 당시의 일반적 관습으로,
높은 신분의 숙녀는 영구적으로 보호를 받는 신분이었고 유익한 생산
노동으로부터 철저하게 배제되어 있었다. 그리하여 기사도 시대의 낭만
적인 이름다움의 이상은 주로 얼굴에 집중되었고 가냘픈 손과 발, 날씬
한 몸매, 특히 가느다란 허리를 강조했다. 그 당시에 여자를 묘사한 그림
들과, 현대의 낭만적인 기사도적 사상과 습관을 모방한 그림들에서 여

자의 허리는 거의 병적일 정도로 가늘다. 여러 현대 산업 사회에서도 이런 이상이 상당히 많이 남아 있다. 그러나 이런 아름다움의 이상은 경제적·시민적 발전이 별로 이루어지지 않고 또 신분제도와 약탈 제도가 상당히 남아 있는 현대 사회에서 강력한 위력을 발휘하고 있다. 다시 말해서, 기사도적 이상은 가장 덜 현대화된 사회들에서 가장 잘 보존되어 있는 것이다. 온유하거나 낭만적인 이상은 유럽 대륙 국가들의 부유한 계층에서 여전히 남아 있다.

산업 발전이 최고조에 도달한 현대 사회에서, 상류 유한계급은 엄청난 부를 축적하여 그들의 여자들을 비천한 생산 노동으로부터 완전 면제시킬 수 있게 되었다. 여기서 대리적 소비자라는 여자의 신분은 더 이상 많은 사람들의 호의를 받지 못하게 되었다. 그 결과 여성적 아름다움의 이상은 병적으로 가냘프고, 투명하고, 아슬아슬할 정도로 날씬한 여성상으로부터 손발의 강건함을 주장하고 다른 투박한 신체적 특징을 강조하는 태곳적 시대의 여성상으로 전환하게 되었다. 경제가 발전하던 시대에 서구 문명인들 사이에서 아름다움의 이상은 강건한 신체의 여성으로부터 가냘픈 숙녀로 바뀌었으나, 이제 다시 예전의 그 강건한 여성상으로 돌아가고 있는 것이다. 이 모든 것이 금전적 경쟁의 변화하는 조건에 맞추어서 벌어진 일이다. 과거 한때 경쟁의 필요성 때문에 강건한 여성상이 필요했다. 그러나 또 다른 때에는 대리적 여가를 과시적으로 소비하는 여자가 필요하여 그 결과 병적일 정도로 날씬한 여자가 필요했다. 그러나 이제 상황은 그런 필요를 벗어나게 되었고, 높은 효율성을 자랑하는 현대 산업 사회에서 여자의 여가는 명성의 낮은 단계에 있는 계층까지 가능해졌으므로, 그것(여자의 날씬한 몸매)은 최고위 금전적 등급의 결정적 표시가 되지 못한다.

과시적 낭비의 규범이 여성미의 이상에 미치는 전반적인 영향 이외에도, 그 규범이 남자들의 여성미를 바라보는 시각에 어떤 구속력을 발휘하는지 여기서 한두 가지 세부사항을 말해 볼 필요가 있다고 생각한다. 과시적 여가가 좋은 명성의 수단으로 간주되던 경제 발전의 단계에서, 여성미의 이상은 가냘픈 사지와 가느다란 허리를 요구했다는 것은 이미 앞에서 말한 바와 같다. 이런 신체적 특징과 그에 관련된 다른 특징을 가진 여성은 유익한 생산적 노동은 할 수가 없고 그래서 그 주인이 그녀의 게으름을 뒷받침해주어야 했다. 그녀는 무익하고 값비싼 사람이므로 결과적으로 주인의 금전적 능력을 보여주는 증거로서 가치가 높았다.

이런 문화 단계에서 여자는 그 당시의 공인된 취향의 요구사항에 좀더 잘 부응하기 위하여 그녀 자신의 신체를 변형시켜야 할 필요가 있었다. 그리하여 금전적 품위의 기준 아래, 남자들은 그런 필요의 결과로 나타난 인공적이고 병리적인 몸매를 매력적이라고 생각하게 되었다. 가령 서구사회에서는 가느다란 허리가 폭넓고 지속적인 유행이 되었고, 또 중국인들에게는 전족이라는 풍습이 생겨났다. 이 두 가지(가는 허리와 전족)는 그것을 아름답게 바라보도록 훈련받지 않은 사람들의 눈에는 의심할 나위 없이 혐오스러운 신체 기형에 불과하다. 그 둘을 아름답다고 생각하려면 훈련된 습관화의 과정이 필요하다. 하지만 그 둘을 금전적 명성의 요구사항에 따른 명예로운 것으로 여기는 생활양식 속에서 사는 남자들에게는 그것이 매력적인 사항임은 의심의 여지가 없다. 그 둘은 금전적 아름다움과 문화적 아름다움이 결합된 것으로서 여성미의 이상적 요소로 자리 잡은 것이다.

위에서 언급된 미학적 가치와 차별적인 금전적 가치 사이의 연결 관계는 그 둘을 평가하는 사람의 의식 속에 뚜렷하게 등장하는 것은 아니다. 어떤 사람이 취향을 판단할 때 그는 먼저 고려의 대상인 아름다운 사물이 낭비적이지만 높은 명성을 가지고 있다는 것을 감안하고, 그 다음에 연이어서 그것을 아름답다고 판단하게 될 것이다. 여기까지 그의 판단은 취향에 대한 성실한 판단이 아니고 그래서 그 둘을 연결시켜서 생각하지는 않는다. 여기서 언급된 그 둘 사이의 연결 관계는 높은 명성이 관찰자의 사고방식에 뒤늦게 미치는 영향을 통하여 비로소 성립된다.

그는 자신이 판단해야 하는 대상에 대하여 다양한 종류의 가치 — 경제적·도덕적·미학적 명성에 관련된 — 를 감안하여 판단을 내린다. 만약 그가 이런 가치 중 어떤 특정한 가치를 바탕으로 하여 어떤 대상을 판단한다고 하더라도 그가 대상을 평가하는 데에는 미학적 목적을 어느 정도 감안할 수밖에 없다. 이것은 금전적 품위와 같이 미학적 근거에 아주 가까운 근거를 바탕으로 하여 가치 판단을 내릴 때에는 더욱 그러하다. 따라서 미학적 목적과 금전적 명성(품위)의 목적은 일반인이 생각하는 것처럼 그렇게 뚜렷하게 구분이 되는 것이 아니다. 그리하여 아름다움의 범주나 요소를 지칭하기 위하여 친근하게 사용되는 용어가 금전적 가치를 가진, 아직 이름이 붙여지지 않은 요소를 지칭할 때 동원되기도 한다. 그리하여 두 개념 사이에 혼동이 뒤따르기도 한다. 이 경우 금전적 품위의 요구사항은 일반대중의 머릿속에서 미의식美意識의 요구사항과 일치가 되고, 좋은 명성(금전적 품위)의 공인된 표시를 수용하지 않는 아름다움은 아름다움으로 받아들여지지 않는다.

그러나 금전적 명성의 요구사항과 근본적인 아름다움의 요구사항은 상당 부분 서로 일치하지 않는다. 따라서 우리의 주변 환경에서 금전적으로 부적합한 것을 제거하는 행위는 결국 금전적 요구사항에 부응하지 못하는, 원초적 아름다움의 요소들을 상당 부분 제거하는 것을 의미한다.

(강 위의 맑은 바람과 산 위의 밝은 달은 그 자체로 원초적 아름다움을 가지고 있지만 금전적 가공이 전혀 되지 않았으므로, 즉 돈이 전혀 들어가지 않은 것이므로 현대인의 금전적 품위의 관점에서 보자면 부득이 아름다운 것의 범주에서 제외된다는 뜻 : 옮긴이)

원초적 아름다움에 깃들어 있는 취향의 기준은 아주 오래된 것으로서 우리가 이 책에서 논의하고 있는 금전적 제도의 도래보다 훨씬 이전의 것이다. 그래서 아름다움은 인간의 사고방식이 빚어낸 과거의 선별적 적응 때문에 값싼 도구와 구조물에 의하여 가장 잘 봉사된다. 이것은 그런 도구와 구조물이 수행하게 되는 기능과 또 그 목적에 봉사하는 방식을 잘 보여준다.

아름다움은 심리적 지각의 문제

여기서 현대 심리학의 입장을 살펴보는 것이 적당하다고 생각된다. 형태의 아름다움은 곧 심리적 지각이 얼마나 용이하게 받아들일 수 있는가 하는 문제이다. 이 명제는 좀 더 범위를 넓혀서 이렇게 말해볼 수 있다. 만약 연상, 암시, 아름다움의 요소로 분류되는 "표현" 등에서 하나의 추상적 개념을 추출할 수 있다면, 어떤 지각된 대상 속의 아름다움이란 결국 그 대상이 제시하는 방향으로 이루어진 마음의 지각 행위를 의미한다. 그리고 마음의 지각 행위가 전개되거나 표현되는 방향은 마음이 오랫동안 익숙해져 온 그 친밀한 방향을 말한다.

아름다움의 본질적 요소들에 관해서 말해 보자면, 이 익숙함은 너무도 오랫동안 친밀하게 진행되어온 익숙함이어서, 그 지각된 형태에 대한 친밀함뿐만 아니라 그 생리적 구조와 기능 또한 아름다운 것으로 받아들인다.

(우리가 오랫동안 익숙해져온 형태는 우리가 제일 먼저 어릴 때 빨았던 어머니의 젖을 생각할 수 있는데, 그 젖의 형태는 둥그런 원형이므로, 그와 비슷한 형태를 가진 대상에 대하여 우리는 본능적으로 아름다움을 느낀다는 뜻 : 옮긴이).

그리고 아름다움의 구성 요소에 경제적 이해관계가 개입하면, 그것은 어떤 목적(인생의 과정에 즉각 순응하는 것으로 추정되는 목적)에 대한 적합성을 암시하거나 표현하는 형태로 개입한다. 어떤 사물에 깃들어 있는 이런 경제적 기능과 경제적 실용성의 표현 ― 이것은 그 사물의 경제적 아름다움이라고 할 수도 있겠는데 ― 은, 그것이 생활의 물질적 측면에 기여하는 명확한 기능과 효율성에 의해 가장 잘 드러난다.

이런 바탕에서 관찰해 볼 때, 유용한 사물들 중에서 간단하고 장식이 없는 물품이 미학적으로 가장 훌륭한 물건이다. 그러나 금전적 명성의 기준은 개별 소비에 이바지하는 물품들의 값싼 상태를 거부함으로, 아름다운 물건에 대한 우리의 동경은 타협에 의하여 충족되어야 한다. 아름다움의 단순한 기준은 과시적 낭비의 증거를 보여주는 고안품에 의하여 우회되어야 한다. 동시에 유용함과 아름다움이라는 비판적 감각의 요구사항을 충족시키거나, 적어도 그런 감각(유용함과 아름다움)을 대신하여 기능을 발휘하는 습관의 요구사항이라도 충족시켜야 한다. 이처럼 취향을 보조하는 감각은 곧 새로움의 감각이다. 그러나 이 감각은 대타로 들어선 것이지만, 교묘하고 기이한 고안물을 바라보는 사람들의 호기심에 의하여 그 대타의 지위에서 구원된다. 이렇게 하여 아름답다고 생각되는 대부분의 물건들이 생겨난다. 그 물건은 물건 자체의 임무를 수행하면서 동시에 상당히 교묘한 디자인을 보여주어 관찰자를 의아하게 만든다. 관찰자는 물건 본연의 기능과 무관한 디자인과 평소 있을 법하지 않은 것의 암시를 보면서 놀라는 것이다. 그러면서 그 물건은 경제적 목적에 부합하는 효용성을 훌쩍 초과하는 노동이 소비되었다는 증거를 제시한다.

이것은 일상적 습관이나 접촉의 범위를 벗어나는 것, 그래서 우리의 편견의 범위를 벗어나는 것에서 가져온 사례로 잘 예증이 된다. 가령 하와이의 깃털 망토나, 여러 폴리네시아 섬에서 나온, 조각된 손도끼 자루를 한번 살펴보자. 이러한 물건들은 형태, 선, 색깔 등의 조합이 사람의 눈을 즐겁게 한다는 점에서 아름답고, 또 디자인과 제작 면에서 엄청난 기술과 교묘함을 자랑한다. 동시에 이 물건들은 다른 경제적 목적에는 잘 봉사하지 못한다는 것도 분명하다. 그러나 과시적 낭비의 기준 아래 제작된, 교묘하면서도 엉뚱한 제품들의 발전이 언제나 이런 행복한 결말로 이어지는 것은 아니다. 어떤 결과는 아름다움과 실용성의 요소들을 모두 억압하고, 그 대신에 과시적 무능에 의해 뒷받침되는 잘못 사용된 노동과 기술을 보여주는 것이다. 일상생활 중의 많은 물품들, 그리고 일상적으로 사용하는 의복과 장신구의 많은 제품들이 규범적 전통의 억압이 없었더라면 용납되기 어려운 것들이다. 아름다움과 실용성 대신에 엉뚱한 사치스러움으로 대체한 구체적 사례로는 주택용 건축물, 가정용 공예품이나 장식품, 다양한 의류 품목, 특히 여성과 사제의 의상을 들 수 있다.

아름다움은 포괄적으로 적용되는 표현을 필요로 한다. 과시적 낭비의 요구를 따르는 "신기함"은 이런 아름다움의 기준을 교차하면서, 그 결과 우리의 기호 제품에 일련의 특이함의 집합체로 만들어버린다. 더욱이 그 특이함에는 사치의 기준이 선별적으로 적용된다.

이처럼 과시적 낭비를 위해 디자인을 선별적으로 채택하는 과정과, 심미적 아름다움 대신에 금전적 아름다움으로 대체하는 것은 특히 건축의 발달 과정에서 잘 드러난다. 아름다움의 요소와 명예로운 낭비의 요소를 구분할 줄 아는 사람의 눈으로 보면, 비교적 눈에 거슬리지 않는 현대 주택이나 공공건물을 찾아내기는 대단히 어렵다. 미국 상류층의 저택이나 단독 주택이 보여주는 다양한 건물 정면은 건축적 어색함과 사치스러운 불편함을 다양하게 보여줄 뿐이다. 순전히 아름다움의 관점에서만 볼 때, 건축가의 손길이 미치지 않은 측면과 후면의 담장 정도가 이 건물들의 가장 좋은 부분이다.

간접적 효용성의 필요

과시적 낭비의 법칙이 취향의 기준에 미치는 영향은, 약간의 차이만 있을 뿐 미학적인 것 이외의 목적을 가진 제품의 효용성에 대해서도 영향을 미친다. 재화는 인간 생활의 원만한 영위를 위한 수단으로 생산되고 소비된다. 무엇보다도 재화의 효용성은 이러한 목적에 얼마나 잘 봉사하는가에 달려 있다. 그 목적이라는 것은 객관적으로 말해서 개인의 원만한 생활을 의미하는 것이다. 그러나 경쟁을 선호하는 인간의 성향은 재화의 소비를 차별적 비교의 수단으로 삼는다. 그리하여 인간은 소비재에 지불 능력의 증거라는 2차적 유용성을 부여한다. 이런 2차적, 간접적 효용성은 소비 행위에 명예로운 특성을 부여하며, 이런 경쟁적 목적에 잘 부응하는 물품들에게도 그런 특성을 부여하게 된다. 사치품의 소비는 가치 있는 것이고, 실용적 목적 이외의 목적을 위하여 비용을 들인 제품은 명예롭게 여겨진다. 따라서 어떤 제품에 잉여적 비용의 표시가 있다면 그것은 곧 가치의 표시가 된다. 그런 제품을 소비하면 간접적이고 차별적인 목적에 아주 효과적으로 봉사한다. 그러나 어떤 제품이 물건 자체의 목적에만 봉사하는 검소한 것이어서 과시적 낭비의 요소를 포함하지 않는다면 그것은 시시한 물건이 되어버린다. 이러한 간접적 효용성은 "등급이 높은" 제품에 가치를 부여한다. 세련된 효용성의 느낌을 부여하려면 물품은 어느 정도 간접적 효용성의 요소를 포함해야 한다.

인간은 지불 능력의 부재不在는 금전적 성공의 부재를 보여주는 것이므로 값싼 생활 방식을 기피한다. 그리하여 값싼 물건은 바로 그 값싸다는 이유로 원래부터 불명예스럽거나 무가치한 물건이라고 생각하게 되었다. 시간이 흘러가면서 뒷 세대는 앞 세대로부터 이런 가치 있는 소비의 전통을 물려받았고, 그런 과정에서 물건과 관련된 금전적 품위의 전통적 기준을 더욱 강화하고 정교화했다. 그리하여 우리는 마침내 모든 값싼 물건의 무가치함을 어느 정도 확신했고 아무런 거림낌도 느끼지 않으면서 "싼 게 비지떡"이라는 속담을 만들어 냈다. 비싼 것을 숭상하고 싸구려를 천대하는 습관은 우리의 사고방식에 깊이 뿌리 박혀 있어서 우리는 소비 행위에서 본능적으로 낭비적 사치스러움의 요소를 고집하게 되었고, 심지어 개인적으로 은밀하게 사용하여 과시의 필요가 전혀 없는 곳에서도 그런 제품을 원하게 되었다.

심지어 우리의 집 안에서 고가의 식탁보 위에 놓인 수제 은 식기와 수제 장식의 도자기(때때로 예술적 가치가 의심스러운)로 식사를 할 때 더욱 기분이 앙양되는 것을 느낀다. 이렇게 하는데 아무런 망설임이나 거리낌도 없는 것이다. 이런 식으로 가치 있는 생활수준으로부터 퇴보하게 되면 우리는 그것이 인간의 존엄성을 훼손한다고 생각한다. 그래서 지난 십여년 동안에 촛대는 그 무엇보다도 저녁 식탁을 비추는 가장 멋진 빛의 원천이었다. 촛불이 기름, 가스, 전기 불빛보다 더 부드럽고 그래서 유복한 사람들의 눈을 덜 피곤하게 만드는 것이다. 그러나 30년 전만 해도 이런 얘기를 할 수가 없었다. 촛불은 비교적 최근까지도 가정에서 사용하는 가장 값싼 빛이었기 때문이다. 심지어 지금도 촛불은 의례적 장식 목적 이외에 합당하고 효과적인 빛을 제공한다고 보기 어렵다.

아직까지도 생존하고 있는 어떤 정치적 현인은 이 문제를 다음과 같은 말로 멋지게 요약했다. "싸구려 외투는 싸구려 인간을 만든다." 이 격언의 강력한 설득력을 느끼지 못하는 사람은 거의 없다.

제품에서 잉여적 사치스러움을 찾는 습관, 그러니까 모든 제품은 간접적 혹은 차별적 효용성을 가지고 있어야 한다고 생각하는 습관은 제품의 효용성을 측정하는 기준을 바꾸어 놓았다. 소비자의 의식 속에서 제품의 명예로운 요소와 순전한 효율성의 요소는 각기 떨어진 별개의 것이 아니고, 그 둘은 제품의 총체적 효율성을 만들어 낸다. 이런 기준 때문에 순전한 물질적 효용성만 강조한 제품은 합격품이 되기가 어렵다. 소비자에게 온전하게 수용이 되려면 그 제품은 명예로운 요소를 내보여야 한다. 그 결과 소비재의 생산자들은 이 명예의 기준에 부합하는 제품을 만들어 낸다. 그들은 아주 민첩하고 효과적으로 그 일을 해낸다. 그들 자신이 그런 소비재의 기준을 준수하고 있고, 또 그런 명예로운 마감질이 되어 있지 않은 제품을 보게 되면 진정으로 불쾌감을 느낄 것이다.

이렇게 하여 오늘날 그 어떤 업종이 되었든지 다소간의 명예로운 요소를 포함하지 않은 제품은 찾아보기 어렵게 되었다. 소비 행위에서 고대 그리스의 청빈한 철학자 디오게네스처럼 명예와 낭비의 요소를 모두 제거할 것을 고집하는 소비자는 현대의 시장에서 필요한 제품을 별로 찾아내지 못할 것이고, 심지어 아주 사소한 필요에 부응하는 제품마저도 그러할 것이다. 실제로 그가 손수 그런 제품을 만들려고 해도, 그의 머릿속에서 과시적 낭비를 중시하는 사고방식을 완전히 제거하기가 어렵다. 그래서 그는 집에서 직접 만든 제품에다 낭비된 노동의 명예롭고, 유사-장식적인 요소를 본능적으로 혹은 무의식적으로 추가시키지 않고서는, 단 하루치의 생활필수품도 만들어 내지 못할 것이다.

소매 시장에서 실용적인 물품을 선택하는데 있어서, 구매자들은 구체적 유익함보다는 제품의 마감질이나 만든 솜씨 등에 더 마음이 끌린다. 제품이 팔리기 위해서는 원래의 목적인 실용성 이외에 그럴 듯한 사치스러운 효과에 상당한 노동이 투입되었다는 표시를 갖고 있어야 한다. 이처럼 겉으로 드러나는 사치스러움을 효용성의 기준으로 삼는 습관은 소비재의 총체적 생산 비용을 높이게 된다. 그런 습관 때문에 우리는 고비용이 곧 가치라는 생각 아래 값싼 물건을 경계한다. 소비는 통상적으로 싼 값에 필요한 물건을 사들이려고 지속적으로 노력한다. 그러나 고가제품은 실용성의 보증이며 구성요소라는 관습적 사고방식 때문에, 소비자는 과시적 낭비의 요소가 별로 없는 제품은 등급 이하의 싸구려라고 여기면서 배척하게 된다.

대중이 보기에 실용성과 과시적 낭비의 요소가 혼합되어 있는 소비재는, 그 값비쌈의 측면 이외에 다른 특징으로도 소비자의 환심을 산다. 그런 특징은 제품의 실질적 실용성에 별로 기여하지 않지만 통상적으로 기술과 효과적 일솜씨의 증거를 보여준다. 바로 이런 측면(일솜씨) 때문에 명예로운 실용성의 특정한 표시가 유행을 타게 되고, 그 다음에는 그 제품의 가치 중에서 필수적인 구성 요소로 자리 잡는다. 효율적인 일솜씨는 그 자체로 사람의 눈을 즐겁게 한다. 그 궁극적 결과가 애초의 의도와는 다르게 무익한 것이 될 수도 있지만 말이다. 솜씨 있게 만들어진 제품을 보면 예술적 감각이 충족된다. 그러나 이런 멋진 일솜씨도, 나아가 수단과 목적의 일치도, 과시적 낭비의 기준을 지키지 않는다면 결국에는 현대의 문명된 소비자들의 승인을 누리지 못할 것이다.

수제품과 기계제품의 차이

위에서 말한 과시적 낭비의 입장은 소비 경제에서 기계제품(기계 제작에 의한 대량 생산품)이 누리는 위상 때문에 더욱 강화된다. 동일한 실용적 목적에 봉사하는 기계제품과 수제품의 구체적 차이는 전자(기계제품)가 그런 실용적 목적에 더 잘 봉사한다는 것이다. 기계제품은 좀 더 완벽한 제품이고 수단과 목적을 한층 완벽하게 일치시킨다. 그렇다고 해서 기계제품이 불명예와 경멸에서 벗어날 수 있는 것은 아니다. 그 제품은 명예로운 낭비의 검증에 미달하기 때문이다. 손으로 하는 노동은 훨씬 낭비가 많은 생산 방식이다. 그래서 수제품은 금전적 품위의 목적에 더 잘 봉사한다. 그리하여 수노동의 표시는 명예로운 것이 되고, 이런 표시를 드러내는 제품은 비슷한 기계제품보다 더 높은 등급으로 평가된다. 반드시 그런 것은 아니지만 대체로 보아, 수노동의 명예로운 표시는 수제품의 불완전하고 불규칙한 특징을 가리키는데 생산자의 디자인 솜씨가 다소 미흡하다는 것을 보여준다. 따라서 수제품이 기계제품보다 우월함을 누리는 근거는 그 다소 투박한 상태에 있다. 그 투박함은 완전 엉터리 일솜씨로 판명될 정도로 형편없는 것이어서는 안 되고, 그렇다고 기계로 만들어서 거의 제작 오차가 없는 것처럼 보여서도 안 된다. 그 둘 다 낮은 제작비용의 증거가 되는 까닭이다.

유복한 사람들의 눈에 우월한 가치와 매력으로 인정되는 이런 명예로운 투박함을 알아보는 것은 곧 멋진 분별력의 표시가 된다. 그렇게 구분을 하자면 제품의 외양을 알아보는 평소의 훈련과 제대로 된 사고방식을 갖추어야 한다. 천박하고 교양 없는 사람들은 우아한 소비의 세부사항을 신경 쓰지 않으므로, 날마다 사용하는 기계제품의 정밀함을 평가하고 또 선호한다. 이런 기계제품이 품위의 관점에서 열등한 것으로 취급받는다는 사실은, 어떤 제품의 값비싼 이노베이션 과정에서 기술과 일솜씨의 완성만으로는 소비자들의 환영과 항구적인 총애를 받지 못한다는 것을 보여준다.

그 이노베이션은 이노베이션으로 인정을 받으려면 과시적 낭비의 기준을 충족시켜야 한다. 어떤 제품의 외양이 그 자체로 멋지고 또 효과적인 기능을 발휘한다 할지라도 금전적 품위의 규범에 저촉이 된다면 그것은 이노베이션으로 용납되지 않는 것이다.

평범한 제품의 의미

"평범함", 다시 말해 낮은 생산비 때문에 어떤 소비재에 따라붙는 열등성 혹은 지저분함의 딱지를 많은 사람들이 진지하게 받아들였다. 기계제품에 대한 반감은 결국 그 제품의 평범함에 대한 반감이다. 평범한 제품은 가난한 사람들도 금전적으로 부담할 능력이 있다. 따라서 그 제품의 소비는 명예로운 행위가 되지 못한다. 다른 소비자와의 차별적 비교에서 우위를 차지하는데 도움을 주지 못하기 때문이다. 따라서 그런 값싼 제품을 소비하거나 구경하는 것만으로도 그 소비자가 낮은 수준의 생활을 유지하고 있음을 보여주는 혐오스러운 증거가 된다. 감수성이 민감한 사람은 그런 제품을 생각하는 것만으로도 아주 혐오스럽고 또 고통스러운 천박함을 맛보게 된다. 자신의 취향을 강력하게 고집하는 사람, 다양한 취향을 분별하는 재주, 습관, 동기를 가진 사람은 곧 명예로움의 인식을 아름다움과 실용성의 인식에 일치시킨다. 이렇게 하여 만들어진 복합적 가치관은 대상의 아름다움 혹은 실용성을 판단하는 데 동원된다. 가치를 평가하는 사람의 편견 혹은 이해관계에 따라 그 대상의 이런(아름다움) 혹은 저런(실용성) 측면을 판단하는 것이다. 따라서 종종 이런 일이 벌어진다. 제품의 싸구려 혹은 평범함의 표시는 결정적으로 예술적 부적합성의 표시가 되고, 이런 취향의 기준이 강력하게 작용하여 한편에서는 미학적 적합성의 기준이 설정되고, 다른 한편에서는 미학적 혐오감의 기준이 수립된다.

이미 지적한 바와 같이, 현대 산업 사회에서 날마다 소비되는 값싸고 품위 없는 제품은 으레 기계제품이다. 수제품과 비교해 볼 때 기계제품은 일반적으로 일솜씨가 완벽하고 디자인의 세부적 실행이 정밀하다. 이렇게 하여 수제품의 가시적 불완전함은 그 자체가 명예로운 것이므로 아름다움 혹은 실용성 또는 그 둘 다에서 우월함의 표시로 평가된다. 그 결과, 결점을 칭송하는 현상이 벌어졌고 수제품을 숭상한 존 러스킨과 윌리엄 모리스는 그들의 생시에 이런 현상을 대변하는 인물들이었다. 이런 이유로 투박함과 낭비된 노력을 칭송하는 두 사람의 프로파간다(선전)가 사람들의 호응을 받았고 그 후 꾸준히 추진되어 왔다. 또 수공업과 가내 공업으로 돌아가야 한다는 프로파간다도 나왔다. 만약 완벽한 외양을 갖춘 제품이 싸구려 제품으로 인정받는 시대가 아니었더라면, 이런 사람들의 작품과 사상은 그와 같은 호응을 얻지도 못했을 것이고 아예 생겨나오지도 않았을 것이다. 물론 여기서 말할 수 있고 또 말하고자 하는 것은 이런 미학 학파의 경제적 가치에만 국한된 것이다. 지금 여기서 말한 것은 경멸의 뜻으로 말한 게 아니며, 나는 이 학파의 가르침이 소비재의 생산과 소비에 미친 영향만 지적하고 있는 것이다.

(존 러스킨 1819-1900. 영국의 문예 비평가 겸 사회 비평가. 중세풍의 건축물을 칭송하면서 산업혁명의 기계적 완벽함과 정확성을 비판했다. 윌리엄 모리스 1834-96. 영국의 시인 겸 비평가. 산업혁명 시대의 천박한 기계주의에 환멸을 느끼고 손으로 직접 만든 가구, 양탄자, 벽지, 채색 유리 등을 제작하여 널리 보급했다. 수공예를 강조한 미술 공예 운동을 전개하여 빅토리아 시대의 미적 취향에 많은 영향을 주었다 : 옮긴이).

책 제작업의 취향

이런 취향이 발전하여 생산으로 이어진 모범적 사례는 책 제작업에서 찾아볼 수 있는데, 윌리엄 모리스는 생애 만년에 그런 수제품 책의 제작에 몰두했다. 켈름스콧 출판사(모리스가 운영한 출판사 : 옮긴이)에 해당하는 얘기는 그보다 후대의 예술적인 책의 제작, 가령 활자, 종이, 삽화, 제본 재료, 제본공의 작업 등에도 그대로 해볼 수가 있다. 후대의 도서 출판 산업이 만들어 낸 제품의 탁월함은 어디에서 오는가? 그것은 부실한 설비에 불충분한 재료를 가지고 힘들게 책을 만들었던 시대의 저 투박한 책들과 얼마나 비슷한지 여부로 결판났다. 이 제품들은 손으로 만들었기 때문에 값이 훨씬 비쌌다. 오로지 실용성만 생각하고 인쇄기로 찍어낸 책들에 비하여 사용하기에도 불편하다. 따라서 이런 수제 책은 그 책의 구매자가 돈을 자유롭게 쓸 수 있고 또 시간과 에너지를 자유롭게 낭비할 수 있는 사람임을 보여준다.

바로 이런 이유로 오늘날의 인쇄업자들은 "과거 스타일"로 돌아가서, 읽기에도 불편하고 "현대의" 책에 비하여 페이지 위에서도 투박하게 보이는 활자를 사용하고 있는 것이다. 과학적 내용을 가장 효과적으로 제시하는 것 이외에 다른 목적이 없는 과학 전문지도 이런 금전적 아름다움의 요구사항에 굴복하여, 과거 스타일의 활자, 레이드 페이퍼(평행선이나 교차선이 비치게 만든 종이), 반듯하게 자르지 않은 가장자리 등의 특징을 가진 잡지를 발간한다. 내용의 정확한 전달 이외에 다른 것도 신경써야 하는 책들은 이보다 한 발 더 나아간다. 이런 책들은 좀 더 투박한 활자, 손으로 뜬 종이, 재단하지 않은 가장자리, 아주 널찍한 여백, 미리 잘라 놓지 않은 페이지, 아주 투박하고 고졸古拙해 보이는 제본 등을 갖추고 있는 것이다.

켈름스콧 출판사는 순전히 실용성의 관점에서 볼 때 아주 황당하게 보이는 지경까지 이 문제를 밀어붙였다. 현대 독자가 사용할 책인데도, 아주 오래된 낡은 철자법에다 검은 활자를 사용했고 가죽 끈으로 졸라매는 양피지 제본을 했다. 예술적 책 제작의 경제적 위치를 고정시키는 또다른 특징은, 이 우아한 책들이 최고의 것일 경우 한정판으로만 출판된다는 것이다. 한정판은 다소 투박한 방식으로 이 책이 소량만 제작되었음을 알려주는 보증서이고, 따라서 값비싼 것이며 그리하여 소비자에게 금전적 품위를 부여해준다.

이런 책이 세련된 취향을 가진 도서 구매자에게 풍기는 특별한 매력은, 그 값비쌈과 우월해 보이는 투박함을 의식적으로 알아준다는 데에만 있는 것이 아니다. 이것 또한 기계제품에 대한 수제품의 우월성을 보여주는 유사한 사례인데, 값비싸고 투박한 제품에 깃들어 있다고 생각하는 본질적 탁월함을 의식하기에 그런 구매를 하는 것이다. 앤티크(골동품) 제품이나 낡은 제작과정을 흉내 낸 도서를 우월하다고 생각하는 것은 그것이 미학적 측면에서 더 우수한 효용성을 갖고 있다고 보기 때문이다. 그러나 풍족하고 교양 높은 애서가가 투박한 제품이 인쇄하는 수단으로 더 유용하다고 주장하는 경우도 종종 있다. 고풍스러운 책의 우월한 심미적 가치에 대해서 말해 보자면, 애서가愛書家의 주장이 때때로 타당할 가능성이 있다. 그 책은 오로지 아름다움에만 전념하면서 고안되었다. 그 결과 책 디자이너의 관점에서 보자면 어느 정도 성공을 거두었다.

그러나 여기서 강조하고 싶은 것은, 디자이너가 준수하는 취향의 기준은 과시적 낭비의 법칙 아래 형성된 기준이라는 것이다. 따라서 이 법칙은 자신의 요구사항에 부응하지 않는 취향은 선별적으로 제거해 버린다. 다시 말해, 고풍스러운 책은 아름답기는 하지만, 디자이너의 작업 범위는 비非 미학적인 기준의 요구사항에 의하여 미리 정해져 있는 것이다. 그 고풍스러운 책은 설사 아름답다고 할지라도 동시에 값비싼 것이면서 실용적 용도에는 잘 어울리지 않는 것이어야 한다. 그러나 책 디자이너의 경우, 이런 강제적 취향의 기준이 일차적으로 순전히 낭비의 법칙에 의해서만 형성되는 것은 아니다. 그 기준은 이차적으로 약탈적 기질, 오래된 것 혹은 사라진 것에 대한 숭상 등에 의해서도 형성된다. 그리고 이런 오래된 것 혹은 사라진 것을 존중하는 과정에서 발달된 현상들 중의 하나가 고전주의이다.

미학 이론에서, 고전주의(오래된 것에 대한 숭상)의 기준과 아름다움의 기준을 명확하게 구분하는 것은 불가능하지는 않더라도 아주 어려운 일이다. 미학적인 목적만 놓고 볼 때, 이런 구분은 할 수도 없고 또 존재하지도 않는다. 취향의 이론으로 볼 때, 어떤 형태로 고전주의의 이상이 표현되든, 그것이 아름다움의 한 요소로 높게 평가된다. 그 요소의 타당성에 대해서는 아무런 의문이 제기되지 않을 것이다. 그러나 우리의 현재 논의 ― 공인된 취향의 기준이 어떤 경제적 근거를 갖고 있고, 또 그 기준이 재화의 유통과 소비에 어떤 의미를 갖는지 결정하는 것 ― 를 위해서, 그러한 구분은 영 무의미한 일은 아니다.

과시적 낭비의 부정적 기능

문명사회의 소비 행위에서 기계제품이 차지하는 위치는 과시적 낭비의 기준과 소비 타당성의 기준, 이렇게 두 기준의 상호 관계가 어떤 것인지를 보여준다. 예술과 취향의 문제나, 나아가 재화의 실용성의 관점에서 보아도 이(과시적 낭비) 기준은 이노베이션(혁신)이나 이니셔티브(창의)의 원칙으로 작용하지 않는다. 장래에 이노베이션을 만들어 내고 새로운 소비제품과 새로운 비용 요소를 만들어 내는 창의적인 원칙에도 역시 작용하지 않는다. 이 과시적 낭비의 원칙은 어떻게 보면 긍정적인 것이라기보다 부정적인 법칙이다. 그것은 창조적인 원칙이라기보다 규제적인 원칙이다. 그 어떤 관례나 관습을 직접적으로 주도하거나 창도하는 법도 없다. 과시적 낭비는 변화나 성장의 근거를 직접적으로 제공하지는 않지만, 다른(과시적 낭비 이외의) 근거로 만들어진 이노베이션이 존속하려면 그 기준을 지켜야 한다.

어떤 방식으로 소비의 관례, 관습, 방법이 형성되든, 그것들은 이 금전적 품위의 규범이 선별적으로 작용하는 힘을 받아들여야 한다. 새로운 소비 방법들이 이런 요구사항에 부응하는 정도가 곧 다른 유사한 관례와 관습의 경쟁에서 살아남는 적합도가 된다. 다른 조건들이 동일하다면 좀 더 낭비적인 관례와 방법이 이 법칙 아래에서 살아남을 가능성이 더 높다. 과시적 낭비의 법칙은 다양한 변화의 근원을 설명해주는 것이 아니라, 그 법칙이 지배하는 상황 아래에서 적절히 살아남을 수 있는 형태만을 줄기차게 고집한다. 그것은 용납 가능한 이노베이션을 창시하는 것이 아니라, 그 법칙 아래에서 살아남기에 적합한 것만 보존한다. 그 법칙은 모든 것을 검증한 다음에 그 자신의 목적에 합당한 것만 끈질기게 고수한다.

제 7 장

금전 문화를 표현하는 의복

지금까지 이야기해 온 경제 원칙들이 생활 속의 일상적 현실에 어떻게 적용되는지 구체적으로 살펴보는 것도 하나의 예증으로 적절할 것이다. 이러한 논의의 목적을 위하여 의복에 대한 소비만큼 더 좋은 구체적 사례는 없다. 의복에서는 과시적 낭비의 원칙이 특별히 잘 드러나며, 그 외에 금전적 품위라는 다른 관련 원칙들도 잘 구현된다. 물론 금전적 지위를 보여주는 다른 효과적인 방법들도 있고, 또 그런 방법들이 언제 어디에서나 유행한다. 그러나 의복에 대한 지출은 다음과 같은 측면에서 다른 방법들보다 더 유익하다. 우리는 옷을 늘 입고 생활하기 때문에 첫눈에 모든 관찰자들에게 우리의 금전적 지위를 현시한다. 다른 그 어떤 소비재보다 의복은 과시적 목적이 강하며, 또 그 목적을 위해 보편적으로 활용되는 소비 품목이다.

　모든 계층의 사람들이 지출하는 의복비의 상당 부분이 신체적 안락보다는 품위 있는 외관을 위한 것이다. 이러한 사실은 누구나 쉽게 동의할 것이다. 그리하여 의복의 문제와 관련하여 사회적 관례의 기준에 미달하면, 우리는 그 어떤 때보다 초라한 느낌을 갖게 된다. 이런 수치심은 다른 소비 품목보다는 특히 의복의 경우에 더 심각하다. 그래서 사람들은 어느 정도 품위 있는 낭비적 소비를 위하여 상당한 신체적 안락과 생필품을 희생시킬 각오가 되어 있다. 날씨가 안 좋은 데도 옷 잘 입은 인상을 주기 위하여 가볍게 옷을 입고 나서는 경우는 자주 목격된다. 현대사회에서 의복에 들어가는 소재는 소비자의 실용에 봉사하는 것에 달려있지 않고, 유행을 따라가기 혹은 그 소재의 과시적 품위 등에서 상업적 가치가 나온다. 이렇게 볼 때 옷의 필요는 "더 높은" 혹은 정신적 욕구를 충족시키려는 필요이다.

옷은 지불 능력과 여가의 증거

이런 정신적 필요는 순전히 혹은 전적으로 과시적 소비만을 가리키는 것은 아니다. 다른 품목에서와 마찬가지로 과시적 낭비의 법칙이 의복의 소비 행위도 지배하는데, 취향과 품위의 기준을 통하여 간접적으로 영향력을 발휘한다. 대부분의 경우, 과시적 낭비의 의복을 구매하거나 착용하는 동기는 먼저 기존의 관례를 준수하려는 것이고, 그 다음에는 취향과 품위의 공인된 기준을 지키려는 것이다. 우리는 나쁜 구설수나 사람들의 주목에서 나오는 창피함을 피하기 위하여 먼저 의복의 코드에 맞추어 옷을 입는다. 이처럼 남의 구설수를 피하려는 것은 그 자체로 상당히 중요한 동기이다.

뿐만 아니라 의복의 경우에 값비쌈의 요구사항이 우리의 사고방식에 깊이 뿌리를 내리고 있어서 우리는 싸구려 의복에 대해서는 혐오감을 느낀다. 자세한 생각이나 분석도 할 것 없이, 우리는 값싼 것은 가치 없는 것이라 여긴다. "싸구려 외투는 싸구려 인간을 만든다." "싼 게 비지떡." 이런 속담들은 그 어떤 소비 제품보다도 의복에 특히 더 잘 적용되는 말이다. 취향과 실용성의 측면에서 볼 때, 값싼 옷은 "싼 게 비지떡"에서 보듯이 열등한 물건 취급을 받는다. 우리는 어떤 물건이 값비싼 정도에 따라 아름다움과 실용성을 두루 갖추고 있음을 발견한다. 사소한 소수의 예외사항을 제외하고, 값비싼 수제 의상이 아름다움과 실용성 면에서 한결 선호된다. 그보다 값싼 모조품이 아무리 고가의 진품을 잘 흉내 냈다고 하더라도 값싸다는 이유로 별 매력을 풍기지 못하는 것이다.

우리가 모조품을 역겹게 생각하는 것은 그것이 형태나 색상 혹은 시각적 효과가 미흡하기 때문은 아니다. 모조품이라고 할지라도 아주 전문적인 감별 능력이 없으면 그 진위를 알아보지 못할 정도로 진품에 가까운 것도 있다. 그러나 그게 모조품이라는 것이 발견되는 순간, 그 상업적 가치는 물론이요 미학적 가치마저도 급격하게 추락해 버린다. 그뿐만 아니라, 다음과 같이 말해도 아무도 반박을 하지 않을 것이다. 즉, 그 발각된 모조품의 미학적 가치는 진품과의 가격 차이 정도에 따라서 추락하는 정도가 결정된다. 모조품은 금전적 등급에서 아주 낮은 수준이기 때문에 자연스럽게 미학적 품위를 잃어버리는 것이다.

그러나 의복의 지불 능력 기능은, 소비자가 신체적 안락 이상의 것을 위하여 가치 있는 제품을 소비한다는 사실의 확인에서 그치지 않는다. 단지 과시적으로 낭비하는 행위, 그 자체가 소기의 효과를 내고 또 욕구를 충족시킨다. 그것은 금전적 성공뿐만 아니라 사회적 가치의 일차적 증거이다. 그러나 의복은 이런 투박한 일차적 증거보다 더 미묘하고 파급 효과가 큰 가능성을 갖고 있다. 값비싼 의복은 그 소비자가 비용을 의식하지 않고 소비를 할 수 있다는 것을 보여줄 뿐만 아니라, 동시에 그가 생계를 벌어들여야 할 필요가 없음을 보여주어 그의 사회적 가치를 한결 높여준다.

따라서 의복은 그 목적을 효과적으로 수행하기 위해서는 그 값비쌈을 대외적으로 보여주어야 하고, 나아가 그 소비자가 생산 노동에는 전혀 종사하지 않음을 널리 광고할 수 있어야 한다. 의복 체계가 현재처럼 그 당초의 목적에 완벽하게 진화해온 과정에서, 이런 부차적 증거는 당연히 주목을 받아왔다. 일반 대중이 생각하는 우아한 의복의 개념을 자세히 분석해 보면, 소비자가 그 어떤 생산에도 종사하지 않는다는 인상을 강하게 풍길 수 있도록 고안되어 왔다.

만약 소비자가 지저분하거나 마모된 옷을 입고 있어서 육체노동의 흔적을 보인다면 그 옷은 결코 우아하다거나 품위 있다고 생각되지 않는다. 티 하나 없는 깨끗한 옷이 사람의 눈을 즐겁게 하는 것은 느긋한 여가의 분위기를 풍기기 때문이다. 여가란 곧 그 어떤 생산 과정과도 무관함을 보여주는 표시이다. 신사의 품위를 높여주는 물건인 에나멜가죽 구두, 얼룩 없는 리넨 제품, 반짝이는 원통형 모자, 반들거리는 산책용 지팡이 등은 왜 매력적으로 보이는가. 그 매력은 그런 옷차림을 한 사람은 실용적 목적에 직접적으로 혹은 즉각적으로 봉사하는 일을 전혀 하지 않는다는 사실에서 나오는 것이다. 우아한 옷은 값비쌀 뿐만 아니라 여가를 표시하는 것이기 때문에 우아함의 목적에 충실히 봉사한다. 그것은 의복의 소비자가 상당히 많은 돈을 소비할 수 있고 또 생산을 하지 않고서도 소비를 할 수 있다는 것을 보여준다.

옷은 노동하지 않음의 증거

여성의 옷은 남성의 옷에 비하여 그 소비자가 생산적 노동을 전혀 하지 않는다는 강력한 증거가 된다. 여성이 쓰고 있는 우아한 스타일의 보닛(모자)은 남자의 중산모(실크해트)보다 훨씬 강력하게 노동 면제를 보여주는 것이고 이런 일반론은 더 이상 언급하지 않아도 자명할 것이다. 여성의 구두는 소위 프랑스식 힐이라는 것을 밑바닥에 덧붙여서 구두 자체의 반짝거림이 여가의 증거를 더욱 강화한다. 이 하이힐은 가장 간단하고 필수적인 신체 노동조차도 할 수 없음을 널리 광고하는 것이다. 이와 똑같은 말을 여성의 스커트나 여성 드레스의 특징인 아름다운 주름 휘장 등에 대해서도 할 수가 있다. 우리가 스커트를 끈질기게 고수하는 주된 이유는 무엇 때문일까. 그것은 값비싼 것이고 그 착용자의 운신을 불편하게 하여 그 어떤 생산적 노동도 불가능하게 만든다. 여성들이 머리카락을 아주 길게 기르는 관습에 대해서도 같은 말을 해볼 수가 있다.

그러나 여성의 옷은 노동하지 않음의 증거로서 현대 남성의 옷보다 훨씬 더 앞으로 나아간다. 여성 옷은 남자들의 습관적 실천과는 종류가 다른 아주 독특하고 특징적인 측면을 갖고 있다. 그런 제품의 부류 중에서 코르셋은 전형적인 사례이다. 경제적 이론의 관점에서 보자면 코르셋은 사실상 신체를 구속하는 것이다. 그것은 여성 착용자의 활동성을 낮출 뿐만 아니라 노동 불가능을 극명하게 보여주기 위해 착용하는 것이다. 코르셋은 착용자의 여성적 매력을 손상시키지만 그런 손상은 그녀의 사치스러움과 병약함에서 생겨나는 사교적 품위로 보상이 되고도 남는다. 여성 복장이 여성스러움을 강조하다 보니 실제적으로는 여성 특유의 복장이 유익한 노동 활동을 완전히 가로막고 있다, 라고 말해도 그리 틀린 말은 아니다. 이러한 남성복과 여성복의 차이는 여기서 간단히 특징적 측면만 언급했다. 그런 차이가 발생한 이유에 대해서는 곧 더 논의하게 될 것이다.

현재까지 우리는 의복을 규제하는 대표적 규범으로서 과시적 낭비의 원칙을 언급해 왔다. 이 원칙의 부차적인 것으로서 또 그 원칙으로부터 나오는 필연적인 것으로서, 과시적 여가의 원칙이라는 두 번째 규범도 언급했다. 실제 의복을 만드는 과정에서 이 규범은 다양한 형태로 작용하는데, 무엇보다도 그 소비자가 생산 노동을 하지 않는 신분이고 또 그런 노동을 할 수도 없는 복장 상태임을 보여주는 형태로 작용한다. 이 두 원칙(노동 면제 신분과 노동할 수 없는 상태) 이외에 다소 구속력이 떨어지는 제3의 원칙이 있는데 이 문제를 곰곰 궁리해 본 사람이라면 금방 생각해 낼 수 있는 것이다. 옷은 과시적으로 비싸고 또 불편한 것이면서 동시에 최신 유행을 따라가는 것이어야 한다.

옷의 유행이 자꾸만 변하는 현상에 대하여 지금껏 만족스러운 설명이 나온 적이 없다. 옷은 최근에 공인된 방식(유행)대로 입어야 하고 또 이 공인된 유행은 꾸준히 철마다 바뀐다는 사실은 누구나 잘 알고 있는 바이다. 그러나 이런 유행의 변천을 설명해주는 이론은 아직 도출되지 않았다. 우리는 여기서 일관되고 진실하게, 이 새로움(유행)의 원칙이 과시적 낭비의 원칙에서 나오는 필연적 결과라고 말하고 싶다. 어떤 의복이 짧은 기간 동안만 유행하고, 지난 시즌의 의복이 뒤로 물려져 올 시즌에도 활용되지 않는다면, 의복의 낭비적 소비는 필연적으로 증가할 수밖에 없다. 이런 현상 자체를 뭐라고 할 수 없지만 그것은 부정적인 현상일 뿐이다. 여기서 우리가 말할 수 있는 것은 과시적 낭비의 규범이 의복에 관련된 모든 문제를 통제하고 감독하므로 모든 패션은 그 규범을 준수해야 한다는 것이다. 하지만 이런 진술은 어떤 시대에 어떤 유행의 스타일이 만들어지고 또 받아들이는 동기에 대해서는 설명해주지 못한다. 또 어떤 그 시점에 그 특정한 스타일을 준수하는 것이 왜 그처럼 필요한 일인지에 대해서도 설명하지 못한다.

패션의 동기와 그 변화에 대한 설명

패션을 만들어 내고 이노베이션 하는 동기를 설명하는 창조적 원칙을 알아내기 위해, 우리는 그에 앞서 의복이 생겨난 원초적이고 비경제적인 동기 즉 장식의 동기로 거슬러 올라가야 한다. 여기서는 이 동기가 과시적 낭비의 지도 아래 그 힘을 드러낸 방법과 이유를 자세히 논의하지 않고, 단지 패션의 연속적인 이노베이션은 그 전에 유행했던 의복보다 형태, 색상, 효과 등이 더 그럴 듯한 과시의 형태를 가진 의복을 얻기 위한 동기라고만 말해두고자 한다. 자꾸 변하는 의상의 스타일은 우리의 미적 감각에 호소하는 어떤 것을 찾아내고자 하는 부단한 노력의 표현이다. 그러나 각각의 이노베이션은 과시적 낭비의 규범이 부과하는 선별적 기준에 복종해야 하므로, 이노베이션이 발생할 수 있는 범위는 제한되어 있다. 이노베이션은 그 앞에 나온 것(예전의 이노베이션)보다 더 아름다워야 하고 덜 눈에 거슬리는 것이어야 하지만 동시에 값비쌈의 공인된 기준에 부응하는 것이어야 한다.

일견 아름다운 옷을 얻고자 하는 이런 부단한 노력은 예술적 완성을 향한 점진적 접근처럼 보일 것이다. 당연히 우리는 이렇게 기대할 수 있다. 패션은 인간의 몸에 더욱 어울리는 어떤 의복 타입을 얻는 쪽을 향하여 지속적인 발전의 흐름을 보일 것이다. 그러니 지난 수천 년 세월 동안 의복에 대하여 그토록 많은 노력과 기술을 들여왔으니 지금쯤 패션은 상대적 완벽함과 안정성을 획득하여, 영구히 지속될 수 있는 예술적 이상에 근접해 있어야 마땅하다. 하지만 이것은 현실이 아니다. 오늘날의 스타일이 본질적으로 10년 전, 20년 전, 50년 전, 100년 전의 그것보다 더 멋지다고 주장하는 것은 아주 위험한 일이다. 반면에 2천년 전에 유행한 스타일이 오늘날의 아주 정교하고 공들인 스타일보다 더 사람 몸에 어울린다고 주장한다면 별로 반박을 당하지 않을 것이다.

방금 제시한 패션에 대한 설명은 충분하지 않으며 그래서 우리는 좀 더 살펴보아야 한다. 세계의 여러 지역에서 비교적 안정된 스타일과 의상 타입이 개발된 것은 잘 알려진 사실이다. 가령 일본인, 중국인, 기타 동양 국가들이 그러하고, 그리스인, 로마인, 기타 고대의 동양 민족들도 그렇다. 훨씬 후대의 일이지만 유럽의 거의 모든 국가들에서 농민들이 입는 옷도 그러하다. 이런 민속 혹은 민중 의상들은 대부분의 경우, 현대 문명사회의 유행하는 패션 스타일보다 더 사람 몸에 잘 맞고 또 예술적이라고 복식 전문가들은 평가한다. 동시에 이런 옷들은 낭비적 요소도 훨씬 덜하다. 달리 말해서, 이런 민속 의상에서는 비용의 과시보다는 다른 요소들이 더 현저하게 눈에 띄는 것이다.

이런 상대적으로 안정된 의상은 으레 그 통용되는 곳이 협소한 지역으로 국한되어 있고, 곳에 따라 약간씩 체계적인 변화의 차이를 보인다. 그 옷들은 하나 같이 가난한 사람들과 계급에서 만들어진 것이고, 특히 그 옷을 입는 사람들은 비교적 동질적이고, 안정되고, 이동이 없는 나라, 지역, 시대에 소속되어 있다. 다시 말해, 시간과 취향의 검증을 견뎌내는 안정된 의상은 오늘날의 문명된 도시들보다 과시적 낭비의 규범이 덜 강압적으로 작용하는 환경에서 개발된 것이다.

사실 오늘날 대도시에 사는 유동성이 높고 부유한 주민들이 패션의 방향과 속도를 결정한다. 그러나 안정적이고 예술적인 의상을 만들어낸 나라들과 계급들의 경우, 그들 사이의 경쟁은 과시적 소비보다는 과시적 여가 쪽으로 경쟁의 방향을 잡아나간다. 그래서 과시적 낭비의 원칙이 아주 강력하게 작용하는 사회에서는 일반적으로 말해서 패션이 가장 불안하고 또 아주 가변적인 것이 되어버리는데, 가령 미국이 그러하다. 이 모든 사항은 값비쌈과 예술적 의상 사이의 대립적 관계를 가리킨다. 이러한 대립은 값비쌈의 기준이나 아름다움의 기준이 단독으로는 설명하지 못하는 부단한 패션의 변화에 대하여 하나의 설명을 제시한다.

패션의 변화는 겉꾸밈의 탄로 때문

품위의 기준은 옷이 낭비적 소비의 흔적을 보일 것을 요구한다. 하지만 모든 낭비는 인간 본래의 취향에 거슬리는 것이다. 모든 남자 – 그리고 여자는 그 정도가 더 심한데 – 가 에너지든 지출이든 낭비를 싫어한다는 것은 앞에서 심리적 법칙을 말하면서 이미 언급했다. 자연이 진공을 싫어하는 것처럼 말이다. 그러나 과시적 낭비의 원칙은 분명 낭비적 지출을 요구한다. 그에 따른 옷의 과시적 값비쌈은 본질적으로는 추한 것이다. 여기서 우리는 이런 사실을 발견한다. 의복의 이노베이션에서, 어떤 추가된 혹은 변경된 세부사항들은 뭔가 실용적인 목적을 보여줌으로써 즉각적인 비난을 피해 나가려고 애쓴다. 그러나 동시에 과시적 낭비의 원칙은 이런 유용한 이노베이션이 일시적 구실에 그치도록 압력을 가한다.

아무리 자유롭게 상상의 나래를 펼친다 해도 패션은 약간의 실용적 용도를 흉내 내는 것으로부터 자유롭게 벗어나지 못한다. 유행하는 의복의 외형적인 유용성은 너무나 빤한 겉꾸밈이다. 그래서 의복의 실질적 무용성은 너무나 노골적으로 우리의 시선을 압박해 와 견딜 수 없기 때문에 우리는 새로운 스타일에서 도피처를 찾는 것이다. 그러나 이 새로운 스타일도 품위 있는 낭비와 무용성의 요구사항을 준수해야 한다. 이 새로운 스타일의 무용성은 곧 그 전 스타일의 무용성 못지않게 혐오스러운 것이 되어버리고, 과시적 낭비의 법칙이 우리에게 허용하는 유일한 출구는 새로운 의복을 만들어 낸다. 하지만 이것 또한 전과 마찬가지로 무용하고 또 견딜 수 없는 것이다. 이렇게 하여 본질적인 보기 흉함은 사라지지 않으며 그로 인해 옷의 유행이 쉬지 않고 바뀌게 되는 것이다.

이제 변화하는 패션의 현상을 설명했으므로, 그 다음 단계는 그것이 일상생활 속의 팩트(객관적 사실)와 부합하는지 검토하는 것이다. 이런 팩트 중에 잘 알려진 것으로는 모든 사람이 어느 특정 시기에 유행하는 스타일을 다들 좋아한다는 팩트가 있다. 새로운 스타일은 나오는 순간 유행이 되고 어느 한 시즌 계속하여 사람들의 애호를 받는다. 그 유행이 신기한 동안에는 모두들 그 새로운 스타일을 매력적이라고 생각한다. 현재 유행하는 패션을 아름답다고 생각한다. 이것은 부분적으로 예전 유행과는 다르다는 안도감에서 오기도 하고, 또 부분적으로 품위 있기 때문에 그러하다.

앞 장에서 이미 말한 것처럼, 품위의 기준이 어느 정도 우리의 취향을 형성한다. 그 기준의 지배 아래에서 어떤 옷은 신선함이 다할 때까지 혹은 품위의 보증이 다른 새롭고 신기한 옷으로 넘어갈 때까지 사람들 사이에서 유행을 지속한다. 어떤 시기에 유행하는 스타일의 아름다움 혹은 "사랑스러움"은 일시적이고 잠정적이다. 이것은 수많은 패션이 시간의 검증을 견뎌내지 못한 사실로 입증이 된다. 6년 이상의 시간이 흘러간 뒤에 다시 살펴보면 가장 좋은 패션도 보기 흉하거나 아니면 기괴하게 보인다. 최신 유행에 일시적으로 집착하는 것은 심미적 근거 이외의 다른 근거에 바탕을 둔 것으로서, 그런 집착은 우리의 끈질긴 심미적 감각이 다시 강한 주장을 펴면서 그런 최신식의 용납 불가능한 의복을 물리칠 때까지만 지속될 뿐이다. 사람들의 심미적 감각이 어떤 유행에 역겨움을 느끼게 되는 과정은 다소 시간이 걸린다. 그 시간은 어떤 유행 중인 스타일의 본질적 혐오스러움의 정도와 반비례한다.

(어떤 스타일의 혐오스러운 강도가 셀수록 심미적 역겨움을 느끼는 시간은 짧아진다는 뜻 : 옮긴이).

어떤 패션의 혐오스러움과 불안정성 사이에 존재하는 이런 시간차는 다음과 같은 추론을 가능하게 한다. 어떤 스타일이 성공하여 그 이전의 것을 대체하는 시간이 빠를수록, 그것은 건전한 취향을 위배하는 혐오스러운 어떤 것이 된다. 한 사회의 부유한 계급들이 부와 유동성을 개발하는 속도가 빠르고 또 인간 접촉의 범위가 넓어질수록 의복에서는 과시적 낭비의 법칙이 더욱 강압적인 힘을 행사하게 된다. 그리하여 아름다움의 감각은 금전적 명성의 기준에 압도되어 옆으로 밀려나고, 패션이 유동적으로 바뀌면서 변천하는 속도는 빨라진다. 각각 꼬리를 물고 유행하게 되는 다양한 스타일들은 더욱더 기괴하고 참을 수 없는 것이 된다.

이와 같은 의복의 이론과 관련하여 아직 논의해야 할 사항이 하나 더 남아 있다. 지금까지 말해 온 것은 여성복은 물론이고 남성복에도 해당된다. 그러나 현대에 들어와서 이 이론은 여성복의 거의 모든 측면에 아주 강력하게 작용한다. 하지만 한 가지 점에서 여성복은 남성복과 상당히 다르다. 여성복은 그 소비자가 천박한 생산적 노동으로부터 면제되거나 그런 일을 아예 할 수 없다는 것을 보여주는 특징을 크게 강조한다. 여성복의 이런 특징은 의복의 이론을 완성시켜 준다는 점에서 흥미롭지만, 과거와 현재에 여성이 차지하는 경제적 지위에 대해서 이미 언급된 사항들을 다시 확인시켜준다는 점에서도 흥미롭다.

여성복은 대리적 소비의 표시

대리적 여가와 대리적 소비의 항목 아래에서 여성의 지위를 논의할 때 살펴본 바와 같이(제3장 과시적 여가 참조 : 옮긴이), 경제 발전의 과정에서 집안의 가장을 위하여 대리적으로 소비하는 것은 여성의 주된 임무였다. 따라서 여성의 의복은 이런 목적을 염두에 두고 고안되었다. 분명 생산적 노동은 명성 높은 여성에게는 아주 혐오스러운 것이 되었다. 따라서 여성복을 제작할 때에는 그 소비자가 유익한 노동을 습관적으로 하지도 않고 또 할 수도 없다는 사실(종종 허구)을 관찰자들에게 강력히 각인시켜야 했다. 예의범절상, 품위 있는 여성은 유익한 노동을 지속적으로 하지 않아야 하고, 또 같은 사회적 계급의 남자들보다 여가생활의 티를 더 많이 내보여야 한다.

신분 높은 여자가 유익한 노동으로 생계비를 벌어들여야 한다는 것은 생각만 해도 신경에 거슬리는 일이다. 그것은 "여성의 영역"이 아니다. 여성의 영역은 집 안이고, 그녀는 그 집 안을 "아름답게" 하고 또 그곳의 "주된 장식물"이 되어야 한다. 반면에 집 안의 남자 가장은 장식물이라고 하지 않는다. 이런 특징과, 예의범절상 여성복과 장신구에 더욱 값비싼 과시의 효과를 집중시켜야 한다는 사실은 앞 장(제3장)에서 이미 제시한 견해를 더욱 강화한다. 과거의 가부장제에서 유래한 우리의 사회 제도는 여성이 집안의 지불 능력을 과시하는 것을 그녀의 특별한 기능으로 부여했다.

현대 문명사회의 생활양식에 의하면, 자신이 소속된 집안의 훌륭한 명성을 유지하는 것은 여자의 특별한 소관 사항이다. 따라서 이 훌륭한 명성을 지탱해 주는 명예로운 지출과 과시적 여가의 제도는 여성의 영역이다. 높은 금전적 능력을 가진 계급의 생활 속에서 구현되는 경향을 보이는 이상적 구도대로라면, 물자와 노력의 과시적 낭비를 주관하는 것은 여자의 유일한 경제적 기능이 되어야 한다.

여자가 아직도 남자의 완전한 소유물인 경제 발전의 단계에서, 과시적 여가와 소비의 수행은 여자에게 요구된 주된 서비스들 중 하나였다. 여자들은 스스로의 주인이 아니었으므로, 그들의 소비와 여가는 그들의 공로라기보다 주인의 공로를 높여주는 것이었다. 따라서 집안의 여자들이 사치스럽고 비생산적일수록 집안이나 가장의 명성과 품위를 높여주었다. 그런 만큼 여자들은 여가의 증거를 내놓아야 하고 또 그들이 유익한 생산적 활동에는 부적합함을 증명하는 것이 반드시 필요했다.

바로 이 지점에서 남성복은 여성복보다 기능이 뒤떨어지는데 여기에는 충분한 이유가 있다. 과시적 낭비와 과시적 여가는 금전적 능력의 증거이므로 자연스럽게 품위가 있다. 금전적 능력은 결국 성공과 우월한 힘을 증명하는 것이므로 품위가 있고 명예롭다. 따라서 당사자가 직접 내놓는 낭비와 여가의 증거는 그의 노동 면제나 신체적 부적합을 잘 보여주는 형태가 되기 어렵고, 또 그것들을 극단적으로까지 밀고 나가기가 어렵다. 본인이 직접 그것을 보여준다면 그것은 우월한 힘을 드러내는 것이 아니라 열등한 지위를 보여주는 것이므로 그런 과시의 목적을 배반하게 된다.

(주인 혼자서 과시적 낭비를 하는 데에는 물리적으로 한계가 있으나 아내와 여러 명의 하인들이 수행하는 대리적 소비는 무제한이므로 이것이 더욱 그 주인의 우월한 지위를 드러내는 좋은 수단이라는 뜻 : 옮긴이).

따라서 낭비적 지출과 노동 면제가 정상적이고 평균적이어서 명백한 거동의 불편함이나 자발적인 신체적 부적합을 보여줄 정도라면, 우리는 자연스럽게 이런 추론을 할 수 있다. 그런 행위(낭비적 지출과 노동 면제)를 하는 여자는 금전적 품위와 관련된 자기 스스로의 이익을 위하여 그렇게 하는 것이 아니라 그녀가 경제적으로 의존하고 있는 어떤 사람을 위해서 대리적으로 그렇게 하는 것이다. 그 관계는 경제 이론의 관점에서 살펴보자면 결국 종속의 관계이다.

이런 일반화를 여성복에 적용하면서 좀 더 구체적인 관점에서 살펴보자. 하이힐, 스커트, 비실용적인 보닛(모자), 현대 여성 복장의 주된 특징인 신체적 편안함에 대한 완전 무시 등은 다음과 같은 사실의 명백한 증거이다. 현대 문명 생활에서 여성은 여전히 이론상으로는 남자에게 경제적으로 종속되어 있는 존재이다. 아주 이상화된 의미에서 보면 여자는 여전히 남자의 가재家財이다. 여자들이 누리는 과시적 여가와 의상의 주된 이유는 그들이 하인이기 때문이다. 경제적 기능의 분화에 의하여 이 하인에게는 주인의 지불 능력을 증명하는 임무가 맡겨진 것이다.

사제복과 하인복

이런 점에서 여성복과 하인복(특히 제복을 입은 하인) 사이에는 뚜렷한 유사성이 있다. 두 의복은 불필요한 사치스러움을 정교하게 과시하고 또 착용자의 신체적 편안함을 완전히 무시한다. 그러나 게으름(노동 면제)과 신체적 부적합성을 강조한다는 측면에서는 하인복보다 여성복이 좀 더 공을 많이 들인다. 이것은 반드시 이래야만 한다. 왜냐하면 이론상, 금전적 문화의 이상적 구도에 의하면 한 집안의 아내는 그 가정의 대표적 하인이기 때문이다.

현대 사회의 하인들 이외에, 그 복장이 하인 계급과 비슷하고 또 여성복의 여성적 특징을 많이 닮은 또다른 계급이 있다. 그것은 사제 계급이다. 사제복은 종속적 지위와 대리적 생활의 증거를 보여주는 모든 특징들을 더욱 강조하는 형태로 갖추고 있다. 사제의 일상적 습관보다 더 놀라운 것은 그가 입고 있는 옷, 즉 사제복이다. 그 옷은 장식적이고 기괴하고 불편하며, 겉보기에는 괴로울 정도로 불편해 보인다. 동시에 사제는 유익한 생산적 노동은 하지 않는 것으로 되어 있다. 대중들 앞에서는 가능한 한 냉정할 정도로 엄숙한 표정을 지어야 하는데 그 모습은 잘 훈련된 집안 하인의 그것과 비슷하다. 사제의 면도한 얼굴은 그런 냉정함의 효과에 일조한다. 행동이나 의복에 있어서 사제 계급과 하인(몸종) 계급이 비슷한 것은 두 계급이 유사한 경제적 기능을 수행하기 때문이다. 경제적 이론에서, 사제는 일종의 하인으로서 그의 주인(신)의 명예를 드높이기 위하여 그런 제복을 입는다. 그의 제복은 아주 값비싼 것인데, 그의 신분 높은 주인의 위엄을 그럴 듯한 방식으로 드높이기 위해서이다. 따라서 사제복은 착용자의 신체적 안락에는 기여하는 바가 거의 없거나 아예 없다. 그것은 대리적 소비품인 까닭이다. 그리고 그런 소비행위에서 나오는 명성은 하인에게 돌아가는 것이 아니라 그의 부재하는 주인(신)에게 돌아간다.

여성복/사제복/하인복과 남성복 사이의 구분선은 현실에서 언제나 명확하게 지켜지는 것은 아니다. 그러나 그런 구분이 일반 대중의 사고방식 속에 명확한 방식으로 일정하게 존재하고 있다. 언제나 자유로운 사람들이 있고 또 그들 중 많은 사람이 완벽하게 품위 있는 의상을 열광적으로 추구한 나머지 남성복과 여성복의 이론적 경계선을 넘어가서 착용자의 신체를 아주 불편하게 만드는 옷을 입고 다니기도 한다. 그러나 남자가 그런 옷을 입고 있으면 사람들은 금방 그게 정상에서 벗어난 옷임을 알아본다. 우리는 그러한 옷을 가리켜 "여성화된" 옷이라고 말한다. 우리는 또 아주 멋지게 옷을 차려 입은 신사를 가리켜 시종처럼 옷을 잘 입었다고 말하는 소리를 듣기도 한다.

유한계급과 코르셋

이 의복 이론 아래에서 어떤 뚜렷한 차이점을 보이는 제품은 좀 더 면밀한 검토가 필요하다. 그런 제품들이 후대의 원숙한 의복 발전과 관련하여 어떤 뚜렷한 흐름을 보여주기 때문이다. 코르셋의 유행은 지금까지 예증해온 법칙에서 뚜렷하게 벗어나는 예외 사항이다. 그러나 좀 더 면밀히 살펴보면 이 뚜렷한 예외사항도 우리가 지금껏 검토해온 원칙을 검증해줄 뿐이다. 의복의 어떤 요소나 특징이 유행하는 것은 금전적 지위를 과시하기 위한 것이라는 그 원칙 말이다. 현대의 선진 산업 사회에서 코르셋이 어떤 특정한 사회 계층 내에서만 사용된다는 건 잘 알려진 사실이다.

가난한 계급의 여자들, 특히 농촌 여자들은 코르셋을 습관적으로 사용하지 않으며 휴일의 사치품으로만 드물게 사용한다. 이런 계급에 소속된 여자들은 열심히 일을 해야 하고, 그래서 일상생활 내에서 신체적 안락함을 희생시켜 여가를 겉꾸밈 할 필요가 별로 없다. 그들이 휴일에 코르셋을 착용하는 것은 상류계급의 품위 기준을 흉내 내려 하기 때문이다. 가난해서 신체 노동을 해야 하는 이런 계급을 제외하고, 그 위의 계급들에서는 한두 세대 전까지만 해도 코르셋이 모든 여성의 완벽한 사회적 지위를 유지하는데 필수 품목이었다. 이것은 아주 부유하고 최고 명성 높은 계급의 여자들도 마찬가지였다. 그러나 이런 규칙은, 신체 노동을 해야 할 필요가 전혀 없을 정도로 부유한 사람들이 많지 않고 또 하나의 자급자족적이고 단독적인 사회 계급을 형성할 정도로 많지 않은 동안에만 통하는 것이었다. 그런 부유한 사람들은 일단 계급을 형성하면 그들 나름의 특별한 행동 규칙을 수립하고 또 그 계급 내의 여론만 가지고 그런 규칙을 단속하고 강화할 테니까 말이다. 그러나 오늘날 엄청난 부를 소유한 대규모 유한계급이 생겨났다. 그들은 신체 노동을 아예 할 필요가 없고 그들에게 왜 노동을 하지 않느냐고 비난하는 것은 한심하고 우스꽝스러운 비난이 되고 말 것이다. 그리하여 코르셋은 이 부유한 유한계급 내에서는 더 이상 착용되지 않기에 이르렀다. 코르셋을 착용하지 않아도 그들이 부자에다 유한계급임을 알려주는 다른 표시가 얼마든지 있는 까닭이다.

코르셋을 입지 않아도 되는 예외사항들은 실제적인 것이라기보다 외양적인 것이다. 그 예외사항들은 낮은 산업 구조 – 거의 태곳적인, 유사-산업적 타입 – 를 가진 나라들의 부유한 계급들과 선진 산업 사회에서 나중에 부를 획득한 계급들이다. 특히 후자(나중에 부를 획득한 계급들)는 낮은 금전적 등급에 속했던 예전 시절에서 가지고 온 평민적 취향과 품위의 기준을 완전히 벗어버리지 못했다. 코르셋이 되살아난 현상은 최근에 급속하게 부를 축적한 미국 도시들의 상류 계급들 사이에서 자주 발견된다. 코르셋이라는 말이 혐오감을 내포하지 않고 순전히 전문적인 용어로만 사용된다면, 그 말은 속물근성의 시대 내내 존속할 것이라고 보아야 한다. 속물근성의 시대라 함은 금전적 문화의 낮은 등급에서 높은 등급으로 이동해 가는데 따르는 불확실성의 간절기間節期를 말하는 것이다.

(속물근성의 원어는 snobbery인데 속물 snob의 태도를 가리키는 것이다. 속물은 주로 경멸적인 뜻으로 쓰이는데 자기보다 상류계급의 사람은 존경하고 하위계급의 사람은 경멸하는 자를 가리킨다. 여기서는 낮은 사회적 등급의 사람이 높은 사회적 등급의 사람을 선망하고 모방하면서 경쟁하려는 태도를 말한다 : 옮긴이)

다시 말해서, 코르셋을 물려받은 모든 나라에서, 그 제품은 계속 사용되었다. 코르셋이 착용자의 신체적 부적합성을 보여주어 명예로운 여가의 증거가 될 수만 있다면 말이다. 이와 똑같은 원칙이 다른 신체적 구속 행위와 개인의 가시적 효율성을 억제하는 제품들에도 그대로 적용된다.

과시적 소비의 대상이 되는 다른 다양한 제품들에도 위와 비슷한 원칙이 적용된다. 그리고 적용되는 강도는 다소 약하지만 의복의 다른 사소한 특징들에도 이 원칙이 작동한다. 그런 특징들은 주로 소비자를 불편하게 하거나 불편함의 외모를 안겨준다. 지난 1백 년 동안 남성복의 발전에는 뚜렷한 현상이 감지되었다. 즉, 어떤 소비의 방식과 여가의 상징이 그 당시에는 훌륭하게 쓸모가 있었으나 지금은 성가신 것이 되어 더 이상 활용되지 않는 것이다. 오늘날 상류 계급에서는 그런 것들을 활용하는 것을 불필요한 여분의 일로 여기고 있다. 가령 파우더 바른 가발, 황금 레이스, 계속 면도하는 습관 등이 그것이다. 근년에 들어와서, 정중한 사회에서는 얼굴을 면도하는 습관이 되살아나고 있으나 하인들에게 부과되었던 패션을 일시적으로 무분별하게 흉내 내는 것에 불과하다. 이것은 우리의 조상들이 사용했던 파우더 바른 가발처럼 곧 사라지게 될 것이다.

의상은 금전 문화의 지표

이러한 지표와 다른 지표들(유한계급이 금전적 능력을 과시하기 위해 무익한 일을 한다는 것을 관찰자들에게 보여주는 표시들)은 동일한 사실을 표현하는 좀 더 은근한 방법들로 대체되었다. 그 방법들은 유한계급 사람들이 호평을 얻고자 하는 소수의 선별된 사람들의 훈련된 눈에는 다른 지표들 못지않게 분명하게 보인다. 예전의 투박한 홍보(과시) 방식은 다음의 조건에서만 통하는 것이다. 즉, 낭비적 과시를 보여주려는 일반 대중이 대부분 부와 여가의 증거가 은밀하게 변하는 현상을 제대로 간파하지 못하는 사람들이어야 그런 투박한 방식이 통하는 것이다. 그러나 상당한 규모의 부유층이 발달하여 여가를 누리게 되고, 그에 따라 소비의 은밀한 표시를 해석할 정도로 안목이 높아지면, 홍보(과시)의 방법도 더욱 세련되어야 하고 그에 맞추어 변해야 한다. "야한" 옷은 높은 취향을 가진 사람들의 눈에는 거슬린다. 왜냐하면 그것이 일반대중의 훈련되지 않은 감수성에 호소하려는 욕구를 너무 지나치게 드러내기 때문이다.

　높은 신분의 개인에게는, 그가 속한 상류 계급의 교양 있는 구성원들이 부여하는 좀 더 수준 높은 명예가 정말로 중요한 것이다. 부유한 유한계급이 많아지고 유한계급의 구성원들이 다른 소속 구성원들과 많이 접촉하고 명예로운 목적을 달성할 수 있는 인간적 환경이 구축되면서, 비천한 계급의 사람들은 칭찬 혹은 비난을 해주는 구경꾼의 지위에서도 밀려나는 경향을 보인다.

그 결과 홍보(과시)의 방식이 더욱 세련되게 발전했고 전보다 좀 더 은밀한 고안물에 의존하거나, 아니면 의복의 상징적 요소를 물질적인 것보다 정신적인 것으로 전환시키려는 방식을 사용하게 되었다.

(요즘의 방식으로 말하자면 옷 자체가 아름다운 것보다는 옷의 브랜드를 더 중시하는 것을 말하는데, 이 브랜드는 물질적인 것보다 정신적인 것이다 : 옮긴 이).

이 상류 유한계급이 품위의 문제에 속도 조절하는 기능을 발휘하면서 사회 전반의 의복 문화가 점진적으로 개선되었다. 사회의 부와 문화가 발전하면서 지불 능력을 과시하는 방식도 관찰자의 눈에 좀 더 은밀하게 호소하게 되었다. 홍보(낭비적 과시) 방식들 사이의 이런 은밀한 구분은 실제로 상류계급의 금전 문화에서 큰 힘을 발휘하는 아주 중요한 요소이다.

제8장

노동 면제와 보수주의

사회 내에서 인간이 영위하는 생활은 다른 종의 생활과 마찬가지로 생존 경쟁이고, 따라서 선택적 적응의 과정이다. 사회구조의 진화는 여러 제도들의 자연스러운 선택의 과정이었다. 인간의 제도와 인간의 특성이 발전해온 과정과, 현재에도 이루어지고 있는 발전은 넓게 말해서 다음 두 가지 요인으로 설명될 수 있다.

(1) 인간은 가장 적합한 생각의 습관을 자연스럽게 선택했다.

(2) 개인들은 사회의 발전과 제도의 발전에 따라 거기에 적응할 수밖에 없었다.

사회 제도는 그 자체로 선택과 적응을 해온 결과이고, 그런 적응 과정은 인간의 정신적 태도 및 자질의 주도적인 타입을 형성했다. 또한 사회 제도는 인생을 영위하는 특별한 방식이면서 인간관계를 규정하는 방식이므로 그 자체로 아주 유효한 선택의 요인이다. 따라서 변화하는 제도는 가장 적합한 기질과 습관을 가진 개인들로 하여금 변화하는 환경에 적응하도록 유도하고, 그로 인해 새로운 제도를 만들어 낸다.

사회는 선택과 적응의 결과

인간 생활과 사회 제도를 발전시키는 힘은 결국 살아 있는 세포 조직과 물질적 환경의 문제로 환원시킬 수 있다. 그러나 현재의 논의를 위해 좀 더 구체적으로 진행해 보자면, 그 힘은 (1) 인간이 만들어 내는 혹은 인간이 아닌 다른 어떤 것들이 만들어 내는 환경, (2) 명확한 신체적·정신적 바탕을 가진 인간, 이렇게 두 가지로 규정해볼 수 있다. 전체적으로 혹은 평균적으로 볼 때, 이 인간이라는 행위자는 다소 가변적인 존재이다. 그렇게 된 주된 원인은, 그가 유리한 변수들만 선택적으로 보존하는 법칙에 따라 움직이기 때문이다. 유리한 변수들의 선택은 대체로 말해서 몇몇 인종 타입들의 선택적 보존이다.

다양한 인종들로 구성된 어떤 사회의 생활사에서, 지속적이고 안정된 신체와 기질의 타입을 가진 여러 인종들 중 하나 혹은 둘이 어떤 특정한 시점에 주도적인 지위에 오르게 된다. 어떤 특정한 시점에 위력을 발휘하는 제도를 포함한 외부 상황은 갑이라는 기질보다는 을이라는 기질의 생존과 지배를 선호하게 된다. 과거에서부터 물려 내려온 제도를 존속하고 더 발전시키도록 선택된 어떤 인간 타입은 자신의 취향에 알맞게 그 제도를 더욱 가다듬게 된다. 그러나 안정된 기질과 생각의 습관(사고방식)의 타입을 선택하는 것과는 별도로, 어떤 사회를 주도하는 인종(들)의 광범위한 기질들 사이에서도 사고방식의 선별적 적응 과정이 동시적으로 진행된다. 비교적 안정된 타입들 사이의 자연선택 과정에 의하여, 특정 주민들의 근본적 성격에 변화가 올 수도 있다. 또 그 특정한 안정된 타입 내에서도 세부적 적응 과정의 차이에서 혹은 어떤 특정한 사회적 관계(들) 사이에서 어떤 특정한 습관적 견해를 선택함으로써 주민들의 근본적 성격에 변화가 올 수도 있다.

제도의 발전은 사회의 발전

그러나 현재 우리의 논의가 전개되는 목적을 감안할 때, 선택적 과정의 본질에 대한 논의, 즉 그 과정이 여러 안정된 기질과 특성의 타입들 사이의 선택 과정이냐 혹은 인간의 사고방식이 가변적 환경에 적응하는 과정이냐 하는 논의는 다음 사실보다는 덜 중요하다. 즉 어떤 방법들에 의하여 제도가 변화하고 발전하는 것인가, 하는 문제가 더 중요한 것이다. 사회 제도는 변화하는 환경에 발맞추어 변한다. 왜냐하면 제도는 환경의 자극에 응답하는 습관적 방식이기 때문이다.

그리하여 제도의 발전이 곧 사회의 발전이 된다.

제도는 본질적으로 말해서 개인과 사회의 특정한 관계와 기능을 지배하는 주도적인 생각의 습관(사고방식)이다. 생활양식은 사회 발전의 특정 시점과 단계에서 위력을 발휘하는 여러 제도들로 구성된 것인데, 그 구도는 심리적인 측면에서 살펴볼 때 주도적인 정신적 태도 혹은 주도적인 생활 이론으로 특징지을 수 있다. 그 구도의 총체적 특징인 이런 정신적 태도 혹은 생활 이론은 결국 어떤 주도적인 기질의 타입으로 환원된다.

오늘날의 상황은 내일의 제도를 형성한다. 먼저 인간이 사물을 바라보는 사고방식에 작용하고, 이어 과거로부터 물려 내려온 사고방식이나 정신적 태도를 바꾸는 선택적이고도 강압적인 과정을 통하여 제도를 개선한다. 인간이 영향을 받으며 살아가는 사회의 제도 ― 다시 말해 생각의 습관 ― 는 이처럼 저 먼 시대로부터 물려받은 것이다. 하지만 그런 상속 과정에서 그 제도는 좀 더 정교하게 가다듬어진 상태로 인간 사회에 수용되었다. 제도는 과거에 벌어진 과정의 결과물이고 과거의 상황에 적응하여 나온 것이므로 현재의 요구사항에 완벽하게 부응하지 못한다. 따라서 이 선택적 적응의 과정은 어떤 사회가 특정한 시점에서 발견하는 지속적으로 변화하는 상황을 완벽하게 따라잡지 못한다. 그리하여 적응과 상황 사이에 어떤 괴리가 발생한다. 이렇게 되면 어떤 사회의 연이어지는 상황은 잘 적응된 제도로 굳어지는 것이 아니라, 발생한 그 순간부터 쇠퇴하는 경향을 보인다.

(사회가 어떤 상황을 하나의 제도로 수렴하지 않으면 그 상황은 발생한 그 순간부터 힘을 잃게 된다는 뜻. 가령 한자 교육 폐지를 한국 사회에서 요구하는 상황이 과거에 산발적으로 벌어졌으나 그것이 제도로 굳어지지 않아, 결국 그 상황이 쇠퇴하고 말았다 : 옮긴이).

어떤 발전의 조치가 취해지면 이 조치 자체가 상황의 변화를 가져와 새로운 적응을 요구한다. 그것은 적응을 위한 새로운 조치의 출발점이 되고, 그리하여 이런 식으로 변화와 발전은 무한정 계속된다.

이것은 너무나 진부한 이치이지만, 오늘날의 제도 — 오늘날에 받아들여진 생활양식 — 는 오늘날의 상황에 완벽하게 부응하는 것이 아니다. 현재까지 과거로부터 물려져온 제도, 사고방식, 관점, 정신적 태도와 기질 등은 따라서 그 자체로는 보수적인 요인이 된다. 그리고 이것이 사회적 무기력, 심리적 무기력, 즉 보수주의의 요인이다.

사회 구조는 변화하고, 발전하고, 변화된 상황에 적응하지만 이렇게 할 수 있는 것은 한 사회 내의 여러 계급들의 사고방식이 바뀔 때에만 가능하다. 혹은 그 사회를 구성하는 개인들의 사고방식이 바뀌어야만 가능한 것이다. 사회의 진화는 본질적으로 과거의 다른 상황에 적응하며 만들어진 사고방식을 더 이상 용납하지 않는 새로운 상황의 압력 아래에서 개인들이 심리적으로 변화하면서 생겨난 과정이다. 이 적응 과정이 지속적인 인종 타입들의 선택과 생존 과정이었는지, 혹은 개인적 적응 및 획득된 특질의 상속 과정이었는지 여부는 우리가 지금 즉시 논의할 문제는 아니다.

사회 발전은 내부와 외부의 절충 결과

경제 이론의 관점에서 살펴본 사회의 발전은 무엇인가. 그것은 "내적 관계와 외적 관계의 절충"에 거의 완벽하게 다가가려는 지속적이고 점진적인 접근 과정이다. 그러나 이런 절충은 결코 완벽하게 이루어지지 않는다. 왜냐하면 "외적 관계"는 "내적 관계"에서 벌어지는 발전의 끊임없는 변화에 노출되어 있기 때문이다. 그러나 이런 내부와 외부의 절충이 이루어지는 정도에 따라서 그 접근 정도가 가까울 수도 있고 아니면 멀 수도 있다. 인간의 사고방식을 변화된 외부상황의 요구에 절충시키는 과정은 아무래도 느리고 마지못한 과정일 수밖에 없다. 변화된 상황이 기존의 공인된 견해를 더 이상 유지할 수 없다고 압박을 가해야만 비로소 바뀌기 때문이다.

따라서 변화된 환경에 제도와 사고방식을 절충시키는 것은 외부의 압력에 대한 반응이다. 다시 말해, 자극 대 반응의 성격을 갖고 있다. 따라서 자유롭고 용이하게 적응할 수 있는 것, 다시 말해, 사회구조의 성장 잠재력은 어떤 특정 시점에서의 상황이 사회의 개별 구성원들에게 작용할 수 있는 영향력의 크기에 달려 있다. 즉, 개인들이 환경의 구속력에 노출되는 정도에 따라 성장 잠재력도 달라진다. 만약 사회 내의 어떤 부분이나 계급이 본질적인 의미에서 환경의 작용으로부터 보호되어 있다면, 그들의 사고방식이나 생활양식은 전반적으로 변화된 상황에 더욱 더디게 적응할 것이다. 더 나아가 사회적 변화의 과정을 지연시키려고

까지 할 것이다. 부유한 유한계급은 변화와 조정을 요구하는 경제적인 힘으로부터 잘 보호되어 있다. 이렇게 볼 때 현대 산업 사회에서 제도의 조정을 강력하게 요구하는 힘은 결코 유한계급이 될 수 없고 거의 전적으로 경제적 성격의 힘뿐이다.

소위 경제적 제도들로 구성된 사회는 산업적 사회 혹은 경제적 사회로 간주할 수 있다. 그 경제적 제도들은 어떤 사회의 물질적 환경과는 뚜렷하게 구분되는 것으로서 사회 내에 적용되는 습관적 생활 방식을 가리킨다. 이런 환경에서 이루어지는 인간 행위의 특정한 방식들이 이런 식으로 정교하게 가다듬어지면, 그 사회의 생활은 이런 습관적 방향으로 자연스럽게 표현될 것이다. 그 사회는 과거에 습득되어 제도 속에 구현된 방식들에 입각하여 환경의 힘을 활용할 것이다. 그러나 인구가 증가하고 자연의 힘을 조절하는 인간의 지식과 기술이 넓어지면서, 사회 내의 일부 구성원들이 삶을 영위하는 습관적 방식과 사회 전체의 그것은 더 이상 일치하지 않는다. 또 사회 내에 부여되고 분포된 생활의 조건들도 예전과 동일한 방식으로 작동하지 않고 또 동일한 효과를 내지도 못한다. 만약 예전의 조건에서 이루어진 그 사회의 생활 과정이 효율과 편의성의 측면에서 최대한의 성과를 가져왔다고 해도, 변화된 조건 아래에서는 그런 성취를 달성하지 못할 것이다. 이 변화한 조건 아래에서, 전통적 방식을 고집한다고 해도 삶의 편의성은 예전의 조건들 아래서의 그것보다 밑으로 떨어지지 않을 수 있다. 하지만 나중에 발생한 인구, 기술, 지식 등의 조건들에 부응하여 바뀐 생활 과정이 제공하는 편의성에 비해 본다면 더 떨어졌을 가능성이 높다.

(유한계급이 산업의 발달 상황에서도 구태의연한 생활양식을 유지한다면, 삶의 편의성이 과거보다 떨어지지 않을 수도 있으나, 그 편의성은 선진 산업 사

회가 제공하는 편의성에는 멀리 미치지 못한다는 뜻 : 옮긴이).

경제적 힘은 사회 제도의 변경을 강요한다

집단(사회)은 개인들로 구성되고 집단의 생활은 개인들이 다양성을 구현하면서 살아가는 삶으로 구성된다. 집단의 공인된 생활양식은 곧 이 개인들이 생활 속의 옳은 것, 좋은 것, 편리한 것, 아름다운 것 등에 대해서 갖고 있는 생각들의 합의(사고방식)를 말한다. 환경에 대응하는 방식이 달라짐에 따라 생겨난 삶의 조건들을 재분배한 결과, 그 집단의 삶의 편의성이 골고루 공평하게 변화하지는 않는다. 변화된 조건들은 집단 전체의 삶의 편의성을 향상시킬 수는 있지만, 그런 조건들의 재분배가 일부 집단 구성원들에게는 오히려 삶의 편의성이나 충만함이 줄어드는 결과를 가져온다. 기술적 방법, 인구, 산업 조직 등의 발전은 사회 내의 일부 구성원들이 사고방식을 바꿀 것을 요구한다. 비교적 편리하고 효과적인 방식으로 변화된 산업 방법들에 적응하려고 한다면 말이다. 그 과정에서 사회 구성원들은 생활양식 중 올바르고 아름다운 것을 규정하는 기존의 사고방식을 그대로 유지한 채 삶을 영위하지는 못하게 될 것이다.

생활습관이나 인간관계를 바꾸도록 요구받는 사람은 새롭게 생겨난 필요에 의한 생활양식과 그가 익숙해져 있는 생활양식 사이에서 괴리를 발견할 것이다. 바로 이런 괴리를 목격하는 개인들이 기존의 생활양식을 재건해야 한다는 적극적인 동기를 갖게 되고, 또 새로운 기준을 받아들일 생각을 하게 된다. 인간이 이런 입장에 놓이게 되는 것은 생계 수단의 필요 때문이기도 하다. 환경이 집단에 미치는 압력과 생활양식의 재조정 등은 금전적 필요라는 형태로 그 집단의 구성원들에게 영향을 미친다. 바로 이런 사실 때문에 - 외부적인 힘은 대체로 금전적 혹은 경제적 필요의 형태를 취한다 - 현대 산업 사회에서 제도의 재조정에 작용하는 힘은 주로 경제적인 힘이다. 좀 더 구체적으로 말해 보면, 그 힘은 금전적 압력의 형태를 취하는 것이다. 여기에 언급된 이런 재조정은 본질적으로 좋고 옳은 것에 대한 인식의 변화이며, 이런 인식의 변화는 대체로 말해서 금전적 필요의 압력으로부터 오는 것이다.

좋고 옳은 것에 대한 인식 변화는 인간 생활에서 기껏해야 아주 천천히 나타난다. 소위 발전적 방향으로 변화가 이루어질 때에는 더욱 그러하다. 다시 말해 태곳적 입장으로부터의 이탈, 즉 사회 진화의 단계에서 출발점이라고 생각되는 입장으로부터의 이탈은 그처럼 더딘 것이다. 그러나 한 종족이 과거에 오랫동안 익숙해져 있던 관점으로의 퇴화는 훨씬 쉽다. 그런 과거의 관점을 생소하게 여기는 기질의 인종 타입을 대체할 때에는 그런 퇴화가 잘 벌어지지 않으나, 그런 경우가 아니라면 과거로의 퇴화는 비교적 쉽게 벌어지는 것이다.

약탈문화와 유사-평화적 문화

서구 문명의 생활사에서 현재의 생활양식 바로 전에 있었던 문화 단계는 소위 유사-평화적 단계였다. 이 단계에서 신분의 법칙이 생활양식 중에서 가장 뚜렷한 특징이었다. 오늘날의 현대인도 이 단계의 특징인 정신적 주종관계로 되돌아가고 싶어 하는 경향이 있다. 그런 퇴화의 경향은 현대의 요구사항들에 완벽하게 일치하는 사고방식에 의해 결정적으로 대체된 것은 아니고, 오늘날의 경제적 필요에 의하여 불확실한 대기 상태로 잠시 밀려나 있을 뿐이다. 경제 진화의 여러 단계에서 약탈문화와 유사-평화적 문화는 오랫동안 존속해 왔다. 이러한 사실은 서구 문명을 형성한 주요 인종 집단의 생활사를 살펴보면 자명해진다. 이 두 단계에 적합한 기질과 성향은 너무나 뿌리 깊은 것이어서 그런 심리적 경향으로 퇴화하려는 소망이 아주 강력하다. 특히 후대에 들어와 개발된 사고방식과 그 사고방식이 작용시키는 행위로부터 소외된 계급이나 공동체의 퇴화 소망은 더욱 강력하다.

개인들 혹은 상당히 많은 개인들로 이루어진 집단이 수준 높은 산업적 문화로부터 격리되어 낮은 단계의 문화적 환경에 노출되고 또 원시적 성격의 경제 상황에 처해 있다면, 그들은 약탈 문화의 정신적 특징으로 되돌아가고 싶어 하는 경향을 보인다. 장두백발의 유럽인의 유형은 서구 문화와 접촉한 다른 인종들보다 더 쉽게 이런 야만문화로 회귀하려는 경향을 보인다. 소규모 회귀(퇴화)의 사례들은 후대에 벌어진 이민이나 식민의 역사에서 얼마든지 찾아볼 수 있다. 약탈문화의 특징인 호전적 국수주의의 비위를 건드릴 염려가 있으나, 현대 사회에서 발견되는 대규모 퇴화의 뚜렷한 사례를 들어보자면 아메리카 식민지들이 거기에 해당할 것이다. 하지만 그것은 엄청날 정도의 대규모 퇴화라고 할 수는 없다.

(베블런은 여기서 미국 이민자들의 서부 개척에 의한 인디언 약탈을 간접적으로 암시하고 있다. 미국인은 "현시된 운명manifested fate"이라고 하여 그런 약탈에 의한 문명화를 신의 뜻이라고 종교적으로 정당화했으나, 베블런은 여기서 그것을 명백한 퇴화라고 지적하고 있다 : 옮긴이).

변화를 싫어하는 유한계급

유한계급은 대체로 말해서 고도로 조직화된 현대 산업 사회에 작용하는 경제적 필요의 압력으로부터 보호되어 있다. 이 계급은 다른 계급에 비하여 생활 수단을 얻기 위하여 투쟁할 필요가 그리 간절하지 않다. 이런 특혜적인 입장 때문에 이 계급은, 제도가 추가적으로 성장해야 하고 또 변경된 산업적 상황에 맞추어 생활 조건들을 재조정해야 한다는 요구에 가장 미적지근한 반응을 보인다. 유한계급은 본질적으로 보수적인 계급인 것이다. 사회의 전반적인 경제 상황은 이 계급의 구성원들에게 자유롭게 혹은 직접적으로 영향을 미치지 않는다. 그들은 진정한 의미에서 산업 공동체의 유기적인 부분이 아니기 때문에, 변경된 산업 기술의 요구에 부응하기 위하여 생활습관이나 외부 세계에 대한 인식을 바꾸어야 할 필요가 없다. 설사 바꾸지 않고 버티어도 그들의 생활 자체가 불가능해지는 것도 아니다.

따라서 외부적 필요는 유한계급에게 기존의 생활양식에 대하여 그어떤 불안감도 안겨주지 않는다. 다른 계급의 사람들 같았더라면 익숙해져 있는 사고방식과 인생관을 포기하게 만드는 그런 불안감 말이다. 사회적 진화에서 유한계급의 기능은 제도 변화의 움직임을 지연시키는 것이고 또 시대에 뒤떨어진 것을 보존하려는 것이다. 이러한 주장은 결코 새로운 것이 아니다. 그것은 오랜 세월 동안 일반 대중이 갖고 있었던 생각이기도 하다.

부유한 계급은 보수적이라는 확신은 문화 발전에 대한 그 계급의 입장이나 관계 등을 살펴보지 않아도 일반 대중 사이에서도 널리 받아들여지고 있다. 유한계급의 보수주의를 설명하는 자리에서는, 그 계급이 혁신을 반대한다는 비난성의 설명이 제시된다. 그 계급은 현상 유지를 해야 기득권을 지킬 수 있는데 그들의 권리라는 것은 대체로 보아 무가치한 것이다.

그러나 내가 여기서 제시하려는 설명은 그런 무가치한 동기를 제시하지 않는다. 유한계급이 문화 발전에 저항하는 것은 본능적인 행위이며 물질적 혜택을 먼저 계산하여 그런 반응을 보이는 것은 아니다. 그들은 기존의 공인된 생활양식과 사고방식에서 벗어나는 것을 본능적으로 혐오하는 것이다. 그런 혐오 증세는 모든 사람에게 공통되는 것으로서 오로지 상황의 압박에 의해서만 극복 가능하다. 생활양식과 사고방식의 변화는 성가신 것이다. 유한계급이나 평범한 계급이나 이런 면에서 변화를 싫어한다는 데에서는 별 차이가 없으나, 그래도 차이를 찾아본다면 그냥 현상유지를 하자는 동기의 강도가 다르다기보다는 변화를 압박하는 경제적 힘에 노출된 정도가 다를 뿐인 것이다. 부유한 계급은 다른 계급에 비하여 혁신의 요구에 즉각 부응하지 않는다. 그 계급은 그런 압박에 별로 노출되어 있지 않기 때문이다.

부유한 계급의 보수주의는 너무나 현저한 특징이어서 때때로 명성의 표시로 받아들여지기도 한다. 보수주의는 부유하고 그래서 명성 높은 계급의 특징적 사상이므로, 그 사상 자체가 명예로운 혹은 장식적인 가치를 지니게 되었다. 그 사상(보수주의)은 거의 규범적인 것이 되어서 그 사상의 고수는 명성의 한 요소인양 우리들의 사고방식 속에 자리 잡게 되었다. 따라서 사회적 명성의 관점에서 볼 때 흠 없는 삶을 살아가려는 모든 사람은 반드시 이 사상을 선택해야 된다. 보수주의는 상류계급의 특징이므로 당연히 사람의 품위를 높여주는 것이다.

반대로 혁신은 하층 계급의 현상이므로 천박한 것이다. 바로 이 천박하다는 인식 때문에 우리는 모든 사회적 혁신을 본능적인 혐오와 비난의 시선으로 바라보게 된다. 그리하여 어떤 사람이 내놓는 혁신에서 실질적인 가치를 인식할 때조차도 — 가령 시간, 공간, 개인적 접촉 등에서 멀리 떨어진 어떤 잘못된 점을 그 사람이 혁신하려고 할 때 특히 그러한데 — 사람들은 그 혁신 제창자가 별로 상종하고 싶지 않은 자이고 또 그와의 사교 접촉은 피하는 것이 좋다는 그런 사실부터 먼저 의식하는 것이다. 그 결과 혁신마저도 덩달아 나쁜 것이 되어버린다.

부유한 유한계급의 관례, 행동, 인식 등이 사회의 나머지 계급들에게 규범적 기준이 된다는 사실은 그 계급의 보수적 영향력에 무게와 위엄을 부여한다. 따라서 모든 품위 있는 사람은 그 계급의 지도를 따라야 한다. 부유한 계급은 좋은 행동의 화신으로 높은 지위를 누리고 있기 때문에 사회 내에 강한 영향력을 행사하고 그것이 사회의 발전을 지연시킨다. 그것은 유한계급이 사회 내에서 차지하는 수적數的(인구의 숫자) 힘을 훨씬 초과하는 영향력이다. 그 계급의 규범적 사례는 다른 계급들의 혁신 노력을 크게 억압하면서, 예전 세대로부터 물려 내려온 좋은 제도를 선호할 것을 강요한다.

유한계급이 위와 비슷한 방향으로 영향력을 행사하여, 기존의 생활양식이 시대의 요구에 발맞추어 변화하는 것을 가로막는 두 번째 방법이 있다. 이 두 번째 것은 본능적 보수주의나 새로운 사고방식의 변화에 대한 혐오증 등과 같은 범주로 묶을 성질의 것은 아니다. 하지만 여기서 함께 다루는 것이 좋겠다고 생각된다. 왜냐하면 그것이 혁신과 사회구조의 성장을 지연시키는 보수적 사고방식과 공통점을 가지고 있기 때문이다. 어떤 특정한 시대에 특정한 사람들 사이에서 유행하는 예의범절, 관습, 관례의 기준은 유기적 전체의 특징을 가지고 있다. 따라서 그런 기준의 어느 한 부분에 뚜렷한 변화가 발생하면, 그 전체의 전반적 재조직까지는 아니더라도 다른 부분들도 변화하거나 재조정해야 할 필요가 생긴다. 그 변화가 그 전반적 기준의 어느 사소한 사항 한 가지에만 관련된 것이라면, 그에 따른 관습의 구조적 변화는 눈에 띄지 않을 수도 있다. 하지만 이런 경우에도 전반적 구조의 변화(다소간 파급 효과가 큰 변화)가 뒤따를 것이라고 말하는 게 안전하다. 반면에 그 개혁(변화)이 기존의 관습 구도 중 일급의 중요성을 가지고 있는 제도의 폐지 혹은 대대적 보수작업을 의미하는 것이라면, 관습의 전반적 구조에 심각한 변화가 발생할 것으로 보아야 한다. 관습의 구도 중 일급의 중요성을 가진 요소가 새로운 형태를 취하게 된다면 관습 구도의 재조정은 아주 지루하고 고통스러운 과정이 될 것이다. 어떤 사람들에게는 그것이 의심스러운 과정이 되기도 할 것이다.

혁신에 저항하는 유한계급

이런 급격한 변화가 가져오는 어려움을 살펴보기 위해서는 다음과 같은 몇 가지 사례만 제시하면 충분할 것이다. 가령 서구 문명국에서 일부일처제를 폐지한다거나 부계 친족 제도를 억압하고 사유재산을 부정하고, 유신론적 신앙을 억압하는 것. 중국에서 조상숭배(제사)를 억압하고, 인도에서 카스트 제도를 폐지하고, 아프리카에서 노예제를 없애고, 무슬림 국가들에서 양성兩性 평등을 주장하는 것 등. 이런 사례들 중 어느 하나가 실시된다면 관습의 전반적 구조는 대대적으로 허물어지고 말 것이다. 이처럼 대대적인 혁신을 단행하려면, 그 해당되는 문제 이외에도 관습 구도의 다른 중요한 사항들에 대해서도 아주 광범위한 사고방식의 변화를 일으켜야 한다. 이러한 혁신에 대한 혐오감은 본질적으로 낯선

생활양식을 거부하려는 태도에서 비롯된다.

선량한 사람들이 기존의 공인된 생활양식으로부터 벗어나야 한다는 주장에 대하여 혐오감을 느끼는 것은 우리가 일상생활 중에서 쉽게 목격할 수 있는 현상이다. 영국 국교회의 폐지, 이혼 절차의 간편화, 여성 참정권의 채택, 주류의 제작과 판매 금지, 상속의 폐지 혹은 제한 등 비교적 사소한 변화에 대하여 선량한 사람들은 공동체를 상대로 유익한 조언과 경고를 잊지 않는다. 그들은 그런 일들이 공동체 전체에 미칠 광범위한 해로운 영향을 우려하는 것이다. 이런 혁신에 대하여 "사회 구조를 근간부터 뒤흔드는 행위", "사회를 혼란으로 빠트리는 행위", "도덕의 근본을 파괴하는 행위", "삶을 비참하게 만드는 행위," "자연 질서에 도전하는 행위" 등으로 매도하는 소리를 우리는 자주 듣는다. 이런 다양한 비난의 말들은 실제로는 과장이 섞여 있다. 그러나 모든 과장된 진술이 그러하듯이, 그러한 사태가 가져올 결과의 심각성에 대하여 깊이 우려하는 생생한 인식을 그 안에 담고 있다.

이러한 사례의 혁신이 기존의 생활양식에 미칠 파급효과는 생활의 편의를 위하여 간단한 제품을 하나 개선하는 것과는 비교가 안 될 정도로 심각한 결과로 인식된다. 일급의 중요성을 가진 혁신에 대해서 적용되는 얘기는 그보다 중요성이 떨어진 혁신에 대해서도 그대로 적용된다. 변화에 대한 혐오감은 대체로 보아 어떤 변화가 가져오는 재조정의 필요에 대한 혐오감이다. 어떤 특정 문화, 어떤 특정 종족이 기존의 제도를 지키려는 유대감은 아주 강력하여 기존의 사고방식의 변화에 본능적으로 저항하게 만든다. 그 자체로 놓고 볼 때, 별로 중요하지 않은 사소한 변화라 할지라도 극력 저항하는 것이다.

기존의 제도를 지키려는 유대의식에서 나오는 강력한 저항 때문에,

그 어떤 혁신이 되었든, 일단 혁신이라고 하면 다른 경우(혁신이 아닌 경우)에 비하여 필요한 재조정에 더 많은 정신적 에너지가 들어가게 된다. 기존 사고방식의 변화만 혐오스러운 것이 아니다. 공인된 생활 이론의 재조정 과정은 상당한 정신적 노력을 요구한다. 변화된 환경 아래에서 적절한 생활의 태도를 발견하고 유지하려면 상당한 시간에 걸쳐 고통스러운 노력을 해야 하는 것이다. 이 과정은 상당한 에너지의 소비를 요구하고 또 성공적으로 정착이 되려면 일용할 빵을 얻기 위해 들어가는 노력보다 훨씬 많은 에너지를 투입해야 한다.

따라서 영양부족과 과도한 신체적 노동 등의 이유로 가난한 사람들은 진보를 멀리하게 되는데, 그 효과는 아예 혁신의 싹을 잘라버림으로써 불만을 해소하는 사치스럽고 부유한 계급의 사람들 못지않게 진보를 방해하는 효과를 가지고 있다. 아주 가난한 사람들, 그리고 일용할 양식을 얻기 위해 모든 에너지를 투입해야 하는 사람들은 어쩔 수 없이 보수가 된다. 그들은 내일 모레를 위하여 깊은 생각을 해볼 여유가 없다. 이것은 아주 부자인 사람이 현재 상태에 불만을 품을 이유가 별로 없어서 보수가 되는 것과 마찬가지 이치이다.

유한계급은 하위 계급을 보수로 만든다

따라서 유한계급은 하위계급으로부터 가능한 한 많이 생계의 수단을 빼앗아 그 계급의 소비와 가용 에너지를 축소시킴으로써 그 계급을 보수로 만든다. 그런 보수화 과정이 어느 정도인가 하면, 그 계급의 사람이 새로운 사고방식을 학습하여 채택하는 데 필요한 노력을 아주 하지 못하게 만드는 것이다. 금전적 사다리의 맨 위층에서 벌어지는 부의 축적은 곧 그 사다리의 밑바닥에 있는 사람들의 박탈을 의미한다. 어디에서 발생하든지 상당히 많은 사람들 사이에 대규모 박탈이 발생한다면 그것은 혁신에 심각한 장애가 된다.

부의 불공정한 분배가 가져오는 이런 직접적인 금지 효과는 동일한 결과를 유도하는 간접적 효과로부터 지원을 받는다. 이미 우리가 살펴본 바와 같이, 상류 계급이 정해 놓은 엄격한 명성의 기준은 과시적 소비의 실행을 부추긴다. 과시적 소비가 여러 계급들 사이에서 중요한 품위의 기준으로 자리 잡게 된 것은 순전히 부유한 유한계급의 탓으로만 돌릴 수는 없다. 하지만 그러한 행동의 실천과 지속은 유한계급의 모범으로 강화된 것만은 틀림없다. 이와 관련하여 과시적 품위의 요구사항들은 아주 중요하고 또 강제적이다. 그리하여 최소한의 생계유지를 훨씬 초과하는 과시적 소비가 가능한 금전적 지위의 계급도 그들의 남는 자금을 과시적 품위의 목적을 충족시키는 쪽으로 전용한다. 그 남는 자금을 신체적 안락이나 원만한 생활 쪽으로는 전용하지 않는 것이다.

더욱이 잉여 에너지 또한 과시적 소비나 과시적 축적을 위한 재화의 획득 쪽으로 투입된다. 그 결과, 금전적 품위의 요구사항은 다음과 같은 경향을 보인다.

(1) 과시적 소비 이외의 다른 최소 생계 수단은 별로 남지 않게 된다.

(2) 최소한의 신체적 필요를 충족시킨 후 남는 잉여 에너지가 금전적 품위를 위해 투입된다.

이와 같은 경향의 총체적 결과는 사회 전체의 보수적 태도가 강화되는 것이다. 유한계급의 제도는 다음과 같은 세 가지 방법으로 문화적 발전을 즉각적으로 방해한다.

(1) 유한계급 자체의 무기력.

〔2〕 과시적 낭비와 보수주의라는 규범적 사례.

〔3〕 유한계급의 밑바탕이 되는, 부와 생계 수단의 불공정한 분배.

유한계급은 현상유지를 원한다

이상의 세 가지에다 한 가지 사실을 덧붙여야 한다. 그것은 유한계급이
현재의 상태를 그대로 유지하는데 특별한 이해관계를 갖고 있다는 것이
다. 어떤 특정한 시점의 주도적인 상황 아래에서, 유한계급은 특혜 받는
입장에 있으며, 기존 질서로부터의 이탈은 유한계급에게 손해를 주지
그 반대가 될 가능성은 별로 없다. 그래서 계급의 이해관계로부터 영향
을 받는 그들의 태도는 잘 되어 나가는 현재 질서를 그대로 유지하자는
것이다. 이런 이해관계에 바탕을 둔 동기는 그 계급의 본능적 편견을 더
욱 강화하고, 그런 이해관계가 없었을 때보다 더 지속적으로 보수주의
에 집착하게 만든다.

물론 지금까지 해온 우리의 이야기는 보수주의의 주창자이며 사회적
구조상 과거 회귀의 수단인 유한계급을 칭송하거나 비난하려는 의도는
전혀 없다. 유한계급이 사회에 행사하는 억제는 유익한 것일 수도 있고
그 반대일 수도 있다. 그것이 어떤 상황에서 유익한 것인지 혹은 무익한
것인지 여부는 일반 이론의 문제라기보다 그 주어진 상황을 어떻게 해
석할 것인가 하는 문제에 달려 있다. 보수파의 대변인들이 말하는 다음
과 같은 주장에도 일리가 있다. 즉, 보수적인 유한계급의 지속적이고 일
관된 혁신 반대가 없다고 한다면, 사회적 혁신과 실험이 시도 때도 없이
발생하여 사회를 지속 불가능하고 용납 불가능한 상황으로 추락시키고
말 것이다. 그런 상황의 결말은 혼란스러운 불만과 재앙적인 반작용만

가져올 것이다. 그러나 보수층의 이런 주장은 우리의 현재 논의와는 무관한 것이다.

이러한 비난과는 무관하게 또 엉뚱한 혁신에 대한 견제가 불가피하다는 유한계급의 주장과는 무관하게, 그 계급은 그 본성상 사회의 진보 혹은 발전이라고 할 수 있는 환경 변화에의 적응을 가능한 한 지연시키려고 한다. 유한계급의 전형적인 태도는 다음과 같은 격언으로 요약될 수 있다. "현재 존재하는 것은 무엇이 되었든 옳은 것이다." 그러나 인간이 만든 제도에 적용되는 자연선택의 법칙은 그와는 정반대의 격언을 내놓는다. "현재 존재하는 것은 무엇이 되었든 그른 것이다."

물론 오늘날 존재하는 모든 제도가 오늘날의 생활 방편으로는 아예 틀려먹었다는 얘기는 아니다. 하지만 제도의 본성상, 어느 정도 그른 측면이 있는 것이다. 그런 측면은 과거 발전의 어떤 시점에서 주도적 상황에 적응하여 재조정된 생활양식이 부적절했음을 보여주는 것이다. 따라서 그런 잘못된 측면은 과거의 상황과 현재의 상황 사이에는 그저 시간만 무심하게 흘러간 것이 아니라 시간의 구체적 작용이 있었음을 보여준다. 여기서 사용된 "옳다," 혹은 "그르다"라는 말은 당연히 이래야 한다, 혹은 저래야 한다, 라는 당위當爲의 함의를 가지고 있지 않다. 두 말은 진화론의 관점에서 도덕 중립적으로 사용된 것이며, 효과적인 진화 과정과 일치하는지(옳다) 혹은 일치하지 않는지(그르다) 여부를 판별한 것뿐이다. 유한계급이라는 제도는 계급의 이해관계와 본능, 그 원칙과 규범적 모범 등으로 인해 현재 잘 진행되지 않는 사회 제도의 개선을 항구적 현상으로 만들기를 원하며, 심지어 다소 태곳적인 생활양식으로 회귀하는 것을 선호하기까지 한다. 그 태곳적 생활양식은 현대 생활의 요구 상황에 적응할 수 있는 잠재력이 별로 없다. 유한계급의 그런 생활양식은, 현재 우리가 직전의 세대로부터 물려받았으나 시대에 뒤떨어진 생활양식보다 훨씬 더 낙후된 양식이다.

이처럼 과거의 보수주의를 충분히 말해 놓기는 했으나, 그래도 제도는 변화하고 발전한다. 먼저 관습과 사고방식이 누적되는 성장을 한다. 또 전통과 생활방식도 선별적으로 적용한다. 유한계급은 이런 성장을 촉진하기도 하고 지연시키기도 하는데 그에 대하여 한 마디 할 필요가 있다. 일차적으로 경제적 성격의 제도와 관련된 부분을 제외하고는, 유한계급과 제도 성장의 관계에 대해서는 여기서 언급하지 않기로 하겠다. 그 경제적 제도들 ─ 경제 구조 ─ 은 대체로 보아 두 개의 클래스 혹은 범주로 구분될 수 있는데, 그것들은 경제적 생활의 두 가지 다른 목적에 봉사한다.

획득(금전)의 제도와 생산(산업)의 제도

고전적 용어를 사용해 보자면, 그 둘은 획득의 제도와 생산의 제도이다. 앞 장들에서 다른 문제와 관련하여 이미 사용한 용어를 써보자면 그것은 금전적 제도와 산업적 제도이다. 혹은 제3의 다른 용어를 사용하면 그것은 차별적인 경제적 이해관계와 비차별적 경제적 이해관계이다. 전자는 "비즈니스(기업)"와 관련이 되고, 후자는 그 기계적 의미만 살펴볼 때 산업과 관련이 된다. 후자(생산의 제도)는 종종 제도로 인식되지 않는데, 대체로 보아 통치 계급과 직접적으로 관련이 없고 또 법제화나 의도적인 규범의 대상이 안 되기 때문이다. 두 제도가 관심의 대상이 되는 경우는 주로 금전적 혹은 비즈니스적 관점에서 접근할 때인데, 오늘날 사람들의 생각(특히 상류계급의 생각)을 사로잡고 있다. 상류 계급은 경제와 관련하여 비즈니스적 이해관계 이외에는 다른 이해관계를 갖고 있지 않으며 사회의 여러 문제들을 깊이 생각하는 것은 주로 이 상류 계급의 의무이다.

유한계급(즉 재산을 가진 비생산적인 계급)이 경제적 과정과 맺는 관계는 금전적 관계이다. 생산과 대비되는 획득의 관계, 실용(봉사)과 대비되는 착취(약탈)의 관계이다. 그러나 유한계급의 경제적 기능은 간접적으로 경제생활 과정에 아주 중요하다. 나는 재산가 계급 혹은 산업의 주인(기업의 오너)이 발휘하는 경제적 기능을 폄하할 의도는 조금도 없다. 여기서 논의의 목적은 이 재산가 계급이 산업과정 및 경제제도와 맺는 관계가 어떤 성격의 것인지 적시하는 것이다. 이 계급의 기능은 기생적寄生的 특성을 갖고 있으며, 그들의 관심은 그들이 가진 물질을 그들의 용도로 전환하고 현재 가지고 있는 것을 계속 보유하자는 것이다.

반면에 기업 세계의 관습은 이러한 약탈 혹은 기생의 원칙으로부터 감독을 받으면서 성장해 왔다. 그 약탈 혹은 기생은 곧 소유주의 관습인데, 다소의 차이는 있을지언정 고대의 약탈 문화에서 파생된 것이다. 그러나 이런 금전적 제도는 오늘날의 상황에 완벽하게 적응하지 못한다. 그 제도는 현대의 상황과는 다른 과거의 상황에서 성장해온 것이기 때문이다. 또 금전적 방식의 효율성 문제와 관련해서도, 그 제도는 예전처럼 잘 작동하지 못한다. 변화된 산업적(생산적) 생활이 획득의 방식을 바꾸도록 요구하는 까닭이다. 금전 계급은 금전적 제도가 개인의 소득을 가장 잘 확보해주는 쪽으로 현재의 산업 과정에 적응하기를 바란다. 그들의 개인적 소득이 발생하는 곳이 바로 그 산업 과정이므로 그 과정에 양립해야 하는 것이다. 따라서 유한계급이 제도의 성장을 유도하는 데에는 일관성이 있는데, 유한계급의 경제생활을 형성하는 금전적 목적에 알맞은 산업의 성장을 노리는 것이다.

산업과정에 기여하는 유한계급

금전적 이해와 사고방식이 제도의 성장에 미치는 효과는 사유재산의 보
호, 계약의 단속, 금전 거래의 편의성, 기득권 등을 보장하는 각종 규정
과 관습 등에서 엿볼 수가 있다. 또 파산과 신탁, 유한 책임, 금융과 통
화, 노동자와 사용자의 연합, 기업 합동과 공동출자 등에 영향을 주는 변
화들도 이 문제와 직접적으로 관련이 있는 사항들이다. 어떤 사회가 갖
고 있는 이러한 종류의 제도적 장치는 재산가 계급에만 직접적인 영향
을 미치는데 그 영향의 강도는 재산의 규모에 비례한다. 다시 말해, 유한
계급 내의 재산 서열에 따라 느껴지는 강도가 다른 것이다. 그러나 이러
한 사업 규약들은 산업 과정과 공동체 생활에도 간접적으로 중대한 영
향을 미친다. 따라서 유한계급은 이러한 제도의 성장을 유도한다는 측
면에서 사회에 가장 중요한 기여를 한다. 그 계급은 기존의 공인된 사회
생활을 보존할 뿐만 아니라 산업 과정 그 자체를 형성하는데도 막강한
영향력을 행사하기 때문이다.

이런 금전을 매개로 하는 제도적 구조와 그 구조의 개선이 가져오는
직접적인 효과는 평화롭고 질서정연한 약탈(착취)을 더욱 순조롭게 만
들어준다는 것이다. 그러나 이런 직접적인 목적보다 훨씬 광범위한 파
급효과가 발생한다. 기업 경영이 순조로울수록 산업과 비산업적 생활은
더욱 순조롭게 굴러가게 된다. 뿐만 아니라 일상생활에서 심각한 차별
을 요구하는 소요와 혼란이 제거되어 결국 금전 계급 그 자체가 기업의
운영에 불필요한 존재가 되어 버린다. 금전 거래가 일상적 절차로 안정

이 되면 기업의 사주는 없어도 되는 것이다. 물론 이러한 사태의 도래는 아직도 먼 장래의 일이다. 현대의 제도 내에서 금전적 이해를 위해 만들어진 제도 개선은 "사주 없는" 주식회사를 선호하면서 사주를 불필요한 존재로 만들어버리는 경향이 있다. 또 개선된 제도는 유한계급의 소유주 기능 또한 없어도 되는 것으로 만든다. 그리하여 비록 간접적인 것이긴 하지만, 유한계급이 영향력을 행사하여 이루어진 경제적 제도의 성장이 산업 발전에 상당한 기여를 하게 되었다.

(자산가 계급이 자신의 금전적 이해를 보호하기 위하여 사업 거래의 각종 보장적 제도를 많이 만들어냄으로써 그 제도가 사회의 안전을 가져오고, 자산가 계급은 자신이 직접 회사를 운영하지 않아도 주식에서 나오는 수입으로 얼마든지 많은 금전적 소득을 올릴 수 있으니 더 이상 회사 운영에 개입하지 않게 된다는 뜻이다. 저자는 소유와 경영이 분리된 현대 주식회사의 앞날을 정확히 예측하고 있다 : 옮긴이).

제9장

태곳적 특징의 보존

유한계급의 제도는 사회 구조뿐만 아니라 사회 구성원의 개별적 특성에도 영향을 미친다. 특정한 기질이나 관점이 권위 있는 기준 혹은 삶의 표준으로 수용되는 순간, 사회 구성원은 그것을 표준으로 받아들일 것이고, 그렇게 되면 그 구성원들의 특성도 그에 맞춰 반응하게 된다. 그것은 어느 정도 그들의 사고방식을 형성하고, 사람들의 기질과 성향의 발달에 대해서도 까다로운 감시를 수행한다. 그 결과 모든 개인의 습관이 강제적으로 혹은 교육에 의해서 그 기준에 적응하게 되고, 이러한 적응을 거부하는 개인과 그의 혈통은 부적합한 자로 판정되어 선별적으로 도태된다. 공인된 생활양식이 부과한 생활의 방법을 거부하는 인적 자원 역시 제거되거나 아니면 억압당하게 된다. 금전적 경쟁과 노동 면제의 원칙은 이런 식으로 생활의 기준으로 승격되며, 사람들이 반드시 적응해야 하는 상황에서 아주 중요한 강제적 요소가 된다.

인종 타입의 보존과 회귀

과시적 낭비와 노동 면제라는 두 가지 광범위한 원칙은 다음 두 가지 방식으로 문화 발전에 영향을 미친다.

〔1〕인간의 사고방식을 지도하고 제도의 발달을 통제하는 것.

〔2〕유한계급의 계획에 따라 삶의 편리성에 이바지하는 인간 본성의 특정한 특징을 선별적으로 보존하고, 그렇게 하여 공동체에 유익한 기질을 효과적으로 통제하는 것.

유한계급이 인간성을 형성하는 일반적 경향은 정신적 생존과 회귀의 방향으로 나아간다는 것이다. 그것이 공동체의 기질에 미치는 영향은 본질적으로 정신 발달의 정지이다. 특히 후기 문화로 갈수록 유한계급의 제도는 대체로 보수적인 경향을 유지한다. 이런 주장의 본질적 측면은 아주 익숙한 것이지만, 오늘날에 적용되는 구체적 사례를 근거로 살펴보면 많은 사람들에게 신기한 것으로 보일지도 모른다. 따라서 그 논리적 근거를 간략하게 살펴보는 것은 그리 불필요한 일이 아니다. 뻔한 얘기를 지루하게 반복하면서 설명하는 위험이 있기는 하지만 그래도 한번 시도해보겠다.

사회적 진화는 인간의 기질과 사고 습관이 주변 생활환경의 압박에 선별적으로 적응하는 과정이다. 어떤 사고방식의 채택은 곧 제도의 발달로 이어진다. 하지만 제도의 발달과 함께 더 본질적인 변화가 발생한다. 인간의 습관은 상황의 급박한 필요에 맞춰 변하는데, 이런 변화하는 필요는 인간성에도 그에 상응하는 변화를 강요한다.

사회의 인적 자원 자체는 삶의 변화하는 조건들에 맞추어 달라진다. 후대의 민족지학民族誌學자들은 이런 인간성의 변화를 안정적이고 지속적인 여러 민족 유형이나 민족적 요소 간의 선별 과정으로 보았다. 인간은 어떤 특정 유형의 인간성으로 회귀하거나 그 유형과 거의 밀접한 특징을 그대로 간직한 채 성장하는 경향을 보인다. 그런 인간성의 유형은 현재 상황과는 다른 과거의 상황에 적응하면서 그런 형태로 굳어진 것이다.

이런 상대적으로 안정적인 인종 타입들은 오늘날 서양 문화의 여러 주민들 사이에 분포되어 있다. 이런 인종 타입들은 오늘날 인종적 유산으로 전해지고 있는데, 그 타입은 융통성 없고 변하지 않는 고정된 틀, 혹은 각각 정밀하고 명확한 패턴을 지닌 타입은 아니다. 오히려 해당 인구의 숫자가 많거나 혹은 적은 등 다양한 변종의 형태로 존재한다. 인종 타입의 몇몇 변형은 오래 지속된 선별적 과정의 결과로 생겨났다. 여러 인종 유형과 변종들이 선사 시대와 역사 시대를 통하여 그런 선별 과정에 적응해 왔던 것이다.

인종들 사이에 필연적으로 발생하는 이런 변형은 상당한 지속 기간과 일관된 경향의 선별 과정에서 생겨난 것인데, 인종을 논의해온 작가들이 충분히 주목하지 못한 부분이었다. 여기서 논의하려는 건, 그런 서구 문화의 인종 변화로부터 생겨난 인간성의 두 가지 서로 다른 변종에 관한 것이다. 당연히 논의의 관심사는 오늘날의 상황이 이 두 인간성 중 어느 하나에 영향을 줄지 모른다는 것이다.

민족지학적 입장은 다음과 같이 간단히 요약된다. 먼저 가장 필수적인 세부 사항들만 제시하고, 이어서 인종 타입과 변형의 스케줄, 그리고 그 인종과 변형의 존속과 회귀 등을 간략하고 도식적인 방식으로 제시한다.

인종의 주요 3가지 타입

현대 산업 사회의 인간 유형은 다음 세 가지 주된 인종 유형 중 어느 하나에 걸맞게 성장하는 경향이 있다.

1. 장두長頭-금발 인종
2. 단두短頭-흑발 인종
3. 지중해 인종

이것은 서구 문화의 사소하고 지엽적인 인종 타입은 제외한 분류이다. 이런 각각의 인종 유형은 그들 내부에서 적어도 두 가지 주된 변종(평화적/전前약탈적 변종, 약탈적 변종) 중 어느 하나로 회귀하는 경향을 보인다. 이런 독특한 두 변종 중 전자는 각 사례의 일반적인 유형에 더 가깝다. 이 평화적 변종은 인류의 초창기 생활로 거슬러 올라가 보면 나타나는 대표적 유형이기 때문이다. 이것에 대해서는 고고학이나 심리학 어느 쪽으로나 증거가 남아 있다. 이 변종은 평온하고 야만적인 생활 단계, 즉 약탈 문화, 신분제, 금전 경쟁보다 앞선 원시 단계에 존재하던, 현존 문명화한 인간의 조상을 대표하는 유형이다. 두 번째 변종, 즉 약탈적 변종은 주요 인종 유형과 그들의 혼합형이 최근 변형되어 살아남은 것으로 보인다. 여러 주요 인종 타입과 혼합형은 주로 선별적인 적응에 의해 변형되었는데, 약탈 문화와 후대인 유사-평화 단계의 경쟁 문화(혹은 금전 문화)의 영향을 받은 것이다.

공인된 유전 법칙에 의하면, 아주 먼 과거 단계에 존재했던 유형도 생존 가능하다. 그러나 통상적·평균적·정상적인 경우, 그 타입이 변형되었다면 그 특징은 최근의 과거, 즉 유전적 현재hereditary present라 불리는 시기의 특징과 거의 비슷하게 유전된다. 우리가 현재 다루고 있는 논의의 관점에서 볼 때, 이 유전적 현재는 후대의 약탈 문화와 유사-평화적 문화를 가리킨다.

현대의 문명화한 인간은 보통 최근에 존재했던 (유전적으로는 여전히 현존하는) 약탈적 혹은 유사-평화적 변종에 맞게 성장하는 경향을 보인다. 이러한 주장은 야만 시대의 노예와 억압 계층의 후손에 관해서는 유보해야겠지만, 그런 유보의 범위는 처음 생각했던 것처럼 그리 넓지는 않을 것이다. 전체적 인구를 살펴보면 이 약탈적이고 경쟁적인 변종은 높은 수준의 일관성이나 안정성을 획득하지 못한다. 다시 말해, 현대 서양 사람이 물려받은 인간성은 그것(인간성)을 형성하는 다양한 기질과 성향의 상대적 강도가 균일하지 않다. 유전적 현재의 인간은 주변 생활의 최신 필요에 부응해야 한다는 관점에서 판단해보면 약간 태곳적인 경향을 보인다. 반면에, 압도적인 약탈적 기질에서 변화해온 개인들의 회귀적(격세유전적) 특성이라는 관점에서 살펴보면, 전 약탈적 변종(평화를 사랑하는 인간성)이 기질적 요소들의 분포와 강도에서 더 큰 안정성과 균형을 가진 것처럼 보인다.

(회귀적, 혹은 격세유전적이라는 말을 베블런은 자주 사용하고 있는데 평화적 기질 - 약탈적 기질 - 현재의 기질이라고 분류할 때, 현재의 기질이 평화적 기질로 회귀하는 것을 가리켜 격세유전이라고 한다. 이 번역서에서는 과거로의 회귀 혹은 격세유전이라는 번역어를 번갈아 사용했다 : 옮긴이).

약탈형과 평화형이라는 두 가지 유전된 인간성은 위에서 언급한 서양 사람들의 3대 주요 인종들 사이에서도 골고루 분포하면서 각 인종 간의 두 가지 인간성(약탈/평화)을 명확하게 파악하는 것을 어렵게 만든다. 이런 공동체의 개인들은 거의 모든 경우에 3대 인종의 요소가 다양한 비율로 혼합되어 있으나 그 중 압도적인 지분을 가진 인종의 혼합체라 할 수 있다. 그 결과 그들은 3대 인종의 어느 한 구성 요소를 취하여 그 인종으로 인식되게 된다.

인종들 사이의 약탈적 변수와 평화적 변수

이런 인종 유형들은 기질에서 차이가 있는데, 어떤 면에서 해당 유형의 약탈적 변종과 평화적 변종 간에 차이가 있는 것과 비슷하다. 장두-금발 유형은 단두-흑발 유형, 특히 지중해 유형보다 더 약탈적 기질을 보인다. 설사 약탈적이 아닐지라도 최소한 더 폭력적인 성향을 보인다. 사회 제도나 특정 공동체의 유력한 정서가 발달하면서 약탈적인 인간성에서 이탈했다고 해서, 그것만 가지고 평화적 변종으로 회귀한 것이라고 자신 있게 말할 수는 없다. 이런 상황이 발생한 건 주민들 중에서 어떤 "하급" 인종 요소가 우위를 차지한 탓일 수도 있다. 비록 관련 증거가 우리들이 바라는 만큼 결정적이지는 못하지만, 현대 사회에서 효율적인 기질의 변화가 발생하는 것은 안정적인 인종 유형들의 선택에 전적으로 달려 있는 것은 아니다. 그보다는 여러 인종 타입들 사이에서 약탈형과 평화형 중 어느 것을 선택하느냐, 이것에 더 달려 있다.

현대인의 이러한 진화 개념은 우리의 논의에 필수불가결한 문제는 아니다. 하지만 이런 선별적 적응의 개념에서 도출된 일반적 결론이 예전에 다윈설 및 스펜서 철학에서 사용된 용어와 개념을 대체한다면 더욱 좋을 것이다. 만약 그런 상황이 된다면 관련 용어를 어느 정도 신축적으로 사용할 수 있다. 여기서 "유형(타입)"이라는 단어는 기질의 변형을 표시하기 위해 다소 느슨하게 사용된 것이다. 따라서 민족지학자들은 기질의 유형을 뚜렷한 인종 타입이라기보다는 같은 인종 타입 내에서의 사소한 변형으로 생각할 수도 있다. 우리의 논증을 전개하는 데에는 좀 더 면밀한 용어의 구별이 필요한데, 그런 노력은 이 책의 문맥 속에서 자연스럽게 드러날 것이다.

오늘날의 인종 유형들은 원시적인 인종 유형들의 변형이다. 원시적 유형들은 변화를 겪었고, 야만적인 문화의 질서에 따라 그 변형된 형태로 어느 정도 고정이 되었다. "유전적 현재"의 인간은 노예적이든 귀족적이든 해당 인종 요소가 야만 시대를 거치면서 변화한 변종이다. 하지만 이런 야만적 변종은 아주 높은 수준의 균질성이나 안정성을 갖추지 못했다. 야만적인 문화 ─ 약탈적 문화 단계와 유사-평화적인 문화 단계 ─ 는 아주 오랜 기간 동안 지속되었지만, 어떤 인종을 단단하게 고정시킬 정도로 오래 지속된 것도 아니고, 영구불변한 것은 더더욱 아니었다. 야만적인 인간성의 변종은 자주 발생했고, 이런 변종의 사례는 오늘날 더욱 분명하게 발견된다. 왜냐하면 현대의 생활 조건들이 더 이상 야만적 표준에서의 이탈을 지속적으로 억압하지 않기 때문이다. 이제 약탈적인 기질은 현대 생활의 모든 목적에 도움이 되지 않으며, 현대의 산업에서는 특히 필요 없는 기질이다.

원시 문화의 평화로운 특징

"유전적 현재"의 인간성으로부터 이탈하는 것은 그 인종 타입의 초창기 변종으로 회귀하려는 특징을 보인다. 이 초창기 변종은 평화로운 원시 상태의 원시적 단계(평화를 사랑하는 기질)에서 형성된 기질이다. 야만문화의 도래 이전에 우세하던 삶의 환경과 노력의 목적은 그에 알맞은 인간성을 형성하고 그것을 근본적 인간성으로 고정시켰다. 유전적 현재의 인간성에서 변종이 발생하는 경우, 현대인은 이런 고대의 일반적인 특징으로 회귀하는 경향이 있다. 인간다운 주변 생활환경을 가진 가장 원시적인 단계의 생활조건들은 아주 평화로운 것이었다. 이런 초창기 환경과 제도 조건에서 드러난 인간성의 특징, 즉 기질과 정신적인 태도는 평화롭고 비공격적이었지만, 그렇다고 해서 게으른 것은 아니었다.

우리의 논의의 목적에 비추어 볼 때, 이런 평화로운 문화적 단계는 사회 발전의 초창기 단계이다. 이 문화 단계의 지배적인 정신적 특징은 깊은 생각 없이 막연하게 규정된 집단 연대감이었다. 그 연대감은 주로 생활의 편의성에 대하여 비록 끈덕진 것은 아닐지라도 느긋하게 공감하는 것이었고, 삶을 억제하거나 삶을 무익한 것으로 만드는 행동에 대하여 막연하게 불안을 느꼈다. 유용한 것을 숭상하는 이런 막연한 연대감은 평화적인 초창기 원시인의 사고방식에 널리 존재하면서, 원시인의 삶과 그가 다른 원시인들과 습관적으로 접촉하는 방식에 상당한 영향력을 행사했다.

이런 미분화된 초창기 원시적 문화의 흔적은 지금 찾으려 하면 너무나 희미하여 과연 그런 게 있었나 하는 의문이 들게 된다. 문명 공동체든 야만 공동체든 역사적인 현재 안에서 유행되는 관습과 생각에서 그 증거를 찾기 쉽지 않은 것이다. 하지만 그 흔적을 말해주는 좀 덜 의심스러운 증거는 인간의 심리에서 찾아볼 수 있다. 그것(평화를 사랑하는 기질)은 인간성의 지속적이고 불변하는 특징으로 남아 있다. 이런 평화적 특징은 약탈 문화 동안 뒷전으로 내몰린 인종 집단들 사이에서 특별한 정도로 많이 남아 있다. 그리하여 인류의 초창기 삶의 습관은 후대에 벌어진 개인 간 생존 경쟁에서는 상대적으로 쓸모없는 것이 되었다. 약탈적 삶과 배치背馳되는 평화적 주민들이나 인종 집단은 그 사회 내에서 억압되어 뒷전으로 밀려나고 말았다.

평화적 기질은 약탈적 기질보다 오래 되었다

평화로운 문화에서 약탈 문화로 이행하는 중에 이런 일이 발생했다. 이제 생존 경쟁은 환경에 대한 집단의 투쟁이 아니라, 인간들을 상대로 하는 투쟁으로 바뀌었다. 이런 변화 때문에 집단 구성원 간의 적대감과 적대 의식이 더욱 증가했다. 그에 따라 집단 내부의 성공 조건과 생존 조건도 바뀌었다. 집단의 지배적인 정신적 태도도 점차적으로 변화했고, 이로 인해 다양한 기질과 성향이 공인된 생활양식에서 비교 우위를 점했다. 평화로운 초창기 문화 단계의 잔존물인 태곳적 특징으로는, 정직, 평등 의식 등 우리가 양심이라 부르는 유대감의 본능, 그리고 순수하고 비차별적인 형태의 일솜씨 본능 등이 있다.

후대 생물학과 심리학의 안내에 따라, 인간성은 습관의 문제로 다시 규정해 볼 수 있다. 그렇게 인간성을 재평가할 때, 평화적인 특징을 발견할 수 있는 터전은 바로 이 인간성이라는 장소가 유일한 곳이 될 듯하다. 평화적 삶의 습관들은 인간성 내부에 뿌리 내린 특징이기 때문에 후대의 훈련이나 단기간에 걸친 훈련에 영향을 받지 않는다. 이런 평화적 습관들은 최근 현대 생활의 특별한 필요로 인해 일시적으로 압도당해 수면 아래로 잠복되었다. 평화적 습관들은 아주 먼 태곳적 훈련에 나온 것으로서, 후대의 변화된 상황 때문에 수면 아래로 잠복하기는 했지만 결코 사라지지는 않는다. 특별한 필요의 압력이 제거되면 그런 평화적 습관들이 거의 모든 곳에서 다시 나타나는 것은 무엇을 말해주는가? 이는 그 특징이 인간성 내부에 고정되어 있음을 말해주는 것이다. 또 그런 평화적 기질이 어떤 인종의 정신 내에서 아주 오랜 시간 별다른 중단 없이 지속되었다는 걸 보여주는 것이다. 중요한 건 이러한 평화적 특징은 다음과 같은 질문에 전혀 영향을 받지 않는다는 점이다. 그것은 오래된 습관화의 과정에서 만들어진 것인가, 아니면 인종의 선택적 적응의 결과인가? 그처럼 무관하다는 것은 아주 오래 전부터 평화적 기질이 인간성의 내부에 깃들어 있었음을 보여주는 것이다.

약탈 문화의 시작부터 현재에 이르기까지 모든 문화 단계에서 존재했던 신분 체제와 개인과 계급의 대립 아래 등장한 삶의 특징과 필요는 다음의 사실을 말해준다. 여기서 논하는 평화적 기질의 특징은 여러 문화 단계에서 생겨나 지금처럼 고정되었을 가능성은 지극히 낮다는 것이다. 평화적 특징은 삶의 초창기 방식에서 후대로 누누이 전달되어 왔기 때문에, 후대의 문화 단계에서 생성되어 고정된 것이 아니다. 그 기질은 약탈 문화와 유사-평화적 문화의 단계에서 별 힘을 쓰지 못한 채 수면 아래로 잠복되어 있었으나 그래도 완전히 사라져 버린 것은 아니었다. 그 기질은 인종의 유전적 특징처럼 보이며, 약탈적인 문화 단계와 그 이후에 나타난 금전 문화 단계에서 성공의 필요조건이 변경되었음에도 불구하고 끈질기게 살아남았다. 평화적 기질은 끈질긴 유전의 힘으로 지속되어 왔는데, 그 힘은 사람이라는 종 모두에게서 드러나는 유전적 특징이며, 따라서 인종적 연속성이라는 넓은 토대에 기초하고 있다.

태곳적 특징은 현대 생활과 불일치

이런 종 전체에 해당하는 평화적인 특징은 손쉽게 제거되지 않는다. 심지어 여기서 논하는 태곳적(평화적) 특징은 약탈적 문화와 유사-평화적 문화의 단계 동안에 아주 오랫동안 치열한 선별 과정을 겪었음에도 불구하고 사라지지 않았다. 이런 평화로운 특징은 야만적 생활의 방식이나 추진력과는 상당히 배치되는 것이다. 야만 문화의 핵심적인 특징은 계급들 사이에서, 그리고 개인들 사이에 일어나는 끊임없는 경쟁과 적개심이다. 이런 경쟁 체제는 평화로운 야만적 특징을 소유한 개인과 후손에게 별로 호의적이지 않다. 따라서 이 체제는 그런 특징을 제거하려는 경향이 있으며, 그 체제의 지배를 받는 주민들은 그런 평화적 특징이 상당히 약화되는 모습을 보인다. 야만적 기질의 유형에 비순응적인 사람에게 극단적인 처벌을 가하지 않는 사회에서도, 비순응적인 개인과 그 후손은 끊임없는 억압을 당한다. 삶이 주로 집단 내부의 개인 간 투쟁인 곳에서, 태곳적의 평화로운 기질을 뚜렷하게 가지고 있다는 건 생존경쟁을 해야 하는 개인을 힘들게 만든다.

여기서 논하는 초창기 원시 문화 단계가 아닌, 그보다 나중의 문화 단계에서 온화함, 공평함, 무차별적 동정 같은 평화적 자질은 개인의 삶을 크게 향상시키지 못한다. 정상적인 사람은 그런 평화적 요소를 조금이라도 갖추는 게 이상적이라고 주장하는 사회에서 그런 평화적 자질을 가진 개인은 가혹한 대우에서 다소 보호받을 수 있을지도 모른다. 하지만 이런 식으로 나타나는 간접적이고 소극적인 영향을 제외하면, 평화적 자질을 더 적게 가진 개인일수록 경쟁 체제에서 더 뛰어난 모습을 보인다. 양심, 동정, 정직, 인명에 대한 존중 등에서 자유로울수록 그 개인은 금전 문화 내에서 크게 성공할 수 있다. 부나 권력의 측면에서 크게 성공한 사람들은 대개 이런 유형이다. 부와 권력이 아닌 다른 분야에서는 더러 평화적인 기질을 가진 사람이 성공할 수는 있을 것이다. 정직이 최선의 방침이라는 건 비좁은 한도 내에서만 적용되는 말이며, 사회 구성원들이 디킨스의 소설 주인공인 피크위크 같이 착하고 너그러운 인물들로만 구성되어 있을 경우에만 적용되는 것이다.

(피크위크는 영국 소설가 찰스 디킨스1812-70의 장편소설 『피크위크 문서

들』에 나오는 주인공으로 선량하고 유쾌하고 양심적인 피크위크가 벌이는 일련의 모험들을 다루고 있다 : 옮긴이)

서양 문화의 선진 사회 내부에 조성된 현대적 삶의 관점으로 보면, 원시적이고 전약탈적(평화적)인 야만인의 기질을 가진 사람, 즉 앞에서 개략적으로 추적해 본 특징을 지닌 사람은 크게 성공하지 못했다. 그런 타입의 인간성을 만들어 내고 또 안정성을 부여해준 초창기 문화의 목적에서 살펴봐도 ─ 심지어 그 평화로운 야만인 집단의 목적에서 봐도 ─ 이 원시적인 인간은 경제적인 미덕만큼이나 경제적인 결점이 많다. 이점은 동료 의식에서 나오는 관대함 때문에 생각이 편향되지 않은 사람이라면 누구나 인정할 것이다. 그런 야만인은 기껏해야 "영리하지만 아무짝에도 쓸모없는 친구"이다. 이런 원시적 평화 기질은 나약하고, 비효율적이고, 진취성과 창의력이 부족하다. 또한 순종적이고 게으르며, 생생하지만 사소한 애니미즘 사상을 가지고 있다. 이런 특징들과 함께 나타나는 다른 기질적 특징들도 있다. 가령 집단생활의 편의성을 개선시킨다는 의미에서 집단생활에 가치가 있다고 여겨지는 것들인데, 정직함, 평화를 사랑함, 호의, 사람과 사물에 대한 비경쟁적이고 비차별적인 관심 등이 그것이다.

약탈적 생활 단계가 도래하자 성공하는 인간성에 변화가 생기게 되었다. 사람들의 생활 습관은 인간관계의 새로운 계획 아래 생겨난 새로운 필요에 적응해야 되었다. 이전에는 앞서 나열한 야만적인 삶의 특징으로 에너지가 표출되었지만, 이젠 변형된 자극에 습관적으로 반응하는 새로운 집단에서는 새로운 행동 방침에 따라 에너지를 표출해야 되었다. 삶의 편익이라는 측면에서 볼 때 이전의 원시적 상태라면 분명 적절했을 법한 방법들도 더 이상 적절하지 않게 되었다. 원시적 초창기 상황은 구성원들 사이에 적대감이 없고 이해관계의 세분화가 없었다는 것이 특징이라면, 후대의 약탈적 상황은 경쟁의 강도가 심해지고 경쟁의 대상 범위도 점점 더 협소해졌다.

(원시 시대는 주로 주변 환경을 상대로 투쟁했으나 이제 약탈 문화에 들어와서는 개인 대 개인으로까지 경쟁이 심해졌다는 뜻 : 옮긴이).

약탈적인 문화 단계와 그 다음 문화 단계들을 특징짓는 신분제 사회에서 가장 잘 생존할 수 있는 타입의 특징은 – 다소 노골적으로 말해 보자면 – 용맹함, 이기심, 배타성, 부정직함 등인데 한 마디로 폭력과 기만이라 할 수 있다.

오랫동안 치열하게 유지되어온 경쟁 체제에서, 어떤 인종 타입의 경우, 그런 약탈적 성격의 특징이 어느 정도 확연한 우위를 차지하게 되었다. 자연도태의 선별 과정이 약탈적 특징을 가장 풍부하게 지닌 인종 집단의 생존을 도와줌으로써 그런 현상이 벌어졌다. 동시에 해당 인종이 그 전에 획득한 평화적 습관들은 집단생활의 편익에 나름 도움을 주었으며, 그리하여 그 평화적 특징이 완전 쇠퇴해 버리지는 않았다.

장두-금발은 약탈적 기질

따라서 다음 사항을 지적하는 것도 가치 있는 일이다. 장두-금발 유럽 남자는 최근 문화에서 지배적인 영향을 미치는 권위적인 위치에 있는데, 이렇게 된 데에는 그들이 이례적일 정도로 약탈 문화의 인간성을 많이 가지고 있기 때문이다. 이런 특징은 풍부한 육체적 에너지의 기질 – 이런 신체적 특징은 그 자체로 집단들 사이의 선별 혹은 후손들 사이의 선별 결과이다 – 과 함께 그 해당 인종 집단을 유한계급 혹은 주인 계급의 위치로 밀어 올렸다. 특히 유한계급의 제도가 발전하던 초기 단계에서 그런 약탈적 기질은 큰 힘이 되었다.

이렇게 말한다고 해서 어떤 개인이 정확히 이와 같은 소질을 많이 보충한다고 걸출한 개인적 성공을 거둔다는 뜻은 아니다. 경쟁 체제 내에서, 개인이 성공하는 조건은 계급이 성공하는 조건과 반드시 같은 것은 아니기 때문이다. 계급이나 집단의 성공은 배타성, 최고위직에 대한 충성, 주의(원리)主義의 철저한 준수 등을 강력하게 요구한다. 반면 경쟁적인 개인은 야만인의 에너지, 진취성, 자기 본위, 부정직함에다 야만인 같은 충성심 부재나 집단의식 부족을 가미하면 그 개인의 목적을 가장 잘 달성할 수 있다. 그런데 이기주의와 양심 부족을 토대로 삼아 눈부신 성공을 거둔 사람들 중에 종종 장두-금발보다 오히려 단두-흑발의 특성이 더 많이 발견된다. 그렇지만 이기적인 방식으로 중간급의 성공을 거둔 개인 대다수는 육체적으로 장두-금발 인종에 속한다.

약탈적인 생활 습관에서 얻어진 기질은 경쟁 체제 아래에서 개인의 생존과 충만한 생활을 도와준다. 동시에 이런 기질은 집단의 생활이 대체로 다른 집단과 적대적으로 경쟁하는 경우에도 집단의 생존과 성공을 도와준다. 하지만 잘 발달된 산업 사회에서, 경제적 생활의 진화는 이제 공동체의 이익이 더 이상 개인의 경쟁적 이익과 일치하지 않는 방향으로 돌아서기 시작했다. 집단의 능력 측면에서 볼 때, 이런 선진 산업 사회는 더 이상 생활 수단이나 생존권을 얻기 위해 경쟁하지 않는다. 하지만 그 사회의 지배층은 약탈적인 성향을 갖고 있고, 그래서 계속 전쟁과 약탈의 전통을 지키려 한다.

여하튼 선진 산업 사회들은 전통과 기질의 문제가 관련되지 않는 한 더 이상 경제적 상황의 압력 때문에 다른 선진 사회에 적대적인 모습을 보이지는 않는다. 선진 사회들의 물질적 이해관계는 - 그 사회의 좋은 명성을 저해하는 문제만 아니라면 - 얼마든지 양립할 수 있고, 한 선진 사회의 성공은 다른 선진 사회의 충만한 삶을 촉진한다. 이런 촉진 효과는 현재는 물론이고 앞으로 상당히 오랫동안 먼 미래에까지 계속될 것이다. 선진 사회들 중 어느 곳도 이제 다른 곳보다 우위에 서려는 물질적 이해관계를 가지고 있지 않다. 하지만 개인과 그의 대인 관계를 살펴보면 이야기가 달라진다.

현대 사회는 산업적 효율성을 지향

어떤 곳이든 현대 사회는 집단적 이익을 얻고자 산업적 효율성에 집중한다. 개인은 소위 저속한 일을 하면서, 즉 생산력을 가진 직장에서 어느 정도 자신의 효율적 노동에 비례하여 공동체의 목적에 도움을 준다. 이런 집단적 이익은 정직성, 근면, 평온함, 호의, 배타성의 결여, 객관적인과 관계를 잘 인식하고 이해할 때 가장 많은 도움을 받는다. 애니미즘 사상이 뒤섞인 생각이나 초자연적인 간섭에 의존하려는 의식은 산업 사회에 도움이 되지 않는다. 더 나아가 아름다움, 도덕적 탁월성, 혹은 인간성이 소중하게 여기는 가치와 품위 등도 산업 사회에 도움을 준다. 이런 평화적 특징들이 널리 퍼짐으로써 집단생활의 방식이 향상된다는 것도 당연한 일이다. 현대 산업 사회의 성공적인 운영은 이런 평화적 특징들이 함께 작용하는 곳에서 가장 잘 보장된다. 또한 인적 자원이 소유한 평화적 특징의 정도에 따라 산업 사회 운영의 성패가 결정된다. 어느 정도 그런 평화적 특징을 보유해야 현대 산업 환경에 웬만큼 적응할 수 있다. 복잡하고, 포괄적이고, 본질적으로 평화로우며 고도로 조직된 현대 산업 공동체의 메커니즘은 그런 평화적 특징, 혹은 그런 특징 대다수가 가장 높은 수준으로 작동할 때 최대한의 효과를 낸다. 이런 평화적 특징들은 현대 집단 사회의 목적에 유용한 사람에게 더 많이 나타나고 반면에 약탈적인 유형의 남자에게서 현저할 정도로 적게 나타난다.

반면에 경쟁 체제에서 개인의 즉각적인 이익은 약삭빠른 거래와 부도덕한 경영으로 가장 잘 성취된다. 앞에 언급한 공동체의 이익에 도움이 되는 평화적 특징들은 개인에겐 해가 되면 됐지 도움이 되지 않는다. 개인의 기질에 그런 평화적 경향이 있다면 그의 에너지는 금전적 이득보다는 다른 목적에 전용된다. 또한 이익 추구 측면에서도 그런 평화적 특징들 때문에 그 개인은 약탈적 개인처럼 교활한 방법을 무자비하게 사용하는 것이 아니라, 간접적이고 무익한 산업 수단을 통하여 이익을 얻으려 한다. 이렇게 하여 산업적인 경향은 그 개인의 성공에 오히려 끊임없는 방해 요소가 된다. 경쟁 체제에서 현대 산업 사회의 구성원들은 서로 경쟁하는 사이다. 양심의 가책에서 벗어날 수 있다면 기회가 주어질 때마다 양심을 내팽개치고 동료를 해치는 행동을 해야만 개인적이고 즉각적인 이득을 가장 잘 얻을 수 있다(저자는 산업 공동체는 물품을 만들어 내어 이익을 얻으려고 하나 금전적인 개인은 물품보다는 이익을 올리는 일에 더 몰두한다는 사상을 가지고 이런 서술을 하고 있다. 뒤에 가면 은행가, 법률가, 상인 등이 직접 생산에는 종사하지 않으면서 돈만 벌려 하는 존재라는 설명이 나온다 : 옮긴이).

현대의 경제 제도가 개략적이지만 뚜렷한 두 가지 범주, 즉 금전적 범주와 산업적 범주로 나뉜다는 건 이미 언급한 바 있다. 일자리에서도 마찬가지로 두 개의 범주로 나뉜다. 전자(금전적)의 범주에서 일자리는 소유권이나 획득과 관계되어 있다. 후자(산업적)의 범주에서는 기술이나 생산과 관련되어 있다. 제도의 성장과 관련하여 했던 얘기가 일자리에도 그대로 적용된다. 유한계급의 경제적 이익은 금전적 일자리(직업)에 있다. 노동계급의 경제적 이익은 양쪽(금전과 산업) 일자리 모두에 있지만, 주로 산업적 일자리에서 생긴다. 따라서 유한계급으로 통하는 문은 금전적 일자리에 있다.

이 두 가지 일자리가 요구하는 소질은 현저하게 다른 측면을 보인다. 각 일자리가 비슷하게 제공하는 연수 과정도 서로 다른 방향을 따라간다. 금전적 일자리의 훈련은 약탈적인 적성과 추진력을 확실하게 보존하고 양성한다. 이런 훈련은 해당 일자리에 종사하는 개인과 계급을 교육하고, 그런 측면에서 부적합한 개인과 그 후손을 억압하고 제거함으로써 소기의 목적을 달성한다. 이런 훈련은 앞으로도 계속될 것이다. 인간의 사고방식이 부의 획득과 보유라는 경쟁적 과정으로 형성되기 때문이다. 또 그런 사람들의 경제적 기능은 교환 가치의 관점에서 파악되는 부의 소유권 관리와, 가치 변화를 통한 부의 관리와 금융 업무 등으로 구성된다. 마지막으로, 그들의 경제생활은 약탈적인 기질과 사고 습관의 획득과 강화를 밀어붙인다. 현대의 산업 체계에서 부의 획득을 주목적으로 하는 생활은 당연히 평화로운 범위 내의 약탈적인 습관과 경향을 획득할 것을 유도한다. 즉, 금전적 일자리는 물리적 장악이라는 태곳적 방법보다는 기만에 속하는 여러 실천 방침을 능숙하게 수행하도록 유도하는 것이다(앞에서 저자는 야만 시대에 남의 재물을 약탈해 오는 두 가지 방법은 폭력과 기만이라고 했는데, 평화로운 현대 산업 사회에서는 폭력이 용납되지 않으므로 남을 속이는 기만술을 쓰게 되었다고 본다 : 옮긴이).

금융계와 재계는 약탈적 기질이 강하다

약탈적 기질이 발휘되는 이런 금전적 일자리는 엄밀하게 말하면 소유권 — 유한계급의 직접적 기능 — 과 관계가 있는데, 부의 획득 및 축재에 관한 종속적인 기능과도 연관이 있다. 해당 일자리는 경쟁적 기업의 소유권과 관계된 경제 과정에 종사하는 사람들과 그들의 의무 범위를 포함한다. 특히 재정 활동으로 분류되는 경제 관리의 근본적 활동도 거기에 들어간다. 또 상업적인 직업 대다수가 추가될 수도 있다. 이런 의무들이 가장 잘 발달하고 또 명석하게 규정되는 단계가 되면, 금전적 일자리가 "산업(기업)의 소유주"가 해야 할 경제적 의무를 대신하게 된다. 산업의 소유주는 기발하기보다 영악한 사람이며, 그의 소유주라는 지위는 산업적이라기보다 금전적인 것이다. 그가 수행하는 산업 관리는 보통 자유방임적인 종류이다. 생산과 산업적 조직에 관한 효율적인 세부 사항은 소유주보다는 덜 "실용적인" 사고방식을 지닌 하급자들에게 위임된다. (이와 관련하여 제8장 맨 마지막의 옮긴이 주 참조할 것 : 옮긴이). 이 하급자들은 관리 능력보다는 일솜씨의 재능을 가진 사람들이다. 교육과 선택으로 인간성을 형성하는 한, 비경제적(비 산업적) 일자리는 대체로 말해서 금전적 일자리로 분류된다. 그런 일자리는 주로 정치, 성직聖職, 군대의 직업이다.

금전적 일자리는 산업적 일자리보다 훨씬 더 높은 정도로 훌륭한 평판을 얻는다. 이런 식으로 유한계급의 평판 기준이 도입되어 차별적 목적에 매진하는 소질을 유지시킨다. 따라서 유한계급의 품위 있는 생활양식 역시 약탈적 특징의 생존과 문화를 더 발전시킨다. 일자리는 평판에 따라서 위계적인 등급으로 나뉜다. 대규모 소유권과 직접 관계된 직업은 경제적 일자리 중 가장 좋은 평판을 얻는다. 그 다음으로 훌륭한 평판을 누리는 일자리는 소유권과 재정에 직접 공헌하는 부류인데, 은행가와 법률가이다. 은행 일자리는 당연히 대규모 소유권과 관련되는데, 이런 사실은 은행업이 기업에 부여된 평판을 어느 정도 공유하는 현상을 설명해준다. 법률 관련 일자리는 대규모 소유권을 암시하지는 않지만, 법률가의 일은 경쟁적인 목적에 부합하기에 관습적 평가에서 높은 위치를 차지한다. 법률가는 교묘한 말로 목적을 달성하거나 저지하는 약탈적인 기만의 세부 작업에 독점적으로 종사한다. 따라서 어떤 개인이 법률가로 성공을 거두면 사람들의 존경과 두려움을 받는 야만적 영리함을 많이 타고났음을 인정받게 된다.

상업적인 일은 이 두 직업에 비하면 절반 정도의 평판을 받을 뿐이다. 그러나 소유권과 관련하여 많은 활동을 하되 유익한 일은 별로 하지 않는다면 상인의 일도 높은 평판을 받는다. 상인들은 고급 욕구에 도움이 되느냐, 아니면 저급 욕구에 도움이 되느냐에 준하여 어느 정도 사회적 등급의 높고 낮음이 정해진다. 따라서 저속한 생필품을 소매하는 일을 하면 수공업자나 공장 노동자 같은 수준으로 떨어지게 된다. 육체노동, 혹은 기계 공정을 감독하는 일 등은 품위의 사다리에서 가장 낮은 단계에 있다.

금전적 일자리와 산업적 일자리의 차이

금전적 일자리가 제공하는 훈련에 대해서는 좀 더 설명이 필요하다. 산업적 기업의 규모가 커지면 금전적 경영의 특성, 즉 세부적으로 속임수를 쓰고 약삭빠르게 경쟁하는 모습이 이전보다 덜하게 된다. 즉, 이런 경제적인 생활 단계와 접촉하는 사람의 비율이 늘어나기 때문에 사업은 경쟁자에게 과도한 행동을 하거나 혹은 경쟁자를 압도하거나 착취하는 표시가 덜한 일상적 절차로 변하게 된다. 따라서 약탈적 습관에서 벗어나는 현상은 필연적으로 그 사업에 고용된 하급자들에게까지 확대된다. 그렇지만 이런 현상에도 불구하고 소유권과 관리의 의무는 사실상 영향을 받지 않는다.

반면에 생산 부문에서 기술 업무나 육체노동에 직접 종사하는 개인이나 계급은 금전적 일자리와는 사정이 다르다. 이들의 일상적 생활은 금전적 분야처럼 경쟁적이고 차별적인 동기와 책략이 습관화되지 않는다. 이들은 기계에 관한 현실과 결과를 지속적으로 이해하고 조정하며, 사람의 삶의 목적에 맞게 기계를 평가하고 이용하는 일을 유지한다. 이런 분야에 종사하는 사람들은 그들이 직접 접촉하는 산업 과정의 교육적이고 선별적인 영향 덕분에 집단생활의 비차별적 목적에 적응하는 사고방식을 갖게 된다. 따라서 그 산업 과정은 종족의 야만적인 과거와 전통에서 물려 내려온 아주 약탈적인 기질과 성향을 배척한다.

따라서 경제생활의 교육적 효과는 그 발현되는 양상이 균일하지 않다. 금전 경쟁과 직접 관련된 경제 행위는 특정한 약탈적 기질을 그대로 보존하려는 경향이 있다. 그와 동시에 상품 생산과 직접 관계가 있는 산업적 일자리들은 대체로 금전적 일자리와는 대조적인 경향을 보인다. 하지만 후자의 일자리 계급에 관해 좀 더 자세히 말해 보자면, 그 종사자들은 거의 모두 금전적 경쟁의 경향을 보인다(예를 들면 임금과 봉급을 경쟁적으로 추구하는 것이나, 소비재를 많이 구매하는 것 등이 그러하다). 따라서 여기서 알아본 금전적 일자리와 산업적 일자리의 차이는 결코 사회계급들(유한계급과 하류계급) 사이의 차이처럼 격심한 것은 아니다.

현대 산업에서 유한계급의 일자리는 특정한 약탈적 습관과 소질을 생생하게 보존한다. 산업 과정에 참여하는 그런 계급 구성원들은 훈련 과정에서 그런 야만적인 기질을 보존하게 된다. 하지만 또다른 측면에서 언급해야 할 사항이 있다. 노동으로부터 면제된 개인들은 설혹 신체와 정신 양쪽에서 평균적인 사람과 크게 다르더라도 그들의 평화적 특성들을 존속하고 전할 수도 있다. 격세유전적인 특징은 환경의 압박을 가장 덜 받는 계급이 존속시키고 후대에 전할 가능성이 가장 높다. 유한계급은 어느 정도 산업적(생산적) 상황의 압박에서 면제되었으며, 따라서 평화적인 야만적 기질로 회귀하는 비율이 아주 높을 것이다. 그런 이탈적이고 격세유전적인 개인들은 전前약탈적인(평화적인) 특징에 맞춰 삶을 영위해 나갈 수 있다. 그러나 하류 계층의 개인이 그런 평화적 기질을 발휘하면서 살아나가려고 한다면 그는 사회의 억압을 당해 도태될 것이다(돈이 아주 많은 유한계급은 더 이상 돈을 벌기 위해 치열한 경쟁을 하지 않아도 되므로, 여유롭고 평화로운 삶을 누릴 수 있지만, 하층계급의 사람이 이런 태도로 인생을 살아가면 곧 부적응자로 도태된다는 뜻 : 옮긴이).

유한계급의 과거 회귀적 특징

이런 주장은 사실인 듯하다. 예를 들면 상당한 비율의 상류층 사람들이 박애 사업에 끌리는 경향이 있다. 또한 상류층의 많은 사람이 개혁과 개선을 지지하는 정서를 가지고 있다. 게다가 이런 박애주의적이고 개혁적인 노력에서 다정한 "영리함"과 산만함이 드러나는데, 이는 원시 시대의 평화적 야만인이 갖고 있던 특성이다. 하지만 이런 사실은 격세유전이 하류층보다 상류층에서 더 많이 일어난다는 것을 증명할 수 있겠는지는 여전히 의심스럽다. 설혹 가난한 계급의 사람이 앞에서 말한 것과 같은 격세유전적 성향을 갖고 있다 하더라도 쉽게 그것을 표출할 수가 없다. 왜냐하면 하류 계급은 그런 성향을 보여줄 수단, 시간, 에너지가 없기 때문이다. 또 이러한 사실의 일차적 증거는 늘 의심의 여지가 있는 것이다.

또다른 참고 사항으로서는, 오늘날 유한계급이 금전적 방식에서 성공한 사람, 즉 약탈적 특징을 평균보다 더 많이 가지고 있는 사람들에 의해 충원되고 있다는 사실을 들 수 있다. 유한계급으로 통하는 문은 금전적 일자리에 있고, 이런 일자리는 선별과 적응을 통해 개인들을 상류층으로 받아들이는데, 약탈적인 시험에서도 살아남을 정도로 금전적으로 적합한 후손만이 상류층으로 편입된다. 그러나 그 개인의 비약탈적인 인간성이 격세유전된 사례가 드러나면 보통 상류층에서 제거되어 금전적 하류층으로 되돌아가게 된다. 계급 내에서 자기 자리를 유지하려면 그 후손은 반드시 금전적 기질을 가져야 한다. 그렇지 않으면 재산은 사라질 것이고 또한 특권 계급에서도 이내 쫓겨나게 될 것이다. 이에 관한 사례는 너무 많아 일일이 열거할 수 없을 정도이다.

유한계급은 지속적인 선별 과정으로 유지되며, 그 과정을 통해 저돌적으로 금전적 경쟁을 잘하는 개인과 그 후손이 하류층에서 올라오게 된다. 상류층에 도달하려는 하위층의 지망자는 반드시 평균 수준 이상의 금전적 소질을 가져야 할 뿐만 아니라 계급 상승을 가로막는 물질적 난관을 극복할 정도로 탁월한 재능도 있어야 한다. 우연의 경우를 제외하고는, 유한계급에 새롭게 편입되는 신참들은 하나 같이 이런 선별의 과정을 거친 사람들이다.

지속적으로 충원되는 유한계급

이런 선별적인 유입 과정은 금전 경쟁 방식이 시작된 이후로, 또 거의 같은 말이긴 하지만 유한계급 제도가 처음 도입된 이후로 늘 계속되어 왔다. 하지만 선별의 정확한 근거는 언제나 동일한 것은 아니었고, 따라서 선별 과정도 늘 똑같은 결과를 도출하지 않았다. 초창기 야만적인 단계나 약탈적인 단계에서 적합성을 시험하는 기준은 노골적인 용맹성이었다. 유한계급에 들어가려는 희망자는 배타성, 육중한 몸, 사나움, 악랄함, 집요하게 목적을 추구하는 끈질김 등을 자질로 갖춰야 했다. 그들이 부를 축적하고 계속 보유할 수 있게 하는 건 바로 이런 자질들이었다. 이후 유한계급의 경제적인 토대는 부의 소유에 있었지만, 부를 축적하는 방법과 그것을 유지하는 재능은 약탈적 문화의 초기에 들어와 어느 정도 변화했다. 선별 과정의 결과 초기 야만적인 유한계급의 지배적인 특징은 대담한 공격성, 예민한 신분 감각, 자유롭게 구사하는 기만술 등이었다. 유한계급 구성원은 이런 여러 가지 재주를 발휘하면서 자신의 자리를 유지했다.

후기 야만적인 문화에 들어와, 인간 사회는 유사-평화적 신분제 아래 확립된 부의 획득과 소유 방법을 마련했다. 단순한 공격성과 억제되지 않은 폭력은 이제 옆으로 밀려나고, 그 대신에 부를 축적하는 최고의 방법으로 기민한 수완과 교묘한 속임수가 부를 획득하고 지키는 방법으로 등장했다. 이렇게 하여 전과는 다른 소질과 성향이 유한계급 내부에 등장했다. 그렇지만 능숙한 공격성과 그것을 지탱하는 육중한 몸, 그리고 무자비할 정도로 충직한 신분 의식 등이 여전히 유한계급의 멋진 특징으로 여겨졌다. 이런 특징들은 우리 전통 속에서 전형적인 "귀족적 미덕"으로 높이 숭상되었다. 하지만 이런 특징들은 상대적으로 덜 두드러지는 미덕, 가령 예측력, 신중함, 교묘한 속임수 등으로 더욱 보완되었다. 시간이 흘러가서 금전 문화는 오늘날 평화로운 단계에 들어섰다. 사정이 이렇게 돌아가자 예측력, 신중함, 교묘한 속임수 등의 기질과 습관이 금전적 목적에 상대적으로 더 부합하게 되었다. 이제 그런 소질과 습관은 유한계급에 편입되어 그 신분을 지키는 과정에서 상대적으로 더 중요하게 되었다.

그러다가 유한계급으로 받아들이는 선별의 근거가 바뀌었다. 이제 유한계급에 편입되는데 필요한 자질은 오로지 금전적 기질뿐이다. 이제 남아 있는 약탈적 특징은, 끈질긴 목적의식 혹은 일관된 목적의식인데, 이것은 성공을 거둔 약탈적인 야만인과 그에게 자리를 뺏긴 평화로운 야만인을 구별하는 기준이었다. 하지만 이 특징(일관된 목적의식)은 산업 계급의 일반인과 금전적으로 성공한 상류층을 서로 구분하는 특징은 되지 못한다. 현대 산업 사회에서 산업 계급의 일반인들이 겪게 되는 훈련과 선별 과정 역시 그런 목적의식을 강화시키고 있기 때문이다.

성공하는 사람과 범죄적 인간의 유사성

목적을 끈질기게 추구하는 면은 이런 두 계급(유한계급과 하류계급)과는 다른 두 계급을 구분시켜 주는데, 곧 아무 쓸모 없는 사람의 계급과 하류층의 범죄자 계급이다. 천부적 자질의 측면에서 보면, 이상적인 금전적 인간과 범죄적 인간의 관계는, 산업적 인간과 게으른 식충이의 관계와 동일하다. 전자(이상적인 금전적 인간)는 자기 목적에 맞게 상품과 사람을 무자비하게 전용하고, 다른 사람의 감정과 소망, 또 자신의 행동이 훗날에 미칠 영향 등은 냉정하게 무시한다는 점에서 이상적 범죄자와 유사하다. 하지만 그는 신분에 관해 예리한 감각을 갖고 있고, 훗날의 목적을 위해 꾸준히 예측력을 발휘하며 일한다는 점에서 범죄자와는 다르다.

두 기질의 유형이 서로 비슷하다는 건 "스포츠"와 도박의 성벽性癖이 있고, 목적 없는 경쟁에서 큰 기쁨을 느낀다는 것이다. 이상적인 금전적 인간은 또한 약탈적인 인간성의 변종 중 하나라는 점에서 범죄자와 흥미로운 유사점을 보인다. 범죄자가 미신을 잘 믿는 성향이 있다는 건 아주 흔하게 발견된다. 그는 행운, 주문, 점, 운명, 예언, 무속 의식에 엄청난 믿음을 가지고 있다. 적절한 상황이 되면 이런 성벽은 특정한 종교적 열정과 경건한 의식에의 주도면밀한 관심으로 표출되는 경향이 있다. 이런 경향은 종교적인 것이라기보다 오히려 주도면밀한 독실함으로 특징짓는 게 더 나으리라. 이런 점에서 범죄자의 기질은 금전적인 유한계급과 공통점이 많고 게으른 식충이 계급과는 별로 관계가 없다.

현대 산업 사회의 삶, 다른 말로 금전 문화의 삶은 특정 범위의 소질과 성향을 발전, 보존시키는 선별 과정에서 영향을 받는다. 현재 벌어지고 있는 이런 선별 과정은 단순히 특정한 인종 타입으로 격세유전하려는(회귀하려는) 것이 아니다. 오히려 그 경향은 인간성을 일부 수정하는데, 그 인간성은 어떤 면에서 보면 과거에서 물려 내려온 어떤 인간성의 타입이나 변종과 다르다. 진화의 목표 지점은 단 하나가 아니다. 진화가 확립하려는 정상적 기질은 태곳적 인간성의 그 어떤 것과도 다르다. 현대적 기질은 그 목적의 집요함이나 치열함에 있어서 태곳적 기질보다 훨씬 더 안정된 목적의식을 갖고 있다. 경제 이론의 관점에서 보자면, 선별 과정의 목표 지점은 대체로 보아 하나이다. 물론 이런 발전 방향에서 벗어나는, 상당히 중요한 사소한 경향들이 있는 것도 인정해야 할 것이다. 전반적인 흐름이 하나라고 할지라도, 그 발전의 갈래는 여러 가지 일 수가 있다.

이기적 기준과 경제적 기준

경제 이론에 따르면, 이런 다른 갈래의 발전은 두 가지 다른 방향으로 나아간다. 개인의 능력 혹은 소질의 선별적인 보존에 관한 한, 이런 두 가지 방향은 금전적 방향과 산업적 방향이다. 개인의 성향, 정신적인 태도, 추진력 등의 관점에서 보자면 두 가지 방향은 차별적 혹은 이기적인 방향과 비차별적 혹은 경제적 방향으로 분류할 수 있다. 두 방향의 지적 혹은 인식적 성향에 관해서 말해 보자면, 전자(이기적 방향)는 의욕, 질적인 관계, 신분, 혹은 가치 등 개인적인 관점으로 특징지을 수 있고, 후자(경제적 방향)는 결과, 수량적 관계, 기계적 효율성 혹은 용도의 몰개성적 관점으로 특징지을 수 있다.

금전적인 일자리는 주로 이런 두 가지 중 전자(이기적 기준)로부터 영향을 받으며, 또 그 일자리 종사자가 그런 소질과 성향을 보존하도록 유도한다. 반면에 산업적인 일자리는 주로 후자(경제적 기준)의 영향을 받으며, 그 일자리 종사자가 그에 적합한 소질과 성향을 보존하도록 유도한다. 철저한 심리학적 분석은 이런 두 가지 소질과 성향이 특정한 기질적 성향의 다양한 표현에 불과함을 보여줄 것이다. 개인의 통일성 혹은 단일성에 의하여, 전자(이기적)의 소질과 성향 범위에 속한 기질, 추진력, 이해관계 등은 인간성의 어떤 특정한 변종이 구체적으로 표현된 것이다. 후자의 소질과 성향도 이런 구체적 표현이다. 어느 특정 개인이 거의 꾸준히 한 방향으로 마음이 기우는 것처럼, 이 두 가지(이기적/경제적) 범위는 인생에서 서로 대안적인 것으로 여겨지게 된다('인간성의 어떤 특정한 변종': 인간성은 동양에서 성선설과 성악설로 대별되는데, 저자는 여기서 인간성의 두 변종을 '이기적/경제적' 이라는 범주로 구분하여 설명하고 있다 : 옮긴이).

금전적 삶은 야만적 기질을 선호

금전적 삶의 경향은 일반적으로 야만적 기질을 보존하는 것이지만, 초기 야만인의 특징이던 물리적 폭력은 나중에 기만, 신중함, 혹은 관리 능력으로 대체되었다. 파괴(물리적 폭력)를 교묘한 속임수로 대체하는 것은 불규칙하게 벌어진다. 금전적 일자리 내부에서 선별 행동은 이런 방향(속임수)을 따라 규칙적으로 진행된다. 그러나 소득을 얻기 위한 경쟁 이외의 분야에서, 금전적 삶의 훈련은 그리 규칙적으로 진행되지 않는다. 현대 생활은 시간과 물건을 소비하는 데 있어서 귀족적 미덕을 제거하는 쪽으로, 혹은 부르주아의 미덕을 권장하는 쪽으로 일정하게 움직이는 것은 아니다. 전통적인 품위 있는 생활양식은 초기 야만인의 특징을 상당 부분 실천할 것을 요구한다. 그런 전통적인 생활양식과 관련하여 몇몇 세부 사항은 여가를 다룬 앞의 장(제3장: 옮긴이)에서 이미 언급한 바있다. 추가적인 세부사항은 이 뒤의 장들에서 논하게 될 것이다.

이미 언급한 내용으로 미루어 볼 때, 유한계급의 생활과 생활양식은 야만적 기질을 유지, 보존한다. 그 계급은 주로 유사-평화적이거나 부르주아적인 변종(기질)을 발전시키지만, 어느 정도 약탈적인 변종도 발전시킨다. 따라서 방해하는 요인들이 없는 경우에, 사회 계급들 사이의 기질 차이를 추적하는 것이 가능하다. 귀족적이고 부르주아적인 미덕, 즉 파괴적이고 금전적인 특징은 주로 상류층에서 찾아볼 수 있을 것이고, 산업적인 미덕, 즉 평화로운 특징은 주로 기계적 산업에서 일하는 계급에서 찾아볼 수 있다.

다소 일반적 관점에서 보자면, 이것은 진실이지만 그에 대한 검증은 즉각 이루어질 수 있는 것도 아니고, 또 생각만큼 결정적이지도 않다. 이런 부분적 실패에 대해서는 몇 가지 그럴 만한 이유가 있다. 모든 계급은 어느 정도 금전적 투쟁을 벌여야 하고, 모든 계급의 개인은 금전적 특징을 보유해야 성공과 생존에 도움을 받는다. 금전 문화가 지배하는 곳에서, 자연선택 과정(인간의 사고방식을 형성하고 후손의 생존을 결정하는 과정)은 주로 부의 획득 가능성을 토대로 진행된다. 따라서 금전적 효율성이 산업적 효율성과 갈등하지만 않는다면, 모든 직업의 선택 행동은 무엇보다도 금전적 기질을 우위에 두는 경향을 보일 것이다. 그렇게 되면 정상적이고 결정적인 인간성의 유형으로 "경제적 인간"이라는 유형이 도입될 것이다. 하지만 이기적인 관심밖에 없으며 신중함이라는 인간적 특징만을 가진 이 "경제적 인간"은 현대 산업의 여러 목적들에는 봉사하지 못한다.

현대의 산업은 비차별적 이해관계를 요구

현대의 산업은 당면한 노동(일)에 비개인적이고 비차별적 관심을 보일 것을 요구한다. 이것 없이 정교한 산업 과정은 불가능하며, 실제로 상상조차 할 수 없다. 이와 같은 당면한 일에 대한 관심은 한편으로 노동자를 범죄자와 구분하고, 다른 한편으로는 산업의 소유주와도 구분한다. 공동체의 삶이 지속되기 위해 노동은 반드시 필요하므로 특정 일자리

범위 내부에선 노동에 알맞은 정신적 기질을 제한적으로 선별하게 된다. 하지만 산업적인 일자리 내부에서조차 금전적 특징의 선별적인 제거가 불확실하며, 그에 따라 그런 일자리에서조차 야만적인 기질이 어느 정도 존재한다. 이런 이유로 현재 유한계급의 특징과 일반인의 특징 사이에는 명백한 차이가 없다.

정신적 태도를 기준으로 하는 계급의 구분 또한 역시 모호하게 되어버린다. 그렇게 된 이유는 사회 내의 모든 계급을 통틀어 획득된 삶의 습관이 존재하기 때문인데, 그 습관은 유전 받은 특징을 면밀히 흉내 내면서 동시에 사회 내의 주민들에게 그 특징을 전파시킨다. 이런 습득된 습관이나 기질의 특징은 대체로 귀족 계급을 흉내 낸 것이다. 높은 명성을 유지하는 유한계급의 규범적 위치는 그 계급의 생활 이론을 하류 계급에게 부과한다. 이런 유한계급의 압력이 사회 전반에 퍼져 나가면서 귀족적인 특징이 사회 내의 모든 계급에게 퍼져 나간다. 그런 특징은 유한계급의 원칙과 모범이라는 바로 그 점 때문에 사회 내의 많은 사람들 사이에서 살아남게 된다.

귀족적 인생관, 다르게 말해서 태곳적 기질이 전파되는 또다른 중요한 경로는 하인 계급이다. 이들은 주인 계급과의 접촉을 통하여 무엇이 훌륭하고 아름다운지 개념을 정립하게 되는데, 소속 하류층에 그것을 전파한다. 그런 식으로 하인 계급은 사회 전반에 유한계급의 더 높은 이상을 신속하게 전달한다. 만약 하인들이 없었더라면 그 개념의 전파는 그처럼 즉각적으로 이루어지지 못했을 것이다. "그 주인에 그 하인"이라는 말은 대중이 상류층 문화의 많은 요소를 일반적으로 생각하는 것보다 더 빠르게 받아들인다는 것을 보여주는 중요한 말이다.

유한계급은 산업적 기질을 퇴화시킨다

금전적 미덕의 존속에 대하여 계급들 사이에 별 차이가 없음을 보여주는 추가적인 사실이 있다. 금전적 투쟁은 대규모 영양부족 상태의 계급을 만들어 낸다. 이런 영양 부족은 생활필수품 부족 혹은 품위 있는 삶을 위한 지출의 결핍 때문에 발생한다. 어느 경우든 일상적 필요를 충족시키는 수단을 얻기 위한 치열한 투쟁이 결과적으로 벌어진다. 그것이 물질적인 필요이든, 그보다 더 높은 정신적 차원이든 투쟁은 불가피하다. 불리한 상황에 맞서 자기주장을 하려다 보니 그 개인의 모든 에너지가 소모되어 버린다. 그 개인은 자신의 목적을 달성하는 데 전념하게 되고, 점점 더 편협하고 자기 본위적인 사람이 되어간다. 이런 식의 이기적 추구 때문에 산업적 특성은 무시되어 쇠퇴하는 경향을 보인다.

이렇게 볼 때 유한계급이 전 인구에게 금전적 특징을 전파시키는 것은 주로 간접적인 방식에 의한 것이다. 먼저 금전적 품위의 기준을 수립하고, 그 다음에는 하류 계급으로부터 가능한 한 많은 생활 수단을 빼앗음으로써 금전적 특징을 각인시키는 것이다. 그리하여 하류 계급은 원래 상류 계급에게만 있었던 인간성의 유형을 자기 내면에 동화한다.

따라서 상류층과 하류층 간의 기질 차이는 그리 크지 않게 된다. 그 이유는 유한계급의 규범적인 사례, 그리고 유한계급의 두 원칙, 즉 과시적 낭비와 금전적 경쟁이 대중들 사이에 널리 수용되고 있기 때문이다. 유한계급은 공동체의 산업적 효율성을 저하시키고 현대의 산업적 생활에서 나타나는 긴급한 필요에 적응하는 걸 방해한다. 또한 그 계급은 인간성을 보수적인 방향으로 나아가게 하여 효율을 거두려 하며, 그 과정에서 다음 두 가지 방법을 사용한다.

[1] 유한계급 내에서 그리고 유한계급의 피가 수혈된 외부 계급에

서, 유전을 통하여 태곳적 특징을 직접 전파시키려 한다.

(2) 유한계급의 피가 수혈되지 않은 곳에서도, 태곳적 체제의 전통을 보존하고 강화함으로써 야만적 특징의 존속 가능성을 더욱 높인다.

하지만 현대 사회의 시민들 사이에서 드러나는 야만적 특징의 존속이나 제거에 관하여, 특별히 중요한 정보를 수집하거나 이해하려는 시도는 지금껏 거의 없었다. 따라서 일상적 사실들에 관한 산만한 검토 이외에는, 여기서 논한 견해를 뒷받침하는 구체적 증거는 거의 내놓을 수가 없다. 그런 산만한 정보들을 장황하게 늘어놓으면 진부하고 지루한 것이 될 게 너무나 뻔하다. 그럼에도 불구하고 여기서 논의의 완성도를 높이려면, 비록 빈약한 정보일지라도 제시해야 한다고 생각한다. 이어지는 여러 장에서 그런 단편적이고 장황한 정보들을 산만하게 얘기하게 될 텐데, 독자가 어느 정도 관용해 주기를 미리 요청하는 바이다.

제10장

현대 사회에서 발견되는
용맹성의 흔적

유한계급은 산업적 공동체 안에서 살기보다는 그 공동체에 의지하여 살아간다. 그 계급이 산업과 맺고 있는 관련성은 산업적인 것이라기보다 금전적인 것이다. 유한계급에 들어가려면 금전적 기질을 갖추고 또 잘 구사해야 한다. 이런 기질은 실용성에 봉사하기보다는 부의 획득에 더 집중한다. 따라서 그 계급을 구성하는 인적 자원은 지속적으로 엄밀한 조사를 통해 선택되고, 그 선택 기준은 금전적 활동의 적합성 여부이다. 하지만 유한계급의 생활양식은 대부분 과거의 유산이고, 초기 야만 시기의 습관과 이상을 상당히 포함한다.

이런 태곳적이고 야만적인 생활양식은 하류층에도 역시 완화된 형태로 부과된다. 이어 전통적인 생활양식은 인적 자원에 선택적으로 작용하고, 교육을 통해 그 자원을 육성하고 형성한다. 그 생활양식은 주로 초기 야만시대, 즉 용맹성과 약탈적인 삶의 시대에 속한 특징, 습관, 이상을 보존하는 방향으로 나아간다.

태곳적 기질은 투쟁을 숭상

약탈적 단계의 태곳적 인간성의 가장 즉각적이고 분명한 표현은 투쟁적 기질이다. 약탈적 활동이 집단적으로 이루어지는 곳에서 이런 성향은 군인정신으로 불리거나 혹은 최근에 들어와 애국심으로 불린다. 유럽 문명국들에서 세습 유한계급이 이런 군인정신 혹은 상무尙武 정신을 중산층보다 훨씬 높은 정도로 가지고 있다는 주장에는 굳이 동의를 구할 필요가 없다.

실제로 유한계급은 그런 구분을 자존심의 문제로 보며 여기에는 분명 근거가 있다. 전쟁은 영광스러운 일이고, 호전적인 용맹성은 일반인의 눈에 아주 명예로운 것으로 보인다. 이처럼 상무정신을 존경한다는 것은 전쟁 숭배자들이 약탈적인 기질을 많이 가지고 있음을 보여주는 가장 좋은 증거이다. 전쟁에 대한 열의와 그것의 지표가 되는 약탈적 기질은 상류층 사이에서 엄청나게 많이 발견되며, 특히 세습 유한계급에서 더욱 뚜렷하게 드러나는 현상이다. 게다가 상류층의 중요한 일자리는 통치(정부)이지만, 그 통치라는 것도 기원과 발달의 관점에서 살펴보면 약탈적 활동인 것이다.

습관적이고 호전적인 사고방식을 존중한다는 측면에서 세습 유한계급과 비교가 될 수 있는 유일한 계급은 하류층의 범법자 계급이다. 평소에 산업 계급 대다수는 호전적인 관심사에 대체로 무관심하다. 이런 평범한 사람들, 즉 산업 공동체의 효율적인 힘이 되는 사람들은 극도로 흥분하지 않는 한 방어전 이외의 싸움은 싫어한다. 심지어 이들은 도발을 받아 방어적인 태도를 취해야 할 때에도 오히려 다소 느리고 더디게 반응하는 모습을 보인다. 선진 문명사회나 산업 사회에선 호전적인 공격성의 정신이 일반인 사이에선 쇠퇴하고 있다. 그렇다고 산업 계급에 속한 개인들 중에 저돌적인 군인정신을 가진 사람이 별로 없다는 얘기는 아니다. 또 오늘날 여러 유럽 국가들과 미국이 겪고 있는 특별한 자극으로 산업 계급의 사람들이 한동안 군사적인 열정에 휩싸이는 일이 있었다(『유한계급론』은 1899년에 초판이 나오고, 1912년에 개정판이 나왔는데 이 부분은 개정판에서 고쳐진 듯하다. 1912년 당시 유럽은 제1차 세계대전1914-1919의 전운이 감돌고 있었다 : 옮긴이).

하지만 그런 일시적인 고양高揚이 있는 시기를 제외하면, 또 약탈적인 유형의 태곳적 기질이 부여된 개인, 그리고 그와 비슷한 상류층과 하류층의 개인들을 제외하면 현대 문명사회는 이런 면에서 아주 무관심하여, 도저히 전쟁을 실행할 수 없다. 예외가 있다면 실질적으로 국가가 침략을 받는 때뿐이다. 평범한 남자들의 습관과 기질은 전쟁보다는 덜 드라마틱한 행동 쪽으로 나아간다.

이런 계급에 따른 기질적 차이는 여러 계급의 특징이 유전되면서 생겨난 것도 있지만, 어느 정도는 인종적 차이에서 생겨나는 듯하다. 이런 면에서 계급 차이는 공동체의 여러 계급을 구성하는 인종 집단의 분포가 넓은 나라에서 더 눈에 띄고, 인구가 인종적으로 균질한 나라에서 눈에 띄게 덜 나타난다. 이와 관련하여, 전자의 나라(인종 분포가 넓은 나라)에서 최근에 유한계급에 가입한 사람들은 일반적으로 고대로부터 내려온 귀족 혈통을 대표하는 계급보다 군인정신이 덜하다. 이런 신참들은 최근 일반인들 사이에서 부상浮上했는데, 이렇게 유한계급으로 올라올 수 있었던 것은 태곳적 용맹성(전투정신)이 아닌, 다른 특징과 성향을 행사했기 때문이다.

용맹성의 표현인 결투

호전적인 행위 이외에도, 결투라는 제도 또한 상무 정신의 표현이다. 그리고 이런 결투는 유한계급의 제도이기도 하다. 결투는 사실상 의견 차이가 있을 때 최종적으로 합의를 보고자 의도적으로 결행하는 방식이다. 문명사회의 결투는 세습 유한계급이 있는 곳에서만 일반적인 현상으로 발견되고 또 거의 그 계급 내에서만 발생한다. 예외가 있다면 다음두 가지 경우이다.

　〔1〕육군과 해군 장교들. 이들은 통상 유한계급의 구성원이면서 동시에 약탈적인 성향을 갖추도록 훈련받았다.

　〔2〕하류층 범법자들. 이들은 유전이든 훈련이든 아니면 양자 모두를 통해서든 유한계급과 비슷한 약탈적인 성향과 습관을 갖추었다.

　의견 차이의 보편적인 해결책으로 보통 싸움을 채택하는 건 귀족 가문의 신사와 무뢰한(범법자)뿐이다. 평범한 남자는 도발에 대응하는 복잡한 절차가 없을 때에만 할 수 없이 싸우는데, 보통 순간적인 울화나취기 때문에 울컥하여 싸우게 된다. 그는 그런 흥분한 상황이 되면 평소보다 더 단순하고, 노골적인 이기적 본능에 의존한다. 즉, 일시적 무의식상태로 태곳적 성향으로 되돌아가는 것이다.

　결투 제도는 논쟁과 우월성을 최종적으로 해결하는 방식인데, 큰 도발이 없어도 벌어지는 의무적인 개인 간의 싸움으로 변한다. 가령 개인의 훌륭한 명성을 지키기 위해 결투해야 하는 사회적 의무가 되어버린다. 이런 결투, 즉 호전적인 기사도가 어떻게 존속하고 활용되는지를 특히 잘 보여주는 결투가 바로 독일 학생들이 벌이는 결투이다. 무뢰한들에겐 동료들과 정당한 이유 없이 싸워 남자다움을 강력히 주장하고 싶은 생각이 있고 그것을 의무로 여긴다. 마찬가지로 덜 격식을 차리는 사회적 의무가 하류 계급이나 유사類似 유한계급의 범법자들에게도 부과된다. 사회 모든 계급에 그런 의무가 퍼져나가면 공동체의 소년들도 그에 맞춰 그것을 활용하게 되고 결국 그런 싸움이 만연하게 된다. 소년은 보통 싸움 능력이라는 측면에서 자신과 친구들의 서열이 어떻게 되는지 매일 꼼꼼하게 확인하여 알고 있다. 소년 공동체의 경우, 상대방이 걸어온 싸움에 응하지 않으면 그 소년은 훌륭한 평판을 확보하지 못한다.

이 모든 점은 특히 일정한 – '일정한'을 몇 살로 규정할 것인가는 다소 모호하지만 – 나이를 넘어선 소년들에게 잘 적용된다. 유아기나 부모의 밀접한 보호를 받는 시기에 있는 아이의 기질은 위에서 말한 것과 일치하지 않는다. 왜냐하면 그 아이는 여전히 일상의 모든 면에서 어머니와 접촉을 하기 때문이다. 이런 어린 시절엔 공격성과 적대적 성향이 거의 나타나지 않는다. 이런 평화로운 기질에서 약탈적인 기질로(혹은 극단적인 경우 악의적인 짓궂은 소년으로) 변화하는 과정은 점진적인 것이다. 이런 변화는 무척 완성도 높게 성취되며, 몇몇 경우엔 다른 경우보다 더 넓은 범위의 개인적 기질에 영향을 미친다. 남자든 여자든 아이는 성장 초기에 진취적인 태도나 공격적인 자기주장을 내놓는 측면이 덜하고, 소속 가정에서 자기 자신과 자신만의 관심사를 독립적으로 주장하려는 성향도 약하다. 이런 아이는 꾸짖음에 더 민감하게 반응하고, 수줍음을 타며, 겁이 많고, 사람과의 친근한 접촉을 필요로 한다. 일반적으로 이런 초기 기질에선 점진적으로 유아적 특징이 쇠퇴하며, 결국에는 소년 특유의 기질로 변화하게 된다. 하지만 소년이 되어서도 약탈적 특징이 전혀 드러나지 않거나 기껏해야 약하고 흐릿하게 드러나는 경우도 있다.

소녀들이 소년들처럼 완전하게 약탈적인 단계로 이행하는 일은 좀처럼 벌어지지 않는다. 비교적 많은 소녀가 그 단계를 거의 경험하지 않는다. 그런 경우 유아기에서 청소년기로, 또 성년기로의 이행은 유아적인 목적과 소질에서 성인 생활의 목적과 기능 혹은 관심으로 이동하는 점진적이고 지속적인 과정이다. 이런 발달 과정에서 소녀들에게 일시적 약탈적인 단계가 나타나는 일은 별로 없다. 설사 일시적으로 나타난다 하더라도 약탈적이고 격리된 태도는 그리 강력하지 않다.

남자아이에게 짧은 약탈적인 시기는 무척 잘 드러나고 지속되지만, 성숙기에 들어서면 보통 사라진다. 방금 한 이 말은 약간의 구체적 제한이 필요하다. 소년 기질에서 성인 기질로 이행하는 일이 벌어지지 않거나 부분적으로만 벌어지는 일도 그리 드물지 않은 까닭이다. 집단생활에 도움을 주고, 따라서 현대 산업 사회의 효율적인 평균을 구성하는 산업적인 삶을 영위하는 성인 개인들의 평균적 기질을 "성인의" 기질로 이해한다면 말이다. 다시 말해, 소년에서 성년으로 이행해도 여전히 약탈적 기질을 갖고 있는 것이다.

유럽 인구의 인종 구성은 나라마다 서로 다르다. 어떤 경우 하류층에서조차 평화를 저해하는 장두-금발이 많이 포함되어 있다. 다른 경우 이런 인종 요소는 주로 세습 유한계급에서 발견된다. 호전적인 습관은 하류층의 노동계급 소년들보다는 상류층이나 장두-금발 하류층 소년들에게서 더욱 많이 발견된다.

전투적 기질은 인종적 특징

노동계급 사이에서 드러나는 소년의 기질에 관한 이런 일반화는 충실하고 자세한 현장 조사로 검증되어야 할 필요가 있다. 만약 그게 사실로

밝혀지면 호전적 기질이 상당한 정도로 인종 특성에 기인한다는 견해가 힘을 얻게 될 것이다. 어쨌든 호전적 기질은 같은 공동체의 인구 대부분을 구성하는 하류 계급의 주민들보다는 유럽 국가들의 지배적 상류층 인종인 장두-금발에서 더 많이 드러난다.

소년의 사례는 사회의 여러 계급이 갖고 있는 용맹성의 문제와 그리 중요하게 관계되지는 않는다. 하지만 이런 호전적 충동이 산업 계급의 평균적 남자가 소유한 기질과 유사한 것이 아니라, 태곳적 기질에 더 가깝다는 걸 보여주는 것만으로도 상당한 가치가 있다. 아이의 다른 많은 생활 특징에서 그런 것처럼, 여기서도 아이는 성인 남자의 초기 발전 단계를 일시적이고 축소된 형태로 부분 복제한다. 이런 해석에 따르면, 소년이 약탈 행위와 이기적 관심사를 선호하는 것은, 초기 야만 문화(약탈 문화)에서 정상으로 여겨진 인간성으로 일시 회귀하는 것이다. 다른 많은 곳에서 그런 것처럼, 이런 측면에서도 유한계급과 범법자 계급은 소년기와 청년기의 특징을 성년기에도 그대로 가지고 가는데, 그 특징은 초창기 문화 단계(즉 야만 시대)의 정신적 특징과 비슷하다.

이런 차이는 지속적인 인종 타입 간의 근본적 차이가 아니라고 할 수 있는데, 그렇다면 허풍을 떠는 범법자와 유한계급의 깔끔한 신사를 평범한 군중으로부터 구분해주는 특징은 무엇이라고 보아야 할까? 그것은 정지된 정신의 발달이라고 대답할 수 있다. 현대 산업 사회에서 평균적 성인이 겪는 정신 발달 단계와 비교하면 그들은 미성숙한 단계에 머물러 있다. 사회 계층의 상부와 최하층을 대표하는 이들의 미숙한 정신적 구조는 약탈과 이기적 관심사에 집중하려는 성향과는 다른 태곳적 특징에서 만들어지는 것이다. 이것은 뒤에서 더 다루어질 것이다(여기서 말하는 다른 태곳적 특징은 제11장에서 다루어지는, 애니미즘에서 나온 사행심을 가

리키는 것이다 : 옮긴이).

투쟁적 기질의 본질적 미성숙을 분명하게 보여주는 사례가 하나 있
다. 소년과 성인 남자의 중간 단계에 있는 나이가 어느 정도 되는 학생
들 사이에서 유행하는, 목적 없고 장난기 가득하지만 거의 체계적이고
정교한 평화 저해 행위가 바로 그것이다. 일반적으로 이런 행위들은 청
소년기에 국한되고, 성인 생활로 넘어가는 동안 반복되지만 그 빈도와
강도는 차츰 줄어든다. 그런 행위들은 집단이 약탈적인 생활 습관에서
더 안정적인 생활 습관으로 넘어가는 발전의 순서에 맞춰, 개인의 삶에
서도 그런 순서를 반복한다. 많은 경우에, 개인의 정신적인 성장은 미숙
한 단계를 아직 벗어나지도 않은 상태에서 끝나버린다. 이처럼 성장이
멈춰버린 경우에, 호전적인 기질은 생애 내내 지속된다. 정신의 발달 측
면에서, 결국 평균적 성인에 도달하는 개인은 태곳적 단계(호전적이고 모
험적인 스포츠맨의 항구적인 정신 수준)를 잠시 거쳐 가지만 곧 그 단계를
극복한다. 물론 각 개인은 사람에 따라서 서로 다른 정신적 성숙함과 진
지함을 성취한다. 정신적 성숙함의 평균치에 도달하지 못한 개인들은
현대 산업 사회에서 조잡한 인간성을 지닌 인간 찌꺼기로 남거나, 산업
적 효율성과 집단생활의 온전함을 강조하는 자연 선택의 과정에서 남을
돋보이게 하는 존재로 낙오하게 된다.

스포츠 : 정지된 정신의 발달

이런 정지된 정신 발달은 다음 두 가지 행위로 표출된다.

〔1〕 어른이 소년들이나 할 법한 난폭한 약탈 행위에 직접 참여하는
것.

（2）어른이 그런 부류의 행위를 하는 소년들을 뒤에서 사주하거나 돕는 것. 이것은 흉포한 습관의 형성을 더욱 조장한다.

이런 습관은 자라나는 세대가 성인이 되어서도 계속될 것이고, 공동체를 더 평화롭고 효율적인 방향으로 유도하는 모든 활동을 지연시킬 것이다. 약탈적 기질을 가진 사람이 청소년의 습관 발전을 지도하는 사회적 위치에 있다면, 용맹성의 보존과 회귀 방향으로 행사하는 그의 영향력은 무척 강력할 것이다. 예를 들면, 최근 많은 성직자와 사회 중심인물들이 "교회소년단"이나 그와 비슷한 유사 군대 조직을 설립한 것이나, 고등 교육 기관에서 "대학 정신", 대학 스포츠 등이 성장하도록 권장하는 것 등은 모두 비슷한 사례인데 사회적으로 중요한 의미를 갖는다.

이런 약탈적 기질의 표현은 모두 약탈이라는 범주로 분류될 수 있다. 그것은 경쟁적인 난폭함에서 나오는 것일 수도 있고, 용맹하다는 평판을 얻을 속셈으로 의도적으로 벌이는 것일 수도 있다. 프로 권투, 투우, 육상, 사격, 낚시, 요트 경주, 파괴적인 물리적 효율성 요소가 그리 뚜렷하지도 않은 기량 겨루기 게임 등, 모든 스포츠는 똑같은 일반적 특징을 갖고 있다. 스포츠는 원래 적대적인 전투를 그 모델로 삼고 있지만, 여러 가지 기술을 개발하면서 간계와 교묘한 속임수 게임으로 차츰 발전했는데, 그 기술과 속임수를 잘 구분하기가 더욱 어려워진다. 스포츠 탐닉 증세는 태곳적 정신 구조를 갖고 있기 때문이다. 약탈적이고 경쟁적인 성향이 아주 강한 사람이 스포츠를 좋아한다. 소위 스포츠맨 정신을 발휘해야 하는 운동에서는, 모험적인 약탈을 추구하고 남에게 피해를 주려는 성향이 아주 강하게 드러난다.

스포츠에 몰입하게 만드는 기질은 소년적 기질인데, 앞에서 언급한 다른 약탈적 경쟁보다는 스포츠에서 그런 소년적 기질이 더욱 두드러지게 나타난다. 따라서 과도한 스포츠 중독은 그 개인의 도덕성이 발달 정지되었음을 보여준다. 스포츠를 하는 남자들에게서 나타나는 이런 기이한 소년적 기질은 모든 스포츠 활동에 존재하는 겉꾸밈의 요소에 주목할 때 즉각 분명해진다. 스포츠는 아이들, 특히 소년들이 습관적으로 끌리는 놀이 및 약탈 행위와 함께 이런 겉꾸밈의 특징을 공유한다. 겉꾸밈은 모든 스포츠에 같은 비율로 들어 있지 않지만, 예외 없이 상당히 많이 들어가 있다. 이것은 앉아서 하는 기량 겨루기 게임보다는 공격적 스포츠맨십이나 운동 경기에서 명백히 더 많이 존재한다.

물론 획일적으로 그렇다는 얘기는 아니다. 예를 들어, 무척 온화한 태도를 보이고 사무적인 남자들조차 사냥을 간다고 하면 스스로 대단한 일이라도 하는 것처럼 과도한 무기와 장비를 챙기는 경향이 있다. 이런 남자 사냥꾼들은 또한 연극조로 과장된 걸음걸이를 하고, 사냥감에 은밀하게 접근하거나 습격할 때 자신의 동작을 정교하게 과장하는 경향이 있다. 이는 분명 약탈 행위와 관련이 되는 것이다. 이와 비슷하게 운동 경기에서도 거의 늘 고함치기, 허세, 허울뿐인 속임수가 존재한다. 해당 특징들은 이런 활동의 연극적(과장하는) 성격을 드러낸다. 물론 이 모든 것에서 소년 같은 겉꾸밈의 암시는 분명하게 드러난다. 운동선수들의 은어 대다수는 전쟁 용어들에서 차용한 아주 유혈적인 언사로 구성되어 있다. 은밀한 소통의 필수 수단으로 채택된 경우를 제외하면, 모든 활동에서 특별한 은어를 사용하는 건 그 활동이 사실상 겉꾸밈이라는 증거이다.

스포츠가 결투나 그와 비슷한 비평화적 행위와 다른 또 하나의 특징은 약탈과 난폭함의 충동 이외에 다른 동기를 부여한다는 것이다. 어떤 특정한 경우에서 다른 동기가 존재하는 일은 거의 없겠지만, 스포츠에 탐닉하는 다른 이유가 자주 언급된다는 것은 때로는 다른 동기가 부수적인 방식으로 존재하기 때문이다. 사냥꾼과 낚시꾼 같은 스포츠맨은 거의 자연에 대한 사랑이나 오락에 대한 욕구 등을 스포츠 선호 동기로 내세우는 습관이 있다. 이런 동기들은 분명 자주 나타나고 스포츠맨의 삶이 주는 매력 일부를 구성하지만, 주된 동기는 되지 못한다. 스포츠맨이 사랑하는 "자연"의 한 부분인 동물 죽이기를 안 해도, 이런 표면상의 욕구(자연에 대한 사랑)는 순조롭고 온전하게 충족될 수 있다. 그럼에도 불구하고 실제로 스포츠맨은 모든 생명체를 죽여 없애 자연을 만성적인 폐허 상태로 만드는 행위를 하고 있는데, 그들이 저지르는 파괴 중 가장 심각한 것이다.

스포츠의 자연 접촉과 오락 동기

그럼에도 불구하고, 기존의 상황 아래에서 자신의 오락이나 자연과의 접촉 욕구 등이 자기 자신의 행동에 의해 가장 훌륭하게 충족될 수 있다는 스포츠맨의 주장은 근거가 있다. 훌륭한 교양에 관한 특정 규범은 과거에 약탈적 유한계급이 규범적인 전형으로 내세웠고, 현대의 유한계급은 그것을 잘 활용하면서 공들여 보존하는 모습을 보였다. 그 규범은 스포츠맨이 다른 방식으로(유한계급의 것이 아닌 방식으로) 자연과 접촉하는 것을 허용하지 않을 것이다. 약탈적 문화에서 일상 최고의 여가로 전해 내려온 명예로운 활동인 스포츠는 유한계급의 품위 기준에서 온전하게 허용되는 유일한 야외 활동이었다. 사냥과 낚시에 마음이 끌리는 그럴듯한 동기 중에는 오락과 야외 활동에 대한 욕구가 있을 것이다. 체계적인 도살로 위장한 이런 목표(사냥)를 추구할 필요성을 부과한 것은 그보다 좀 더 먼 곳에 있는 규범이다. 그 규범을 위반한다면 그 사냥꾼은 불명예를 얻거나 자신의 명성에 손상을 입게 된다(먼 곳에 있는 규범: 이 책의 제1장에서 생산직에 종사하지 않는 상류 계급의 직업은 통치[정부 관리], 전쟁[전사], 종교적 예배[사제], 스포츠[사냥] 등, 넷이라고 했는데, 동물을 죽여 그 고기와 가죽을 얻는 것이 일종의 생산 행위가 되지만, 사냥은 과거 약탈의 행위를 연상시키는 측면이 있으므로 그런 준 생산적 행위를 해도 불명예나 명성의 손상을 당하지 않는다는 뜻 : 옮긴이).

다른 종류의 스포츠도 다소 비슷한 상황이다. 이들 중엔 운동 경기가 최고의 사례이다. 물론 여기서도 마찬가지로 활동, 운동, 오락의 형태는 훌륭한 삶의 규범에 따라 허용되어야 한다. 운동 경기에 중독되거나 그것을 칭찬하는 사람들은 운동 경기가 오락과 "체육 문화"에 최고로 유용한 수단을 제공한다고 주장한다. 또한 규범적인 관례도 그런 주장을 은근히 지지한다. 품위 있는 삶의 규범은 과시적 여가가 아닌 모든 활동을 유한계급의 생활양식에서 배제한다. 그 결과 해당 규범은 사회 전반의 생활양식에서도 그런 비 과시적 활동을 배제하는 경향을 보인다. 동시에 목적 없는 신체 활동은 용납하기 어렵고 지루하며 불쾌한 것이 된다. 다른 관계에서 알아본 것처럼 설혹 그 활동에 부여된 목적이 겉꾸밈에 지나지 않을지라도, 최소한 그럴싸한 핑계가 되는 목적을 제공할 어떤 활동 형태가 되어야 한다. 스포츠는 근본적인 무용성의 목적을 충족시키고 그와 함께 그럴싸한 겉꾸밈의 필요조건에도 부합한다.

이에 더하여 스포츠는 경쟁의 기회를 제공하기에 더욱 매력적이다. 예의 바른 사람이 되려면 그가 하는 일은 유한계급의 품위 있는 낭비의 규범에 반드시 순응해야 한다. 동시에 모든 활동은 부분적이라고 할지라도 습관적인 삶의 표현으로 지속되려면 실용성을 강조하는 효율성의 인간 규범에 반드시 부합해야 한다. 유한계급의 규범은 엄격하고 포괄적인 무용성을 요구한다. 반면 일솜씨 본능은 목적이 있는 행동을 요구한다. 유한계급의 예절 규범은 사실상 유용하거나 목적이 있는 행동 방식을 공인된 생활양식에서 천천히 선별적으로 제거한다. 일솜씨 본능은 충동적으로 작용하며 그럴 듯한 목적에 의해 잠정적으로 충족될 뿐이다.

유한계급의 무용성 규범이 행위자의 의식에 불안을 조성하고 그 의식을 괴롭히는 경우는 언제일까? 그 행위자가 어떤 행위에 수반되는 궁극적인 무용성이 그의 목적 뚜렷한 생활양식에는 어울리지 않는 요소라고 생각할 때이다.

스포츠 : 무용성과 효율성의 결합

개인의 사고 습관은 유기적 복합체를 형성하며 삶의 과정에서 반드시 유용한 방향으로 움직이는 경향이 있다. 이런 유기적 복합체에 과시적 낭비나 무익함을 삶의 목적으로 주입하려고 하면 즉각적인 혐오감을 불러일으키게 된다. 하지만 민첩하거나 경쟁적인 활동에 수반된 그럴듯하고 비 반성적인 목적에 집중할 수 있다면 그런 혐오감을 피할 수 있다. 사냥, 낚시, 운동 경기 등의 스포츠는 약탈적인 삶의 특징인 민첩성, 경쟁적 난폭함, 교활함을 펼칠 수 있는 활동 공간을 제공한다. 심사숙고하는 능력이나 행동 이면의 경향을 감지하는 데 다소 능력이 모자라고, 또 단순하고 충동적인 행동을 하는 삶을 영위하는 개인에게는 이런 스포츠가 아주 알맞다. 즉각적이고 비 반성적인 방식으로 우월한 지위를 표현하는 스포츠의 목적성은 어느 정도 그의 일솜씨 본능을 만족시킬 것이다. 그의 지배적인 충동이 약탈적 기질에서 나타나는 비 반성적이고 경쟁적인 성향이기에 그러하다.

동시에 예의규범은 그에게 스포츠가 합당하다며 스포츠를 훌륭한 금전적 삶의 표현으로 권장할 것이다. 어떤 활동이든 품위 있는 오락의 전통적인 방식으로 입지를 굳히려면 궁극적인 낭비와 그럴듯한 목적의식, 이렇게 두 가지 조건을 만족시켜야 한다. 다른 형태의 오락과 활동은 높은 교양을 갖추고 섬세한 감수성을 가진 유한계급의 사람에게는 도덕적으로 불가능하므로 스포츠는 기존 환경에서 이용할 수 있는 것 중 최고의 수단이 된다.

운동 경기를 옹호하는 상류층 구성원들은 보통 운동 경기가 귀중한 신체와 정신 발달의 수단이라는 근거를 들어 자신과 이웃의 스포츠 애호를 정당화한다. 그들은 참여자들의 체격과 정신이 좋아질 뿐만 아니라 관중조차도 남자다운 정신을 함양할 수 있다는 말까지 덧붙인다. 미식축구는 운동 경기의 유용성에 관한 문제가 제기될 때 미국 사회의 일원이라면 누구든 가장 먼저 떠올릴 특별한 스포츠이다. 또한 육체적 혹은 도덕적 구원 수단으로 운동 경기를 옹호하거나 반대하는 사람들의 마음속에서 현재 가장 먼저 떠오르는 경기도 미식축구이다. 따라서 이런 전형적인 운동 경기는 참가자의 기질과 신체 발전에 미치는 영향을 실증한다. 미식축구와 체육 문화의 상부상조 관계가 투우와 농업의 그것과 마찬가지라는 주장은 그럴 듯해 보인다.

이런 놀이 제도가 유용함을 얻기 위해선 근면한 훈련과 양육이 필요하다. 운동 경기에 적합한 주체가 인간이든 짐승이든 세심하게 선택되어 훈육을 시키게 되는데, 이는 사나운 야생의 기질을 보호하고 또 순치 과정에서 쇠퇴하는 경향이 있는 그런 기질을 보존하고 강조하기 위한 것이다. 그렇다고 해서 신체와 마음 양면에서 야생이나 야만적인 습관이 전면적으로 꾸준하게 회복되는 결과가 된다는 얘기는 아니다. 오히려 야만이나 야생의 어느 한 면으로만 회귀하는 형태로 나타난다. 다시 말해, 개인의 자기 보존과 야생 환경에서 느끼는 삶의 충만함을 만족시키는 것이 아니라, 환경을 손상하고 황폐화시키는 특징만 회복하고 강조한다는 뜻이다. 미식축구에 부여된 문화는 이국적인 난폭함과 교활함의 결과물이다. 이런 문화는 초기의 야만적 기질(폭력과 기만)만을 회복시키며, 사회적·경제적 필요의 관점에서 볼 때, 사회의 타락을 회복시키는 원시인의 좋은 기질(평화적 기질)을 억압한다.

약탈적 기질의 경제적 근거와 미학적(도덕적) 근거

운동 경기를 하기 위해 훈련을 하다가 얻은 신체적 활력 ─ 훈련이 정말 그런 효과를 낼 수 있다면 ─ 은 개인과 집단 모두에게 이익이다. 다른 점이 똑같다면 그런 신체적 활력은 경제적 유용성에 이바지할 것이기 때문이다. 운동 경기의 정신적 특징은 집단의 이익에는 도움이 안 될지 몰라도 개인의 경제적 이익에는 기여한다. 주민의 일부가 이런 약탈적 특징을 갖고 있는 공동체라면 이것은 어디에서나 맞는 얘기이다. 현대의 경쟁은 대부분 약탈적 인간성을 토대로 하는 자기주장의 과정이다. 그런 특징이 현대의 평화로운 경쟁에서 세련된 형태로 등장하기는 하지만, 아무튼 그 특징을 어느 정도 소유하는 건 문명인의 생필품 같은 것이 되었다. 하지만 약탈적 특징은 경쟁적인 개인에게 필수적이긴 하지만, 공동체에 직접적인 도움이 되지는 않는다. 집단생활에 기여하는 개인의 유용성에 관해서 살펴보면, 그런 경쟁적 효율성은 간접적으로만 도움이 될 뿐이다. 난폭함과 교활함(폭력과 기만)은 다른 공동체와 적대적인 거래를 할 때를 제외하곤 공동체에게 아무런 소용이 없다. 이것들이 개인에게 유용한 경우는 그 개인이 살고 있는 인간적 환경에 그런 특징이 난무하고 있을 때뿐이다. 이런 약탈적 기질이 별로 없는 개인이 경쟁적인 투쟁에 뛰어드는 건 뿔도 없는 거세한 수소가 뿔 달린 소 무리에 뛰어드는 것처럼 불리한 일이다.

약탈적 기질의 소유와 함양은 물론 경제적인 근거 이외에 다른 근거에서도 바람직할 수 있다. 야만적 소질을 선호하는 미학적이거나 윤리적인 근거도 있다. 따라서 야만적 특징은 이런 선호에 잘 부응하여, 그 경제적 무용성을 상쇄해 줄 수도 있을 것이다. 하지만 우리의 논의에서 그런 미학적·도덕적 근거는 논외의 이야기이다. 따라서 여기에서는 경제적 근거에 입각하여 스포츠의 바람직함이나 타당함에 대해서 얘기하는 것이 가치가 있다.

대중은 스포츠 생활이 만들어 내는 인간성에 존중할 만한 측면이 많다고 생각한다. 다소 느슨한 일상적 용어로 말하면 스포츠 생활에는 자부심과 동료의식이 있다. 반면에 다른 관점에서 보면 호전성과 배타성이 있다. 이런 남자다운 특징을 현재 인정하고 칭찬하는 이유, 더불어 그런 특징을 남자답다고 하는 이유는 개인에게 그런 특징이 유용하기 때문이다. 공동체 구성원, 특히 취향의 규범에서 선두를 달리는 특정 계급의 구성원은 이런 스포츠 성향을 충분히 지니고 있어 그렇지 못한 사람을 결격 사유라 생각하고, 특별하게 스포츠 성향이 많은 사람은 우수한 장점을 갖췄다고 높이 평가한다.

약탈적 인간의 특징은 현대의 보통 사람들 사이에서 절대로 쇠퇴하지 않는다. 그런 특징은 언제나 존재하며, 그런 특징을 표출시키는 정서에 호소함으로써 언제라도 뚜렷하게 나타날 수 있다. 다만 이런 호소는 우리의 직업이 되는 특정 활동과, 다양한 일상적 관심사와 충돌하지 않아야 한다. 경제적인 관점에서 볼 때, 산업 사회의 보통 사람들이 이런 바람직하지 못한 성향에서 해방되는 것은, 그런 성향이 잘 사용되지 않음으로써 잠재의식적 동기의 뒷전으로 밀려날 때뿐이다. 개인마다 영향력이 다르게 나타나는 이 약탈적 성향은 일상적인 강도를 넘는 긴장이 발생하면 사람의 행동과 정서를 공격적으로 형성한다. 또한 이 성향은 개인의 비약탈적(평화로운) 직장이 그 개인의 일상적인 관심과 정서를 완전히 사로잡아 버리지 않는 한, 언제라도 강력하게 그 존재를 주장하고 나선다. 이런 면은 유한계급과 일부 그 계급에 의존하는 인구에서 확인된다.

그러므로 새롭게 유한계급에 들어가려는 사람은 스포츠를 하면 그 계급으로의 편입이 수월하다. 이런 이유로 상당한 부가 축적되어 주민의 상당수가 노동을 하지 않는 산업 사회에서는 스포츠 행사와 스포츠를 하려는 정서가 빠르게 성장하고 있다.

공격적 기질 : 유한계급, 스포츠맨, 범죄자

모든 계급에 같은 정도로 약탈적인 기질이 발견되지는 않는다. 이러한 사실을 보여주는 흔하고 익숙한 사실이 하나 있다. 단순히 하나의 현대적 특징으로 받아들이면 지팡이를 들고 다니는 습관은 기껏해야 사소한 일에 불과할 것이다. 하지만 현재의 논의에서 해당 관습은 중요한 의미가 있다. 그런 습관이 가장 만연한 계급, 즉 일반적으로 생각했을 때 지팡이와 긴밀한 관계를 보이는 사람은 유한계급의 사람, 스포츠맨, 그리고 하류층 범법자이다. 여기에 금전적 일자리에 종사하는 사람도 추가할 수 있으리라. 그러나 산업에 종사하는 보통 사람은 여기에 해당 사항이 없다. 어쨌든 여자는 병을 앓지 않는 한 지팡이를 들고 다니지 않는다는 점도 주목할 만하다. 또한 들고 다니더라도 그 활용에 있어 다른 면을 보인다.

물론 지팡이를 지참하는 관습은 대부분 예절에 관계된 것이다. 하지만 동시에 그런 관습을 선도하는 계급의 성향을 나타낸 것이기도 하다. 손에 든 지팡이는 손으로 노동을 하지 않는 사람이라는 것을 드러내어 그 소유자가 유한계급이라는 걸 증명한다. 하지만 지팡이는 또한 무기로도 사용되어 그런 측면에서 야만적인 남자의 절실한 욕구(공격적 욕구)를 충족시킨다. 그런 구체적 공격 수단을 손에 들고 있다는 건 심지어 약간의 난폭한 기질을 가진 사람에게도 위안을 준다.

난폭성이라는 언어의 뉘앙스 때문에 여기서 논하는 난폭한 기질, 성향, 삶의 표현 등은 어쩔 수 없이 사람들의 비난을 받을 우려가 있다. 그렇지만 우리는 인간성의 특징이나 생활 과정의 이런저런 단계에 대하여 비난하거나 칭찬하려는 의도는 전혀 없다. 인간성의 주도적인 다양한 요소들을 경제 이론의 관점에서 살펴볼 뿐이다. 다시 말해, 인간성의 여러 특징들을 집단생활의 편의성과 직접 관계되는 경제적 측면에서만 판단하고 분류한다. 그래서 이런 현상들(난폭한 기질, 성향, 삶의 표현 등)은 경제적인 관점에서 파악되었고, 그 가치는 다음 조건에 의하여 평가되었다.

그것은 환경에 대해 인간 집단의 더 완벽한 적응을 발전시키거나 저해할 직접적 행동인가? 현재와 당면한 미래에 닥칠 인간 집단의 경제적 상황에 필요한 제도적인 구조를 만들어 내는가?

이런 관점에서 살펴보면 약탈 문화에서 전해 내려온 인간성의 특징들은 생각보다 유용하지 않다.

그렇지만 약탈적 인간의 정력적인 공격성과 끈질김이 훌륭한 가치를 지닌 유산이라는 점은 간과하면 안 된다. 우리는 이런 소질과 성향의 경제적 가치, 나아가 편협한 의미에서의 사회적인 가치 역시 여기서 판단하려고 한다. 하지만 다른 관점에서 본 그런 소질과 성향의 가치는 고려하지 않는다. 최근의 단조롭고 평범한 산업적 생활양식과 대조할 때, 또 공인된 도덕성 기준(특히 미학과 시의 기준)으로 판단할 때, 이런 약탈적 인간성은 여기서 부여한 가치와는 아주 다른 가치를 가지게 된다. 하지만 이런 모든 건 현재의 논의와는 무관하므로 여기서는 다른(도덕적/미학적) 가치에 관해서는 의견을 표명하지 않겠다. 여기서 해야 할 일은, 현재 논하는 목적과는 무관한 그런 가치의 기준이, 인간성의 특징이나 그런 특징을 발전시키는 활동을 경제적으로 분석할 때 개입되지 않도록 주의하는 것이다. 우리는 적극적으로 스포츠에 참여하는 사람과 스포츠를 관람만 하는 사람을 동시에 경제적 분석의 대상으로 삼는다. 뒤의 장(제12장 : 옮긴이)에서 소위 종교 생활이라고 알려진 현상에 관해 여러 가지 고찰을 할 것인데, 여기서는 스포츠 성향에 적용되는 얘기(공격성과 끈질김)가 종교 생활의 여러 측면에도 그대로 적용된다는 것만 언급해 둔다.

변명을 필요로 하는 태곳적 제도

바로 앞 문단에서, 약탈적 기질이나 행위에 대하여 일상 언어를 사용하게 되면, 언어적 뉘앙스 때문에 비난이나 변명의 뜻을 무의식중에 내포하게 된다는 걸 지나가듯이 말한 바 있다. 이 사실이 중요한 것은 다음과 같은 점 때문이다. 그것은 스포츠와 약탈로 표현되는 야만인 기질에 대하여 보통 사람들의 냉정한 태도를 보여주는 것이다. 그리고 이 자리는 스포츠에 대한 저 비난의 어조를 논의하기에 적당하다고 생각한다. 먼저 스포츠나 약탈적 기질을 보여주는 행위에 대하여 옹호하거나 칭송하는 저 방대한 담론에는 경멸의 저의가 담겨져 있다. 이런 변명하는 심리 상태가 야만적인 삶의 단계에서 전해 내려온 많은 다른 제도를 언급하는 데에서도 관찰된다. 그처럼 변명이 필요해 보이는 태곳적 제도로는 다음과 같은 것이 있다.

- 부의 분배에 관한 기존 체계.
- 그로 인한 계급 신분제.
- 과시적 낭비로 분류될 수 있는 모든, 혹은 거의 모든 소비 형태.
- 가부장제하의 여성 지위.
- 전통적 교리와 독실한 종교의식(특히 교리에 관한 공개적 표현과 용인된 종교의식에 관한 소박한 생각).

스포츠와 스포츠를 즐기는 기질을 옹호하는 변명의 말들은 약간만 자구를 수정한다면, 바로 위에서 거론한 우리 사회의 유산을 옹호하는 변명의 말로 그대로 사용할 수 있다.

그런데 세간에는 이런 정서가 있다. 스포츠와 더불어 스포츠를 즐기는 기질의 기초가 되는 약탈적인 충동 및 사고 습관이 상식에 전혀 부합하지 않는다는 것이다. 이런 정서는 스포츠 옹호자 자신이 분명하지 않은 모호한 말로 공언하고 있지만, 그의 논조에서 그것을 감지할 수 있다. "살인자 대다수는 아주 온당하지 못한 기질을 지녔다"는 말이 있다. 이 경구는 약탈적 기질, 그리고 그 기질의 공공연한 표현과 행사에서 드러나는 훈육 효과를 윤리학자가 어떻게 보는지 잘 드러낸다.

마찬가지로 이 경구는 약탈적 사고방식이 집단생활에 유용한지에 대하여 성숙한 사람이 얼마나 비관적으로 보는지도 알려 준다. 이 격언은 약탈적 태도를 습관화시키는 모든 활동에 반대하면서, 그렇지 않다(약탈적 기질이 사회생활에 도움이 된다)라고 증명하는 부담은 약탈적 기질을 회복시키고 강화해야 한다고 하는 사람이 져야 한다고 말한다. 그러나 스포츠의 오락과 진취성을 지지하는 강력한 대중적 정서가 있다. 하지만 동시에 그런 주장(오락과 진취성)에 타당성이 없다고 보는 생각도 공동체 내에 널리 퍼져 있다. 그래서 스포츠의 타당성에 대하여 보통 이런 이유가 제시된다. 비록 약탈적이고, 사회적으로 붕괴를 일으키고, 산업적으로 쓸모없는 성향으로 회귀시키는 효과가 있지만, 스포츠는 간접적으로 사회적 혹은 산업적 목적에 유용한 사고 습관을 기른다. 이것은 선뜻 이해하기 어려운, 황당한 귀납 혹은 상식에 반하는 논리 같이 보이지만 아무튼 이런 식으로 주장하는 것이다. 그러니까, 비록 스포츠가 차별적 약탈의 성격을 갖고 있지만, 어떤 간접적이고 모호한 효과를 통해 비 차별적 노동에 도움이 되는 기질을 성장시킨다고 보는 것이다. 그래서 사람들은 이것을 경험적으로 보여주려 한다. 그게 여의치 않으면 예민한 사람이라면 누구나 알 수 있는 명확한 경험적 일반화라고 강변하는 것이다.

스포츠 옹호론자들은 이 논제의 증명을 수행하면서 원인에서 결과를 추론하는 논리적 – 그러나 위험스러운 – 원칙은 교묘하게 피해 나간다. 그저 앞서 언급한 "남자다운 미덕"이 스포츠로 길러진다는 것만 반복해서 주장한다. 하지만 이런 남자다운 미덕은 (경제적으로) 정당화가 필요하기 때문에 시작부터 논리적 증명 과정이 붕괴되고 만다. 가장 일반적인 경제 용어로 말하자면, 이런 해명은 불리한 상황 논리에도 불구하고 스포츠가 실은 폭넓게 일솜씨 본능을 발전시킨다고 주장하려는 노력이다. 스포츠가 이런 효과가 있다는 걸 자신은 물론 다른 사람들에게도 정당하게 설득하지 못하는 한, 사려 깊은 스포츠 옹호자는 그런 주장만으로는 만족하지 못할 것이다. 보통 그는 만족을 하지 못한다. 자신의 옹호적 변명에 스스로 불만이 있다는 건 그의 거친 어조에서 드러나고, 또 자신의 입장을 뒷받침하고자 스스로 주워섬기는 강력한 단정적 언사에서도 나타난다.

스포츠와 일솜씨 본능

그런데 왜 스포츠와 일솜씨 본능이 서로 관련 있다는 해명이 필요한가? 스포츠를 지지하는 대중적인 정서가 만연하다면 왜 그 사실만으로 충분한 정당화가 되지 못하는가?

약탈적 문화와 유사-평화적 문화에서 인종을 지배했던 장기간에 걸친 용맹성 체제는 오늘날의 남자들에게 난폭함과 교활함의 표출에서 희열을 찾는 기질을 전했다. 그런 마당에 왜 스포츠는 정상적이고 유익한 인간성의 정당한 표현으로서 인정되지 못하는가?

세습적인 용맹성의 형태로 현 세대에서 표출되는 그 집단적 성향 이외에, 무슨 준수해야 할 다른 규범이 있다는 것인가?

그런데 이와 관련하여 우리가 호소해야 할 궁극적인 규범은 일솜씨 본능이다. 이는 약탈적 경쟁 성향보다 더 근본적이고 더 오래된 규범적 본능이다. 약탈적 경쟁은 일솜씨 본능이 특별하게 발전된 결과물이며, 무척 오래됐음에도 불구하고 상대적으로 일솜씨 본능보다 뒤늦게 나타난 후대의 변종이다. 경쟁적인 약탈적 충동, 혹은 스포츠맨 정신이라고 불러도 무방한 그 본능은 그 발전의 모태인 원초적인 일솜씨 본능과 비교하면 본질적으로 불안정하다. 이런 궁극적 삶의 규범으로 검증해 보면, 약탈적 경쟁과, 그에 따른 스포츠 생활은 궁극적 이상으로서는 멀리 미치지 못하는 것이다.

유한계급 제도가 스포츠와 차별적 약탈에 도움을 주는 방식과 양태는 명료하게 진술될 수가 없다. 이미 언급한 증거로 미루어볼 때, 유한계급은 정서와 성향 면에서 산업 계급보다 호전적인 태도와 의향을 더 좋아한다. 스포츠에 관해서도 그들은 비슷한 태도를 보인다. 하지만 유한계급은 간접적인 영향으로, 또 품위 있는 삶의 규범을 통해 스포츠 생활에 널리 퍼진 정서에 주로 영향을 미친다. 이런 간접적인 영향은 거의 명백하게 약탈적 기질과 습관을 더욱 촉진하는 방향으로 작용한다. 상위 유한계급이 정한 예절 규범에서 금지한 스포츠 생활의 변종이라도 이런 영향력이 작용한다. 그런 예로는 프로 권투, 닭싸움, 그 외에 스포츠 기질을 저속하게 표현한 스포츠 등이 있다. 최근 인증된 세세한 예절 목록이 무엇이든 간에 유한계급으로부터 승인받은 예절 규범은 경쟁과 낭비를 훌륭한 것으로 보고 그와 정반대에 있는 것은 창피한 것으로 여긴다. 문명의 빛이 희미하게 스며드는 사회 하류층에서, 규범의 세부 사항은 바라는 만큼 용이하게 파악되지 않으며, 이런 폭넓은 예절 규범은 다소 무분별하게 적용된다. 그들은 그런 규범이 유효하게 적용되는 범위나 자세하게 규정된 예외 사항 등에 대해서는 거의 의문을 제기하지 않는다.

운동 경기 중독은 직접 참여한다는 점에서 또 사람들의 정서를 환기시키고 도덕적 지지를 받는다는 점에서, 아주 뚜렷하게 드러나는 유한계급의 주요 특징이다. 그것은 그 계급이 하류층 범법자와 공유하는 특징이며, 지배적인 약탈적 경향을 지닌 공동체 전반에서도 드러나는 과거 회귀적 요소이다. 서양의 문명국 인구 중 오락적 운동 경기를 무시해 버릴 정도로 약탈 본능이 결여된 개인은 거의 없다. 하지만 산업 계급의 일반적 개인은 소위 스포츠 중독이라고 할 정도로 스포츠에 탐닉하는 모습을 보이지 않는다. 이 계급에서 스포츠는 진지한 삶의 특징이라고 하기보다 가끔 즐기는 오락일 뿐이다. 따라서 이런 일반인은 스포츠를 즐기는 성향을 강화한다고 할 수 없다. 스포츠 애호는 그런 평균적 일반인들에게, 더 나아가 상당히 많은 사람들에게 사라진 것은 아니다. 하지만 산업 계급의 보통 사람들에게 스포츠 편애는 본질적으로 추억거리이거나 때때로 즐기는 관심사이지, 적극 개입하여 유기적 사고방식을 형성하는 지배적 요소로 간주될 정도로 필수적이고 항구적인 관심사는 아니다.

오늘날의 스포츠를 즐기는 삶에서 드러난 것을 살펴보면, 그런 성향은 중대한 결과를 가져오는 경제적 요소는 아니다. 단순히 그 자체로 생각하면 어떤 특정 개인의 산업적 효율성과 소비에 미치는 직접적 영향이 그리 크지 않다. 하지만 이런 스포츠 성향이 주된 특징인 인간성 타입이 널리 퍼진다는 것은 상당히 중요한 문제이다. 이는 어떤 집단의 경제 발전 속도와, 그 발전이 가져오는 결과 등으로 그 집단의 경제생활에 영향을 미친다. 좋든 싫든 대중의 사고 습관이 어느 정도 이런 기질 유형에 지배된다. 이것은 집단 경제생활의 범위, 방향, 기준, 이상에 크게 영향을 미치며, 더불어 환경에 대한 집단생활의 적응성도 영향을 받게 된다.

용맹성의 두 가지 방향 : 폭력과 기만

야만적 기질을 구성하는 다른 특징들도 경제생활에 비슷한 영향을 미친다고 할 수 있다. 경제 이론의 관점에서 살펴보면, 이런 추가적인 야만적 특징은 용맹성으로 표현되는 약탈적 기질에 수반되는 변종이다. 그런 야만적 특징 중 상당수는 본래 경제적인 성격을 띠고 있지 않으며, 경제와 직접적인 관계도 없다. 그 특징은 그것을 소유한 개인이 적응하는 경제적 진화 단계를 보여준다. 따라서 그런 특징은 오늘날 경제적 요건에 포함되면서 약탈적 기질의 적응력을 검증하는 역할을 하고 그 때문에 중요하게 여겨진다. 하지만 그런 특징은 또한 개인의 경제적 유용성을 증대하거나 감소하는 소질로서도 어느 정도 중요한 역할을 한다.

야만인의 생활에서 드러나는 용맹성은 두 가지 주요 방향, 즉 폭력과 기만으로 표현된다. 이 두 가지 표현 형태는 현대의 전쟁, 금전적 일자리, 스포츠와 경기 등에서 각각 강도強度의 차이는 있지만 그런대로 나타난다. 두 기질(폭력과 기만)은 스포츠를 즐기는 삶과 더 진지한 형태의 경쟁적인 삶으로 함양되고 강화된다. 전략이나 교활함은 운동 경기와 호전적인 취미, 사냥에서 늘 드러나는 요소이다. 이런 모든 활동에서 전략은 술책과 교묘한 속임수로 발전하는 경향이 있다. 교묘한 속임수, 거짓말, 협박은 일반적으로 운동 경기 진행 방법과 게임에서 확실하게 자리 잡은 요소이다. 경기에서 반드시 심판을 고용하고, 용인되는 기만과 전략적 이점의 한도와 세부 사항 등을 통제하는 철저하고 전문적인 규정을 확립했다는 것 자체가 상대를 압도하고자 부정한 수단을 쓰고 기만하는 게 경기의 본질적 특성임을 증명한다.

따라서 스포츠 습관은 기만 소질을 더 온전하게 발전시키는 역할을 한다. 남자들을 스포츠로 끌어들이는 약탈적 기질이 공동체에 널리 퍼졌다는 건 다른 사람의 관심사를 냉담하게 무시하고, 교활한 방법을 쓰는 게 개인 차원에서나 집단 차원에서나 널리 퍼졌다는 걸 암시한다. 기만에 의지하는 건 어떻게 겉꾸밈을 하든, 또 법률이나 관습을 통해 어떻게 정당화를 하든 편협하고 이기적인 사고방식을 표현한 것이다. 이제 스포츠를 즐기는 기질의 이러한 특징이 경제적 가치를 지니고 있음은 더 이상 말할 필요가 없을 것이다(스포츠 기질이 경제적 가치를 가지게 되는 것은 폭력과 기만에 의해 약탈을 할 수 있기 때문인데, 이는 유한계급이 부를 축적하는 과정이기도 하다 : 옮긴이).

영리함은 스포츠맨의 특징

이와 관련하여 주목할 점이 하나 있다. 그것은 운동선수들과 스포츠를 즐기는 남자들은 극도로 영리한 인상을 풍긴다는 것이다. 율리시스의 재능과 약탈 능력은 아킬레스에 뒤지지 않는다. 두 장수는 속이기 게임을 발전시키는데 기여했고, 또 동료 전사들 중에서 영리한 스포츠맨을 높이 칭찬했다. 일반적으로 말해서, 청년은 중등 교육 기관, 혹은 훌륭한 고등 교육 기관에 입학한 뒤에 프로 운동선수에 동화되는 모습을 보이는데, 운동선수의 영리함을 흉내 내는 것은 보통 그런 동화의 첫걸음이다. 영리하다는 인상은 장식적인 특성으로서 운동 경기, 경주, 혹은 유사한 경쟁적 게임에 깊은 관심을 가진 남자들의 강한 주목을 계속 받게 된다. 스포츠맨과 비슷한 정신 자세를 가진 사람을 찾자면 하류층 범법자 계급 구성원에서 찾아야 할 것이다. 그들은 보통 이런 영리한 인상이 뚜렷하며, 체육 분야에서 명예를 쌓고자 하는 청년에게서 자주 보이는 연극조의 과장된 모습이 그들에게서도 아주 흔하게 보인다. 그런데 이것이 바로 나쁜 방식이라도 명성을 얻기를 바라는 청년이 저속하게 "터프함toughness"이라고 부르는 것의 가장 명료한 사례이다.

그러나 영리한 남자는 공동체에 경제적인 가치가 없다. 그 영리함은 다른 공동체를 상대로 영리한 술수를 벌이고자 할 때에나 도움이 된다. 그의 기능은 전반적인 생활 과정을 개선시키지 못한다. 그의 직접적인 경제적 영향은 기껏해야 집단의 경제적 자산을 전환하여 집단생활을 방해하는 쪽으로 성장시키지 않는 것뿐이다. 이것은 의료적 비유를 써보자면 양성 종양과 비슷하다. 그러나 그 종양은 자칫하면 양성과 악성의 불확실한 구분을 넘어갈 가능성이 있는 것이다.

두 가지 야만적인 특징, 즉 폭력과 기만은 약탈적인 기질 혹은 정신 자세를 구성한다. 두 가지 특징은 편협하고 이기적인 사고 습관의 표현이다. 그것들은 차별적 성공을 기대하는 생활방식에서 개인적인 편의를 추구하는 데에는 무척 유용하다. 두 특징은 높은 미학적 가치를 가지고 있고 또 금전 문화로 촉진된다. 하지만 두 가지는 공히 집단생활의 목적에는 아무런 쓸모가 없다(저자는 여기서 '미학적'인 의미를 사람의 기분을 좋게 하는 것, 감각에 호소하는 것, 기쁘게 하는 것, 특정 계급의 기준에 부합하여 즐거움을 주는 것 정도의 뜻으로 사용하고 있다 : 옮긴이).

제 11 장

행운에 대한 믿음

도박 성향은 야만적 기질의 또 다른 부수적 특징이다. 이런 특징은 스포츠맨과 호전적이고 경쟁적인 활동을 하는 버릇이 있는 남자들 사이에서 거의 보편적으로 발견된다. 이 특징은 또한 직접적인 경제적 가치를 갖고 있다. 이 특징이 상당한 정도로 퍼져 있는 공동체라면, 그것은 산업계가 전반적으로 최고의 효율성을 발휘하는 데 방해물이 된다.

도박 성향을 오로지 약탈적 인간성에 속하는 특징으로 분류하기엔 불확실한 면이 있다. 도박 습관의 주요 원인은 무엇보다도 행운에 대한 믿음이다. 이런 믿음, 적어도 그 믿음의 핵심적 요소만큼은 약탈적 문화보다 앞선 진화의 단계에서 나온 것이다. 약탈적 문화를 겪으며 행운에 대한 믿음은 현재의 형태, 즉 스포츠를 즐기는 기질과 도박하는 기질의 주요 요소로 발전했다. 현대 문화에서 발견되는 그 독특한 형태는 약탈적 기질을 훈련시킨 결과이다. 하지만 행운에 대한 믿음은 본질적으로 약탈적 문화보다 더 오래된 시기에 형성되었다.

그 믿음은 애니미즘에 입각하여 상황을 판단하는 심리 기제이다. 사행심射倖心은 사실상 초창기 원시 단계에서 야만적인 문화로 이어진 특징으로 보이는데, 그 문화에서 약탈적 훈련이 발달시킨 특정 형태를 띠고 문화 발전의 후기 단계로 전해진 것이다. 어쨌든 그것은 태곳적 특징, 그러니까 아주 먼 과거에서 물려받았으며 현대적 산업 과정의 요건들과 맞지 않고, 현재의 집단 경제생활에서 온전한 효율성을 거두는 데 방해가 된다.

사행심과 스포츠와 약탈적 기질

행운에 대한 믿음은 도박 습관에 바탕을 둔 것이지만, 그런 사행심만 내기 거는 습관의 유일한 요소는 아니다. 힘과 기술의 경쟁에 내기를 거는 건 그런 믿음 이상의 동기에 바탕을 두고 있다. 그런 동기가 없다면 사행심은 스포츠를 즐기는 삶의 현저한 특징으로 자리 잡지 못했을 것이다.

그 동기는 무엇인가?

승리가 예상되는 개인이나 팀을 열렬히 지지하여 패자를 희생시킴으로써 자기편의 지배권을 높이려는 욕구이다. 내기에서 금전적인 득실이 클수록 강한 쪽은 더 훌륭한 승리를 얻을 뿐만 아니라, 패배한 쪽은 패배로 인한 고통과 굴욕이 더 커지게 된다. 물론 이는 물질적인 비중만을 고려한 것이다. 하지만 내기는 자기편이 성공할 가능성이 높다는 생각을 가지고 있을 때 벌어진다. 물론 그런 생각은 말로 공언할 수도 없고 속으로 은밀하게 궁리하기도 그런 좀 어중간한 것이다.

내기 참가자는 내기에 들어간 자산과 열망이 헛것이 되어서는 안 된다는 생각을 하게 된다. 여기서 일솜씨 본능이 특별하게 강화된다. 사물의 고유한 성향이 능동적이고 활발한 권유로 재촉되고 강화된다면 상황의 애니미즘적 일치가 유리하게 작용해 우리 편이 내기에서 성공할 것이라는 느낀다. 바로 그런 느낌이 일솜씨 본능을 강화하는 것이다. 내기에서 생겨나는 이런 의욕은 어떤 경쟁이든 자신이 선호하는 경쟁자를 지지하는 형태로 표현되며, 명백하게 약탈적인 특징을 지닌다. 이처럼 내기에서 표현되는 사행심은 약탈적인 충동에서 비롯되는 것이다. 따라서 내기를 하는 형태로 사행심이 표출되는 한 그것은 약탈적인 기질의 필수 요소가 된다. 사행심은 그 요소를 살펴보면 아주 초창기의 분화되지 않은 인간성에 속하는 태곳적 습관이다. 하지만 사행심이 약탈적이고 경쟁적인 충동의 도움으로 도박 습관이라는 특정한 형태로 분화되면, 그 발달된 형태는 야만적 기질의 특징으로 분류된다.

사행심은 자연 현상들의 선후관계가 우연히 일치한다고 믿는 마음이다. 이런 믿음은 다양한 양태로 표현되면서, 그런 사행심이 크게 만연한 공동체의 경제적 효율성에 무척 중요하게 작용한다. 이런 사실은 사행심의 기원과 내용, 그리고 그런 믿음의 다양한 영향에 대하여 상세한 논의를 할 수 있는 근거를 제공한다. 더불어 사행심의 성장, 구별, 존속과 유한계급과의 관계 등에서도 중요한 근거가 된다.

사행심의 두 단계 : 애니미즘과 초자연적 작용

발전되고 통합된 형태의 사행심은 약탈적 문화의 야만인이나 현대 공동체의 스포츠맨에게서 가장 손쉽게 관찰된다. 사행심은 두 가지 구별되는 요소(애니미즘과 초자연적 작용: 옮긴이)로 구성된다. 두 요소는 똑같은 근본적인 사고 습관의 두 가지 다른 단계로 볼 수도 있고, 진화와 관련된 두 가지 연속적인 단계에서 나타난 똑같은 정신적 요소로 볼 수도 있다. 비록 사행심의 전반적 발달 과정에서 두 요소가 서로 이어지는 두 단계이기는 하지만, 그럼에도 불구하고 특정한 개인의 사고방식 내에서 동시에 공존한다. 더 원시적인 형태(혹은 더 태곳적 단계)는 사건이나 사물의 관계 혹은 상황에 유사-인격적 특성을 부여하는 초기 애니미즘 적 믿음 혹은 애니미즘적 의식이다. 태곳적 인간은 그의 환경에서 나타나는 모든 가시적인 중대한 사물과 사실은 모두 유사-인격적 특성이 있다고 봤다. 그런 사물과 사건은 여러 원인들에 관여하여 헤아리기 어려운 방식으로 사건에 영향을 미치려 하는 의지, 혹은 성향을 가지고 있는 것으로 여겨졌다.

스포츠맨의 사행심, 혹은 행운의 필요에 대한 감각은 불분명하거나 뒤죽박죽인 형태로 표현된 애니미즘이다. 그것은 사물과 상황에 아주 모호한 방식으로 적용된다. 이러한 믿음은 기량의 경기나 행운의 게임에 들어가는 장치나 부속물 속의 어떤 성향에 영향을 미칠 수 있다고 본다. 그러면서 그 성향을 달래거나, 속이거나, 부추기거나, 아니면 방해할 수 있다고 생각하는데 바로 이것이 애니미즘적 믿음이다. 가령 스포츠맨을 보라. 효능이 있다는 부적을 차지 않은 스포츠맨은 거의 없다. 내기를 건 게임의 참가자들이 부리는 "불길한 작용"을 본능적으로 두려워하고 불길하게 여기는 사람도 상당히 많다. 또한 경기에서 특정 참가자나 팀에 보내는 지지가 참가자의 능력을 강화하거나 반드시 강화해 준다고 생각하는 사람도 많고, 자신이 키우는 "마스코트"가 장난 이상의 뭔가라고 생각하는 사람 또한 그에 못지않게 많다.

사행심의 가장 단순한 형태는 사물이나 사건에는 헤아리기 어려운 목적론적 성향이 있다고 여기는 본능적 감각이다. 사물이나 사건은 어떤 특정한 결과로 나아가는 성향이 있는데, 이런 결과나 결과의 목적이 우연히 주어진 것이든 의도적으로 추구한 것이든 무관하게 어떤 힘이 작용하여 그런 결과로 이어진다고 보는 것이다.

이런 단순한 애니미즘에서 시작된 사행심은 부지불식간에 벌어지는 단계적 변화에 의하여 2차적이고 파생적인 형태 혹은 단계로 발전한다. 즉 불가해하고 초자연적인 작용(힘)에 대한 명확한 믿음으로 차츰 변화하는 것이다. 초자연적인 힘은 그것과 결부된 가시적 사물을 통해 작용하지만, 그 사물과 동일한 개성을 가지고 있다고 여겨지지는 않는다(바닷물이 갈라졌다고 해서 초자연적인 힘이 그 갈라진 바닷물과 같은 것은 아니라는 뜻 : 옮긴이).

여기서 사용한 "초자연적인 힘"이라는 용어는 초자연적으로 언급되는 힘의 본질을 암시할 뿐이다. 이것은 애니미즘적 믿음이 좀 더 진보된 형태일 뿐이다. 초자연적인 힘은 반드시 인격적(개성적) 힘을 의미한다고 볼 필요는 없지만, 그 힘은 어떤 모험적 사업, 특히 어떤 경쟁의 결과에 다소 임의적으로 영향을 미치는 개성의 속성을 갖고 있다. 좀 더 구체적으로 말해서, 아이슬란드의 영웅 전설에 나오고, 일반적으로는 초기 게르만 민속 전설에 엄청난 활력을 부여하는 힘인 하밍기아 혹은 기프타에 대한 광범위한 믿음은 사건의 전개에 작용하는 이런 형체 없는 성향을 설명해 주는 사례이다.

(하밍기아는 아이슬란드의 전설에서 전장에 나선 전사들에게 전투에 승리하거나 영웅적 무공을 세우게 만들어주는 초자연적 힘을 가리키는 아이슬란드 용어이다. hamingia, gipta, goefa, auona 등은 모두 같은 뜻을 가진 용어이다 : 옮긴이).

이런 표현이나 형태로 드러난 초자연적 성향을 믿는 경우, 그 초자연적 성향은 인간의 모습이 부여되는 일은 거의 없지만, 그래도 다양한 정도로 개성이 부여된다. 이런 개성이 부여된 성향은 때로 어떤 상황(보통 정신적, 혹은 초자연적 특징을 가진 상황)의 힘에 굴복하는 것으로 생각된다. 무척 진보된 구별의 단계에서 나타나는, 믿음과 초자연적인 힘의 의인화에 호소하는 가장 인상적인 사례는 결투 재판이다.

(결투 재판 wager of trial 혹은 trial by battle 혹은 judicial combat 이라고 한다. 영국 역사상, 토지 분쟁이나 이권 관련 재판에서 당사자 간 결투에 의하여 승자가 승소하는 것으로 보는 재판을 말한다. 이 결투 재판에서는 초자연적 힘이 작용하여 정의로운 자가 그 결투에서 이기도록 도와준다고 믿었다. 노르만 시대에 유럽 대륙으로부터 도입된 재판인데 1819년에 폐지되었다. 결투 재판과 함께, grand assize라는 대심문관 재판도 있었는데, 영국왕 헨리 2세^{재위} 1154-89 시대에 도입된 것으로 피고의 희망에 따라 결투 재판을 하지 않고 16인의 배심원knights의 평의에 부쳐 판결을 내리는 방식이었다. 이 제도 또한 1833년에 폐지되었다 : 옮긴이).

여기서 초자연적인 힘은 그 재판의 요청에 따라 심판관으로 행동하고, 또한 각각의 참가자가 요구하는 공정성이나 적법성 같은 규정된 토대에 부합하게 경쟁의 결과를 내려주는 것으로도 생각된다.

다소 이해하기 어렵지만 이와 비슷한 초자연적 힘의 작용은 현대의 다소 모호한 대중적 믿음에서도 찾아볼 수 있다. 예를 들면 "자신의 싸움이 정당하다고 생각하는 자는 3배로 무장한 것이다(반드시 이긴다 : 옮긴이)"라는 격언은 널리 알려져 있는데, 오늘날의 문명사회에서도 평균적인 보통 사람들이 중요하게 받아들이고 있다. 하밍기아에 대한 믿음이나 보이지 않는 손의 지도에 대한 현대적 믿음은 이런 격언이 널리 수용된다는 사실에서 찾아볼 수 있으나, 그래도 초자연적 힘에 대한 현대인의 기억은 희미하고 불확실하다. 게다가 그 기억은 애니미즘적 특성과의 관련 여부가 불분명한 다른 심리적 순간들과 뒤섞여 있다.

두 가지 애니미즘적 요소(애니미즘과 초자연적 힘) 중 뒤의 것이 앞의 것에서 파생되었다. 하지만 현재의 논의를 위해서 그런 관계의 심리적 과정이나 민족지학적 혈통을 더 자세히 살펴보는 건 불필요하다. 그 관계를 따지는 문제는 민속 심리학이나 교리와 제례의 진화 이론을 다룰 때에는 아주 중요할 것이다. 두 가지 요소가 발달 순서에서 연속적인 단계로 연결되어 있는가 하는 좀 더 근본적인 문제도 심리학이나 진화 이론에서 더 중요하다. 이런 문제가 있다는 걸 여기서 언급하는 건 현재 진행 중인 논의의 관심사가 그 방향에 있지 않음을 보여주기 위해서였다.

경제 이론에 관한 한, 인과 관계를 벗어나는 경향 혹은 성향에 대한 믿음과, 사행심의 두 가지 요소 등은 본질적으로 같은 특징을 지닌다. 그것들은 개인의 사고 습관이 주변 사실과 결과를 바라보는 견해에 영향을 미치고, 더 나아가 산업적 목적에 부합하는 개인의 유용성에도 영향을 미친다. 따라서 애니미즘적 믿음의 아름다움, 가치, 혜택 등의 문제는 여기서 논외로 한다 해도, 그런 믿음의 경제적 요소, 가령 산업 역군으로 활동하는 개인의 유용성에 그 믿음이 경제적으로 미치는 영향은 충분히 논의할 수 있다.

산업과정은 수량적 인과관계

이미 앞서 관련된 부분에서 언급한 것처럼, 오늘날의 복잡한 산업 과정에서 최고의 유용성을 갖추려면 개인은 연속적인 인과 관계의 관점에서 사실들을 파악하고 서로 연결시키는 기질과 습관을 가지고 있어야 한다. 전체적으로나 세부적으로나 산업 과정은 수량적 인과 관계의 과정이다. 노동자와 산업 과정의 책임자에게 요구되는 "지능"은 수량적으로 결정된 인과관계를 파악하고 그에 적응하는 능력을 말한다. 이런 사태 파악과 적응의 재능은 우둔한 노동자들에겐 결여되어 있으므로, 그들을 교육시켜 그런 재능을 갖추게 해야 한다. 그리하여 노동자 교육의 목적은 산업적 효율성의 증진을 겨냥한다.

개인의 선천적인 소질이나 훈련의 영향으로 객관적 인과 관계가 아닌 다른 측면으로 사실과 결과를 설명하려 한다면, 그것은 노동자의 생산 효율성이나 산업적 유용성을 저하시킨다. 애니미즘적 방법을 선호하여 나타나는 효율성 저하는 전반적으로 애니미즘의 성향을 보이는 특정 인구에서 더 잘 드러난다. 애니미즘의 경제적 결점은 그 어느 곳보다도 현대의 대규모 산업 체계에서 더욱 분명하게 드러난다. 현대 산업 사회에서 산업 규모는 계속 커지면서, 산업의 조직과 기능이 서로 영향을 주는 포괄적인 체계로 조직되고 있다. 따라서 산업 종사자들은 모든 편견에서 벗어나 현상을 인과 관계적으로 파악하여 더욱 효율성을 높이라는 요구를 받는다. 가령 수공업계의 민첩함, 근면함, 근력, 참을성 등은 노동자의 사고방식에 들어 있는 기존의 애니미즘적 편견을 크게 상쇄시킨다.

전통적인 농업에서도 그와 비슷한 요구가 들어오고 있는데, 노동자에게 부과되는 요구가 수공업계의 그것과 비슷하기 때문이다. 양쪽 모두에서 노동자는 주로 자기 자신을 주로 의지하여 일하는 일차적 행위자이다. 여기에 관련되는 자연의 힘은 일반적으로 노동자의 통제나 재량을 벗어나는 불가해하고 우연적인 힘이다. 이 두 산업(농업과 수공업)에서, 산업 과정이 포괄적이며 기계적인 절차에 맡겨지는 경우는 거의 없다. 하지만 산업의 과정은 반드시 인과 관계의 측면에서 이해되어야 하고, 또 산업의 운영과 노동자의 움직임은 반드시 수량적 인과관계에 적응해야 한다.

산업의 방법이 발전하면서, 수공업자의 장점은 갈수록 덜 중요하게 되어, 그 사람의 편협한 지능을 상쇄시키지도 못하고 또 인과관계를 받아들이지 못하는 단점을 보충해주지도 못한다. 산업적 조직은 더욱 메커니즘의 특징을 띠고, 그곳에서 노동자가 해야 할 일은 자연의 힘이 자기 업무에 어떤 효과를 낼지 파악하여 선택하는 것이다. 산업의 노동자는 과거의 일차적 행위자 신분에서 양적인 결과와 기계적인 사실을 구별하고 평가하는 관리자의 존재로 변모한다. 자신의 환경에서 선입관 없이 원인을 파악하고 식별하는 능력은 경제적으로 더 중요하게 된다. 객관적 인과관계의 파악을 방해하는 사고 습관의 요소는 산업적 유용성을 저하시키는 요소로 인식된다. 이런 것이 인구의 습관적 태도에 누적 효과를 발휘하여 — 경미하고 눈에 띄지 않는 효과조차도 누적이 된다 — 수량적인 인과 관계를 거부하고 다른 근거에 의지하여 일상의 사실을 파악하게 만든다. 이것은 공동체의 집단 산업 효율성을 상당히 저하시킨다.

애니미즘과 신인동형론

애니미즘적 사고방식은 원시문화의 미분화되고 혼란스러운 형태로 나타날 수도 있고, 아니면 나중에 나타나는 더 높은 수준의 통합된 형태를 취할 수도 있다. 후자는 특히 사물이나 사건들에 신인동형론적 의인화를 부여하는 경향이 있다. 어느 경우든, 이런 애니미즘의 산업적 가치는 똑같고, 나아가 초자연적 힘이나 보이지 않는 손에 의지하는 것 또한 똑같다. 개인의 산업적 유용성에 미치는 영향도 동일하다. 하지만 이런 사고 습관이 개인의 복합적인 사고 습관을 지배하거나 형성하는 정도는 개인이 환경에 대응하면서 얼마나 긴급하고 배타적으로 애니미즘이나 신인동형론을 습관적으로 적용했는지에 따라 다르다. 애니미즘적 습관에 젖어 있는 사람은 모든 경우에서 인과 관계의 연속성을 잘 식별하지 못한다. 하지만 초기의 덜 반성적反省的이고 덜 규정된 애니미즘적 성향은 고도의 신인동형론보다 더 호소력 있게 개인의 지적 과정에 영향을 미친다. 애니미즘적 습관이 단순한 형태로 존재하면 그 적용 범위와 한도는 별로 규제되지 않는다. 따라서 애니미즘은 개인의 삶 어디에서나 ― 물질적 삶의 수단에 관계된다면 어디에서나 ― 개인의 사고에 뚜렷하게 영향을 미친다.

나중에 애니미즘이 정교한 신인동형론 과정을 거쳐 더 성숙하게 발전했을 때, 그 애니미즘은 멀리 떨어져 있어서 보이지 않는 것에만 일관되게 적용된다. 이렇게 되면, 일상생활의 사건과 사물들은 세련된 애니미즘 형태인 신인동형론에 의존하는 법 없이 잠정적으로 설명된다. 고도로 통합된 신인동형론의 초자연적 힘은 삶의 사소한 사건을 다루기에는 편리한 수단이 아니다. 따라서 사소하거나 저속한 많은 현상을 애니미즘의 관점으로 설명하는 습관에 쉽게 빠져들게 된다. 그렇게 도달하게 된 잠정적 설명은 특별한 자극이나 혼란이 개인에게 특별한 요구를 해올 때까지는 확정적인 설명으로 남게 된다. 하지만 특별한 긴급 사태가 벌어져서 좀 더 차원 높은 원인과 결과를 설명해야 하는 기묘한 필요가 발생한다면, 또 그 개인이 신인동형론을 믿는다면, 그는 해결하기 어려운 문제의 보편적 해결책으로 초자연적 힘에 의존하게 된다(사소한 불행이 벌어지면 '운이 없다거나 재수가 없다'라고 하면서 지나치지만 아주 엄청난 불행을 당하여 그 원인을 알고자 하는데 도무지 원인을 알 수 없는 경우에,

그것을 신[초자연적 힘]의 작용으로 돌리는 태도를 말한다 : 옮긴이).

인과 관계에서 벗어나는 성향이나 힘은 난처한 상황에서 의지하기 딱 좋지만, 그 유용성은 전적으로 비경제적인 것이다. 특히나 그것은 신인동형론적 신성에 속하는 일관성과 전문성을 획득한 경우에, 아주 힘이 되는 안식처이면서 위로의 원천이 된다. 또한 그것은 인과 관계의 결과라는 측면에서 현상을 설명하는 어려움으로부터 도망치기 어려운 개인에게 인과적 근거 이외의 획기적 근거를 제공한다. 미학적·도덕적·정신적 관점에서 보든, 혹은 그보다는 실제적인 정치적·군사적·사회적 정책의 관점에서 보든, 신인동형론적 신성의 공인된 가치를 여기서 논하는 건 적당하지 않다. 우리는 그보다 덜 드라마틱하고 덜 긴급한, 초자연적인 힘에 대한 믿음 − 개인의 산업적 실용성에 영향을 미치는 생각의 습관으로서의 믿음 − 의 경제적 가치를 다루고자 한다. 심지어 이런 폭 좁고 경제적인 범위 안에서도, 연구의 대상은 그런 믿음이 산업 역군에게 미치는 직접적 영향으로 국한되고 그보다 더 넓은 범위의 경제적 효과는 포함하지 않는다. 이런 넓은 범위의 경제적 효과는 추적하기가 무척 어려운 까닭이다. 그런 효과를 연구하는 건 신성과의 정신적 접촉으로 삶이 향상된다는 선입견으로 방해받기 때문에 그 효과의 경제적 가치를 연구하는 시도는 유익한 결과가 없을 것이다.

애니미즘적 사고방식이 그것을 믿는 사람의 전반적 마음가짐에 어떤 즉각적이고 직접적인 효과를 미칠까? 그것은 현대 산업에서 아주 중요한 그의 효율적인 지능을 저하시킨다는 것이다. 그 효과는 그 개인이 믿는 초자연적인 힘이나 성향이 강한지 아니면 약한지에 따라 다양하게 달라진다. 이것은 야만인과 스포츠맨의 사행심과 행운에 기대는 경향에도 그대로 해당되는 말이다. 보통 그들 계층의 사람들이 갖고 있는 신인동형론적 신성에 관한 고도로 발전된 믿음에도 똑같은 말을 해볼 수 있다. 어느 정도 설득력이 있을지 간단히 말할 수는 없지만, 더욱 발전된 신인동형론 종교에서도 이것(애니미즘적 사고방식은 산업적 효율성을 떨어트린다 : 옮긴이)은 맞는 말이다. 가령 그런 믿음은 독실한 문명인 남자에게도 호소하지만, 그 호소력의 강도가 어느 정도인지는 간단히 말하기가 어렵다. 대중이 고도로 발달한 신인동형론 종교에 집착함으로써 생겨나는 산업적 장애는 비교적 가벼운 것이지만, 그래도 무시할 수 있는 정도는 아니다.

심지어 서양 문화에서 나타난 이런 고급 종교들도 이런 비인과적 성향을 믿는 인간의 의식을 완전 불식시키지는 못했다. 이 종교들 이외에, 18세기에 자연의 질서와 자연권에 호소함으로써 신인동형론이 어느 정도 희석되는 상황에서도 애니미즘의 존재는 여전히 발견된다. 또한 그 18세기 사상의 후계자인, 포스트-다위니즘의 개념, 즉 진화 과정의 개선적인 흐름에서도 여전히 애니미즘의 흔적이 보인다. 자연 현상에 대한 이런 애니미즘적 설명은 논리학자들이 비생산적 논리ignava ratio라고 말하는 오류의 한 형태이다. 산업 혹은 과학의 관점에서 볼 때, 그런 논리(비인과적 성향을 믿는 인간의 의식)는 객관적 사실들을 파악하고 평가하는데 장애가 되는 것이다.

애니미즘은 원시시대보다는 야만시대와 더 관련이 있다

애니미즘적 습관은 그로 인한 직접적인 산업적 영향과는 별개로, 다음과 같은 근거에서 경제 이론에 중요하다.

[1] 애니미즘적 습관은 그것에 동반하는 경제적으로 중요한 태곳적

특징의 존재를 보여주며 그런 특징이 얼마나 영향력을 지녔는지 믿을 만한 지표가 된다.

(2) 애니미즘적 습관이 신인동형론 종교에 가져온 예절 규범의 구체적인 결과는 다음과 같다.

(a) 앞선 장에서 이미 언급했던 것처럼 공동체의 물품 소비와 널리 퍼진 취향의 규범에 영향을 미친다.

(b) 윗사람과의 관계를 습관적으로 의식하도록 유도하고 그런 행동을 유지시켜 당대의 신분의식과 충성심을 강화한다.

위의 (b)의 주장을 언급해 보자면, 개인의 특성을 구성하는 사고 습관은 유기적인 통일체이다. 어떤 한 시점에서 특정 방향으로 나타나는 두드러진 변화는 다른 방향이나 다른 행위들에서 나타나는 삶의 변화를 그 안에 내포한다(가부장적 주종관계의 신분제가 형성되면 그것이 신인동형론 종교 내에서 신과 사제의 주종관계에 영향을 미친다는 것으로, 어떤 한 분야의 사상이 다른 분야의 사상에도 영향을 미친다는 것을 이렇게 표현하고 있다. 이것은 뒤의 12장에서 자세히 설명된다 : 옮긴이). 이런 다양한 사고 습관이나 습관적인 삶의 표현은 개인의 한 평생에 걸친 모든 단계를 형성한다. 따라서 특정 자극에 반응하여 형성된 습관은 필연적으로 다른 자극에 의한 반응에도 영향을 미칠 것이다. 어떤 한 시점에서 발생하는 인간성의 변형은 곧 인간성 전반의 변형이다. 이런 토대에서, 그리고 여기서 논할 수 없는 더 크고 모호한 토대에서 볼 때, 인간성의 여러 다른 특징들 사이에 동시다발적인 변화가 있다.

예를 들어, 잘 발달된 약탈적 생활양식을 가진 야만인들은 그와 동시에 강력한 애니미즘적 습관, 잘 형성된 신인동형론적 종교, 명확한 신분 의식을 가질 수 있다. 다른 한편으로 신인동형론과, 사물에서 애니미즘적 성향을 보는 능력 등은 야만적인 문화보다 앞서거나 아니면 뒤에 오는 문화적 단계의 사람들에게서 덜 두드러지게 나타난다. 예를 들면, 신분 의식은 평화로운 공동체에서는 아주 미미하다. 생생하지만 덜 전 문화된 애니미즘적 믿음이 전前약탈적이고 원시적 문화 단계에 살던 사람 전부(혹은 대다수)에서 발견된다는 점은 언급할 만한 가치가 있다. 원시적 야만인은 후대의 약탈적 야만인보다는 애니미즘의 영향을 덜 받았다. 그 원시적 야만인에게 애니미즘은 강압적인 미신이 아니라 환상적인 신화神話였다.

야만적 약탈 문화는 스포츠맨 정신, 신분제, 신인동형론 등을 보여준다. 오늘날의 문명사회에서도 남자들의 개인적인 기질에서 이와 똑같은 세 측면(스포츠맨 정신, 신분제, 신인동형론)이 수반되는 걸 관찰할 수 있다. 스포츠 요소에 스며들어간 약탈적인 야만인 기질의 현대인들은 행운을 믿는다. 적어도 그들은 사물에 대하여 애니미즘적 믿음을 갖고 있고, 그것을 바탕으로 도박을 한다. 이 계층의 신인동형론에 대해서도 같은 말을 해볼 수 있다. 그들 중 어떤 교리를 믿는 사람들은 순진하고 일관된 신인동형론 교리에 집착한다. 스포츠인들 중에서, 유니테리언(유일신파)이나 유니버설리스트(만인구원파) 같은 비非 신인동형론 종교에서 정신적 위안을 찾는 사람은 별로 없다.

신인동형론 종교는 신분제를 선호

신인동형론과 용맹성의 이런 상호 관련은 신인동형론 종교가 신분제에 호의적인 사고 습관을 선도 혹은 보존한다는 사실과 밀접한 관계가 있다. 이런 점을 고려하면 이 종교의 훈육 효과가 어디서 끝나는지, 그리고 유전된 특징 속의 동시적 변화가 어디서 시작되는지 말하기란 불가능한 일이다. 가장 훌륭하게 발전한 형태의 약탈적 기질, 신분 의식, 신인동형론 종교는 모두 야만적인 문화에서 유래한 것이다. 그런 문화적 수준에 있는 공동체에서 발견되는 세 가지 현상 사이엔 상호적이고 인과적인 관계가 있다. 오늘날 개인과 계급의 습관과 소질에서 그런 현상들이 상호 관련을 맺으며 되풀이되는 방식은, 개인의 특징이나 습관처럼 여겨지는 심리적인 현상들 사이에서 드러나는 비슷한 인과적 혹은 유기적 관계와 아주 유사하다. 앞서 논의한 것처럼 사회적 구조의 특징인 신분 관계는 약탈적인 삶의 습관에서 생겨난 결과물이다. 그런 신분제의 기원과 계통을 고려하면, 그것은 본질적으로 약탈적인 태도가 정교하게 표현된 것이다.

다른 한편으로 신인동형론 종교는 사물 속에 존재하는 초자연적이고 불가해한 성향을 바탕으로 그 위에 세부적인 신분제의 규범을 세워놓은 것이다. 신분제의 기원에 관한 외부적 사실을 살펴보면, 그 종교는 태곳적 인간이 보편적으로 갖고 있던 애니미즘적 의식意識의 부산물이다. 그런 의식은 약탈적인 삶의 습관에 의해 규정되고 어느 정도 변형되었다. 그 결과 인격화된(신인동형론의) 초자연적 힘(즉 하느님)이 생겨났고, 그 신성에는 약탈적 문화에 속한 인간의 사고 습관이 완벽하게 부여되었다.

인간성과 관련된 세 가지 현상

이것은 경제 이론과 직접적인 관련이 있는데 여기서 고려해야 할 총체적인 심리학적 특징들은 다음과 같다.

(a) 앞선 장에서 언급한 것처럼, 용맹성이라고 하는 약탈적이고 경쟁

적인 사고 습관은 인간의 일솜씨 본능이 야만 시대를 거치며 생겨나온 변종이다. 일솜씨 본능은 사람들을 차별적으로 비교하는 습관의 지도를 받아 이런 특정한 형태를 취하게 되었다.

(b) 신분 관계는 공인된 계획에 따라 판단하고 등급을 매기는 차별적 비교의 공식적 표현이다.

(c) 활력이 있던 초창기의 신인동형론 종교는, 인간을 종으로, 그리고 신神을 주인으로 여기는 신분관계를 특정으로 하는 제도이다.

이를 염두에 두면 인간성과 인간의 삶에 관계된 이런 세 가지 현상(용맹성, 신분 관계, 신인동형론 종교) 사이에 존재하는 밀접한 관계, 즉 그런 현상들이 본질적 요소에서 서로 동일하다는 것을 쉽게 알아볼 수 있다. 다른 한편으로 신분 체계와 약탈적인 삶의 습관은 차별적인 비교의 관습 아래 구체화된 일솜씨 본능의 표출이다. 반면 신인동형론적 숭배와 철저한 종교적 의례의 습관은 사물의 성향을 애니미즘적으로 파악하는 의식意識의 표현인데, 이것이 차별적 비교의 지도를 받아 좀 더 정교하게 가다듬어진 것이다. 따라서 두 가지 범주, 즉 경쟁적인 삶의 습관과 독실한 종교의식의 습관은 인간성의 야만적 기질이 현대적으로 보완된 변종으로 볼 수 있다. 이 두 가지(경쟁적인 삶과 독실한 종교의식)는 똑같은 야만적 기질이 일련의 다른 자극에 반응하며 다르게 표현된 것이다.

제 12 장

독실한 종교 예식

현대 생활에서 벌어지는 특정 사건들을 두서없이 언급해도 신인동형론 종교가 야만적인 문화 및 기질에 유기적으로 관련되어 있다는 게 드러 난다. 마찬가지로 그 종교의 존속과 효능, 그리고 그에 관련된 독실한 종 교의식과 연관한 계획 등이 유한계급과 그 제도의 기저를 이루는 행동 과 어떻게 관련되는지 보여준다. 우리는 독실한 종교의례에 포함되는 관습이나 이런 의례를 표현하는 정신적·지적 특징을 칭송하거나 비난 할 의도가 전혀 없다. 단지 경제 이론의 관점에서 신인동형론 종교의 일 상적인 현상을 검토하고자 할 뿐이다. 여기서 적절히 말할 수 있는 것은 독실한 종교의식의 겉으로 드러난 외부적 특징이다. 신앙생활의 도덕적 ·종교적 가치는 우리의 탐구 범위가 아니다. 따라서 종교 의례의 진행에 따른 교리의 진실과 아름다움 등은 다루지 않는다. 그런 교리들이 미치 는 좀 더 심원한 경제적 영향을 살펴보는 일조차 여기서는 하지 않을 것 이다. 해당 주제는 무척 심오하고 중요하여 이런 개략적인 스케치에서 는 다루어질 수 없는 까닭이다.

이미 앞 장에서, 금전적 이익과 무관한 근거로 수행된 평가에 영향을 주는 금전적 가치 기준을 언급한 바 있다. 그 관계는 완전 일방적인 것은 아니다. 가치 평가의 경제적 기준이나 규범은 비경제적 평가 기준에 영향을 받는다. 어떤 사실의 경제적 영향에 관한 우리의 판단은 더 비중이 크고 존재감이 있는 이해관계에 의해 어느 정도 형성된다. 실제로 경제적 이해관계는 이런 더 높고 비경제적인 이해관계에 비하면 부차적인 것에 지나지 않는다는 관점도 있다. 따라서 우리의 논의를 위해서, 신인동형론 종교의 경제적 이해관계나 영향을 다른 이해관계들이나 영향과는 따로 분리하여 생각할 필요가 있다. 다른 심오한 관점을 취하지 않고, 오로지 신인동형론 종교의 관련 사실들을 경제적으로 올바르게 인식하려고 애쓰게 될 것이다. 경제 이론과 무관한 더 높은 이해관계는 가능한 한 끌어들이지 않으면서 이 논의를 진행하고자 한다.

종교의식과 도박 심리

앞에서 스포츠 기질을 논하면서 사물과 사건에 관한 애니미즘이 스포츠맨의 도박 심리에 정신적 토대를 제공한다는 것을 밝혔다. 경제적 관점에서 볼 때, 도박 심리는 본질적으로 다양한 형태의 애니미즘 및 신인동형론과 동일한 심리적 요소를 갖고 있다. 경제 이론이 다루는 구체적인 심리적 특징의 관점에서 볼 때, 스포츠맨에 만연한 도박 심리는 부지불식간에 종교예식에서 만족감을 얻는 사고방식으로 차차 변모해 간다. 바꾸어 말하면, 스포츠를 즐기는 특성은 종교를 헌신적으로 믿는 특성으로 차차 변한다.

애니미즘적 도박 심리는 기존의 전통으로부터 도움을 받는 곳에서 신인동형론적 내용을 가진 초자연적 힘 혹은 비물질적인 힘에 대한 믿음으로 발전했다. 그런 곳에서는, 공인된 접근 방식과 회유 방식에 의해 초자연적인 힘과 타협하려는 뚜렷한 성향이 나타난다. 이런 달래고 회유하는 요소는 원시적 종교 형태와 많은 공통점이 있다. 이것은 역사적인 파생 관계를 살펴보아도 알 수 있고, 그것이 아니라면 심리적 측면에서도 살펴볼 수 있다. 초자연적 힘을 달래려는 요소는 계속 발전하여 미신적인 관행과 믿음으로 굳어졌는데, 후대에 나타난 신인동형론 종교와 밀접한 관계가 있다.

스포츠 기질이나 도박 기질은 본질적으로 그런 심리적 요소를 갖고 있는데, 그 결과 교리를 믿고 종교 예식을 독실하게 준수하는 사람을 형성시킨다. 그 둘(스포츠[도박] 기질과 독실한 종교인 기질) 사이의 공통점은 사건들의 관계에서 나타나는 불가해한 성향이나 초자연적인 힘의 개입을 믿는다는 것이다. 도박 심리에서 볼 때, 이런 믿음은 보통 그리 명확하게 규정되지 않는다. 특히 초자연적 힘과 관련되는 사고방식이나 생활양식의 경우에는 더욱 불분명한데, 좀 더 구체적으로 말해 보자면, 사건에 개입하는 초자연적 힘의 도덕적 특징이나 목적이 잘 드러나지 않는다는 것이다. 가령 초자연적 힘은 행운, 기회, 불운, 마스코트 등 다양하게 나타난다. 스포츠맨은 그 힘을 느끼고, 때로는 두려워하며 피하려고 노력하지만 그의 머릿속에서 그 힘은 그리 구체적이지 않고, 통합적이지도 않으며, 뚜렷이 분화되어 있지도 않다. 그가 도박 행위를 벌이는 근거는 대체로 보아 본능적 감각이다. 그것은 사물이나 상황 속에 형체 없고 임의적인 어떤 힘이 있다고 느끼는 감각인데, 그 힘은 어떤 인격적인 행위자로 인식되지 않는다(초자연적인 힘이 사람의 모습을 갖추고 있다고 느끼지는 않는다는 뜻 : 옮긴이).

도박하는 사람은 종종 이런 식으로 순진하게 행운을 믿으면서도 동시에 일정한 형태의 공인된 교리에 철저히 집착한다. 이런 도박꾼은 특히 자신이 신뢰하는 신성의 불가해한 힘과 독단적인 습관에 관한 교리를 대부분 받아들인다. 그런 경우 그는 두 가지, 혹은 그 이상의 뚜렷한 애니미즘적 태도를 보인다. 실제로 애니미즘의 여러 발전 단계가 스포츠를 즐기는 공동체의 정신적 구조에서 온전하게 발견된다. 이런 여러 단계의 애니미즘은 한편으로는 행운, 기회, 우연한 일치에 대한 본능적 감각이라는 형태를 취하고, 다른 한편으로는 신인동형론 신성으로 발전해 나간다. 초자연적인 힘에 대한 이런 믿음들이 연결되면 한쪽에서는 행운의 기회에 부합하는 행동을 본능적으로 하게 되고, 다른 한쪽에서는 신성의 불가해한 계율에 헌신적으로 복종하게 된다.

스포츠를 즐기는 기질과 범법자 기질 사이에도 이런 측면에서 연관성이 있다. 둘은 신인동형론 종교에 끌리는 기질이 있다. 범법자나 스포츠맨이나 평균적으로 어떤 공인된 교리에 집착하고, 공동체의 일반인에 비교해 볼 때 독실한 종교의식에 끌리는 경향이 두드러진다. 이 두 계급의 신앙 없는 구성원은 일반적인 무신론자보다 어떤 공인된 신앙에 더 쉽게 의탁한다. 객관적 관찰을 통해 얻은 이런 사실은 스포츠를 대변하는 사람들이 공공연히 인정하는 사실이기도 하다. 특히 약탈적인 운동 경기를 옹호하는 사람들은 더욱 그런 종교적 경향을 인정한다.

실제로 운동 경기에 끊임없이 참여하는 사람이 독실한 종교 의식을 잘 지키며 그것이 스포츠를 즐기는 삶의 칭찬 받을 만한 특징이라고 주장되기도 한다. 또한 스포츠맨과 약탈적인 범법자가 집착하는 종교, 혹은 그 계급에서 무신론자로 있다가 개종한 사람이 보통 애착을 보이는 종교는 소위 고등 종교라기보다는 신인동형론 신성과 관련된 종교라는 점도 주목할 만하다. 고대의 약탈적 인간성은 인격신이 서서히 수량적인과 관계의 개념으로 변모해 가는 것을 잘 받아들이지 못한다. 가령 제1원인, 보편 지성, 세계 영혼, 정신적 양상 등 기독교의 사색적이고 심원한 교리를 생소하게 여기는 것이다.

운동선수와 범법자의 사고방식이 요구하는 종교의 구체적 사례를 하나 들어보겠다. 그것은 구세군으로 알려진 호전적 종파이다. 이 구세군은 어느 정도 하류층에서 인원을 충원하며, 이 집단에서 스포츠 경험을 한 남자의 비율은 공동체의 전체 인구 중 유사한 경험이 있는 남자의 비율보다 더 높다. 특히 해당 범위를 구세군 간부로 한정하면 그 비율은 더 높아진다.

대학 스포츠 팀과 종교적 홍보

대학 스포츠는 우리의 논의에 적절한 사례가 된다. 대학 생활의 종교적 측면을 옹호하는 자들은 다음과 같이 반박하기 어려운 주장을 한다. 미국의 학생 단체에서 선발된 바람직한 스포츠 인재는 대체로 종교적인 청년들이며, 일반 스포츠나 타 대학 스포츠에 관심이 없는 보통 학생보다 훨씬 더 독실하게 종교 의식을 준수한다. 이론적인 근거로 살펴볼 때, 이런 주장은 충분히 예상할 수 있는 것이다.

어쨌든 주목할 만한 사항은, 대학 스포츠를 즐기는 삶, 운동 경기, 그리고 이런 일에 전념하는 사람들을 명예롭게 여기는 관점이다. 대학에서 스포츠를 즐기는 남자들이 소명으로, 혹은 부업으로 종교적 홍보에 헌신하는 건 그리 드문 일이 아니다. 또한 그런 남자들이 신인동형론 종교의 홍보 요원이 될 가능성이 높다. 그들은 남들에게 선교하는 과정에서, 신인동형론 신성과 그 신성을 믿는 인간 사이에 존재하는 개인적 신분 관계를 주로 역설하는 경향이 있다(저자는 야만사회의 주인과 노예 사이의 신분관계가, 신인동형론 종교에서는 다시 신자와 하느님 사이의 신분관계로 발전한 것을 '개인적 신분관계'로 표현하고 있다 : 옮긴이).

운동 경기와 독실한 종교의식 사이에 있는 이런 밀접한 관계가 대학생 남자에게서 발견된다는 건 잘 알려진 사실이다. 하지만 명확하기는 해도 주목받지 못한 다음과 같은 특징이 있다. 대학 스포츠 부문에 널리 퍼진 종교적 열성은 특히 불가해한 섭리에 자기만족적 방식으로 복종하며 절대적으로 헌신한다는 것이다. 따라서 그런 종교적 열성가들은 신앙을 대중적으로 널리 퍼뜨리는 데 열중하는 평신도 종교 조직, 즉 기독교청년회Young Men's Christian Association나 기독교 청년 면려회Young People's Society for Christian Endeavor 등과 제휴하는 걸 선호한다. 이런 평신도 조직은 "실용적인" 종교를 더욱 진작시키기 위해 조직된 단체이다. 스포츠를 즐기는 기질과 태곳적 종교 심리 사이에 밀접한 관계가 있다는 주장이 강요되고 또 그 주창자가 그런 주장을 확고히 다지려 하는 것처럼, 이런 평신도 종교 조직도 운동 경기나 그와 비슷한 기회와 기술을 겨루는 시합을 촉진하는 데 엄청난 에너지를 쏟아 붓는다. 이런 부류의 스포츠는 은총의 수단으로서 어떤 효력을 지니고 있다고 생각하는 것이다.

그런 스포츠는 개종의 수단으로 유익하게 활용되고, 일단 개종한 사람의 헌신적인 태도를 계속 유지하는 수단으로도 활용된다. 다시 말해, 애니미즘적 의식과 경쟁적 성향을 촉진시키는 스포츠 시합은 대중 종교에 적합한 사고 습관을 형성하고 보존하는 것이다. 따라서 평신도 조직의 관리 아래에서 이런 스포츠 활동은 신입 회원을 영적 생활로 인도

하는 수단이 된다. 그런 영적 생활을 하려면 먼저 성체 배령자가 되어야 하고 그에 따른 특권으로 그런 생활을 하게 되는 것이다.

경쟁적이며 저급한 애니미즘적 성향이 종교적 목적에 유용하다는 점은 명백하다. 그것은 많은 교파의 성직자들이 스포츠와 관련하여 평신도 조직의 모범을 따른다는 사실로 알 수 있다. 그런 기독교 조직, 특히 실용적인 종교를 강조하며 평신도 조직과 가장 가까이 있는 교회 조직은 전통적인 종교의식과 관련된 이런 스포츠 관행, 혹은 이와 비슷한 관행을 어느 정도 채택한다. 따라서 "소년단"과 다른 조직들은 성직자의 허가를 받아 청년 신자들의 경쟁적인 성향과 신분 의식을 발전시키는 역할을 맡는다. 이런 군대 비슷한 조직들은 경쟁적이고 차별적 비교의 성향을 정교하게 가다듬고 또 강조한다. 따라서 이런 조직들은 개인적 통제와 굴종의 관계를 식별하고 인정하는 능력을 발달시킨다. 이렇게 볼 때 신앙인은 이런 단련을 흔쾌히 받아들이고 복종하는 사람이다.

하지만 이런 행동들이 촉진하고 보존하는 사고 습관은 신인동형론 종교의 본질 중 절반만 구성할 뿐이다. 나머지 절반은 종교 생활의 보완적 요소 — 애니미즘적 사고방식 — 인데, 교회의 허가 아래 조직된 부차적인 행동들로 형성되고 또 보존된다. 이런 행동들은 도박의 측면을 가지고 있는데, 가령 교회 바자회나 교회의 자선을 위한 복권 판매 등이 그것이다. 이런 복권 판매나 그와 유사한 기회가 종교에 무관심한 사람보다 종교 조직 구성원들에게 더 많은 매력으로 작용한다. 이런 사실은 종교의식과 관련하여 그런 행동(바자회와 복권)이 상당히 정당한 것으로 인정받고 있음을 보여준다.

신분제 : 약탈사회의 생활양식

이 모든 것은 다음 사실을 입증한다. 즉, 신인동형론 종교로 이끄는 기질이 사람들을 스포츠에도 끌리게 한다. 나아가 스포츠 경기에 습관적으로 참여하는 것이 종교의식에서 만족감을 찾는 성향을 발전시킨다. 이것은 거꾸로 말하면, 종교의식에 습관적으로 참여하는 것이 차별적 비교를 돕고, 또 행운에 호소하는 운동 경기나 그 밖의 모든 시합에 참여하는 성향을 발전시키는 것이다. 본질적으로 동일한 이런 성향은 두 가지 정신적인 삶의 방향(사행심과 차별적 비교 : 옮긴이)에서 표현된다.

약탈적 본능과 애니미즘적 관점이 두드러지는 야만적 인간성은 보통 양쪽 모두에서 나타난다. 약탈적인 사고 습관은 개인의 위엄, 그리고 개인들 사이의 상대적인 지위를 강조한다. 약탈적인 습관이 지배적 요소인 사회적 구조는 신분제에 기반을 둔 구조이다. 약탈적 사회의 생활양식의 일반적 규범은 우월한 자와 열등한 자의 관계, 귀한 자와 천한 자의 관계, 지배자/지배 계층과 피지배자/피지배 계층의 관계, 주인과 종의 관계 등 주로 차별적이고 구분적인 신분제이다.

신인동형론 종교는 산업의 발전 단계에서 후대에 생겨난 것이고 경제적 분화 ― 즉, 소비자와 생산자의 분화 ― 에 의해 형성되었으며, 통제와 굴종의 지배적 원칙을 받아들였다. 여러 종교들은 그들이 형성되던 시기의 경제적 분화에 합당한 사고방식을 그들이 모시는 신神에게 부여한다. 따라서 신인동형론 신神은 모든 문제에서 우선적 지위를 갖고 있고, 자신이 주인임을 강조하면서 임의적으로 힘을 사용한다. 다시 말해, 섭리의 주관主管에서 힘을 최종 중재 수단으로 여기는 것이다.

신인동형론 종교의 주종관계

신인동형론 교리는 시간이 흘러가면서 더욱 성숙한 모습을 갖추게 되었다. 신神은 무시무시한 존재감과 불가해한 힘을 지닌 개념을 탈피하여 "신의 부권父權"이라는 개념으로 재규정된다. 초자연적인 힘에 부여된 정신적 태도와 소질은 여전히 신분제의 특징은 그대로이지만, 유사-평화적 문화 단계의 가부장적 특징을 갖게 되는 것이다. 이처럼 발달된 단계에서도, 신神의 위대함과 영광을 극찬하고, 복종과 충성을 고백함으로써 신의 비위를 맞추는 것이 종교의식의 주된 목표이다. 비위를 맞추거나 숭배하는 행위는 신의 불가해한 힘에 부여된 신분의식(주인의 상태)에 호소하는 것이었고, 또 신의 그런 힘은 그처럼 달래거나 호소하는 행위를 통해 접근할 수 있다고 보았다.

신의 비위를 맞추는 가장 흔한 신앙 형식은 차별적 비교를 포함하거나 암시하는 것이다. 이런 태곳적 인간성이 부여된 신인동형론 신에게 사람들이 그토록 충성을 바치는 것은 무엇을 의미하는가? 그것은 열성 신자에게도 그런 비슷한 태곳적 성향이 있음을 보여주는 것이다. 경제 이론의 관점에서 살펴볼 때, 형체가 있건 혹은 없건 어떤 개인에게 바치는 충성심은 개인적 복종의 변종이다. 그리고 그런 복종은 약탈적·유사-평화적 생활양식에서 상당히 중요한 부분을 차지한다("형체가 있건 혹은 형체가 없건 어떤 개인": 형체가 있는 개인은 가부장을 말하고, 형체가 없는 개인은 신인동형론 종교에서 인간과 같은 모습을 한 인격신을 가리킨다 : 옮긴이).

신을 이처럼 고압적이고 호전적인 족장처럼 여기는 야만적 개념은 초기 약탈적인 단계와 현재 산업 사회 사이에 있는 여러 문화적 단계를 거쳐 오면서 크게 완화되었다. 그런 단계들의 온화한 태도와 진지한 삶의 습관이 영향을 미친 것이다. 하지만 종교적 상상이 이처럼 완화되고, 그 결과 신에 부여된 무자비한 특징 역시 완화되었지만, 대중은 여전히 신의 본질과 기질이 야만적 개념을 그대로 간직하고 있다고 생각한다. 예를 들면, 신에 대해서 언급할 때나, 그리고 신이 인간의 삶에 개입하는 과정을 논할 때, 연설가와 작가는 여전히 전쟁과 약탈적 생활방식의 어휘에서 차용한 직유를 가져와서 신神을 묘사한다.

그들은 또한 차별적 비교를 강조하는 어법도 즐겨 사용한다. 이러한 비유법은 온화한 교리를 지지하는 사람들로 구성된 덜 호전적인 현대 청중에게 연설할 때에도 훌륭하게 먹혀 들어간다. 인기 있는 대중 연설가가 야만적인 형용사와 비유법을 효율적으로 활용한다는 건 오늘날의 세대가 야만적 미덕의 위엄과 가치를 인정한다는 뜻이다. 또한 그런 어휘와 비유의 활용은 종교적으로 경건한 태도와 약탈적 사고방식 사이에 어느 정도 연관성이 있음을 보여준다. 현대의 신앙인들이 그들의 숭배 대상(신)에게 이런 맹렬하고 복수심에 불타는 감정과 행위를 전가시키는 것을 떨떠름하게 생각하는 일은 거의 없고, 설사 있다하더라도 한참 후에 뒤늦게 생각날 뿐이다. 신에 적용되는 유혈 낭자한 형용사에 고도로 미학적이고 명예로운 가치가 있다고 생각하는 대중은 오히려 많이 있다. 이런 무시무시한 형용사가 우리의 비非 반성적 사고방식에는 아주 합당하게 느껴지는 것이다.

나의 눈은 다가오는 주의 영광을 보았네.
그분께서는 분노의 포도가 쌓인 곳에서 포도를 짓이기시고
무섭고 빠른 검으로 치명적인 번개를 내리 치셨네.
그분의 진리는 진군하리라.

다시 풀어쓴 찬송가 혹은 기도문의 한 부분으로 추정됨 : 옮긴이).

현대 산업 사회에 부합하는 비 애니미즘적 심성

종교적으로 독실한 사람의 사고 습관은 태곳적 생활양식의 수준에서 움직이는데 그것은 현대 집단생활의 경제적 필요에는 거의 도움이 되지 않는다.

오늘날 집단생활의 필요에 적합한 경제 조직은 어떤 것인가?

현대의 조직에서 신분제는 더 이상 통하지 않을 정도로 낡은 것이 되었고, 개인적 굴종 관계도 쓸모가 없게 되었고 또 설 자리도 없다. 공동체의 경제적 효율성에 관한 한, 개인적 충성 정서와 그 정서를 나타내는 일반적인 사고 습관은 산업적 효율성에 방해가 된다. 그런 충성심은 인간의 제도가 현재의 상황에 적절히 적응하는 것을 방해하는 태곳적 유물에 불과하다. 평화로운 산업 공동체의 목적에 가장 적합한 사고 습관은 이런 것이다. 사물을 애니미즘적 관점에서 바라보는 것이 아니라 그저 사물로 바라보는 것이다. 사물을 기계적 인과 관계 속에 들어 있는 불투명한 사물로 인식하는 것이다.

("불투명한 사물": 칸트의 용어 '물자체Ding an sich'를 풀어서 쓴 것. 칸트는 경험에 따라서 드러나는 세계[칸트의 용어로는 "현상계"]와, 인간의 마음과는 독립적으로 존재하는 물자체의 세계["예지계"]를 구분했다. 칸트에 따르면 인간의 지식은 현상계에 국한되고 물자체는 영원히 알 수 없는 것이다 : 옮긴이).

그런 사고방식은 본능적으로 사물에 애니미즘적 성향을 부여하지도 않고, 초자연적인 힘을 가져와서 복잡한 현상을 설명하지도 않으며, 또

292

자신(인간)의 목적에 맞게 사건의 진행을 결정하기 위하여 보이지 않는 손(신)을 동원하지도 않는다. 현대 상황에서 최고의 경제적 효율성을 달성하기 위한 필요조건을 만족시키려면, 세상의 과정은 반드시 수량적이고 객관적인 힘과 인과관계의 관점에서 파악되어야 한다.

현대 산업 사회는 신앙생활과 부합하지 않는다

후대의 경제적 필요의 관점에서 보면, 종교적 독실함은 초기 집단생활의 유물이자 정지된 정신적 발달의 흔적으로 보인다. 물론 경제 구조가 여전히 본질적으로 신분제에 바탕을 두고 있는 공동체에서 그것(종교적 독실함은 정신 발달의 정지)은 옳은 말이다. 그런 공동체에서 평균적인 사람의 태도는 그에 알맞게 개인적 지배와 굴종 관계로 형성되고, 또 개인은 그에 맞춰 살아간다. 혹은 다른 이유, 그러니까 전통이나 유전된 소질이라는 면에서 인구 전체가 독실한 종교의식에 강하게 끌리기도 한다. 공동체 평균을 넘지 않는 개인의 독실한 사고 습관은 틀림없이 널리 퍼진 생활 습관의 세부 사항으로 받아들여야 한다. 이런 측면에서 독실한 공동체의 독실한 개인은 공동체 평균 수준을 유지하는 것이므로 격세유전(과거 회귀)의 사례라 할 수 없다. 현대적 산업 상황의 관점에서 볼 때, 이례적인 독실함 즉 평균을 초과하는 독실함은 격세유전의 특징으로 규정되어도 무방하다.

물론 이런 현상들을 다른 관점에서 살펴보는 것도 똑같이 정당하다. 이런 현상들은 다른 목적에서 인식될 수도 있으며, 여기서 부여된 특징이 그로 인해 역전될 수도 있다. 가령 독실한 종교적 관심이나 독실한 종교적 취향의 관점으로 말해 보자면, 현대의 산업적인 생활환경에서 성장하는 사람의 정신적 태도는 신앙생활의 자유로운 발전에 부적합하다고 정반대로 주장할 수도 있다. 최근 산업 과정의 발전이 충성심을 없애는 쪽으로 또 "물질주의" 쪽으로 기울어지는 경향이 있다고 반론을 펴는 것도 타당할 것이다. 또 미학적인 관점에서도 그와 비슷한 반론을 펼 수도 있을 것이다. 하지만 이런 반론이 아무리 목적에 알맞고 또 가치 있는 생각이라고 할지라도, 우리의 현재 논의와는 무관한 것이다. 왜냐하면 여기서는 경제적인 관점으로만 이런 현상들의 가치를 살피고 있기 때문이다.

미국처럼 종교적으로 독실한 사회는 이런 주제를 경제적인 현상으로만 논하는 것에 불쾌감을 표시할 것인데, 그래도 신인동형론적인 사고 습관과 독실한 종교의식에의 몰두는 엄청난 경제적 중요성이 있으므로, 이것을 하나의 변명 거리로 삼아 이 주제를 계속 논의해 보겠다. 독실한 종교의식은 어떤 인간적 기질에 벌어지는 변양의 지표이므로 경제적 중요성을 갖고 있다. 다시 말해, 종교의식은 약탈적인 사고방식을 동반하므로, 산업적으로 쓸모없는 특징이 거기 들어 있음을 보여준다. 독실한 종교의식은 어떤 정신적 태도도 보여주는데, 그 태도는 개인의 산업적 유용성에 영향을 주기 때문에 특정한 경제적 가치를 갖게 된다. 하지만 종교 의례는 그보다 더 큰 중요성이 있는데, 공동체의 경제적 활동을 수정함으로써 — 특히 상품의 분배와 소비에 관한 것을 수정함으로써 — 직접적인 영향을 미친다.

종교 의례와 과시적 소비

종교의례의 가장 명백한 경제적 영향은 상품과 서비스의 독특한 종교적 소비에서 나타난다. 성지聖地, 사원, 교회, 제의祭衣, 제물, 성사聖事, 축제 의상 등 각종 의례에 필요한 물품의 소비는 어떤 구체적이고 실용적인 목적에 봉사하지 않는다. 따라서 이 모든 물품들은 사치성 낭비의 항목으로서 간주해도 무방할 것이다. 이런 부류에서 소비되는 개인적 서비스에 관해서도 일반적으로 같은 말을 할 수 있다. 성직자의 교육, 성직자의 봉사, 순례, 단식, 축제일, 가정 예배 등이 그런 서비스이다. 동시에 이런 소비가 발생하고 수행되는 종교예식은 신인동형론 종교의 사고방식을 더 넓은 범위에까지 확대시키고, 더 오래 지속시키는 역할을 한다. 다시 말해, 그런 종교예식은 신분제 특유의 사고 습관을 발전시키는 것이다.

따라서 현대의 상황에서 그런 종교 의식은 가장 효율적인 산업 조직에 방해가 된다. 우선 그것은 오늘날의 상황이 요구하는 방향으로 경제 제도가 발전하는 걸 적대시한다. 우리의 논의의 관점에서 살펴보면, 이런 종교적 소비의 직간접적 효과는 공동체의 경제적 효율성을 위축시키는 특징이 있다. 경제 이론, 그리고 그런 종교 예식의 직접적 결과를 고려하면 신인동형론 신神에 봉사하고자 상품을 소비한 건 공동체의 활력을 높이는 것이 아니라 오히려 저하시킨다. 이런 부류의 소비에서 발생하는 막연하고 간접적인 도덕적 영향이 무엇인지는 명석하게 대답을 할 수가 없다. 따라서 여기서 그런 도덕적 문제는 논외로 하겠다.

그래도 다른 비종교적 목적의 소비와 비교하여, 독실한 종교적 소비의 경제적 특성을 일반적으로 언급하는 것은 우리의 논지에 부합한다. 우리가 독실한 종교적 물품 소비와 관련된 동기와 목적을 알아본다면, 그런 종교적 소비와 그 소비를 뒷받침하는 사고방식의 가치를 인식할 수 있다.

인격신 숭배와 가부장 숭배의 유사성

신인동형론 신에 봉사하는 소비와 야만 문화에서 발생한 사회 상류층의 유한 남성(족장이나 원로)에 봉사하는 소비, 이 두 가지 소비 사이에는 본질적 동일성이라고 할 수는 없을지라도 주목할 만한 동기의 유사성이 있다. 족장에게나 신에게나 그를 위해 엄청난 비용을 들여서 거대한 건물이 마련된다. 이런 건물은 물론이고, 이들을 섬기는 과정에서 추가되는 소유물도 그 종류나 등급에서 절대 평범한 것이 아니며, 사치성 낭비의 요소를 많이 가지고 있다.

독실한 종교적 건축물이 구조와 설비가 항상 태곳적 특색을 보인다는 점도 언급할 만하다. 족장과 신의 종(하인)도 반드시 특별하고 화려한 특성의 옷을 입은 채 등장해야 한다. 이런 복장의 경제적 특징은 유독 과시적 낭비를 강조한다는 것인데, 부차적인 특징이라면 그런 복장은 늘 어느 정도 태곳적 양식을 갖춰야 한다는 것이다.

그(부차적) 특징은 야만인 통치자의 종이나 조신朝臣보다는 성직자에게서 더 두드러진다. 공동체의 일반 구성원도 알현실에서 일상의 복장보다 더 값나가는 옷을 입어야 한다. 여기서 다시 족장의 알현실과 신전의 유사성이 뚜렷하게 나타난다. 이런 측면에서 복장은 의례에 맞는 특정한 "청결함"을 갖추어야 한다. 그런 때 입는 복장은 산업적(생산적)인 직업에 종사하거나 구체적 용도에 소용되는 일을 평소 안 한다는 것을 보여주어야 하는데, 경제적인 관점에서 본다면 이것이 청결함의 본질적인 특징이다.

과시적 낭비와 산업의 흔적이 없는 의례적 청결함은 신성한 축제일에 소비되는 복장과 음식(그 요구되는 정도는 복장보다는 덜하지만)에도 요구된다. 신성한 축제일(금기)이란 신이나 그에 준하는 종교적 유한계급을 위해 따로 마련한 날을 뜻한다. 경제 이론에서 신성한 축제일은 분명 신이나 성인을 위해 대리 여가를 즐기는 기간으로 규정된다. 이런 축제일엔 신과 성인의 이름으로 금기가 부과되고, 그들의 훌륭한 명성을 지키기 위해 유익한 일을 하는 것이 자제된다. 이러한 모든 독실한 종교적 대리 여가의 특징은 인간에게 유익한 모든 활동을 금하는 다소 엄격한 금기가 부과된다는 것이다.

휴일과 대리적 여가

단식일은 돈벌이가 되는 일과 물질적 삶을 억제하는 과시적 금욕이 특징이다. 이런 금욕은 소비자의 삶을 안락하게 하는 소비나, 삶을 충만하게 만드는 소비를 강제적으로 못하게 함으로써 더욱 강조된다.

여기서 세속적 축제일이 다소 우회적인 경로로 파생되어 나오긴 했지만 종교적 축제일과 같은 기원을 지녔다는 점을 지나가듯이 언급해 두고자 한다. 세속적인 축제일은 성스러운 날에서 파생되어 나온 것인데, 어느 정도 신성시된 왕이나 위인의 탄생일이 덜 신성화되는 중간 단계를 거쳐서 현재의 세속적 축일이 된 것이다. 그 다음에는 주목할 만한 사건이나 인상적인 사실에 경의를 표하려는 목적이나, 아니면 그런 사건이나 사실이 훌륭한 명성을 회복할 필요가 있다는 판단 아래 축제일로 제정된다. 어떤 현상이나 사건의 명성을 높이기 위해 대리적 여가를 규정한 이런 후대의 세련된 조치(휴일의 지정)는 아주 최근에 생겨난 것이다. 일부 공동체들에서 어떤 날을 노동절로 지정하여 대리 여가의 날로 활용하고 있다. 노동절 행사는 노동의 품위를 높이기 위해 제정된 것인데, 그런 뜻을 기리기 위해 유익한 일을 강제적으로 금지시키는 태곳적이고 약탈적인 방식을 동원한 것이다. 이런 노동 전반에 부여된 의미 이외에도, 노동을 하지 않음으로써 드러나는 금전적 힘의 품위도 함께 보여줄 수 있는 것이다.

성스러운 축제일과 일반적인 축제일은 주민들에게 조세의 성격으로 부과된다. 그 조세는 대리적 여가의 형태를 취하며, 거기서 발생하는 명예는 축일로 기릴 정도로 훌륭한 명성이 있는 사람이나 사건에게 돌아간다. 그런 대리적 여가의 십일조는 종교적 유한계급의 부수입이며 그들의 좋은 평판을 유지하기 위해서 반드시 있어야 하는 것이다. 휴무하면서 축하해 주지 않는 성인은 제대로 대접을 받지 못하는 성인이다.

사제의 대리 여가와 대리 소비

평신도에게 부과된 이런 대리적 여가의 십일조 이외에도, 다양한 지위의 성직자와 신전 노예로 이루어진 특별한 계급이 있는데, 그들은 비슷한 일에 전적으로 자신들의 시간을 별도로 떼어놓는다. 성직자 계급은 저속한 노동을 하면 안 된다는 의무뿐만 아니라, 돈벌이가 되거나 세속적인 행복에 이바지하는 것으로 여겨지는 행동도 하면 안 된다는 의무가 있다. 성직자 계급에게는 강력하고 자세한 금기가 부과되는데, 그것은 명령의 형태를 띠고 있으며 비록 산업에 악영향을 미치지 않더라도 세속적인 이득을 추구해선 안 된다고 지시한다. 물질적 이익을 추구하거나 세속적 문제에 연연하는 것은 신의 종에게 어울리지 않는 일이며, 또 사제가 섬기는 신의 위엄에도 누를 끼치는 일이다. 그래서 이런 말도 있다. "성직자인 척하며 자신의 위안과 야망을 챙기는 자는 가장 경멸받아야 하는 자이다."

인간의 충만한 삶에 이바지하는 행동과 신인동형론 신의 훌륭한 명성에 이바지하는 행동 사이에는 일정한 구분선이 있는데, 독실한 종교의식의 취향을 가진 사람은 그런 구분선을 그리는 데 거의 어려움을 느끼지 않는다. 이상적인 야만적 생활양식에서 성직자 계급의 활동은 전적으로 신인동형론 신에 봉사한다. 경제적 사항을 고려한다는 것은 최고 수준의 성직자가 열망하는 그런 수준과는 크게 동떨어진 것이다. 이런 원칙에 위배되는 명백한 예외사항 역시 존재하는데, 가령 중세의 몇몇 수도회가 그러하다. 여기에 속한 수도사들은 실제로 유용한 목적을 위해 노동을 하지만, 그것이 위에서 말한 원칙을 훼손할 정도는 되지 못한다. 성직자 계급의 외곽에 위치한 이런 수도회는 완전한 의미의 성직자 세력은 아니다. 생계 수입을 허용한 이런 미심쩍은 수도회는 그들(수도회)이 존재하는 지역 공동체의 품위 감정을 훼손시킴으로써 결국 악평을 받게 되었다. 이러한 사실은 눈여겨볼 만하다.

성직자는 기계를 통한 생산적인 일에 종사하면 안 되고 그 대신에 대규모로 소비해야 한다. 하지만 자신의 삶에 위안이 되거나 생활의 충만함을 보장하는 형태의 소비를 해서는 안 된다. 성직자의 소비는 앞선 장(제4장: 옮긴이)에서 설명했듯이 대리적 소비를 강제하는 원칙에 부합해야 한다. 성직자가 뚱뚱하거나 유쾌한 모습을 보이는 건 그리 좋은 상태로 생각되지 않는다. 실제로 많은 정교한 종교의식은 대리적 소비 이외의 다른 소비는 금지하고 있고, 이런 명령은 빈번히 육체를 괴롭히는 고행을 부과한다. 최근에 공식화된 교리에 따라 조직된 현대적 종파에서조차 경박한 행동이나, 열성적으로 이 세상의 좋은 것을 즐기려는 모습은 진정한 성직자의 품위에 위배된다고 생각한다.

보이지 않는 주인을 둔 이런 종들이 주인의 훌륭한 명성을 위해 헌신하지 않고, 오히려 자신의 목적에 전력을 다하는 모습은 근본적으로 잘못된 것으로 사람들의 감정을 무척 거슬리게 한다. 지극히 고귀한 주인의 종이고 또 그런 후광으로 사회 계층에서 높은 지위에 올라갔지만 그래도 어디까지나 종의 계급이다. 따라서 그들의 소비는 대리적 소비이다. 고등 종교의 경우, 사제들의 주인은 물질적 이익을 필요로 하지 않으므로 그들의 일은 온전한 의미의 대리적 여가이다. "그러므로 여러분은 먹든지 마시든지, 그리고 무슨 일을 하든지 모든 것을 하느님의 영광을 위하여 하십시오"(고린도전서 10장 31절 : 옮긴이).

신자에게 전이되는 사제의 대리적 특징

평신도 역시 신성한 존재의 종이므로 성직자에게 부여된 대리적 특성이 그들의 삶에도 전이된다. 이런 측면에서, 평신도는 성직자에게 동화된다. 이런 추론은 다소 폭넓게 적용될 수 있다. 특히 금욕적이고 경건하며 수행하는 태도를 보이는 종교적인 삶의 개혁이나 부흥을 바라는 운동에는 더욱 강력하게 적용된다. 이런 운동에서 종인 인간은 영적인 군주인 하느님에게 평생 복종하는 삶을 살아간다. 성직자 제도가 차츰 약해지거나 삶의 문제에 신이 주인으로서 직접 개입한다고 생각되는 예외적인 곳, 이런 곳에서 평신도는 신에 직접 복종하는 관계가 되고, 그의 삶 역시 주인의 명성을 드높이는 방향으로 대리적 여가를 수행하게 된다. 그런 격세유전의 경우, 사제의 중재가 없는 직접적인 복종 관계가 회복되고, 이런 주종의 신분제가 독실한 종교적 태도의 지배적 양상이 된다. 그리하여 육체를 괴롭히는 금욕적이고 불편한 대리적 여가가 강조되고, 은총의 수단으로 여겨지던 과시적 소비는 무시된다.

성직자의 생활양식을 이렇게 특징짓는 것이 타당한지 의문이 생길 것이다. 현대 성직자 중 다수가 많은 세부적인 측면에서 그 양식에서 벗어난 모습을 보이기 때문이다. 그런 금욕적 생활양식은 오래된 신앙이나 종교의례를 철저히 지키지 않는 교파의 성직자에겐 적용되지 않는다. 이런 새로운 교파들은 표면적으로 평신도는 물론 성직자에게도 세속적인 복지를 배려한다. 가정에서의 사생활뿐만 아니라 심지어 공개적인 곳에서도 그들의 생활 방식은 금욕을 그리 중시하지 않고 또 태곳적 의례를 별로 지키지 않는다는 점에서 세속적 정신의 소유자들과 그리 다르지 않다. 원 줄기에서 더 멀리 떨어져 나온 교파일수록 이런 실용적이고 비 금욕적 면이 더 잘 드러난다.

이런 교파와 위에서 말한 금욕적 특징은 서로 불일치하는 것이 아닌가, 하고 의문을 제기하는 사람도 있을 것이다. 여기서 우리는 그런 불일치를 논하려는 게 아니라, 성직자 조직이 기존의 생활양식에 완전히 부합하지 못하는 현상을 논하려는 것임을 지적하고 싶다. 그런 성직자들은 성직자 계급의 일부일 뿐이고, 완전하게 성직을 대표하는 것도 아니다. 따라서 그들이 진정하고 온전한 방식으로 성직자의 생활양식을 대변한다고 생각해서는 안 된다. 그런 교파나 종단의 비 금욕적 성직자는 아직 덜 완성된 성직자, 혹은 아직 덜 숙성되었거나 숙성 중인 성직자로 볼 수 있다. 그런 성직자는 이질적인 동기와 전통으로 뒤섞이고 모호해진 성직의 특성을 보여준다. 이는 해당 성직자가 속한, 즉 전통적 규범을 따르지 않는 교파의 목적에, 애니미즘이나 신분에 관한 요소와는 다른, 실용적이고 세속적인 요소가 뒤섞여 있기 때문이다.

이런 비 금욕적 성직자들에 대해서는 다음 두 가지 사항을 거론하면서 그 잘못되었음을 지적할 수도 있을 것이다.

첫째, 성직자는 사제의 품위에 대하여 고도로 발달된 감각과 취향을 가지고 있어야 한다. 둘째, 공동체 내에서는 사제의 품위와 관련하여 주도적인 공론이 이미 정해져 있고, 그것이 성직자가 할 수 있는 것과 할 수 없는 것을 구분하고 비판하는 근거가 된다.

이것은 아주 극단적으로 세속화한 교파에서도 성직자와 평신도의 생활양식 사이에 어느 정도 구분선이 존재한다는 사실로 알 수 있다. 전통적인 관습에서 벗어나 태도와 복장에서 덜 금욕적이고 덜 태곳적인 방향으로 나아가는 이런 교파의 성직자들이 성직자의 품위 기준에서도 벗어나고 있다는 걸 예민한 사람이라면 누구나 느낀다. 평신도보다 성직자에게 더 물질적·세속적 관용을 베푸는 공동체와 교파는 서양 문화에선 찾아볼 수 없다. 성직자의 품위에 대하여 성직자 본인이 알아서 적절히 한계를 두지 않으면, 공동체에 널리 퍼진 품위 기준이 강하게 압력을 행사한다. 그리하여 성직자는 그것에 맞게 행동하거나, 아니면 성직자 자리에서 물러나야 한다.

사제의 생업 종사는 경멸의 대상

사제단의 구성원이 자기 이익을 위해 봉급을 인상해 달라고 공공연하게 주장하는 일은 거의 없다. 만약 사제가 그렇게 공언한다면 신자들은 부적절한 처신이라며 무척 불쾌하게 여길 것이다. 이와 관련하여 이런 말도 해볼 수 있다. 성직자는 설교단에서 농담도 함부로 하면 안 된다. 성직자가 엉뚱한 농담을 하면 대부분의 신자는 그런 농담을 한심하게 생각할 것이다. 냉소적인 사람이나 아주 둔감한 사람을 제외하고는 그것이 정상적인 반응이다. 경박한 태도도 성직자는 조심해야 한다. 어떤 연극적 효과를 노리거나 짐짓 위엄을 감추려는 의도라면 모를까, 성직자가 평소에 경박한 태도를 보이면 신자들 사이에서 그에 대한 존경심이 사라지게 된다.

성소聖所와 성직에 적합한 어법은 일상을 떠올리게 하는 것이 되어서는 안 되고, 현대의 상거래나 산업 현장에서 쓰는 어휘여서도 안 된다. 마찬가지로 성직자가 산업의 문제나 기타 인간적인(생업에 관련된) 문제에 지나치게 밝으면 일반 신자는 품위 없다고 생각하여 불쾌하게 느낀다. 설교의 품위에 관해서도 일정한 수준 이하로 떨어져서는 안 되며, 이 때문에 훌륭한 성직자는 자신의 설교에서 세속적인 문제를 가능한 한 논의하지 않으며, 불가피하게 논의해야 될 때에는 반드시 품위의 기준을 지켜야 한다. 인간적이고 세속적인 문제들은 철저하게 추상적이고 무관심한 태도로 다뤄져야 한다. 그래야 성직자는 자신의 주인인 신神을 제대로 대변하는 것이다. 그 신은 세속적인 일에 대해서는 일일이 개입하는 법이 없이 대체로 초연하거나 무관심하다가 때때로 뭔가 하사하는 것처럼 마지못해 개입하기 때문이다.

여기서 논하는 규범을 따르지 않는 교파의 성직자들 중에서도 사제의 이상적인 생활양식을 준수하는 정도가 사제마다 각각 다르다. 일반적으로 말해서, 비교적 최근에 생긴 교파에서, 특히 하위 중산층을 신도로 둔 신생 교파에서 이런 불순응의 태도가 더 크게 나타난다. 그런 교파들은 독실한 종교적 태도로 분류될 수 없는 인도주의적 동기, 박애주의적 동기, 그 외의 다른 동기가 다양하게 혼합된 모습을 보인다. 학습이나 연회宴會의 욕구도 그런 동기들 중 하나인데, 해당 교파 구성원들은 그런 동기에 적극적인 관심을 표시한다. 비순응적 조직 혹은 분파적 조직은 보통 여러 동기가 혼합된 형태에서 비롯되는데, 그런 운동들 중 일부는 성직의 기반인 신분제 원칙에 저항하고, 또 그런 운동을 일으킨 실제 동기가 신분제에 대한 혐오감이기도 하다.

이런 움직임이 있는 곳에서, 성직자 제도는 과도기에 접어들어 부분적으로 붕괴되었다. 그런 교파 조직의 대변인은 처음부터 특별한 성직자 계급의 구성원이나 성스러운 주인의 대변인이 아니라, 자신이 소속된 교파 조직의 종이자 대표자이다. 이 대변인은 오직 점진적인 전문화 과정을 통하여 비로소 온전한 성직자의 권위를 부여받아 그 지위를 되찾으며, 동시에 그에 수반되는 금욕적이고 태곳적이고 대리적인 생활양식을 되찾게 된다. 어떤 신생 종파의 혐오심이 표출된 이후에, 독실한 종교의식이 거쳐가는 붕괴와 복원 과정도 이와 비슷하다. 성직 제도, 성직자의 생활양식, 독실한 종교의례 등은 세부사항에 일정한 변화를 겪으며 점진적인 방식으로 서서히 회복된다. 그것은 종교적 품위에 대한 지속적인 관심이 결국에는 초자연적인 문제가 제일 중요하다고 주장하고 나서는 과정과 비슷하다. 또한 다음의 사실도 부연하고 싶다. 그 신흥 교파는 부가 늘어날수록, 유한계급의 관점과 사고 습관을 더 많이 획득하게 된다.

성직자 계급을 제외하고도, 성인과 천사(혹은 이와 등등한 위치에 있는 다른 종교의 존재들) 등도 높은 위치를 차지하는 초자연적 대리 유한계급이다. 이러한 등급의 상승은 정교한 신분 체계에 따라 이루어진다. 신분제의 원칙은 가시적이든 비가시적이든 전반적인 계급 체계반에 작용한다. 이런 초자연적 계급 또한 그들의 훌륭한 명성을 지키기 위해 대리소비와 대리 여가를 세금으로 요구한다. 따라서 그런 집단은 그들을 위해 대리 여가를 수행할 수행원이나 종으로 구성된 하위 계층을 두게 되는데, 이것은 앞에서 살펴본 바 있는 가부장제 아래의 종속적인 유한계급(주인의 하인들이나 그 아내의 하녀들)과 똑같은 집단이라 할 수 있다.

종교적 기질과 상충하는 산업적 효율성

잘 생각해 보면 다음과 같은 점은 분명하게 드러난다. 이런 독실한 종교
의식과 그것이 내포하는 기질의 특색, 혹은 종교의식에 포함된 상품과
서비스의 소비가 현대 사회의 유한계급 혹은 현대적 생활양식에서 그
계급을 대표자로 내세우는 경제적 동기와 깊이 관련되어 있다. 따라서
이런 관점에 맞추어서 관련된 특정 사실들을 간략하게 검토하는 것이
유익하리라 생각된다.

이 문제와 관련하여 앞에서 논의된 문장들을 살펴보면, 오늘날의 집
단생활 목적, 특히 현대 사회의 산업적 효율성에 관한 한, 독실한 종교적
기질은 도움이 된다기보다는 방해가 되고 있다. 그에 따라 현대 산업 생
활은 산업적 과정에 직접 연관된 계급의 정신적 구조에서 이런 인간성
의 특징(종교적 특징)을 선별적으로 제거하는 경향을 보인다. 종교적 독
실함이 실질적인 산업 공동체에 소속된 구성원들 사이에서 실제로 쇠퇴
하거나 혹은 그런 경향이 있다고 말하면 대체로 맞는 말이다. 그러나 산
업 역군으로서 공동체의 생활과정에 직접, 혹은 주도적으로 개입하지
않는 계급에선 이런 종교적 소질이나 습관이 뚜렷할 정도로 잔존하고
있다.

앞에서 이미 언급한 것처럼, 산업 과정 내부에서 사는 것이 아니라,
그 과정에 의지하여 사는 유한계급은 대략 두 가지 범주로 구성된다.

[1] 경제적 상황의 압박에서 보호받는 제대로 된 유한계급.

[2] 과도하게 그런 압박에 노출된 하류층 범법자를 포함한 빈곤 계급.

유한계급은 태곳적 사고 습관을 계속 유지한다. 변화하는 상황에 따라 사고방식을 전환하도록 유도하는 경제적 압박이 이 계급에게는 거의 먹히지 않기 때문이다. 빈곤 계급은 산업의 효율성이 부과하는 변화에 제대로 적응하지 못하는데 그 이유는 영양 결핍이다. 이 계급은 외부 압력에 수월하게 적응하는 데 필요한 잉여 에너지가 별로 없는데다, 현대적 관점에 익숙해질 기회조차 제대로 없다. 두 계급에선 같은 방향으로 자연선택 과정이 진행되는 경향이 있다.

현대의 산업적 생활이 요구하는 관점에서 보면, 자연현상들은 기계적 질서를 갖춘 수량적 인과관계로 포섭된다. 빈곤 계급은 최근에 생겨난 이런 과학적 일반화를 자기 것으로 하여 완전히 이해하는 데 필요한 여가를 갖지 못할 뿐만 아니라, 금전적으로 우월한 자에게 물질적으로 의지하거나 종속되는 관계이므로 신분제에 적합한 사고방식을 신속하게 벗어나지 못한다. 그 결과 빈곤 계급은 기존의 일반적인 사고방식을 계속 유지하게 되는데 그것은 주로 강력한 개인적 신분 의식과 종교적 독실함으로 표출된다.

오래된 유럽 문화의 공동체에서, 세습 유한계급과 빈곤층 인구 대다수는 산업적 중산층의 특성이 상당히 존재하는 지역일수록 중산층 평균보다 훨씬 더 독실한 종교적 태도를 보인다. 하지만 유럽 일부 국가들에서는, 바로 위에서 논한 보수적 인간성의 두 범주가 사실상 인구 전체를 포괄한다. 이런 두 계급이 크게 우세한 곳에서 그들의 성향은 미약한 중산층의 일탈적인 경향을 압도하는 대중적 정서를 형성하고, 그리하여 독실한 종교적 태도를 공동체 전반에 부과한다.

중산층의 비종교적 태도

이렇게 말한다고 해서, 이례적으로 독실한 종교의식을 준수하는 그런 공동체나 그런 계급이 이런저런 신앙 고백과 연관되는 도덕규범에도 예외적일 정도로 순응하는 경향을 보일 것이다, 라고 해석해서는 안 된다. 독실한 종교적 사고 습관 대부분은 십계명이나 관습법의 명령을 엄격하게 준수할 것을 요구하지 않는다. 실제로 유럽 공동체에서 범죄자의 삶이 어떤지 관찰한 사람이라면 범죄를 저지르고 타락한 계급이 오히려 인구 평균보다 더 종교적으로 독실하다(거의 순진하다고 할 정도로 독실하다). 독실한 종교적인 태도에 비교적 영향을 받지 않는 사람은 금전적 중산층과 준법정신을 갖춘 시민층이다. 고도의 교리와 예식의 가치를 높이 평가하는 사람들은 이런 주장에 반대하며 하류층 범법자의 종교적 독실함이 꾸며진 거짓이거나 혹은 기껏해야 미신과 다를 바 없는 독실함이라고 반박할 것이다. 그런 반박은 일리가 있고 또 나름 호소력도 있다. 하지만 우리의 현재 논의의 관점에서 볼 때, 그런 비경제적·비심리적인 주장은 부득이 제쳐놓아야 한다. 그런 주장이 종교적 목적에는 타당하고 또 결정적일지라도 우리의 논의와는 무관하기 때문이다.

중산층 계급이 독실한 종교예식에서 이탈하는 현상은 실제로 목격되고 있다. 이것은 성직자들이 최근에 털어놓은 불평에서도 잘 드러난다. 교회가 직공 계급의 지지를 잃는 중이고, 그들을 장악하는 힘도 잃고 있다, 라고 그들은 불평한다. 동시에 중산층 사람들이 교회를 진심으로 지지하는 일도 줄어들고 있으며, 특히 중산층 성인 남성은 그런 비율(교회를 지지하지 않는 비율)이 더욱 높다. 이것이 현재 목격되는 현상이고, 이런 사실은 위에서 약술한 전반적 주장을 충분히 입증해 줄 것이다. 교회에 참석하는 일반인의 숫자와 교회 신자들의 숫자가 줄어들고 있다는 것도 위에서 제기된 주장을 증명한다.

하지만 오늘날 선진 산업 사회의 정신적 태도에 이런 변화를 초래한 사건의 진행과 특정한 영향력을 자세히 추적하는 것이 우리의 논의에 더욱 합당하리라 생각된다. 이것은 경제적 원인이 작용하여 사람들의 사고방식이 세속화한 방식을 예증해 줄 것이다. 이런 측면에서 미국 사회는 이례적일 정도로 구체적 사례가 된다. 왜냐하면 미국 사회는 동등한 선진 산업 사회들 중에서 외부적인 상황에 구속받는 일이 가장 적었기 때문이다.

예외적인 상황과 이따금 발생하는 비정상적인 상황을 적절히 고려하면, 현재 미국의 상황은 아주 간단하게 요약할 수 있다. 일반적으로 경제적 효율성이나 지능, 혹은 그 두 가지 모두가 낮은 계급은 특히 종교적으로 독실한 경향을 보인다. 예를 들면, 미국 남부의 흑인 인구, 타국에서 이민 온 인구 중 하류층 대다수, 시골 인구 대다수, 특히 교육이 낙후하고, 산업이 발전하는 속도가 느리며, 공동체 다른 곳과 산업적인 접촉이 덜한 시골 지역의 인구가 종교적으로 독실하다. 특수화되거나 세습된 빈곤 계급이나 격리된 범죄자 혹은 방종한 자로 구성된 계급 역시 종교적으로 독실하다. 다만 후자(범죄자 혹은 방종한 자)의 독실한 사고 습관은 공인된 교리를 굳건히 고수하기보다는, 샤머니즘적 관행의 효험과 행운에 대한 애니미즘의 형태를 취한다.

반면에 직공 계급은 신인동형론 교리와 모든 독실한 종교예식으로부터 자유롭게 벗어나 있다. 이 계급이 그렇게 된 것은 다음 이유 때문으로 보인다. 그 계급은 현대의 조직된 산업이 제공하는 독특한 지적知的·정신적 압박에 많이 노출되었고, 그리하여 비인격적이고 객관적인 질서를 가진 자연현상을 지속적으로 인식하고, 인과 법칙에 전적으로 순응하는 훈련을 받은 것이다. 직공 계급은 빈곤 계급과는 다르게, 영양을 제대로 공급받지 못하거나 과로하는 일이 없으므로 이런 변화에 적응하는 데 필요한 체력을 충분히 갖추고 있다.

미국 중산층 남녀의 특별한 입장

미국에서 유한계급의 하류층, 혹은 어정쩡한 유한계급(보통 중산층이라고 하는 계급)은 그 사례가 다소 기묘하다. 미국 중산층은 종교적 생활 측면에서 유럽 중산층과는 다른 면을 보이지만, 본질에서 차이가 있는 건 아니고 방법에서 차이가 있을 뿐이다. 교회는 여전히 중산층의 금전적 지지를 받고 있다. 하지만 이 계급이 고수하는 교리는 신인동형론의 관점에서 보면 비교적 내용이 부실하다. 그런데 중산층 신자는 대부분의 경우 여자와 미성년자로 구성되어 있다. 중산층 성인 남자는 종교적인 열정이 눈에 띄게 부족하다. 그들은 태어날 때부터 믿던 공인된 교리를 무난할 정도로 동의하고 있기는 하지만 말이다. 그들의 일상생활은 산업적인 과정과 밀접하게 접촉하며 진행되고 있다.

여자들과 아이들에게 독실한 종교의식을 맡겨버리는 이런 기이한 성적 구분은 어느 정도 중산층 여자 대다수가 (대리) 유한계급이라는 사실에서 기인하는 것이다. 더 낮은 직공 계급의 여자들에게도 비록 강도는 떨어지지만 여전히 독실한 종교적 태도가 발견된다. 그들은 산업 발전 이전의 야만 단계에서 전해지는 신분 체제에 맞춰 살고, 그 때문에 일반적으로 태곳적 견해에 끌리는 마음가짐과 사고 습관을 가지고 있다. 동시에 그들은 현대의 산업적 목적에 맞지 않는 사고 습관이 낙후되었다고 하면서 그 습관을 깨부수려는 산업적 과정과 직접적이고 유기적인 관계를 맺고 있지 않다. 즉, 여자의 기이한 종교적 독실함은 문명사회의 여자가 보이는 보수성이 특수하게 표출되는 것인데, 이런 보수성은 대부분 그들의 경제적 위치에서 유래하는 것이다. 현대 남자에게 가부장적 신분 관계는 절대로 삶의 지배적인 특징이라고 할 수 없다. 하지만 현대 여자들은 오랜 관습과 "가정 영역"의 경제적 상황으로 제약을 받고 있고, 특히 상위 중산층 여자에게 가부장적 신분 관계는 가장 현실적이고 중요한 영향을 미치는 삶의 요소이다. 이렇게 하여 독실한 종교예식을 준수하고, 개인적 신분의 관점에서 인생의 사실들을 해석하기를 좋아하는 사고습관이 생겨난다. 여자가 일상적 가정생활에서 획득한 논리는 자연스럽게 초자연적인 힘의 영역으로까지 확대되고, 여자는 그런 일련의 생각들을 편안하게 여기게 된다. 하지만 중산층 남자는 대체로 보아 그런 생각을 낯설고 어리석은 것이라고 생각한다.

통상적으로 공격적이지 않고 열광적이지 않을 뿐이지, 중산층 남자에게 종교적 독실함이 영 없는 건 아니다. 상위 중산층 남자는 직공 계급의 남자보다 독실한 종교예식을 더 잘 받아들인다. 이것은 특정 계급의 여자에게 적용되는 종교적 독실함이 같은 계급의 남자에게도 – 비록 강도는 떨어지지만 – 적용된다는 걸 설명해준다. 그들은 상당한 정도로 보호를 받는 계급이다. 가부장적 신분 관계는 여전히 그런 계급의 부부생활이나 하인을 부리는 습관에서 지속적으로 나타나는데, 이는 태곳적 사고 습관을 보존하고 동시에 현재 겪고 있는 세속화 과정을 상당히 지연시킨다. 하지만 미국 중산층 남자는 경제 공동체와 아주 밀접하고 엄격한 관계를 맺고 있다. 그렇지만 그들의 경제적 활동에서도 빈번하게 가부장적 혹은 유사-약탈적 특성이 어느 정도 나타난다는 것을, 제한적으로나마 언급하고 싶다.

중산층에서 좋은 평판을 받고 있고 또 그 계급의 사고 습관 형성에 가장 많이 개입하는 것은 금전적인 직업이며, 이에 대해서는 앞의 장(제2장 : 옮긴이)에서 해당 얘기가 나올 때 이미 언급한 바 있다. 그런 직업엔 독단적인 명령과 복종 관계가 상당히 존재하며, 약탈적 기만과 비슷한 약삭빠른 관행이 적지 않게 발견된다. 이 모든 건 약탈적인 야만인의 생활 영역에 속한 것이고, 독실한 종교적 태도는 그 영역과 밀접한 관계가 있다. 여기에 더하여, 좋은 평판을 쌓을 수 있다는 이유로 중산층은 독실한 종교예식에 끌리기도 한다. 방금 언급한 종교적 독실함의 동기는 그 자체로 논의할 가치가 있으며, 이것은 곧이어서 언급하도록 하겠다.

미국 남부의 종교적인 유한계급

남부를 제외하면 미국 공동체에서 중요한 세습 유한계급은 없다. 이 남부 유한계급은 독실한 종교적 절차에 마음이 끌리는 모습을 보인다. 이런 종교적 성향은 미국 다른 지역에서 그와 비슷한 금전적 지위를 누리는 어떤 계급보다도 더 강하게 나타난다. 남부의 교리가 북부의 것보다 더 구식이라는 건 잘 알려진 사실이다. 남부의 이런 태곳적 종교 생활에 비하여 그 지역의 산업 발전은 뒤떨어져 있다. 남부의 산업 조직은 현재 미국 사회 전체로 봐도 더 원시적인 특성을 보인다. 기계적 장치들이 조잡하고 부족하기 때문에, 남부의 산업은 거의 수공예 수준이며, 그에 따라 통제와 굴종의 요소도 훨씬 더 강하다.

그렇지만 남부의 기이한 경제 상황 때문에, 흑인과 백인을 가리지 않는 남부 주민들의 엄청난 종교적 독실함은 여러 면에서 산업 발전의 야만적 단계와 관련된 생활양식을 연상시킨다. 남부에선 태곳적 특성의 공격적 행위가 많이 발견되며, 그런 행위는 다른 곳보다 비교적 덜 비난 받는다. 예를 들면, 결투, 말다툼, 주취酒醉, 경마, 투계, 도박, 남자의 성적 문란함(이는 상당수의 흑백 혼혈이 있다는 것으로 증명된다) 등이 그런 행위이다. 남부는 명예의식이 다른 지역보다 더욱 강한데, 이는 스포츠맨 정신의 표현이고 약탈적 생활의 파생물이다.

미국 북부의 비종교적 유한계급

미국 북부의 부유층은 가장 좋은 의미의 미국 유한계급이라 할 수 있다. 그들에게 세습으로 전해진 독실한 종교적 태도 같은 것은 없다. 이 계급은 생겨난 지 얼마 되지 않아 이런 측면에서 잘 형성되어 전해진 습관이나 특별한 지방색 전통을 갖고 있지 않다. 말이 나온 김에 주목할 만한 점을 언급하자면, 이 계급에선 공인된 교리 중 어떤 것을 표면적으로 또는 현실적으로 마지못해 받아들이는 경향이 있다.

또한 이 계급에서 결혼식, 장례식, 그리고 그와 비슷한 명예와 관련된 사건들은 종교적 행사를 연상시키는 측면이 발견된다. 이런 교리 준수가 독실한 사고방식으로의 진정한 회귀인지, 외국의 이상에서 빌려 온 훌륭한 평판의 규범을 피상적으로 흉내 내는 것인지 그 진상을 파악하기는 사실상 불가능하다. 미국 상류층 신앙의 발전 과정 중에는 의례적 준수가 상당 부분 발전되었다는 점을 감안할 때, 상류층에선 본질적으로 독실한 종교적 성향이 존재한다. 상류층 신자 사이에선 의식 절차와 화려한 예배용 복식품을 비교적 강하게 강조하는 종파에 가입하려는 경향이 있다. 상류층 신자가 우세한 교회에선 동시에 예배의 도구와 지적인 특징을 일부 희생시키더라도 의례적인 측면을 강조하는 경향이 있다. 이러한 사정은 그 상류층 신자의 교회가 예식과 장비의 발전이 비교적 대단치 않은 교파에 속해 있더라도 달라지지 않는다.

이런 의례적 요소의 기이한 발전은 부분적으로 과시적 낭비의 구경거리 때문에 생겨났을 뿐만 아니라 부분적으로 신자들의 그러한 종교적 태도를 보여주기 때문이다. 후자(부자들의 종교적 태도)의 경우는 종교 습관의 태곳적 형태를 나타내는 것이다. 독실한 종교의식에서 호화로운 효과를 강조하는 양상은 지적 발달이 낮은 비교적 원시적 문화 단계의 독실한 종교 공동체에서 두드러지게 나타난다. 이것은 특히 야만적 문화의 특징이기도 하다. 야만 문화에서, 독실한 종교의식은 모든 감각 수단을 통해 직접적으로 감정에 호소하려는 경향이 있다. 이렇게 단순하고 선정적인 호소 방법으로 되돌아가는 경향은 오늘날의 상류층 교회에서도 분명하게 나타난다. 하위 유한계급과 중산층의 신자들이 많은 종파에선 이런 태곳적 모습이 덜하다. 그러나 부자들의 교회에서는 태곳적 특징으로 회귀하려는 모습이 여지없이 드러난다. 채색된 조명과 화려한 구경거리를 활용하고, 상징들, 관현악, 향을 더 자유롭게 쓸 뿐만 아니라, "행렬 성가"와 "퇴장 성가"를 부르고, 풍성하고 다채롭게 진화하는 무릎을 꿇고 하는 절까지 등장하는데, 이는 예배의 부속 장치로서는 너무나 고풍스러워 마치 성스러운 춤처럼 보일 정도이다.

하류계급의 종교 의례는 과거의 유산

이런 호화로운 의식으로의 회귀는 상류층 종교에만 국한된 것은 아니다. 그렇지만 고도로 금전적이고 사회적으로도 높은 곳에 있는 계층에서 회귀의 사례가 가장 잘 드러나고 또 강조된다. 공동체의 독실한 하류층, 즉 남부 흑인과 진보가 느린 타국 이민자들이 믿는 종교 역시 의식 절차, 상징주의, 화려한 효과에 강하게 끌리는 모습을 보인다. 이런 계층의 선례와 문화적 수준을 고려하면 이는 충분히 예상되는 것이다. 이런 계층에서 의식 절차와 신인동형론이 유행하는 건 격세유전(과거로의 회귀)이라기보다 과거부터 꾸준히 발전해 나온 결과이다. 하지만 의식 절차와 그에 연관된 신앙심의 특징은 다른 방향으로도 발전해 나아가고 있다. 초기 미국 사회에서 지배적인 교파들은 금욕적이고 검소한 의식 절차와 장비로 시작했다. 하지만 시간이 흐르면서 이런 교파들은 정도는 각자 달라도 한때 거부했던 호화로운 요소를 크게 수용하고 있으며, 이제 모든 사람이 알아볼 정도가 되었다. 대체로 이런 사태 전개는 신자들이 축적한 부가 늘어나고 그에 따라 삶이 편안해진 것과 관련이 있으며, 그런 화려한 측면은 부와 명성을 가장 많이 차지한 계층에서 가장 강력하게 추진되었다.

신앙심이 이렇게 금전 기준으로 계급화 되는 이유는 이미 사고방식에서 발생하는 계급적 차이에서 언급한 바 있다. 신앙심에 관한 계급적 차이는 일반적 현상을 특별한 관점(신앙심)에서 표현한 것에 지나지 않는다. 하위 중산층의 느슨한 종교적 충실함, 혹은 흔히 말하는 신앙심 부족은 주로 기계적인 산업에 종사하는 도시 인구 사이에서 눈에 띌 정도로 드러난다. 오늘날 엔지니어와 기계공 등의 계층에서 떳떳할 정도로 신앙심이 깊은 사람은 거의 찾아볼 수 없다. 이런 기계적인 직업은 어느 정도 현대의 객관적 사실이다. 이전 시대의 수공업자, 즉 지금은 기계공에 의해 충족되는 직종에 종사한 사람은 종교적 독실함의 질서와 훈육에 순종했다. 그러나 현대에 들어와 기계적 산업 부문에 종사하는 남자들의 지적(정신적인 것을 말하나 여기서는 종교적인 뜻이 더 강함 : 옮긴이) 훈련에 관한 한 커다란 변화를 겪었다. 현대 산업 과정이 유행하면서 사상의 변화를 강요했기 때문이다.

기계공이 일상적인 업무를 하며 적용받는 규율은 그가 사고하는 방법과 기준에 영향을 미치는데, 이는 단지 기계적 업무에만 국한되는 것이 아니라 그 외의 분야에서도 영향을 미친다. 고도로 조직되고 비인격적인 현대 산업 과정에 친숙하다는 건 애니미즘적 사고방식으로부터 이탈한다는 뜻이다. 노동자의 직무는 이제 손으로 하는 일이라기보다는 공장의 기계를 능숙하게 다루는 기계적이고 인과적인 순서의 과정을 신중하게 감독하는 일로 바뀌어 나간다. 단 이것은 다음과 같은 세 가지 사항이 잘 지켜질 경우에 한한다.

첫째, 개인이 해당 기계적 과정에서 전형적인 제1원동력의 자리를 차지한다.

둘째, 산업 과정의 가장 주된 특징은 개인 수공업자의 손재주와 힘이다.

셋째, 개인적 동기와 성향의 측면에서 자연 현상을 해석하는 습관이, 그것을 방해하는 사실(애니미즘적 판단이나 생각 : 옮긴이)들 때문에 심각하고 지속적인 피해를 받는 일이 없다.

최근에 고도로 발달한 산업 과정에서 작용하는 일차적 힘과 장치는 비인격적이고 비개인적인 특성을 갖고 있다. 그리하여 자연 현상을 파악하는 노동자의 사고방식과 관점에는 애니미즘과는 무관한 일반화의 근거가 존재한다. 따라서 그는 이런 근거를 제대로 갖춘다면 사물의 인과 관계를 객관적으로 인식할 수밖에 없다. 그렇게 되면 노동자의 신앙생활은 별로 독실하지 못한 회의주의 쪽으로 흐르게 된다.

종교적 심성은 태곳적 문화에서 발달

종교적으로 독실한 사고 습관은 비교적 태곳적 문화에서 가장 잘 발달하는 것으로 보인다. 여기서 "종교적으로 독실한"이라는 용어는 물론 종교의례를 준수한다는 인류학적인 의미로 사용되었고, 그 이외에 "독실한"에 내포된 정신적 태도는 전혀 암시하지 않았다. 이런 종교적으로 독실한 태도는 최근 고도로 발달하고 더욱 지속적이고 유기적인 공동체의 산업적 삶의 과정에 더 어울리는 것이 아니라, 약탈적인 생활양식과 더 잘 어울리는 인간성의 유형을 보여준다. 이런 태도는 개인 신분에 관한 태곳적 감각, 즉 통제와 굴종 관계를 표현하는 것이고, 따라서 산업 발달의 단계 중 약탈적이고 유사-평화적인 생활양식에는 적합하지만, 현재의 산업적 생활양식에는 맞지 않는다. 또한 이런 약탈적 습관은, 현대 산업의 기계적인 과정과 아예 동떨어진 일상생활을 영위하고 그 나머지 측면에서 가장 보수적인 유한계급에서 끈질기게 지속된다.

반면 현대 산업 과정과 주기적으로 직접 접촉하여 그에 따라 사고 습관이 기술적 필요에 부응하는 계급에서는 자연 현상에 대한 애니미즘적 해석과 독실한 종교의식에 의거한 인격신에 대한 존경은 쇠퇴하는 중이다. 특히 지금껏 논의해온 종교적으로 독실한 습관은 부와 여가를 크게 축적한 현대 사회의 계급들에서 점진적으로 그 영역을 확대하고 더욱 정교하게 다듬어지는 중이다. 종교 관계에서도 그렇지만 다른 관계에서도, 유한계급은 태곳적 인간성과 문화의 요소들을 보존하려 하고, 심지어 거기서 한발 더 나아가 복원하려 한다. 반대로 사회 발전의 후기 단계에서 나타난 산업적 진화는 그런 태곳적 유형과 요소들을 제거하려고 한다.

제 13 장

비-차별적 이해관계의 잔존물

시간이 흐르면서 신인동형론 종교와 그 독실한 종교의식은 경제적 필요의 압박과 신분제의 쇠퇴로 인하여 점진적으로 붕괴하게 된다. 이런 과정에서 독실한 종교적 태도는 다른 특정 동기 및 충동과 결합하거나 뒤섞이게 된다. 그런 것들(다른 산업적 동기와 충동)은 언제나 신인동형론 기원에서 비롯되는 것은 아니며, 그렇다고 개인적 복종의 습관에서 생겨나는 것도 아니다. 최근의 종교적인 삶에서 종교적 독실함의 습관과 뒤섞이는 이런 보완적인 충동은 기존의 독실한 종교적 태도나 자연 현상을 신인동형론으로 해석하는 태도와 전적으로 일치하지는 않는다. 이처럼 기원이 같지 않으므로, 그것들이 독실한 종교적 생활양식에 미치는 영향도 다른 방향으로 나타난다.

많은 측면에서 그것들은 복종적 생활이나 대리적 생활의 근본 표준을 방해한다. 원래 그런 표준은 독실한 종교예식, 교회 제도, 성직 제도의 규범 등을 그 본질적 바탕으로 삼는다. 그러나 기존의 것과 일치하지 않는 다른 동기가 존재함으로 인해 기존의 사회적·산업적 신분 체제는 점차 붕괴하고, 개인적 복종의 규범은 전통적 지지를 잃게 된다. 기존의 것과 다른 이질적인 습관과 성향은 이런 기존 규범이 차지한 영향의 범위를 침범해 왔다. 그리하여 교회와 성직의 구조는 부분적으로 다른 용도로 전환되었다. 그 용도는 성직이 가장 왕성하고 독특하게 발전했던 시절에 나온 독실한 종교적 생활양식과는 크게 다른 것이다.

인간의 유대의식과 환경보호

최근에 생겨나와 독실한 종교적 계획에 영향을 미친 이런 이질적 동기를 구체적으로 언급한다면 자선, 친목, 연회 등을 거론할 수 있다. 혹은 더 일반적인 용어로 하자면, 인간적인 유대 의식과 공감의 다양한 표현이라고 할 수 있다. 교회는 이런 이질적 동기에 봉사함으로써, 교회를 포기하려는 사람들 사이에서도 명실공히 살아남을 수 있게 된다는 사실도 지적하고 싶다. 독실한 종교적 생활양식을 지탱해 주는 또다른 강력한 이질적 요소는, 환경을 두려워해야 하는 무서운 상대로 보는 것이 아니라, 환경과의 미학적 일치(환경보호)를 이루려는 태도이다. 이것은 신인동형론의 일부 내용이 제거된, 후대의 예배 행위의 잔존물로 남은 것이다. 이 자연보호 동기는 복종의 동기에 자연스럽게 섞여들면서 성직 제도의 유지에 크게 기여했다.

(신인동형론 종교에서 자연은 홍수, 벼락, 천둥, 가뭄, 전염병 등을 안겨주는 무서운 대상이었다. 그러나 후대에 들어와 과학이 발달하고 자연을 잘 보호해야 인간이 더 좋은 삶을 이어갈 수 있고 또 후손에게도 그런 자연을 물려주어야 한다는 생각이 발달했다. 즉 자연을 아름다운 것, 보호해야 마땅한 것이라는 미학적 관점을 갖게 되는 것이다. 베블런 시대에는 철도, 석유, 철강 등의 재벌이 자

연을 파헤치는데 급급하여 자연보호라는 용어는 아직 나오지 않았지만, 여기서 말하는 미학적 일치는 오늘날의 자연보호에 가까운 뜻을 갖고 있다 : 옮긴이).

자연과의 미학적 일치(자연보호)라는 감각 혹은 충동은 일차적으로 경제적 특성을 띠지 않는다. 그러나 산업적 발달의 최근 단계에 들어와 경제적 목적을 의식하는 개인의 사고 습관을 형성하는 데 상당한 간접적 영향을 미친다. 이런 점에서 그런 감각이나 충동의 가장 눈에 띄는 영향은 다소 두드러진 이기적 편견 — 더 이른 시기에 더 강한 권한을 지닌 신분 체제의 단계에서 생겨난 전통 — 을 완화한다는 것이다. 따라서 이런 미학적 충동의 경제적 영향은 독실한 종교적 태도의 영향을 방해하는 쪽으로 움직인다. 전자(미학적 충동)는 자아와 비아非我의 대립이나 적대의 지양을 통해 이기심을 제거하지는 못하더라도 제한하려고 하고, 후자(종교적 태도)는 개인적 복종과 통제의 감각으로 자아와 비자아의 대립을 강조하고, 이기적인 관심과 인간 생활의 이타적 관심 간의 차이를 역설한다.

종교적인 생활에서 나타나는 이런 비-차별적 잔존물 — 환경과 교감하고 일반적인 삶의 과정에 교감하는 것 — 과, 자선 행위와 사교 생활의 충동 등은 설득력 있는 방식으로 경제적 목적에 맞는 인간의 사고 습관을 형성한다. 하지만 이런 성향은 다소 모호하게 작용하고, 그래서 그 영향을 상세하게 추적하기 어렵다. 그러나 이런 비차별적 동기나 소질은 이미 공식화된 유한계급의 근본적 원칙과 반대되는 방향으로 나아가는 경향이 있다. 문화적 발전에서 나타난 유한계급의 제도, 그리고 그 제도와 결합한 신인동형론 종교의 토대는 무엇보다도 차별적 비교이다. 이런 습관은 현재 우리가 논하는 비차별적 기질과는 일치하지 않는다. 유한계급의 생활양식의 본질적 규범은 시간과 재산을 과시적으로 낭비하고 산업(생산) 과정으로부터 완전 면제되는 것이다. 반면 여기서 논하는 기질은 경제적인 측면에서 낭비나 무익한 삶의 방식을 비난하면서 경제적인 측면이든 혹은 다른 단계나 양상이든 삶의 과정에 직접 참여하고 거기에 동화하려는 충동이다.

(베블런이 여기서 대비시키는 것은 진화론에 순응하는 기계 과정에 의해 형성된 사고방식을 가진 사람들과 태곳적 방식으로 세상을 이해하려는 사람들 사이의 갈등이다. 베블런은 기계적 과정을 좋은 뜻으로 사용하고 있는데, 신인동형론의 바탕이 된 애니미즘이 비인과적인 현상 파악이라면 기계적인 것은 감정과 정서를 배제하고 자연의 인과관계를 바탕으로 객관적으로 사물을 인식하는 태도를 가리킨다 : 옮긴이).

이런 소질과 삶의 습관이 호의적인 환경을 만나 주도적인 방식으로 자리 잡는다면, 그것들이 유한계급의 생활양식과 어긋나게 된다. 하지만 최근의 발달 단계에서 본 것처럼, 유한계급의 생활양식이 꾸준히 그런 소질과 사고 습관을 억압하는 경향이 있는지는 불분명하다. 그 계급의 생활양식은 그런 억압보다는 자신의 원칙을 더욱 강하게 주장하는 방향으로 나아간다. 이런 긍정적인 방향에서, 유한계급은 자체 규범과 선별적 제거를 통하여 과시적 낭비와 차별적 비교가 일상생활 속의 모든 것을 지배하는 주도적인 원칙이 되도록 한다. 하지만 그 계급의 부정적인 영향도 있다. 이 경우 유한계급은 그 생활양식의 근본적 기준을 그리 철저하게 지키지 않는 경향을 보인다. 그들은 일상생활 중에 금전적 품위를 지켜야 하므로 산업적 과정에서의 면제를 철저하게 요구한다. 다시 말해, 유한계급은 공동체의 빈곤 계급에게나 어울릴 법한 노동 행위는 철저히 금지하는 것이다. 이런 금지 조치는 특히 여자에게 더욱 강요된다. 심지어 선진 산업 사회의 상류층과 상위 중산층 여자에게는 경쟁적 축재 과정 – 금전적 직업의 준^準 약탈적 방법에 의한 축재 – 에도 끼지 말기를 요구한다.

　금전 문화나 유한계급 문화는 원래 일솜씨 본능 중 경쟁의 측면을 강조하는 변종으로 시작된 것이다. 최근 발전한 모습으로 보면, 그들은 효율성이나 더 나아가 금전적 지위의 측면에서 차별적 비교의 습관을 제거함으로써 고유의 토대를 중립화 하는 중이다. 다른 한편으로 유한계급의 구성원은 남녀불문하고 동료와의 경쟁적 투쟁으로 생계를 유지할 필요가 없다. 이런 사실 덕분에 이 계급의 일부 구성원들은 살아남을 수 있을 뿐만 아니라, 경쟁적인 투쟁에서 성공하는 소질을 부여받지 못했어도 일정 범위 안에서 마음 내키는 대로 행동할 수 있다. 즉, 유한계급이 최근 잘 발전하면서 그 구성원의 생계는 성공한 약탈적인 남자의 소질을 보유하거나 그 소질을 끊임없이 발휘하지 않아도 되게 되었다. 따라서 그런 소질을 부여받지 못한 개인이 유한계급의 고위 인사일 경우 경쟁적인 제도 아래에서 평균적인 일반인 계급보다 생존할 가능성이 더 높다.

　앞의 장^章에서 태곳적 특징이 살아남는 조건들을 논할 때 살펴봤던 것처럼, 유한계급은 그 고유한 지위 덕분에 사라진 평화적 문화 단계(원시적 평화 단계)의 인간성 유형들을 존속시킬 가능성이 아주 많다. 유한계급은 경제적 필요의 압박을 받지 않으며, 그런 경제 상황에 적응하라고 강요하는 힘의 거친 충격도 물리칠 수 있다. 유한계급과 그 생활양식 속에서 약탈적 문화를 떠올리게 하는 특징과 유형이 살아남았다는 점은 이미 논한 바 있다. 이런 약탈적 소질과 습관은 유한계급의 체제 아래 계속 존속할 가능성이 예외적으로 높다. 유한계급의 보호된 금전적 위치는 현대 산업 과정에 필요한 소질이 없는 개인의 생존에 유리한 상황을 제공할 뿐만 아니라, 동시에 유한계급의 훌륭한 명성을 유지해주는 특정한 약탈적 소질을 뚜렷하게 발휘할 것을 명령한다. 약탈적 소질을 발휘할 수 있는 일자리는 부, 출생신분, 산업적 과정의 면제 등의 증거가 된다. 유한계급 문화에서 약탈적 특징은 소극적으로는 산업 활동의 면제를 통해 촉진되고, 적극적으로는 그 계급의 품위 유지 규범에 의해 촉진된다.

원시 문화의 특징인 평화와 선의

전前 약탈적 원시 문화의 평화적 특징이 후대에까지 살아남은 것은, 방금 위에서 말한 것과는 약간 다른 얘기이다. 유한계급의 보호받는 위치는 이런 평화적 특징들의 존속에도 도움을 준다. 그렇다고 해서 평화와 선의의 기질이 그 계급의 품위 기준 내에서 긍정적으로 승인된다는 얘기는 아니다. 전 약탈적인 문화를 연상시키는 기질을 부여받은 개인은 다른 계급보다는 유한계급 내부에 위치하고 있을 때 비교적 유리하다. 왜냐하면 비경쟁적(평화적) 생활을 좌절시키는 금전적 압박을 받지 않기 때문이다. 하지만 평화적 기질의 개인은 이런 성향을 무시하라는 정신적 압박을 받는다. 유한계급의 품위 기준이 다음과 같은 세 가지 조건을 유지하는 한, 그에게 약탈적 생활양식을 요구하는 것이다.

첫째, 신분에 관한 체계가 온전하게 남아 있다.

둘째, 유한계급이 목적 없고 낭비적인 노고로 시간을 죽이는 대신에, 다른 일련의 비산업적인 활동을 한다.

셋째, 유한계급의 품위 있는 생활양식에서 크게 이탈하는 것은 허용되지 않는다. 유한계급의 내부에 평화적 기질이 발생하면 그것은 이따금 벌어지는 격세유전의 경우로 취급된다. 하지만 뭔가 행동하려는 인간의 충동을 평화적으로 발산시켜주는 배출구가 별로 없는 형편이다. 경제의 발전, 대규모 사냥감의 부족, 전쟁의 희소화, 독점적 정부의 쇠퇴, 성직의 쇠락 등은 그것(배출구 없음)을 잘 보여준다. 이런 일이 벌어지면 상황도 변하기 시작한다. 인간의 삶은 반드시 한 방향에서 뭔가 표출하지 못한다면 다른 방향에서 대안을 찾으려 한다. 약탈적인 배출 수단이 없다면, 다른 곳에서 위안을 찾게 되는 것이다.

(제1장인 서장에서 "생산직에 종사하지 않는 상류 계급의 직업은 대체로 말해서 통치[정부 관리], 전쟁[전사], 종교적 예배[사제], 스포츠[사냥] 등이었다."라는 말이 나오는데, 유한계급이 평화적으로 행동의 충동을 배출시키는 배출구는 이 네 가지인데 이런 것들이 최근에 들어와 사라짐으로써 다른 배출구를 찾게 되었다는 뜻 : 옮긴이).

위에서 언급한 것처럼, 다른 어떤 중요한 집단보다 선진 산업 사회의 유한계급 여자 집단이 금전적 압박에서 훨씬 자유롭다. 따라서 이 여자들은 같은 계급의 남자보다 훨씬 더 뚜렷하게 비차별적 기질로 격세 유전(과거로의 회귀)할 수 있다. 하지만 이기적이지도 않고, 차별적이지도 않은 소질에서 나오는 활동들의 종류와 범위가 유한계급 남자 사이에서도 눈에 띄게 증가하고 있다. 예를 들어, 금전적으로 회사를 관리하는 많은 남자들은 일이 잘 수행되고 또 산업적으로 성과를 올리는 데에 흥미와 자부심을 느끼게 된다. 심지어 수익을 떠나서라도 그런 종류의 발전을 거두면 만족감을 느낀다. 상업 클럽이나 제조업자 협회가 비차별적인 방식으로 산업적 효율성을 진작시키고 있는 것은 잘 알려진 사실이다.

자선 행위와 사회 개선 사업

생활 속에서 비차별적 목적을 달성하려는 경향은 다양한 조직에서 발견되는데, 이런 단체들의 목적은 자선 행위나 사회 개선 사업을 하는 것이다. 이 단체들은 준 종교적 혹은 유사 종교적 특성을 갖고 있고 그 구성원은 남자와 여자가 모두 참여한다. 이런 단체의 사례는 생각해보면 아주 많지만, 현재 우리가 논의 중인 성향의 범위를 보여준다는 관점에서, 몇 가지 명확하고 구체적인 사례를 언급할 수 있다. 가령 금주禁酒나 그와 비슷한 사회 개혁, 교도소 개혁, 교육 확산, 범죄 억제, 중재, 군비 축소, 기타 수단을 통한 전쟁 방지여론 환기 운동 등이 있다. 대학 복지단, 지역 조합, 기독교청년회나 기독교 청년 면려회로 대표되는 다양한 조직, 자선 재봉회, 사교 클럽, 예술 클럽, 심지어 상업 클럽들도 어느 정도 그런 조직들이다. 부유한 개인의 기부금이나 사람들에게서 소액의 기부금을 받은 기금으로 운영되는 자선, 교육, 오락을 위한 반半 공익 시설 등의 금전적 재단도 그런 사례이다. 단 이런 조직들은 종교적인 특성을 별로 띠지 않고 있다.

물론 이런 노력이 이기적인 동기가 전혀 없는 다른 동기에서만 생겨난다고 말하려는 건 아니다. 그런 다른 동기가 일반적인 사례에서도 존재하며, 온전한 신분 질서 체제가 확립된 상황보다는, 현대의 산업적 삶의 상황에서 이타적 노력이 더 눈에 띄게 유행한다. 이것은 경쟁적인 생활양식의 타당성에 관하여 현대인들 사이에 실제로 회의가 존재한다는 걸 보여준다. 이런 부류의 일을 하게 유도하는 자극이 있다는 것, 그러니까 이기적인 동기, 특히 차별적 동기에도 보통 이타적인 동기가 혼재한다는 건 흔한 농담이 되었을 정도이다. 사심 없는 공공심으로 하는 많은 일이 주로 창시자의 평판을 높이거나 심지어 금전적 이득을 취하려는 관점에서 착수되고 수행된다는 것도 어느 정도 맞는 이야기이다.

이런 부류의 몇몇 중요한 조직이나 기관(자선행위와 사회개선 사업을 하는 기관)에서 차별적 동기는 분명 그 사업의 발기인과 그 지지자에겐 지배적인 동기를 차지한다. 이런 현상은 특히 대규모로 과시적 소비를 통하여 그 실행자의 이름을 현양하는 일에서 더 잘 발견된다. 예를 들면, 대학 설립이나 공공 도서관, 혹은 공공 박물관 설립 등이 그런 사업이다. 상류층이 운영하는 조직과 운동에 평범하게 참여하는 사람들에게도 이런 현상은 똑같이 발견된다. 그런 조직에 참여한 구성원은 자신이 금전적으로 명성이 높다는 걸 증명할 수 있고, 또 개선 작업의 대상인 하류층과 자신을 명확히 구분하여 자신의 우월한 신분에 희열을 느끼기도 한다. 이에 대한 구체적 사례로는 지금 어느 정도 유행하는 대학 복지단을 들 수 있다. 이런 이기적 사정과 정상 참작을 다 감안한다 해도, 여전히 거기에는 비경쟁적인 동기가 일부 남아있다. 이런 방법으로 남들과 구분되고 또 좋은 명성을 추가한다는 사실은 비경쟁적·비차별적 이해관계가 분명하게 존재한다는 것을 보여주고 또 그런 이해관계의 타당성을 증명해준다. 그런 비차별적 이해관계야말로 현대 사회에서 마땅히 권장해야 할 사고방식의 한 요소이다.

비차별적 행동의 주역은 여성과 사제

비-차별적이고 비종교적인 관심을 근거로 진행되는 최근의 이런 유한계급 활동에 남자보다 여자가 더 능동적이고 꾸준하게 참여하고 있다. 물론 그런 여자들의 활동에서 재산의 대규모 소비를 요구하는 일은 제외된다. 여자는 금전적으로 의존적인 입장이므로 대규모 소비가 요구되는 일을 할 수 없다. 일반적인 개선 활동에 관련하여, 독실함이 좀 덜한 세속화한 교파의 성직자들은 이 여자 계급과 연합한다. 사회 개선 사업의 이론상 그렇게 하는 것이 좋다. 다른 경제적인 관계에서도 이런 성직자들은 다소 어정쩡한 입장인데, 이런 사업을 하는 여자 계급과 경제적 활동에 종사하는 남자 계급 사이에 끼여 있기 때문이다. 전통과 품위의 기준에 의해서, 성직자 계급과 부유한 계급의 여자는 모두 대리 유한계급에 해당한다. 이 두 계급(여자와 성직자)에서 그들의 사고 습관을 형성하는 독특한 힘은 복종 관계이다. 즉, 개인적 관점에서 설정되는 경제적 관계라는 뜻이다(여자는 유한계급 남자를 대리하여 소비하는 입장이고 성직자는 주인인 하느님을 대신하여 소비하는 입장이므로 개인적 관점에서 설정된 경제 관계라고 한 것 : 옮긴이).

그 결과 두 계급에선 인과적인 이치보다 개인적 관계 측면에서 현상을 해석하려는 특별한 경향이 나타난다. 두 계급은 품위 유지 규범에 의해 돈벌이나 생산적인 직업 등 의례적으로 불결한 과정에 참여하는 게 금지되었고, 그리하여 오늘날의 산업적 삶의 과정에 참여하는 것이 도덕적으로 불가능하게 되었다. 의례를 지키기 위해 저속한 생산 노력에서 배제된 결과, 현대 여자 계급과 성직자 계급은 비교적 많은 활력을 비이기적 관심사로 돌리게 되었다. 그러나 유한계급의 생활 규범은 유의미한 행동을 하려는 여자들의 충동이 그런 쪽으로 발산되는 것을 허용하지 않는다. 이처럼 그 여자들에게 산업적으로 유용한 행동을 하지 못하게 한 결과는 어떻게 나타났을까? 그것은 사업적 활동이 아닌 다른 방향에서 일솜씨 본능을 표출하려는 욕구로 나타났다.

이미 언급한 것처럼, 부유층 여자와 성직자의 일상생활은 일반인, 특히 현대 산업의 직업에 종사하는 남자보다 신분제의 특징을 더 많이 가지고 있다. 따라서 현대 사회에서 일반인 남자보다는 그 두 계급의 사람들 사이에 독실한 종교적 태도가 더 잘 보존되고 또 지속된다. 그러므로 이 대리 유한계급 구성원들이 돈벌이 아닌 다른 일로 표출하려는 에너지는 결국 독실한 종교예식과 경건한 행위를 하는 데 투입된다. 앞 장(제 12장 : 옮긴이)에서 언급했던 여자에게서 나타나는 과도한 종교적 독실함은 부분적으로 이런 배경에서 유래하는 것이다.

하지만 지금 더 주목해야 할 점은 이런 것이다. 그 두 계급의 행동을 구체화시키고, 현재 우리가 논의하고 있는 돈벌이와 무관한 운동과 조직에 그런 두 계급이 어떤 영향을 미치는가 하는 것이다. 이런 독실한 종교적인 영향이 존재하는 곳에서 경제적 목표를 달성하려고 애쓰는 조직의 효율성은 그로 인해 즉각 저하된다. 자선 행사를 하고 사회 개선 사업에 나서는 많은 조직은 수혜자의 이익을 증진하는 걸 목표로 삼지만, 그 목표에만 매진하지는 않는다. 그들이 기울이는 관심은 수혜자의 종교적 행복과 세속적 행복, 이렇게 두 행복 사이에서 갈라지는 것이다. 그런 조직들이 수혜자의 세속적 이익에도 똑같이 진지하게 온전한 관심과 노력을 기울이면 즉각 그들이 하는 일의 경제적 가치가 전보다 훨씬 높아질 것이다. 반대로 세속적인 동기와 목적으로부터 방해받지 않는다면, 종교적 개선 작업의 효율성도 즉각 향상될 것이다.

이런 비-차별적 사업의 경제적 가치는 독실한 종교적 관심이 방해하는 바람에 일부 감소한다. 하지만 일솜씨 본능이 비경쟁적으로 표출되는 경제적 흐름을 폭넓게 방해하는 다른 이질적 동기로 인해 그런 가치의 감소가 발생하기도 한다. 세심하게 따져보면 결국 이런 자선사업이나 사회 개선사업은 경제적 가치가 별로 없는 것처럼 보인다. 그 사업의 수혜자인 개인과 계급의 충만한 삶이나 편익 측면에서 보면, 경제적 가치가 별로 높지 않은 것이다.

하위계급에 강요되는 유한계급의 기준

예를 들면, 현재 호평을 받고 유행하는 대도시의 궁핍한 사람들을 개선하는 사업은 대다수가 문화를 전파한다는 성격을 가지고 있다. 이런 수단을 통하여, 하류층의 일상생활 계획에 상류층 문화의 특정 요소가 전파되는 속도를 높이려 하는 것이다. 예를 들어, "사회 복지"의 관심은 부분적으로 빈곤한 사람들의 산업적 효율성을 증진하고, 그들에게 손쉬운 생계 수단을 적절히 가르치려는 것이다. 하지만 이는 상류층의 훈시나 본보기를 통해 상류층의 예절과 관습을 가르치는 방향으로 나아가는 것에 불과하다. 이런 예절의 경제적 본질은 자세히 살펴보면 결국 시간과 상품을 과시적으로 낭비하는 것이다. 가난한 사람들을 교화하는 그런 훌륭한 사람들은 보통 신중하고 지극히 꼼꼼하게, 그리고 조용히 예절과 삶의 품위에 관해 역설한다. 그들은 보통 모범적 삶을 살고, 일상적으로 소비하는 다양한 품목에서 의례적 청결함을 고집한다. 시간과 상품의 소비에 관한 올바른 사고 습관을 갖추게 해주는 이런 가르침의 문화적, 혹은 교화적 효능은 아무리 강조해도 지나치지 않는다. 이런 숭고하고 평판 좋은 이상을 습득한 개인에게 돌아가는 경제적 가치 또한 막대하다. 기존의 금전적인 문화 환경에서 개인이 좋은 평판을 받고 그에 따라 성공하는 것은 시간과 상품의 과시적 낭비를 얼마나 잘 하는가에 달려 있다.

하지만 더 가치 있는 삶의 방법을 터득시키려는 이런 훈련의 숨겨진 경제적 영향에 관해 한 마디 해보면 이러하다. 그런 훈련은 그것이 없었을 때 거둘 수 있었던 물질적 결과를 얻기 위해, 기존의 방법보다 더 많은 비용을 요구하는, 비효율적 방법을 사용한다는 것이다. 여기서 물질적 가치라고 하는 것은 실질적 경제 가치를 말하는 것이다. 문화의 프로파간다는 대부분 새로운 취향이나 새로운 예절을 가르치는 것인데, 그것들(취향이나 예절)은 신분 질서와 금전적 품위에 대한 유한계급의 규범을 따르는 생활양식에서 가져온 것이다. 이런 새로운 예절 규범은 산업적인 과정 밖에서 살아가는 유한계급에서 정교하게 만들어진 규범으로, 하류층의 생활양식을 은밀하게 침범한다. 그렇지만 이렇게 끼어든 생활양식이 하류층 사이에서 이미 유행하는 생활양식보다 더 적절하게 그들의 필요에 부응할 것이라고 예상하는 사람은 거의 없다. 특히 현대 산업 생활의 압박에서 하류층이 스스로 생각해낸 생활양식보다 더 효과적일 수는 없는 것이다.

물론 이렇게 말했다고 해서 대체된 생활양식의 예절이 전의 것보다 훨씬 품위 있다는 사실을 의심하려는 건 아니다. 여기서 제기하려는 의문은 그저 이런 개선 사업의 경제적 편익에 관한 의문일 뿐이다. 즉, 개인이 아닌 집단생활의 편익 관점에서 볼 때, 그런 경제적 편익이 생활의 변화에 미치는 즉각적이고 물질적인 영향을 어느 정도 믿을 수 있고 또 확인할 수 있는가 하는 것이다. 따라서 이런 개선 사업의 경제적인 편익을 올바르게 인식하려면 그 실질적인 작업을 액면 그대로 받아들여서는 안 된다. 심지어 개선 사업의 목표가 주로 경제적인 것이고, 사업이 진행되면서 나타나는 관심이 이타적이거나 비차별적이어도 사정은 마찬가지이다. 그 사업으로 생겨난 경제적 개혁은 대체로 보아 과시적 낭비의 방법을 살짝 바꾸어 놓은 것에 불과하다.

하지만 금전 문화의 사고 습관으로부터 영향을 받는 이런 사업에서 드러나는 사심 없는 동기와 절차 규범에 관해서, 뭔가 더 언급할 것이 남아 있다. 이처럼 더 깊이 살펴보면 우리가 이미 도달한 결론에 더욱 유보적인 논평을 하게 된다(자선사업이나 사회 개선 사업이 이타적인 동기에서 시작되었다고 하나 깊이 파보면 실은 이기적 동기가 더 많이 작용하고 있다는 암시임 : 옮긴이). 앞서 다른 장에서 언급한 것처럼 금전 문화에서 좋은 평판이나 품위 규범은 무용한(생산에 기여하지 않는) 노력을 금전적으로 완벽한 생활의 표시라고 주장한다. 그렇게 하여 유용한 직업을 얕보는 습관이 생겨날 뿐만 아니라, 사회적 호평 속에 사회 개선 사업을 벌이는 사람들의 행동을 그런 과시적 낭비 쪽으로 유도하는, 더욱 결정적인 영향력을 발휘한다. 유한계급에게는 생필품과 관계된 과정이나 세부사항들에 천박하게 익숙해져서는 안 된다고 요구하는 전통이 있다. 어떤 사람은 기부금이나 관리 위원회 등에서 일하는 것으로써, 저속한 사람들의 행복에 수량적인 관심을 보인다고 칭찬받을 수도 있을 것이다. 아니면 저속한 사람들의 취향을 고양하는 법을 고안하고, 그들에게 정신 개선의 기회를 제공하는 방식으로 그들의 문화적 행복을 위해 전반적으로 상세히 배려한다면 더욱 칭찬받을 것이다.

하지만 사회 개선 사업을 하는 사람은 대중적 생활의 물질적 환경이나 대중 계급의 사고방식을 잘 알고 있다고 표시해서는 안 된다. 그것은 그 조직이 물질적으로 유익한 노력에 관심을 두고 있다는 표시가 될 수 있기 때문이다. 하류층의 세부적인 삶의 환경에 관해 지나치게 깊은 지식이 있다는 걸 공공연하게 말하기를 꺼려하는 모습은 물론 개인마다 정도 차이가 있다. 하지만 현재 우리가 논하는 사업 단체에서 그런 꺼리는 정서는 총체적으로 존재하고, 따라서 조직의 행동 방침에도 깊게 영향을 미친다. 그런 행동이 누적되면 조직의 관행과 선례를 형성하게 된다. 그런데 저속한 삶을 잘 안다는 오명을 겁내는 이런 모습은 어떤 결과를 가져올까? 결국 점차적으로 사회 개선 사업의 최초 동기를 무시해 버리고, 좋은 명성의 지도 원칙을 선호하게 되는데, 그 원칙이라는 게 결국 금전적인 가치의 관점으로 환원되는 것이다. 따라서 오래된 조직에선 하류층에서 삶의 편익을 증진하자는 처음의 동기는 점차 표면적인 것으로 바뀌고, 일반 대중의 삶을 개선시키려는 사업은 쇠퇴하는 경향을 보인다.

인간 생활의 개선과 차별적 비교

이러한 비차별적 사업 조직의 효율성에 관한 설명은, 같은 동기로 진행되는 개인의 사업에 대해서도 그대로 적용된다. 하지만 각종 제약은 조직된 사업체보다는 개인 사업에 더 많이 가해진다. 과시적 소비를 하고 저속한 삶을 생소하게 바라보는 유한계급의 규범으로 가치를 판단하는 습관은 공익사업을 갈망하는 개인에게서 필연적으로 강하게 드러난다. 만약 그런 개인이 자신의 유한계급 지위를 망각해 버리고 대중적 일에 효과를 내려고 한다면 유한계급의 상식, 즉 금전적 품위의 규범은 곧장 그의 사업을 거부하고 그의 태도를 바로잡으러 나설 것이다. 이것은 특정 측면에서 인간 생활의 편익을 증진하려는 (적어도 표면상으로는) 공익사업을 하는 남자들의 기부 재산 관리에서 잘 드러난다. 이런 계급의 기부 재산이 현재 가장 빈번하게 주어지는 대상은 학교, 도서관, 병원, 병약자나 사회적 약자를 위한 수용소이다. 이 경우, 기부자의 공언된 목적은 유산 사용의 용도를 명시한 특정 분야에서 인간 생활을 개선하려는 것이다. 하지만 막상 일을 시작하려면 처음 동기와는 다른 엉뚱한 동기들이 등장하여 유산 기증자가 내놓은 자금의 상당 부분을 결국 특정한 방식으로 처분해 버리는 일이 비일비재하다.

예를 들어, 특정 유산이 기아棄兒 수용소나 병약자 수용소를 위한 기금으로 기부되었다고 해보자. 그런데 이런 사례에서 명예로운 낭비를 위하여 자금이 유용되는 일은 너무나 빈번하다. 그래서 다들 깜짝 놀라거나 너무 어이없어 웃음을 터트리게 된다. 유산으로 마련된 기금의 상당 부분은 보기에도 좋지 않은 값비싼 돌로 겉치장을 한 건물을 짓는 데 사용된다. 건물은 기괴하고 어울리지 않는 세부 양식으로 뒤덮이고, 건물은 총안 흉벽을 갖춘 벽과 작은 탑, 거대한 정문과 전술적인 통로를 갖추는 방식으로 설계되어 과거의 야만적인 전투 방법을 연상시킨다. 건물 내부는 과시적 낭비와 약탈적 기질의 규범을 충실히 따른다. 예를 들어, 창문은 건물 내부에 있는 수혜자의 편의나 안락이라는 목적을 충족시키는 곳에 있기보다 건물 밖의 구경꾼이 그 금전적 과시에 깊은 인상을 받는 곳에 설치되어 있다. 세부적인 내부 장치는 이런 금전적 아름다움의 이질적이고 고압적인 요건에 최대한 맞추어 설치된다.

물론 이런 경우에, 기부자가 그런 사업 집행을 비난하고 나선다거나, 그가 직접 주도권을 쥐고서 다른 방식으로 유산 처리를 하는 경우는 생각하기가 어렵다. 설령 그런 개인적인 지휘가 수행되는 경우, 즉 사업이 기부 형식으로 추진되는 것이 아니라, 기부자의 직접적인 소비와 감독으로 수행되는 경우라도 관리의 목적과 방법은 기부의 경우와 별반 다를 것이 없다. 사업 수혜자, 혹은 자신의 안락함이나 허영심이 직접 피해를 당하지 않는 외부 구경꾼도 사업 자금이 다른 방식으로 처분되는 걸 좋아하지 않을 것이다. 기금의 최초 실용적인 목적에 맞추어, 비용을 가장 경제적이고 효율적으로 집행하면서 사업을 수행하면 아무도 좋다고 하지 않는다. 모든 관계자는 그 관심이 직접적이든 이기적이든 혹은 추상적인 것이든, 약탈적 기질과 금전적 낭비라는 차별적 비교에서 나오는 저 높은 욕구, 혹은 정신적 욕구에 자금의 상당 부분이 투입되어야 한다고 생각한다. 이런 현상은 무엇을 말해주는가. 그것은 금전적인 규범이 공동체의 상식에 널리 침투되어 있어서, 아무도 그 규범을 거부하거나 도망칠 수 없다는 것이다. 심지어 비차별적 이해관계로 진행되는 사업이라도 예외 없이 그 규범을 받아들여야 하는 것이다.

비차별적 이해관계 vs 차별적 요소

그런 사업이 기부자의 명성을 증진하는 수단으로서 명예로운 미덕이 될 수 있는 건 그 사업에 비차별적 동기가 들어 있기 때문이다. 하지만 이런 사실도 차별적 이해관계가 소비행위에 끼어드는 걸 막지 못한다. 이런 부류의 비경쟁적인 사업에도 경쟁적이거나 차별적 동기가 끼어드는데, 위에서 언급한 사업들 중 어느 것에도 드러나 있듯이, 우리는 그것을 길고 자세하게 증명할 수 있다. 그런 사례에서 명예로운 세부 사항들이 등장하면, 그것들은 일반적으로 미학적, 윤리적, 혹은 경제적 이해관계에 속하는 명칭으로 자신들을 위장한다. 금전 문화의 기준과 규범에서 비롯된 이런 특별한 동기는 비차별적인 노력이 실제로 효과를 발휘하지 못하도록 그 노력을 다른 데로 전환시킨다. 그렇게 하는 과정에서 기부자의 선한 의도를 뒤흔들어 놓지도 않고, 또 그 기부자의 머릿속에 그 사업이 본질적으로 헛것이라는 생각을 집어넣지도 않는다. 그런 특별한 동기들의 효과는 비차별적 사회 개선 사업의 스케줄 전체를 통하여 추적해 볼 수 있다. 그런 효과는 부유층의 생활양식에서 무척 중요한 특징인데, 다시 말해 과시적 소비의 특징인 것이다. 그 효과의 이론적 측면은 너무나 분명하여 더 이상의 예증이 필요하지 않다. 그렇지만 이런 사업과 관련하여 다른 방향 – 가령 고등교육 기관의 설립 – 에서 좀 더 자세히 살펴보게 될 것이다.

따라서 유한계급이 처해 있는 잘 보호된 환경에서는, 전前 약탈적 원시 문화의 특징인 비차별적 충동으로 격세유전(과거로의 회귀)하는 경향이 있는 것처럼 보인다. 그런 과거 회귀의 경향에는 일솜씨 본능, (경쟁과 대비되는) 게으름, 호의 등이 포함된다. 하지만 현대의 생활양식에서 금전적 가치 혹은 차별적 가치에 기반을 둔 행동 규범은 이런 평화적 충동들이 자유롭게 표현되는 걸 가만 놔두지 않는다. 압도적인 힘을 가진 그 행동 규범은 비차별적 이해관계를 바탕으로 하는 그런 노력의 방향을 틀어서 금전 문화의 핵심인 차별적 이해관계 쪽으로 전환시킨다. 금전적 품위의 규범은 결국 낭비, 무용함, 용맹함의 원칙으로 환원된다.

품위 유지의 요건은 다른 행동 방침에서도 그런 것처럼 사회 개선 사업에서도 고압적인 힘으로 존재하며, 어떤 사업에서든 행동과 관리 사항을 세부적으로 감시한다. 이런 품위 규범은 사업 방식을 상세하게 지도하고 적응시킴으로써 모든 비차별적 포부와 노력을 무가치한 것으로 만든다. 널리 퍼져 있고, 몰개성적이고, 비 열성적熱誠的인 무익함의 원칙은 날마다 가까이에서 감시를 하고, 일솜씨 본능으로 분류될 수 있는 대부분의 평화적인 전 약탈적 소질의 표출을 가로막는다. 하지만 그 무용함의 원칙은 일솜씨 본능이 후대로 전파되는 것이나 그 본능이 반복적으로 표출되는 것까지 막지는 못한다.

금전 문화가 후대인 현대로 내려오면서 더욱 발전했다. 그리하여 노동 면제 의무는 사회적 비난을 피하는 방향으로 더욱 적극적으로 추진되어, 이제 그 의무는 경쟁적 일자리마저도 거부하는 정도로까지 나아 갔다. 이런 진보된 단계에 이르자, 금전 문화는 비차별적 성향의 표출을 소극적이나마 선호하고 있다. 가령 산업적이거나 생산적인 일자리와 비 교하여, 경쟁적이고 약탈적이거나 금전적인 일자리를 더 중시해야 한 다는 압박을 다소 완화한 것이다. 앞에서 알아본 것처럼 유익한 생산직 에 참여하지 말아야 한다는 의무 요건은 다른 어떤 계급보다 상류층 여 자 계급에게 더 철저하게 적용된다. 물론 이런 노동 면제의 규칙과 관련 하여 특정 종파의 성직자는 더욱 철저하게 그 면제 — 실제보다 겉보기 에 더 그러하다 — 를 실천하는데 여기서는 예외사항으로 취급하기로 하 자. 동일한 금전적·사회적 등급의 남자보다 여자가 더 극단적으로 무익 한 삶을 고집하는 이유는 그들이 상류층 유한계급일 뿐만 아니라 동시 에 대리 유한계급이기 때문이다. 이 여자들이 유용한 노동으로부터 지 속적으로 면제되는 데에는 이런 두 가지 이유가 있다(첫째는 여자가 노동 의 면제를 중시하는 상류층 유한계급이고, 둘째는 남편을 대리하여 여가를 소비 하는 계급이라는 뜻 : 옮긴이).

여성의 지위는 사회 발전의 지표

유명 작가들과 연설가들은 사회 구조와 기능에 관하여 지식인의 상식을 대변한다. 이들은 어느 공동체나 그 공동체의 특정 계급이 이룬 문화 수 준을 가장 잘 보여주는 지표가 바로 여자의 지위라고 반복하여 주장해 왔다. 이것은 다른 어떤 것보다 경제의 발전에 적용하면 더욱 맞는 주장 이다. 동시에 일반적으로 공인된 생활양식에서 여자에게 배정된 지위는 어떤 공동체나 문화에서든 전통의 표현이다. 전통은 초기 발전 단계에서 환경에 의해 형성되고, 현존하는 경제 환경, 그리고 현존하는 기질과 사고습관의 필요에 적응하면서 생겨난다. 현대의 경제 상황 아래에서 여자도 그런 기질과 사고 습관의 필요에 따라 살아가게 된다.

현대 경제 계획에서 여자의 지위는 같은 계급 남자에 비해 일솜씨 본능과 꾸준히 갈등을 일으킨다. 이것은 이미 앞에서 경제 제도의 성장을 논의하면서, 특히 대리적 여가와 복장에 관해 언급하면서 지나가듯이 말한 바 있다. 평화를 좋다고 보고 무익함을 못마땅하게 생각하는 이런 본능은 여자의 기질에 더 많이 들어 있다. 이러한 주장은 명백한 사실이다. 따라서 현대 산업 사회의 여자들이 일반적으로 공인되는 생활양식과 경제 상황의 필요 사이의 괴리를 더욱 생생하게 의식하는 건 결코 우연의 일치가 아니다.

여성의 삶은 대리적 삶

"여성 문제"의 여러 단계는 현대 사회에서 여자의 삶, 특히 상류층 여자의 삶이 초기 발전 단계의 경제상황이 규정한 상식으로 통제된다는 걸 알기 쉽게 보여준다. 시민적·경제적·사회적 영향 면에서 여전히 여자의 삶은 본질적으로 주인(남편)을 대리하는 삶으로 생각된다. 또한 그런 생활의 장단점은 본질적으로 여자를 소유하거나 보호하는 사람 때문에 생겨나는 것으로 인식된다. 예를 들면, 어떤 여자의 행동이 일반적으로 인정되는 타당한 상식에 위배되면 그것은 곧바로 그 여자의 주인에게 누가 되는 것으로 생각된다. 물론 여자의 연약함이나 변덕스러움이 그 주인의 명예와 무슨 상관이냐고 반론을 제기하는 사람도 있을 것이다. 하지만 그런 문제와 관련하여 공동체의 상식적인 판단은 그런 반론과는 상관없이 신속하게 내려지고, 그 여자의 보호자가 불명예를 느끼게 된다는 사실에 의문을 제기하는 남자는 거의 없을 것이다. 반면에 여자가 함께 살고 있는 남자의 사악한 행동으로 인해 여자의 평판이 나빠지는 경우는 별로 없다.

훌륭하고 아름다운 생활양식, 즉 우리가 길들여진 양식은 여자에게 남자의 활동을 보조하는 "영역"을 배정한다. 이렇게 배정된 의무의 전통에서 벗어나는 여자는 여자답지 않다고 여겨진다. 공민권이나 투표권에 관한 문제가 떠오르면, 그 문제에 관한 우리의 상식 — 즉 우리의 생활양식에서 비롯된 논리적이고 공식적인 의견 — 은, 여자는 직접 나서는 것보다 가부장의 중재를 통해 정계에 간접적으로 의사 표시를 하고 또 법의 판단을 받아야 한다고 말한다. 스스로 결정하고 자주적인 삶을 살려는 여자는 여자답지 못하다고 생각된다. 우리의 상식은 여자가 공동체, 사회, 산업에 관한 문제에 직접 참여하는 것이 금전 문화의 지도를 받아 형성된 사고 습관의 표현인 사회적 질서에 위협이 된다고 생각한다.

" '남자의 노예가 된 여자를 해방시키자'고 씩씩거리며 입에 게거품을 무는 건 엘리자베스 캐디 스탠턴의 단순하고 의미심장한 말을 반대로 활용하여 표현하자면, '순전한 헛소리'이다(엘리자베스 캐디 스탠턴 1815-1902: 미국의 여성 인권 운동가. 1848년에 미국에서 처음으로 여성의 투표권을 요구하며 조직적인 여권 운동을 벌였다. 1848년 결혼한 여자도 재산권을 행사할 수 있는 뉴욕 주 법을 통과시키는데 기여했다 : 옮긴이). 남성과 여성의 사회적 관계는 태어날 때부터 정해져 있다. 우리 서구 문명은 — 그 내부에 있는 훌륭한 것이라면 무엇이든 — 가정에 기반을 두고 있다."

"가정"은 곧 남자를 가부장으로 둔 집을 말한다. 보통 더 단순하게 표현되는 이런 견해는 여자의 지위를 규정하는 지배적인 견해이다. 문명

사회의 일반 남자들뿐만 아니라 여자들도 이런 견해를 받아들인다. 여자들은 예의범절이 무엇을 요구하는지 아주 예민하게 의식하며, 대다수가 그런 예절규범이 부과하는 세부사항을 불편하게 여긴다. 하지만 기존의 도덕적 질서나 신성한 규범이 여자를 남자를 보조하는 위치에 놓았다는 점을 인정하지 않는 여자는 거의 없다. 결국, 선량하고 아름다운 것을 파악하는 여자의 감각에 의하면, 여자의 삶은 두 단계 떨어진 남자의 삶을 표현한 것이며, 이론상 그렇게 되어야 마땅하다.

(남자의 삶은 먼저 남자 자신이 단독 자아로서 운영하는 삶이 있고, 그 다음에 그 자아로부터 1단계 떨어진 공공 생활이 있고, 다시 2단계 떨어진 가정생활이 있는데, 두 단계 떨어진 남자의 삶은 곧 가정생활을 가리킨다 : 옮긴이).

하지만 여자에게 훌륭하고 자연스러운 자리가 무엇인지 규정하는 이런 보편적 인식에도 불구하고, 보호와 대리 생활, 그런 생활의 장단점 등에 관한 전반적 제도가 아무래도 잘못되었다는 정서가 비로소 발전하기 시작했다. 그 제도가 때와 장소에 알맞게 자연스럽게 성장한 좋은 제도이고 또 명백한 미학적 가치를 가지고 있음에도 불구하고, 그것은 현대 산업 공동체의 삶에서 나타나는 일상적인 목적에 적절히 도움을 주지는 못한다. 교양 높은 보수적인 상류층과 중산층 여자들 – 전통적인 예절에 관해 침착하고 원숙한 생각을 가지고 있고 또 이런 신분 관계를 근본적이고 영구히 옳은 것으로 인정하는 기혼부인들 – 로 구성된 대규모 단체조차도 여권女權 문제의 실상과 당위는 세부사항에 들어가면 괴리가 있음을 발견한다.

하지만 젊음, 교육, 혹은 기질로 인해 야만적인 문화에서 전해진 신분제의 전통과 접촉하지 않은 다루기 어려운 현대 여자들이 있다. 이들은 자기표현과 일솜씨 본능으로 지나치게 회귀한 것인데, 현재의 남녀

간의 차이를 개탄하면서 그런 회귀적 기질을 강렬하게 표출하려고 하는 것이다.

여성운동 : 해방과 일

이런 "신여성" 운동, 그러니까 빙하기 이전의 여자의 지위를 회복하려는 맹목적이고 두서없는 운동에는 적어도 두 가지 인식 가능한 요소가 있는데, 모두 경제적 특성을 갖고 있다.

바로 "해방"과 "일"이다.

이 두 용어는 여성의 널리 퍼진 불만감을 잘 나타내는 것으로 인식된다. 이런 정서가 유행한다는 건 오늘날의 상황에서 불만감의 실질적인 토대를 전혀 살펴보지 못하는 사람들조차도 알 정도이다. 이런 불만감이 가장 생생하고 빈번하게 표출되는 계급은 선진 산업 사회의 부유층 여자 계급이다. 이들은 모든 신분 관계, 보호, 혹은 대리 생활로부터의 해방을 진지하게 요구하고 있다. 이런 불쾌감은 특히 대리 생활이 거의 노골적으로 부과되는 신분제의 생활양식을 따르는 여자 계급에서, 또 이런 전통적 생활양식을 만들어 낸 경제적 발전의 압력으로부터 가장 멀리 떨어진 공동체에서 특히 뚜렷하게 나타난다. 이런 여성 해방의 요구는 훌륭한 평판에 의해 모든 노동에서 배제되고, 유한계급의 생활과 과시적 소비를 하는 여자들에게서 나온다.

신여성 운동의 동기를 오해하는 비평가는 한두 사람이 아니다. 어떤 유명한 사회 평론가는 최근의 미국 "신여성"에 관해 열띤 어조로 이런 부정적인 발언을 했다.

"그녀는 세상에서 가장 헌신적이고 부지런히 일하는 남편의 총애를 받는다. 그녀는 남편보다 우월한 교육을 받았고, 거의 모든 면에서 남편보다 우월하다. 그녀는 많은 곳에서 섬세한 배려를 받는다. 하지만 그녀는 만족하지 못한다. 앵글로색슨 '신여성'은 현대의 가장 우스꽝스러운 결과물이며, 현 세기에서 가장 크게 실패할 수밖에 없는 운명이다."

이 문장에 내포된 비난 ─ 신여성을 잘 겨냥했다고 볼 수도 있는 ─ 을 제외하면, 이러한 주장은 신여성의 문제를 더욱 애매모호한 것으로 만들 뿐이다. 이런 신여성 묘사는 그녀가 누리는 혜택을 주로 지적하면서, 그 혜택 때문에라도 신여성은 불만을 품을 것이 아니라 오히려 만족해야 한다고 주장하는 것이다. 가령 그녀는 총애를 받고, 남편이나 보호자를 대리하여 대규모로 사치스럽게 소비하는 것이 허용되며, 심지어 그것을 요구받기도 한다. 그녀는 금전적인 보호자의 좋은 명성을 위해 대리 여가를 수행하며, 그 때문에 저속하고 유용한 직업에서 면제되어 있다.

그러나 이런 소위 혜택이라는 것은 자유가 없다는 전통적인 표시이며, 동시에 합목적적 활동을 추구하는 인간의 충동과도 상충된다. 하지만 여자는 무익한 삶이나 소비를 거부하는 일솜씨 본능을 일부분 ─ 혹은 일부분이라고 하기엔 훨씬 더 많이 ─ 부여받고 있다. 그녀는 자신이 중간 매개를 통하지 않고 직접 접촉하는 경제적 환경에 반응하여 삶의 활동을 펼치고 싶어 한다. 이런 일솜씨 본능은 남자보다 여자에게 더 강하게 나타난다. 여자는 그녀 자신의 방식대로 삶을 살아가기를 원하고 두 단계 떨어진 삶의 방식을 통해서가 아니라 직접 공동체의 산업 과정에 참여하고 싶어 한다(두 단계 떨어진 삶의 방식은 위의 옮긴이 주에서 나오는 것처럼 가정생활을 가리킨다 : 옮긴이).

신분제의 쇠퇴가 여성운동의 추진력

지루한 가내 노동을 계속해야 하는 것이 여자의 위치라고 할 때, 평균적인 여자는 그런 운명에 꽤 만족한다. 그녀는 구체적이고 목적 있는 일을 할 뿐만 아니라, 자신이 물려받은 자주적인 성향을 강력하게 주장할 만한 시간이나 생각이 없다. 여자가 다들 고된 일을 하는 단계가 지나간 후, 힘들여 일하지 않아도 되는 대리 여가가 유한 계급 여자의 공인된 일자리가 된다. 금전적 품위 유지의 규범은 의례적인 무익함을 요구하고 또 이 규범 때문에 고상한 생각을 갖고 있는 여자들은 자주적인 생각을 한다거나 "유용함의 영역"으로 마음이 기우는 것 등을 잘 할 수가 없다. 이는 특히 금전 문화의 초기 단계에 해당되는 얘기이며, 그 단계에서 유한계급의 여가라는 것은 대부분 약탈적 활동이며 자신이 주인임을 내세우는 적극적인 행위로 구성된다. 유한계급의 그런(대리여가) 행위는 차별적인 목적을 분명하게 드러내며, 유한계급이 아무런 수치심도 느끼지 않고 그런 일을 한다는 것을 다들 진지하게 받아들여줄 것을 요구한다(유한계급이 자신의 과시적 낭비, 소비, 대리적 여가, 소비 등을 진지한 일이라고 생각하고 있고, 주종관계에서 하인 계급에 있는 사람들도 그것을 그런 식으로 인식해야 한다는 뜻 : 옮긴이).

이런 상황은 몇몇 공동체에서 현재까지도 뚜렷하게 지속된다. 그 상황은 개인마다 다르게 계속 영향을 미치는데, 개인별로 부여되는 신분제의 감각과 일솜씨 충동이 다르고, 그에 따라 그 영향력도 다르기 때문이다. 하지만 공동체의 경제적 구조가 신분제의 생활양식을 수용할 수 없을 정도로 커지면, 개인적 주종 관계는 더 이상 유일하고 "자연스러운" 인간관계가 아니게 된다. 그런 곳에선 목적 있는 활동에 관한 태곳적 습관이 비 순응적인 개인에게서 나타나기 시작하는데, 그런 개인은 약탈적이고 금전적인 문화가 만들어 낸 비교적 후대의 피상적인 습관과 견해를 반대하게 된다(비교적 후대라고 한 것은 저자의 관점에서 볼 때 약탈적 야만문화가 평화적 원시 문화보다는 후대에 생겨났기 때문이다 : 옮긴이).

약탈적 문화와 유사-평화적 야만 문화의 원칙에 기인하는 사고 습관과 인생관이 최근 발전된 경제적 상황과 불일치하면서 그 습관과 견해는 유한계급이나 공동체에서 강제력을 잃기 시작한다. 이는 현대 산업계급의 사례에서 명확하게 드러난다. 그들은 유한계급의 생활양식이 행사하는 구속력에서 상당히 벗어났으며, 특히 신분제의 위력은 예전 같지 않다. 산업 계급에 나타난 것처럼 뚜렷하지는 않지만 그래도 상류층에서도 이런 구속력 약화는 분명하게 확인된다.

약탈적·유사-평화적 문화에서 기인한 습관은 인류의 특정 근본적인 성향과 정신적 특성의 단명短命한 변종이다. 이런 습관은 원시적인 유인원 문화 단계가 오래 존속한 덕분에 생겨날 수 있었다. 원시적 문화 단계는 상대적으로 단순하고 불변하는 물질적 환경과 접촉하며 평화롭고 비교적 균일한 경제생활을 수행했다. 현재의 경제적 필요가 경쟁적 생활양식의 습관을 더 이상 허용하지 않는다면, 약탈적 문화의 붕괴 과정이 시작될 것이다. 평화적 원시 시대보다 후대에 발생했고 덜 일반적인 특성을 보이는 약탈적 사고 습관은, 더 오래되고 보편적인 인류의 평화적인 정신적 특성에 자리를 내주게 될 것이다.

인간성의 본바탕은 평화, 선의, 경제적 효율성

그렇다면 어떤 의미에서 신여성 운동은 더 일반적인 인간 특성의 유형이나 인간 본질의 덜 차별적인 표현으로 회귀하는 것이 된다. 이는 원시적인 유인원 단계의 인간성의 유형이며, 그런 단계의 지배적인 특징을 그대로 구현한다고 하지는 않더라도 그 본질상 유인類人으로 분류할 수 있는 문화 단계로 회귀하는 것이다. 우리가 지금껏 논의해온 운동이나 진화적인 특징은 물론 후기 사회 발달 단계와 이런 평화적 과거로 돌아가는 특징을 공유한다. 그러면 이런 사회적 발달은 초창기의 균일한 경제 진화의 단계(평화적 원시 단계)를 특징짓는 정신 태도로 격세유전하는 것이 된다.

유한계급이 지금껏 차별적 이해관계로 사회를 주도해온 현상에서 벗어나려는 것이 일반적 현상인지 아닌지 그것을 보여주는 증거가 영 없지는 않다. 하지만 그런 증거는 풍부하지 않거나 아니면 의심의 여지가 없을 정도로 설득력 강한 것은 아니다. 이와 관련하여 현대 산업 공동체에서 나타나는 신분제의 일반적인 쇠퇴는 어느 정도 증거가 된다. 인간 생활에 무익한 것, 그리고 집단이나 다른 사회적 집단을 희생하고 개인적인 이득을 취하는 활동에 반감을 품는 태도로 회귀하는 것도 어느 정도 증거가 될 것이다. 고통을 주는 일에 반대하고, 모든 약탈적인 사업을 신용하지 않는 경향이 눈에 띌 정도로 크게 늘어났다. 설사 이런 차별적 이해관계 때문에 피해를 보지 않는 개인이나 사회도 그런 차별에 반감을 품고 비난하는 일이 벌어지고 있다. 현대 산업 공동체 남자들의 일반적이고 냉정한 인식은, 이상적인 인간은 평화, 선의, 경제적 효율성을 중시하며, 이기적이고 강압적이며 기만과 통제를 일삼는 삶을 거부한다는 것이다.

유한계급은 이런 원시적인 유인원 단계의 인간성 회복을 일관되게 지지하거나 반대하지 않는다. 그럼 평화적 원시인의 특징을 예외적으로 많이 타고난 개인은 유한계급 내에서 생존할 수 있을까? 유한계급은 경제적 압력으로부터 보호받은 입장이므로 그런 개인을 금전적인 투쟁에서 벗어나게 함으로써 직접 도와준다. 하지만 간접적으로 상품과 노력에 관한 유한계급의 과시적 낭비 규범을 통해 그런 개인이 그 계급 내에서 생존할 수 있는 가능성을 낮춘다. 과시적 낭비의 의무 요건은 차별적 투쟁에 들어간 유한계급 인구의 활력을 흡수하고, 생활 속에서 비차별적 표현을 할 여지를 남겨두지 않는다. 품위의 규범은 간접적이고 추상적인 방식으로 같은 방향으로 작용하고 같은 목적(평화적 기질의 개인을 제거하는 것 : 옮긴이)에 훨씬 더 효율적으로 작용한다. 품위 있는 생활양식은 차별적 비교의 원칙을 정교하게 구현한 것이며, 그 규범은 모든 비차별적 노력을 억제하면서 이기적인 태도를 지속적으로 주입한다.

제 14 장

금전 문화를 표현하는 고등교육

학문적 교육은 공동체의 상식으로부터 인정을 받아야 하고, 공인된 생활양식에 통합되어야 한다. 그래야 특정 항목에 적합한 사고 습관을 다가올 세대에 전수할 수 있다. 교사의 지도와 학교의 전통에 따라 형성되는 사고 습관은 경제적 가치를 갖고 있고, 또 개인의 유용성에 영향을 미친다. 이런 가치는 일상생활 속에서 학교의 가르침 없이 형성되는 사고 습관 못지않게 현실적인 경제 가치를 갖고 있다. 유한계급의 편애나 금전적 가치 규범으로 공인된 학문적 계획과 질서는 그 특성이 무엇이든 유한계급에게 이익이 되도록 정해져 있다. 그 교육적 계획이 어떤 경제적 가치를 지니든 그것은 유한계급 제도의 가치를 자세히 표현한다.

따라서 우리는 여기서 유한계급의 생활양식에서 유래한 교육 체계의 특징을 다룰 것인데, 그런 학과의 목표와 방법, 주입되는 지식의 범위와 특성을 지적하는 것이 적절하리라 생각한다. 유한계급의 영향력은 제대로 된 학습, 특히 고등교육에서 가장 명백하게 드러난다. 여기서 우리가 논의하고자 하는 것은 금전 문화의 효과를 나타내는 자료를 철저하게 대조하는 게 아니라, 유한계급이 행사하는 교육적 영향력의 방법과 경향을 지적하려는 것이다. 따라서 우리의 논의에 도움이 되는 고등교육의 핵심적인 특징을 살펴보려고 한다.

최초의 학문은 종교적 기능에서 발전

학문의 기원과 초기 발달을 감안해 볼 때, 학문은 공동체의 종교적 기능과 다소 밀접하게 관련이 있다. 특히 초자연적 유한계급이 표현되는 행위인 종교의식과 관련이 깊다. 원시적인 종교에서 초자연적인 힘을 달래려고 하는 종교의례는 공동체의 시간과 노력을 빼앗아가므로 산업적으로 유익하지 못하다. 초자연적인 힘과는 끊임없이 협상해야 하고, 또 그에게 복종을 고백하고 봉사를 하면 선의를 획득할 것으로 기대되었다. 그 결과 종교의식은 대부분 그런 초자연적인 힘을 위해 수행하는 대리적 여가가 된다. 초기 학문은 대부분 초자연적인 힘을 섬기는 데 필요한 지식과 재주를 얻기 위한 것이었다. 따라서 그 학문은 그 특성상 가정에서 속세의 주인을 섬기는 데 필요한 훈련 과정과 무척 유사하다.

원시적인 공동체의 성직자 교사가 가르쳐주는 지식은 대부분 의례와 그 절차에 관한 지식이었다. 즉, 초자연적인 힘을 섬기고 그에 접근하는 데 필요한 가장 적절하고, 효율적이고, 만족스러운 방식에 관한 지식이었던 것이다. 성직자들은 초자연적인 힘에 필수적인 사람이 되는 법, 그리고 어떤 특정한 사업에서 신의 중재나 불개입을 요청하거나, 더 나아가 요구할 수 있는 자리를 얻는 법을 배우게 된다. 그 지식의 일차적 목적은 초자연적인 힘을 달래는 것이고, 대개 복종하는 재주를 습득함으로써 그 목적을 달성한다. 주인을 효율적으로 섬기는 것 외에 다른 요소들도 점차적으로 성직자나 샤먼의 가르침에 포함되었다.

외부 세계에서 움직이는 불가해한 힘을 섬기는 성직자는 그런 힘과, 교육받지 못한 일반인 사이에서 중재자가 된다. 그가 그런 힘을 알현하게 해주는 초자연적인 의례를 알고 있기 때문이다. 불가해한 힘이 중재자가 요구하는 것을 들어줄지도 모른다는 생각이 널리 퍼져 있었다. 그래서 중재자는 속세의 사람에게 깊은 인상을 남길 명백한 수단을 가까이에 두는 게 편리하다고 생각했다. 이것이 바로 속세인과 주인(자연적이든 초자연적이든)을 중재하는 자에게서 흔히 벌어지는 일이다. 이런 이유로 곧 화려한 효과를 일으키는 특정한 자연적 과정과 교묘한 속임수에 관한 지식이 성직자 학문의 필수적인 부분이 되었다. 이런 부류의 지식은 "불가지不可知"에 관한 지식이었고, 그 신비한 특성으로 인해 성직의 목적에 유용하게 봉사했다. 이런 원천에서 학문의 제도가 발생한 것처럼 보인다. 그러나 학문이, 그 근원이 되는 마술 같은 의식과 샤머니즘적 기만에서 분화되어 독립하는 것은 지루하고 느린 과정이었다. 심지어 가장 발전된 고등 교육 기관에서조차 그런 분화는 아직도 미완성인 것처럼 보인다.

학문의 신비적 요소는 대중 교화용

학문의 신비적 요소는 모든 시대에서 그런 것처럼 여전히 배우지 못한 사람들에게 깊은 인상을 남기거나, 더 나아가 그들을 이용하는 데 아주 매력적이고 효율적인 요소이다. 전적으로 일자무식인 사람들의 생각에 학자라는 신분은 대체로 주술적인 힘과 밀접하게 관련되어 있는 것으로 여겨진다. 전형적인 사례를 들자면, 최근 19세기의 중반의 노르웨이 농부가 있다. 그들은 우월한 학식을 지닌 사람들을 그런 식으로 생각한다. 그러니까 루터, 멜란히톤, 페테르 다스, 최근의 신학자로는 그룬트비에 이르기까지 그들이 마술과 관련이 있다고 보는 것이다. 이들과 그리 유명하지 않은 수많은 학자들은, 살아있는 사람이든 작고한 사람이든 모두 마술에 통달했다고 생각되었다. 기독교의 고위직 인사들도 이런 훌륭한 학자들이 마술과 신비학에 정통하다고 생각했다.

또한 대중들은 박식함과 불가지 사이에도 마찬가지로 밀접한 관련이 있고 또 그것을 보여주는 사례도 있다고 생각한다. 동시에 이런 점은 유한계급이 지적知的 이해관계에 흥미를 보이는 성향을 다소 개략적으로 보여주는 사례가 된다. 이런 생각은 유한계급에만 국한되는 것은 아니지만, 오늘날 그 계급에는 다양한 종류의 신비학을 믿는 사람이 아주 많다. 유한계급의 사고방식은 현대 산업과의 접촉으로 형성된 것이 아니므로, 그런 사고방식의 소유자는 불가지에 대한 지식이 곧 유일한 지식은 아닐지라도 최종적인 지식은 될 수 있다고 느낀다.

(저자는 앞에서 유한계급의 사람들이 현대의 산업 과정을 지배하는 수량적 인과관계에 의해 현상을 파악하는 것이 아니라, 미신적인 신인동형론 종교에 의하여 행운을 믿고 또 야만적인 약탈 기질로 그들의 부를 이루었다고 지적했다. 위에서 말한 신비학은 바로 이런 애니미즘에 기원을 둔 종교적 사상을 가리킨다 : 옮긴이).

고등학문과 하급 학문의 구분선

그렇다면 학문은 성직자 대리 유한계급의 부산물로 시작되었고, 적어도 최근까지 고등교육은 성직자 계급의 부산물 혹은 부업으로 남아 있다고 할 수 있다(1884년 박사 학위를 취득한 베블런은 그 후 1884년에서 1891년까지 7년 동안 비참한 낭인 생활을 했다. 그는 목사들이 이미 다 자리를 차지한 철학 교수 자리를 얻을 수가 없었다. 이때의 적개심이 성직자 계급과 대학 교육에 대하여 남아 있는 듯하다 : 옮긴이).

체계화된 지식이 늘어나면서 곧 차별이 발생하는데, 이런 차별은 신비한 지식과 개방적인 지식의 차이에서 생겨나는 것으로, 이는 교육의 역사에서 아주 오래 전의 시대로 소급된다. 두 가지 지식 간에 본질적인 차이가 있다고 볼 때, 신비한 지식은 주로 경제적·산업적 효과가 없는 지식이고, 개방적인 지식은 주로 산업적 과정과 삶의 물질적인 목적에 으레 쓸모 있는 자연 현상에 관한 지식이다. 시간이 흐르면서 이런 구분은 대중의 머릿속에서 고등교육과 하급 교육의 일반적인 구분선이 되었다.

모든 원시적 공동체에서 식자층은 지위, 의식, 예식에 착용하는 옷, 그리고 학자가 쓰는 용품, 선례, 등급 등을 무척 까다롭게 준수하는데, 이런 점은 그들이 성직자의 직업과 밀접한 관계가 있다는 증거일 뿐만 아니라 그들의 활동이 예절규범이나 가정교육으로 알려진 과시적 여가의 범위에 포함된다는 걸 보여준다.

물론 이는 예상되었던 것이고, 더 나아가 고등교육이 그 초기 단계부터 유한계급, 더 구체적으로 말하면 초자연적인 유한계급을 섬기는 대리 유한계급이었음을 보여준다. 이런 학문의 보조 도구 애호는 성직자의 일과 학자의 일 사이에 긴밀한 접점이나 연속성이 있다는 것을 말해준다. 그 기원을 따져보면 학문과 성직은 주로 공감 주술의 파생물이다. 형식과 의례에 관한 이런 주술적인 장치는 따라서 당연히 원시적 공동체의 식자층에 자리 잡게 된다. 이들이 거행하는 예식과 관련 용품은 주술적 목적에 적합한 효능이 있다. 따라서 주술과 학문의 초기 발달 단계에서 예식과 관련 용품이 필수적 요소가 된 것은 편의성의 문제이기도 하지만, 동시에 그것들이 지닌 상징성을 높이 평가한 때문이기도 하다.

상징적 의례가 효과가 있다는 생각, 그리고 소기의 목적과 관련하여 전통적인 부속물을 교묘하게 활용하여 얻어지는 동조적 효과에 대한 생각은, 학문적 훈련보다는 주술을 실행함으로써 더욱 명확하게 구체화된다. 그런(상징성을 중시하는) 생각은 심지어 신비학에 의해서 연마되기도한다. 하지만 학문적인 가치에 관해 세련된 감각의 소유자들 중에서, 의례적인 학문적 부속물이 전적으로 무의미하다고 여기는 사람은 극히 적다. 이런 의례적 용품은 후기 발달 단계에서도 아주 끈질기게 살아남았다. 그 끈덕짐은 우리 문명에서 학문의 역사를 고찰해보면 금방 알아볼수 있다. 심지어 오늘날에도 학계에서 학사모, 학위복, 입학식, 입문식, 졸업식을 볼 수 있고, 또 학위, 위계, 특권을 수여하는 행사 또한 목격할수 있다. 이는 일종의 학문적 사도전승이 아닌가 싶다. 학계의 의식, 옷, 상징적인 입회식, 안수 등을 통한 고유한 위계와 미덕의 전달 등은 그기원이 성직 체계라는 건 분명하다. 하지만 그 기원은, 성직자가 한편으로는 마술사와 구분되고, 다른 한편으로는 세속적 주인의 천한 종과 구분되는 과정에서, 전문화한 성직자 계급이 그런 예식과 용품을 받아들이던 때까지 거슬러 올라간다. 학계와 성직이 의지하는 이런 관습과 개념은 그 양태의 기원과 심리적인 내용을 따져보면, 에스키모 샤먼과 기우사祈雨師가 속한 문화적 발전 단계와 다를 바 없는 단계이다. 그런 관습과 개념이 독실한 종교의식 및 최신 고등교육 체계에서 차지하는 위치는 인간성의 발전 단계 중 극히 초기인 애니미즘적 단계에서 상속된것이다.

교육제도의 의례적 특성

오늘날 및 가까운 과거에서 발견되는 교육 체계의 이런 의례적 특성은 고귀하고, 자유롭고, 고전적인 교육 기관에서 더 잘 구현된다. 저급하고, 기술적이고, 실용적인 교육 기관에서는 그런 특성이 잘 발견되지 않는다. 하급 교육 기관이 그런 특성을 보인다면, 명백히 더 고급스러운 교육 기관의 특성을 무단 차용해온 것이다. 실용적인 학교에서 고귀하고 고전적인 계급의 사례를 허가 없이 계속 고집한다는 것은 사실상 불가능하다. 저급하고 실용적인 학교와 학자가 이런 유한계급의 관습에 적응하고 그것을 함양하는 건 흉내에 불과하다. 이것은 상류 학교의 학문적 명성에 부합하려는 욕망 때문에 벌어지는 일이다. 하지만 상류 학교와 상류 계급은 직계直系 계승권을 통해 그런 보조적인 특성을 얻는 반면에 하류 학교는 그런 정통성이 없다.

이러한 분석은 여기서 한 단계 더 안전하게 나아갈 수 있다. 의례적인 잔존물과 과거 회귀는 일차적으로 성직자 계급과 유한계급의 교육을 중시하는 학교에서 아주 활발하고 자유롭게 나타난다. 그에 따라 단과대학과 종합대학의 생활에서 나타나는 최근의 발전을 조사하면 다음과 같은 점이 분명하게 드러난다. 하류층에게 직접적으로 유용한 지식 분야를 가르치려고 설립된 학교도 예식과 용품, 그리고 정교한 학문적 "행사" 등이 발달하고 있는데, 이것은 그 학교의 방향이 실용주의 분야에서 더 고상한 고전적 영역으로 이행하고 있음을 보여주는 것이다. 이런 학교들의 초기 설립 목적은 실용적이었고, 이 학교들이 거쳐간 두 가지 진화 단계 중 앞의 단계와 주로 관련이 있는 사업은 산업 계급의 청년을 일 잘 하는 사람으로 교육하는 것이었다. 그러나 이런 학교들은 더 고상하고 고전적인 교육의 차원으로 나아가려는 경향을 보이며, 이 경우 교육의 주된 목표는 성직자 계급과 유한계급 – 혹은 막 유한계급이 된 계급 – 의 청년에게 품위 있는 방식에 따라 유무형의 상품을 소비하도록 가르치는 것이다. 이것이 어려운 청년들을 돕기 위해 "일반인의 친구들"이 세운 여러 학교들에게 벌어진 일이다. 이런 고상한 쪽으로 변화한 학교에선 항상은 아니더라도 대체로 더 의례적인 학교생활을 지향하게 된다.

미국 대학의 의례적 성격

오늘날 학교생활에서 학문 관련 의례는 "인문학" 함양이 주된 목적인 학교에서 가장 잘 거행된다. 이런 상관관계는 다른 어느 곳보다도 최근 성장한 미국 단과대학과 종합대학의 생활사生活史에서 잘 드러난다. 이런 규칙에는 많은 예외가 있을 수 있는데, 특히 전형적으로 평판이 좋고 의례 지향적인 교회가 설립하여 보수적이고 고전적 교육을 지향하거나 고전적 지위에 도달한 학교들을 그런 예외로 들 수 있다. 하지만 19세기 동안 새로 생겨난 미국 대학들의 일반적인 규칙은 기술, 직업 교육을 지향한다는 것이었다. 최근에 설립된 대학들은 실용 노선을 취했는데 그 노선을 취하게 된 사정은 다음 세 가지이다.

첫째, 그 대학이 있는 사회가 빈곤하다.

둘째, 그 학교에 끌어들일 학생이 사는 지역이 근면과 절약의 습관을 지킨다.

셋째, 마술사魔術師를 연상시키는 구석이 대학 생활에 어느 정도 발견되더라도 선뜻 용인되지 않는다(마술사는 미국의 대학이 종교적 의례 절차에 그에 따른 학내 생활을 유지하는 것을 '마술사'라는 용어를 동원하여 냉소적으로 지적하고 있다 : 옮긴이).

하지만 공동체의 부가 눈에 띄게 축적되고, 학교가 유한계급에 의존하면서 학문적 의례를 고집하고, 복장, 그리고 사회적·학문적 의례에 관한 태곳적 형태에 순응하는 모습이 눈에 띄게 늘어난다. 예를 들면, 미국 중서부의 대학이 자리 잡은 지역의 부가 성장함에 따라, 그에 발맞추어 대학 사회 내부에서 사회적 예의를 지키면서, 계절에 어울리고 학문적 의례에 적합한 복장으로 남자는 연미복, 여자는 데콜테(이브닝드레스의 일종. 맨 어깨로 네크라인을 드러내는 여성용의 야회복 : 옮긴이)를 입어야 — 처음엔 저항하지만, 시간이 흐르면 필수적인 유행이 됨 — 행사에 입장이 되는 것이다. 추적의 규모가 방대하기는 하지만, 이런 부와 학내 의례의 상관관계를 추적하는 건 절대 어려운 일이 아니다. 학사모와 학위복의 유행에 대해서도 같은 얘기를 해볼 수 있다.

학사모와 학위복은 최근 몇 년 동안 중서부 지역의 많은 대학에서 학문적 휘장으로 채용되었다. 예전에 이런 일이 좀처럼 없었다. 공동체 내에서 유한계급의 정서가 만연하여 교육의 목적으로 태곳적 견해를 지지하기 전에는, 이런 일이 거의 없었다고 말해도 무방하다. 이런 학문적 의식에 관계된 특정한 물품은 화려한 효과에 끌리는 태곳적 성향과 고풍스러운 상징주의 등으로 유한계급의 과시적 경향에 영합할 뿐만 아니라, 동시에 과시적 낭비를 받아들임으로써 그 계급의 생활양식에 순응하는 것이다. 학사모와 학위복 등 과거 회귀는 공동체의 부가 증가한 시기에 발생하여 많은 학교에 영향을 미쳤다. 이러한 사실은 무엇을 말하고 있는가. 그것은 그 시기에 그 공동체를 휩쓸었던 격세유전적(과거 회귀적)인 유한계급의 생활 규범과 품위로의 회귀가 많이 벌어졌다는 것이다.

남북전쟁과 약탈적 사고방식

시간의 관점에서 살펴볼 때, 교육 분야의 흥미로운 격세유전이 다른 분야에서 널리 유행하는 격세유전적 정서와 전통과 동시에 나타난다. 격세유전이 급증하게 된 배경은 그 최초의 충동이 남북전쟁으로 생겨난 심리적 붕괴 때문이다. 전쟁에 익숙해지면 많은 약탈적 사고 습관이 자연스럽게 되살아나는데, 그로 인해 배타성이 어느 정도 사람들 사이의 유대감을 억압하고, 차별적 구분이 공평하고 일상적인 유용함을 대체해 버린다. 이런 요소가 누적된 결과로, 전쟁 이후의 세대는 사회적 생활, 종교적 의례, 그 외의 상징적·의례적 형식에서 신분제의 회복을 목격하게 되었다.

1880년대 내내, 또한 그에 비하면 덜 명확하지만 1870년대 내내 유사-약탈적 사업 습관을 선호하고, 신분제, 신인동형론, 그리고 보수주의를 강조하는 정서가 점진적으로 늘어났다. 이런 야만적인 기질의 더 직접적이고 노골적인 표출, 가령 특정 "기업의 사주들"이 저지르는 무법 행위와 그들이 살아가는 기만으로 점철된 화려한 유사-약탈적 커리어는 그 이전의 시점에 나타나서, 1870년대가 저물면서 눈에 띄게 쇠퇴했다. 신인동형론 정서의 재 점화點火는 1880년대가 저물기 전에 이미 피크(꼭짓점)를 지난 것처럼 보인다. 하지만 여기서 논하는 대학의 의례와 용품은 여전히 야만적인 애니미즘을 더 은근하게 간접적으로 표현한 것들이다. 이것들은 점점 더 유행을 타서 더욱 정교해지고, 후대에 이르기까지 효과적인 발전을 계속 해왔다.

그러나 이것들은 현재 정점을 지났다고 믿을 만한 이유가 있다. 새로운 전쟁 경험으로 얻은 새로운 충동과 부유층이 늘어나면서 모든 의식, 특히 신분 등급을 사치스럽고 명백하게 보여주는 의례에 대한 지원이 늘어났다. 이것을 제외하면 학문적 휘장과 의식에 관련된 최근의 발전과 증가율은 점차 쇠퇴하고 있다. 학사모와 학위복, 그리고 이런 용품들과 함께 나타난 학문적 예절의 번성은 남북전쟁 후에 발생한 야만으로의 격세유전(회귀)이 급증하는 가운데 생겨난 것이다. 또한 유한계급의 부가 크게 축적되어 지역 대학들에게 그들의 규범을 강요할 정도로 충분한 금전적 토대를 제공하게 되었다. 이런 사태가 도래하기 이전에는, 대학 생활에서 이런 의례상의 격세유전이 나타날 수 없었다. 학사모와 학위복의 채용은 현대의 대학 생활에서 두드러진 격세유전적 특성 중 하나이며, 동시에 이런 대학들이 실질적 업적에 의한 것이든 열망에 의한 것이든 명확히 유한계급의 기관이 되었음을 보여준다.

공동체의 교육 체계와 문화적 기준 사이에 밀접한 관계가 있다는 걸 보여주는 추가적인 증거가 또 있다. 그것은 고등교육을 시행하는 학교의 교장(혹은 총장)을 최근에 성직자 대신 산업의 장이 맡는 경향이 있다는 것이다. 이런 대체는 절대 완전하거나 무조건적인 것은 아니다. 대학의 총장은 성직과 고도의 금전적 능력을 모두 갖춘 사람이 적격으로 인정되기 때문이다.

이와 비슷하지만 덜 뚜렷한 경향이 있는데, 그것은 금전적 자격을 갖춘 남자들에게 고등교육 지도를 맡기는 것이다. 한때 그들의 관리 능력과 사업 광고 기술은 교육 분야에서 더 중요한 자격으로 인정되었다. 이는 일상적 현실과 가장 관련이 있는 학문에서 잘 적용되고, 특히 경제적 목표 한 가지만 추구하는 공동체의 학교에 더욱 타당한 것이다. 성직 자격이 일부 금전적 자격으로 대체되는 일은 현대적 품위의 기준이 과시적 여가에서 사치성 소비로 전환되었음을 보여주는 것이다. 이 두 가지 사실의 상관관계는 더 상술하지 않아도 명백하다.

여성의 본연적 임무와 교육

여성 교육에 대한 대학과 지식인의 태도는, 학문이 어느 정도로 또 어떤 방식으로 성직자 계급과 유한계급의 특권과 태곳적 지위로부터 벗어났는지 보여준다. 그것은 또한 진정으로 박식한 학자들이 현대적이고 경제적인 관점 혹은 산업적이고 객관적인 관점에 접근하는 방식도 보여준다. 고등교육과 학문적 직업은 최근까지 여자에게 금기로 여겨진 분야였다. 대학은 처음부터 성직자 계급과 유한계급의 교육에 전념해왔기 때문이다.

우리가 다른 경우에서 이미 말했던 것처럼, 여자는 원래 종속적 계급이었고, 특히 명목적 혹은 의례적 지위에서는 현재까지도 어느 정도 그런 관계를 유지하고 있다. 여자에게 고등교육의 특권(엘레우시스 신비 의례에의 입회 같은 것)을 허락하면 학문적 직업의 위엄이 손상된다는 느낌이 널리 퍼진 까닭이었다. 따라서 극히 최근에 와서야 선진 산업 사회만 여자들에게 상급 학교를 관대하게 개방했다. 현대 산업 사회의 필요가 압력을 가하고 있는데도 불구하고 명문 대학들은 여자 신입생 선발에 아주 소극적인 모습을 보인다. 계급의식, 다시 말해 신분의식이나 양성의 지적 우열을 구분해서 보는 생각은 학문의 귀족 사회인 이런 유명 대학들에서 강력한 형태로 존속한다. 여자들은 모든 예절 중에서 다음 두 가지 항목으로 분류되는 지식 중 어느 하나만 얻으면 된다고 보는 것이다.

[1] 가정의 영역, 즉 가사를 더 잘 해낼 수 있는 데에 직접 이바지하는 지식.

[2] 대리 여가의 항목에 명백히 포함되는 유사 학문적이고 유사 예술적인 교양과 재주.

학습자가 자신의 삶을 충실히 영위하는데 필요한 지식이나, 학습자 자신의 지적 흥미에 따라 습득되는 지식은 여성과는 어울리지 않는다고 생각된다. 그런 지식은 예절 규범이 장려하는 것도 아니고, 또 주인의 안락함과 명성을 높여주지도 않는다고 생각된다. 또한 대리적 여가의 증거물이 되지 못하는 모든 지식은 여성에게는 맞지 않는다는 것이다.

우리는 이런 고등교육기관들이 공동체의 경제생활과 맺는 관계를 올바르게 인식해야 한다. 그와 관련하여 지금 살펴본 현상들은 사회의 일반적인 태도를 보여준다는 점에서 중요하지만, 그 자체로 일급의 경제적 결과를 내는 것은 아니다. 우리는 그런 현상들에서 산업 사회의 생활과정에 대하여 식자층이 어떤 본능적인 태도와 의향을 갖고 있는지 살펴볼 수 있다. 그 현상들은 고등교육과 식자층이 산업적 목적과 관련하여 현재 도달한 발전 단계이기도 하다. 식자층의 지식과 생활은 공동체의 경제생활과 효율, 그리고 시대의 요건에 맞는 생활양식과 더 직접적인 관련이 있다. 이런 측면에서 고등교육은 식자층에 바라는 공동체의 기대를 잘 보여준다. 대학 내에서 벌어지는 의례적 절차의 부활은 복고적인 정서까지는 아니더라도 보수주의의 만연을 나타내며, 특히 관습적 학문을 훈련시키는 고등교육기관에서 더 잘 발견된다.

이런 보수적 태도에는 또다른 특성이 있다. 그 특성은 같은 보수적 방향을 지향하지만, 형식이나 의례 등 사소한 것들에 집착하는 것과는 다르게 훨씬 중대한 결과를 예고하는 징조이다. 예를 들면, 미국의 단과대학과 종합대학들이 일부 종교 교파와 연계되어 있고 또 종교적 의례에 몰두하는 모습을 보이는 것이다. 미국의 대학들은 과학적인 방법과 관점에 익숙하다고 하는데, 그렇다면 이런 학교의 교수들은 애니미즘적 사고방식에서 자유로워야 마땅하다. 하지만 여전히 그들 중 상당수가 신인동형론 신앙과 의례에 애착을 느낀다고 공언한다. 이런 종교적 고백은, 교육기관인 대학에서나 교수단의 개인 구성원으로서 아주 형식적이고 편의적인 발언일 수도 있다. 하지만 대학 사회 내에 신인동형론 정서가 아주 분명하게 존재한다는 점은 의심의 여지가 없다. 이것이 사실이라고 한다면 그런 요소는 틀림없이 고대의 애니미즘적 사고방식의 표현으로 규정되어야 한다. 이런 사고방식은 교수들의 강의에서도 나타나게 되고, 학생들의 사고방식을 보수주의와 격세유전(과거 회귀)에 우호적인 방향으로 유도한다. 따라서 학생들의 사고방식은 산업의 목적에 도움이 되는 실제적 지식을 습득하지 못하게 된다.

오늘날 명문 대학에서 크게 유행하는 대학 스포츠는 그런 보수적 방향으로 나아가는 경향을 보인다. 실제로 대학 스포츠는 심리적인 토대나 학습 효과 측면에서 대학의 종교적 태도와 많은 공통점이 있다. 하지만 이런 야만적인 기질은 대학이나 대학 직원들이 적극적으로 스포츠 발전을 지지하고 촉진하는 경우를 제외하면 학교의 기질보다는 주로 학생의 기질이 그 원인이다.

대학 스포츠에 연관된 대학 동아리에도 이와 비슷한 경향을 보이지만 다소 차이점이 있다. 스포츠 동아리는 주로 단순하게 약탈적 충동을 표출하는 것이지만, 대학 스포츠는 더 명확하게 배타성 − 약탈적인 야만인의 기질에서 나타나는 큰 특징 − 의 기질을 표현한다. 스포츠 동아리와 대학 스포츠 활동 간에 밀접한 관계가 존재한다는 점 또한 주목할 만하다. 앞의 장에서 스포츠 행위와 도박 습관의 유사성은 이미 언급한 바 있으므로 스포츠 훈련과 당파적인 조직과 행위의 경제적 가치는 더 이상 논하지 않겠다.

고등교육기관은 보수적 입장을 취한다

하지만 지식인 계급의 생활양식, 그리고 고등교육의 보존에 전념하는 기관의 여러 특징은 대체로 말해서 부수적附隨的인 것이다. 그런 특징들은 학교의 존재 이유이자 표면적으로 공언한 연구와 지도 업무의 유기적 요소가 아니다. 하지만 이런 징후적인 표시는 대학에서 수행하는 일의 특성과 학교의 후원을 받아 진행된 진지한 사업이 — 경제적 관점에서 살펴볼 때 — 학생들에게 미치는 영향에 대하여 하나의 가설을 수립하게 만든다. 그 가설에 의하면, 고등교육기관은 그 사업이나 의례에서 보수적인 입장을 취할 것으로 예상된다. 하지만 이 가설은 실제로 수행된 사업의 경제적 특성을 비교하고, 고등교육기관이 전담하는 학문에 관한 조사를 통해 검증되어야 한다. 이와 관련하여, 유수한 대학들이 최근까지 보수적인 입장을 취했다는 점은 잘 알려져 있다. 그 대학들은 모든 혁신에 대하여 경멸적인 태도를 보였다.

대체로 말해서, 지식에 관한 새로운 관점이나 서술은 학교 밖에서 성공했을 때에만 학교 내부에서 지지를 받고 받아들여진다. 이 규칙의 예외로는 미미한 부류의 혁신과 관습적인 생활양식이나 관점과는 무관한 사소한 이탈을 들 수 있다. 예를 들면, 수리물리학에서 나타나는 세부 사실과, 철학적 혹은 문학적 영향만 있는 고전의 새로운 판단과 해석 등이 그것이다. 편협한 의미의 "인문학" 영역을 제외하고, 또 혁신가들이 건드리지 않고 남겨둔 인문학의 전통적 관점을 제외하고, 유수한 지식인들과 고등교육기관들이 모든 혁신을 미심쩍은 눈으로 바라본다. 과학 이론에서 새로운 관점이나 이탈, 특히 폭넓게 인간관계의 이론과 관련되는 새로운 이탈은 적극적으로 환영하기보다는 마지못해 용인한다는 분위기가 더 강하다. 그리하여 그것은 대학 내부에 아주 더디게 자리 잡는다.

　인간의 지식 범위를 넓히는 일에 전념한 사람들은 보통 동시대 지식인들에게 호평을 받지 못했다. 고등교육기관들은 어떤 혁신이 시간이 흘러가 새로움이나 유용함을 잃기 전까지는, 관련 지식의 방법이나 내용이 거둔 중요한 발전을 그리 지지하지 않는다. 즉, 기존 학문에서 벗어난 새로운 지식과 관점으로 형성된 사고 습관이 새로운 성장 세대에게 당연한 것으로 받아들여지기 전에는, 혁신에 지지를 보내지 않는다는 뜻이다. 아주 최근까지도 이것은 맞는 말이었다. 지금 이 순간 그런 혁신 거부 현상이 어디까지 맞는 말인지 논하는 건 위험한 일이다. 왜냐하면 현재의 사실들을 객관적 관점에서 바라보면서 그 상대적 가치를 공정하게 파악하는 것은 불가능하기 때문이다.

학문 후원 계급의 기능과 본질

여태까지 우리는 부유층의 마이케나스Maecenas(기원전 70-기원전 8. 고대 로마의 정치가 겸 문화 예술의 보호자 : 옮긴이) 같은 역할에 관해서는 별로 언급을 하지 않았다. 사실 그런 역할은 문화와 사회 구조의 발전을 다루는 작가들과 연설가들이 늘 장황하게 다루어온 문제이다. 유한계급의 이런 지원 역할은 고등교육, 그리고 지식과 문화의 전파에 중대한 영향을 미친다. 그 계급이 이런 부류의 후원을 통해 학문을 발달시킨 방식과 정도는 아주 잘 알려져 있다.

　이런 주제를 잘 아는 사람들은 이런 문화적 요소의 엄청난 중요성을 청중에게 각인시키고자 멋지고 감동적인 용어를 자주 사용한다. 하지만 이런 사람들은 경제적 관심이 아니라, 문화적 관심이나 품위의 관점에서 문제를 제기한다. 그러나 우리는 이런 부유층의 역할과 부유층 구성원의 지적 태도를 경제적인 관점에서 파악해야 한다고 생각하므로, 여기서 구체적으로 설명할 필요가 있다.

마이케나스(문화의 후원자) 관계의 특징은 이러하다. 그 관계를 외면적으로 단순히 경제적 혹은 산업적 관계로 고려하면 그것이 신분 관계임을 알 수 있다. 후원을 받는 학자는 후원자를 대신하여 학술적 의무를 수행하고, 어떤 형태든 대리 여가가 수행되면 그 주인이 호평을 얻는 것처럼 이런 학문적 대리 관계에서도 후원자는 일정한 명성을 얻게 된다. 추가로 주목할 것은 역사적인 사실이라는 점에서 보면 마이케나스적 관계를 통한 학문의 발전이나 학구적 활동은 주로 고전 지식이나 인문학 발전에 크게 기여했다는 점이다. 그러나 그런 부류의 지식은 공동체의 산업적 효율에 대해서는 오히려 방해하는 경향을 보인다.

유한계급이 그런 지식의 발전에 직접 개입하면 더욱 산업적 효율성에 피해를 준다. 그 계급의 품위 있는 삶의 규범은 그런 지적 관심을 공동체의 산업적 삶과 관련된 학문 쪽으로 유도하는 것이 아니라, 고전적이고 의례적인 학문을 향하도록 유도한다. 그리하여 유한계급 사람들이 고전학 이외의 분야로서 가장 빈번하게 빠져드는 지식 분야는 법학, 정치학, 행정학 등이다. 이런 학문들은 독점적 기반으로 수행되는 유한계급의 행정 업무를 도와주는 편리한 처세 요령의 집합체이다. 따라서 이 학문들의 관심은 정신적 흥미나 지적 흥미에서 유래하는 것이 아니다. 그보다는 자신이 처한 지배 관계의 필요에 따라서 실용적 관심을 처리하기 위한 학문인 것이다.

그 기원의 측면에서 보면 행정 관리 업무는 고전적 유한계급의 생활 양식에 없어서는 안 되는 약탈적인 기능이다. 그런 관리 업무는 유한계급의 생계를 지탱해주는 주민들에 대하여 그 계급이 행사하는 통제와 강압이다. 따라서 이런 학문 분야와 그 학문이 다루는 실용적 사안들은 비록 지적 매력은 없어도 유한계급의 마음을 사로잡는 것이다. 행정(관리) 업무가 형태에서나 본질에서나 어느 한 계급의 독점적인 업무로 계속되는 곳에서는, 이런 학문들이 그 계급의 환심을 살 수밖에 없다. 심지어 유한계급의 독점적인 관리가 이제 사라지기 시작하는 현대 사회에서도 예전의 태곳적 관리의 전통이 잔존하는 곳에서는 산업적 효율성이 계속 피해를 입는다.

인문학과 자연과학

인지적 혹은 지성적 관심이 주를 이루는 학문 – 소위 진정한 의미의 학문 – 분야에서는 다소 다른 양상이 나타난다. 유한계급의 태도뿐만 아니라 금전 문화의 전반적 경향도 다소 달라지는 것이다. 지식 그 자체를 위한 지식과 궁극적 목적이 없는 지적 탐구는 물질적 이익을 별로 바라지 않는 사람이 추구해야 마땅한 것으로 생각된다. 산업 사회 내에서 보호받는 위치인 유한계급은 그 구성원들에게 지적 관심을 마음껏 추구하게 허용한다. 그 결과 많은 작가들이 말한 것처럼 우리 사회엔 아주 많은 유한계급 출신 학자, 과학자, 지식인이 등장했다. 이들이 과학적 연구와 고찰에 집중할 수 있는 것은 유한계급의 여가 생활 덕분이다. 그런 결과 중 일부는 바람직한 것이지만, 여기에도 우리가 이미 앞에서 충분히 논의한 그 계급의 생활양식이 스며들어 있다. 그 생활양식은 이 계급의 관심을 학문의 주된 내용인 현상의 인과관계 쪽으로 유도하는 것이 아니라, 그와는 다른 주제 쪽으로 유도한다. 유한계급의 사고방식은 개인적 지배 관계를 강조한다. 그리하여 명예, 가치, 공적, 특성 등 파생적이고 차별적 개념에도 일일이 관여를 하는데, 바로 이런 방향으로 대학 교육이 진행되기를 바라는 것이다.

이러한 유한계급의 관점에서 보자면 사물의 객관적 인과 관계는 별로 중요한 것이 아니다. 일반 대중에게 유용한 객관적 사실에 관한 지식은 별로 신통한 것이 아니다. 또한 금전적 가치나 다른 명예로운 가치를 중시하는 차별적 구분이 유한계급의 마음을 사로잡아서 순수한 지적 관심 따위는 아예 무시해 버린다. 이런 금전적·차별적 가치가 발언을 하기 시작하면, 학문은 과학적 지식의 탐구보다는 평판이 좋고 무익한 고찰이나 연구 쪽으로 방향을 틀게 된다. 실제로 학문 밖의 원천에서 방대한 체계적 지식이 학내로 침투해 들어오지 않았는데, 이것은 성직자 계급과 유한계급의 학문적 역사에서 금방 확인할 수 있다. 그러나 이런 주종 관계가 산업 사회의 생활 과정에서 더 이상 지배적이고 결정적인 요인이 아니기 때문에, 생활 과정에 관한 인과적이고 객관적인 관점이 학자들에게 수용을 압박하고 있다.

그 계급의 규범에 맞게 성장한 유한계급의 신사는 개인적 관계의 관점에서 세상을 보아야 하고 또 실제로 그렇게 한다. 그 신사는 어떤 지적 흥미를 느낀다면 이런 신분제의 기반 위에서 자연이나 사회의 현상을 체계화하려고 할 것이다. 실제로 과거의 유한계급 신사들은 이렇게 했으며, 유한계급의 이상을 파괴하는 일은 없었다. 그의 현대 후손도 상류층의 미덕에 관한 요소를 온전하게 상속한 자는 그런 식으로 행동한다. 하지만 유전은 우회적인 과정이고, 모든 신사의 아들이 부유한 가문에서 태어나는 것도 아니다. 특히 약탈적 주인의 사고습관은 유한계급의 최근 단계에 태어난 후손에게는 다소 불안정하게 전달된다.

따라서 지적 호기심을 발휘하려는 강력한 선천적, 혹은 후천적 관심은 하류층이나 중산층 조상을 둔 유한계급의 구성원에게서 발생할 가능성이 가장 높다. 즉, 산업적 계급에 적합한 소질을 물려받았고, 유한계급의 생활양식이 지배했던 과거보다 오늘날에 더 중요한 자질을 보유하여 유한계급에 편입된 사람들, 이런 사람들에게서 그런 욕구가 발생할 가능성이 가장 높다는 뜻이다. 하지만 최근 유한계급에 편입된 사람들 말고도 상당수의 사람에게서 지적 호기심이 발생한다. 그런 사람들은 차별적 비교에 휘둘리지 않고 학문적 이론을 정립하려는 성향이 아주 강해 과학적 탐구에 나서게 된다.

고등 학문이 과학을 허용하게 된 이유는 부분적으로는 유한계급의 파격적 후손 때문이다. 이들은 최근에 나타난 비개인적 관계의 전통을 중시하고, 신분제의 약탈적 기질과는 다른 소질도 추가로 물려받았다. 그러나 유한계급이 생소하게 여기는 이런 과학적 지식이 존재하게 된 것은 상당 부분 산업 계급의 사람들 때문이다. 그들은 일상적인 생계를 이어가는 것 외에 다른 관심사에 주의를 돌릴 수 있는 무척 편안한 환경을 누리게 되었고, 그들이 물려받은 지적 소질은 차별적이고 신인동형론적인 신분제를 거부한다. 과학의 발전을 이끄는 실질적인 세력인 이 두 집단 중 가장 많이 이바지한 건 산업 계급이다.

두 집단에 관해 언급하자면, 그들은 원천이라기보다는 도구이며, 그것도 변화를 가져오는 도구이다. 이런 도구 덕분에, 환경과의 접촉과 현대 생활과 기계적 산업의 필요에 따라 공동체에 부과된 사고 습관이 신분제적 지식이 아니라 이론적 지식을 얻고자 하는 것이다.

현대 학문은 산업 과정과 함께 발달

물리적인 것이든 사회적인 것이든 주변 현상을 객관적 인과관계로 파악하는 학문은 서양 문화의 특징이었다. 이렇게 주된 특징으로 자리 잡을 수 있었던 것은 서양 사회의 산업적 과정이 본질적으로 기계적 장치를 조작하는 과정이 된 이후의 일이었다. 그 과정에서 인간이 하는 주된 일은 단순한 육체노동이 아니라, 물질적 힘들을 구분하고 평가하는 것이었다. 학문은 공동체의 산업적 삶이 이런 패턴에 순응하고, 산업적 관심이 공동체의 생활을 지배하는 정도에 따라 발전한다. 학문, 특히 학문적 이론은 인간의 생활 및 지식과 관련된 여러 부문들에서 약진했는데, 이런 부문들이 산업적 과정 및 경제적 관심과 밀접한 관련을 맺는 정도에 비례하여 발전의 정도도 빨라졌다. 아니, 좀 더 정확하게 말해보자면, 과학의 각 부문이 개인적 관계나 신분제, 그리고 유한계급의 신인동형론과 명예로운 가치 기준에서 벗어나는 정도에 따라 약진의 정도가 결정되었다.

인간이 환경과 접촉하면서 그 환경 속의 현상들을 체계화하고 나아가 그것을 인과관계로 규정하게 된 것은, 현대 산업 생활의 필요가 그런 인과적 사고방식을 강요하면서부터였다. 종교적 학문과 고전을 강조하는 과거의 고등 학문이 성직과 여가 생활의 부산물이라고 한다면, 현대 학문은 산업적 과정의 부산물이라고 할 수 있다. 학교의 보호를 받지 않는 대학 밖에서 가장 인상적인 일을 해낸 사람들로는 투자자, 지식인, 과학자, 발명가, 이론가 등이 있다. 이런 사람들이 대다수를 차지하는 남성 집단을 통하여 현대의 산업적 사고방식은 현상의 인과관계를 중시하는 이론적 학문으로 정교화되고 또 일관되게 구현되었다. 학문적 방법과 목적의 변화는 대학 밖의 과학적 탐구로 모색되어 결국에는 대학 내의 학문 분야로 편입되었다.

초중등 교육기관과 고등 교육기관의 차이

이런 관계에서 주목해야 할 사항이 하나 있다. 그것은 초중등학교 교육과 고등교육기관의 교육은 그 본질과 목적에서 상당한 차이가 있다는 점이다. 가령 두 교육기관에서 전해주는 정보와 습득한 기량의 실용적 차이는 나름 중요하고 때때로 주목받을 가치도 있다. 하지만 그보다 더 중요한 정신적 성향의 차이가 있는데, 바로 이 점에서 두 교육기관은 큰 차이를 보인다. 고등교육과 초중등교육 간에 나타나는 이런 서로 다른 경향은, 특히 선진 산업 사회에서 최신식으로 발전한 초등교육에서 뚜렷하게 나타난다. 그런 공동체에서 교육은 주로 정신적이고 육체적인 숙련도와 기능성에 주로 연계되어 있고, 어떤 명예로운 신분관계보다는 객관적이고 인과적인 사실들의 이해와 활용을 중시한다.

이와는 대조적으로 예전의 초등교육은 주로 유한계급의 규범에 부응하는 것이었고, 그래서 대부분의 초등학교에서는 근면함을 촉진하는 수단으로 경쟁을 널리 활용했다. 하지만 이런 경쟁 위주의 초등교육 방식은 교회적·군사적 전통을 거부하는 공동체에선 눈에 띄게 줄어드는 중이다. 이런 비경쟁적 교육은 유치원의 방법과 이상에 직접 영향을 받는 일부 초중등 교육 체계의 정신적인 측면에 특히 뚜렷하게 드러난다.

유치원 교육의 뚜렷한 비차별적 경향과, 유치원 다음 단계인 초등교육의 유사한 특징은 현대 경제 상황에서 유한계급 여자 특유의 정신적 태도(위에서 언급한 바 있는 내용)와 연관지어 생각해야 한다. 유치원의 훈련이 가장 잘 나타나는 곳 ─ 즉, 가부장적 교육 이상이 가장 많이 제거된 곳 ― 은 선진 산업 사회이다. 그 사회는 지적이면서 한가한 여자가 무척 많고, 교회적·군사적 전통도 없으며, 산업적 삶이 기존의 신분제를 붕괴시켜 그 제도가 허약해진 사회이다. 유치원의 비차별적 훈련은 안락한 환경에 사는 유한계급의 여자들로부터 도덕적 지원을 얻는다. 유치원의 비차별적 목적과 방법은 유한계급의 금전적 규범을 불편하게 여기는 이 여자들에게 좋은 인상을 남기는 건 물론이고 특별한 영향을 미친다.

따라서 현대 교육에서 중시되는 유치원의 비경쟁적 정신은 "신여성 운동"과 함께 다음과 같은 배경에서 나온 것으로 보아야 한다. 즉 유한계급은 현대의 산업적 환경에도 불구하고 그 계급의 여성들에게 무익함과 차별적 비교를 강조하는데, 그에 대한 혐오감이 그런 운동의 배경이 되는 것이다. 이런 식으로 유한계급은 그 계급의 의사와는 다르게 다시 한 번(두 번째로) 비-차별적인 정신 태도를 권장하는 것이다(첫 번째 비차별적 결과는 앞에서 말한 신여성의 정신 태도를 만들어 낸 것임 : 옮긴이). 그런 비차별적 태도는 장기적으로 유한계급 제도의 안정성을 해치고, 그 계급의 기반이 되는 사유재산 제도도 위협하게 될 것이다.

최근 단과대학과 종합대학의 교과 과정에 어떤 명백한 변화가 생겨났다. 이런 변화는 대체로 인문학, 즉 전통적 "문화", 특성, 취향, 이상 형성에 도움이 되는 학문 분야가 시민다운 효율성과 산업적 효율성을 형성시키는 좀 더 실제적인 학문으로 일부 변모했다는 것이다. 같은 내용을 다른 말로 하자면, 효율성(궁극적으로 생산적 효율성)에 도움이 되는 지식 분야는, 또다른 지식 분야, 가령 과시적 소비를 늘리거나 산업적 효율성을 저해하는 것은 물론 신분제에 알맞은 기질을 권장하는 지식 분야에 맞서 힘이 커졌다는 뜻이다.

고등교육기관은 교과 과정의 조정도 보통 보수적인 입장을 취했다. 그러므로 현실 적응의 단계마다 대학이 취한 진보적 조치는 어느 정도 양보를 한 것이었다. 여러 학문들은 내부에서는 물론이고, 외부에서도 기존의 학과 내용에 침투했다. 그러나 과학에 양보하지 않으려 하는 인문학은 전통적인 자기중심적 소비 계획에 따라 학생의 인성을 형성시키는 쪽으로 일관되게 맞추어져 있었다. 그 자기 중심적 계획은 기존의 품위와 탁월성의 기준에 따라 여가, 즉 유유자적otium cum dignitate을 명상하고 즐기는 계획이다. 인문학의 대변자들은 태곳적인 품위에 익숙한 사람답게 애매모호한 언어로 그들의 이상이 '자연의 과일을 소비하는 것fruges consumere nati'이라고 역설한다. 이런 태도는 유한계급 문화에 의해 설립되고, 그 계급의 지원을 받는 학교에선 그리 놀라운 일이 아니다.

인문학 분야가 추구하고자 하는 것은 문화의 용인된 기준과 방법을 온전하게 유지하려는 것이다. 이것 또한 유한계급의 생활양식과 태곳적 기질이 그대로 표현된 것이다. 예를 들면, 태곳적 유한계급 사이에서 유행한 삶, 이상, 생각, 시간과 상품을 소비하는 방법 등에서 유래한 취향을 중시하면서 그것이 현대 공동체에서 평범한 사람들의 일상생활, 지식, 열망 등에서 나온 취향보다 "더 고상하고, 더 고귀하고, 더 가치 있다"고 생각하는 것이다. 반면에, 현대의 사물과 사람에 대한 객관적 지식을 강조하는 학문은 "저급하고, 천하고, 조악하다"고 악평한다. 심지어 이런 객관적 지식을 "인간 이하의 지식"이라고 매도하는 경우도 있다.

유한계급은 인문학을 선호

유한계급의 대변인들이 이런 식으로 인문학의 본질을 주장하는 것은 나름 근거가 있다. 그들은 초창기 유한계급 신사들의 신인동형론, 배타성, 느긋한 자기만족을 깊이 사색한 결과, 또 애니미즘적 미신과 호메로스 영웅들의 원기왕성한 호전성에 익숙해진 결과 그러한 정신과 사고 습관과 문화적 배경을 갖게 되었다. 그들은 이런 것을 미학적으로 생각하면서 그것이 사물에 관한 실제적 지식과 최근에 중시되는 시민적 효율, 혹은 산업적 효율보다 더 타당한 것이라고 생각한다. 전자의 습관들(신인동형론, 배타성, 느긋한 자기만족)은 미학적 가치나 명예의 가치라는 측면에서 장점이 있고, 따라서 비교의 판단 근거인 "가치"의 측면에서도 마찬가지로 장점이 있다.

취향의 규범, 특히 명예의 규범은 본질적으로 과거의 생활과 상황에서 만들어져서 유전이나 전통에 의해 후대로 전해진 것이다. 약탈적인 유한계급의 생활양식이 그 지배력을 오래 유지하여 과거의 사고 습관과 관점을 형성하는 데 깊이 관여했다는 사실은, 곧 현재의 취향 문제에도 그것(과거의 사고 습관과 관점)이 크게 영향력을 발휘할 수 있는 근거가 된다. 우리의 논의의 관점에서 보자면, 취향의 규범은 인종의 습관이고, 이런 습관은 호감 혹은 비호감의 판단에 따라 사물의 인정 혹은 불인정이 결정되는 오래된 과정에 의해 형성된 것이다. 다른 조건이 같다면 더 오래 지속되는 습관화를 거칠수록 취향의 규범은 더 큰 타당성을 얻게 된다. 이 모든 것은 일반적인 취향의 판단에 해당한다기보다는 가치나 명예의 판단에 더 적절하게 해당되는 것이다.

하지만 인문학의 대변인들이 새로운 학문에 대해 내린 경멸적인 판단이 미학적으로 얼마나 타당한지 여부와, 고전적인 지식이 더 유익하고 더욱 충실한 인간 문화와 특성을 낳는다는 주장이 얼마나 본질적으로 가치가 있는지 등은 현재 우리가 다루는 문제와는 관련이 없다. 지금 우리가 논하는 문제는 이런 학문 분야와 교육 체계의 관점이 얼마나 현대 산업적 환경에서 효율적으로 집단생활을 돕거나 방해했는지 여부, 더 나아가 그런 학문 분야와 관점이 현재의 경제 상황에 얼마나 쉽게 적응할 것인지 여부이다. 여기서 논하는 문제는 경제적인 것이지, 미학적인 것이 아니다(여기서 '미학적'은 앞에서도 이미 나온 바와 같이, 어떤 주장에 유익하고 보기 좋게 느껴지는 것을 의미한다 : 옮긴이). 유한계급의 학문적 기준은 실용적 지식을 추구하는 고등교육기관을 비난하는데, 우리는 이것을 경제적인 관점에서만 평가해 보려 한다.

그런 관점에서 볼 때, "고귀한", "천한", "고상한", "저급한" 등의 형용사 활용은 논쟁자의 의향과 관점을 보여주는 것 이상의 의미는 없다. 그런 형용사가 가치와 관련하여 새로운 것의 편을 드는지 혹은 오래된 것의 편을 드는지 여부는 별로 중요하지 않다. 그런 형용사는 명예 혹은 굴욕의 용어일 뿐이다. 그것은 차별적 비교에 동원된 용어이며, 결국 호평의 범주나 악평의 범주 중 어느 한쪽에 포함된다.

또한 그런 형용사는 신분제에 기반을 둔 생활양식의 용어이며, 사실상 스포츠맨 정신, 즉 약탈적이고 애니미즘적인 사고 습관의 표현이기도 하다. 더불어 그런 형용사는 태곳적 관점과 인생관의 표현인데, 그것들을 형성시킨 약탈적 문화의 단계에서는 적합할지 모르지만, 그보다 폭넓은 의미의 경제적 효율을 추구하는 산업 사회에서는 쓸모없고 시대착오적인 것이다.

고전은 경제적 효율을 저해한다

고등교육기관은 고전이 교육 계획에서 차지하는 특권적 위치를 편애하고 집착한다. 이것은 새로운 학문 세대의 정신적 태도를 고전의 방향으로 돌려놓고 그리하여 경제적 효율을 저해한다. 고전은 태곳적의 이상적 남성상을 제시할 뿐만 아니라 각종 지식에도 호평을 받는 것과 악평을 받는 것이 있다는 차별적인 생각을 주입한다. 이런 결과는 다음 두 가지 방법으로 달성된다.

(1) 명예로운 학문과 대조되는 유용성을 중시하는 학문 분야를 습관적으로 혐오하도록 만듦으로써 학생들이 산업적, 혹은 사회적 이득이 전혀 없는 지성을 행사하는 것에서 희열을 느끼게 만들고, 또 그것이 옳다고 여기는 취향을 형성시킨다.

(2) 무익한 지식을 습득하게 하여 학습자의 시간과 노력만 허비하게 한다. 하지만 이 무익한 지식이 학자들이 반드시 알아야 할 학문적 내용으로 이미 편입되어 관련 용어나 표현이 산업 분야의 다른 학문에서도 그대로 사용될 경우에는 예외이다(시간과 노력의 허비가 아니다 : 옮긴이).

이런 용어상의 문제 ─ 이것 자체가 과거에 고전의 유행에 중요한 역할을 했다 ─ 를 제외하고, 고대 언어에 관한 지식은 어학적 특성을 주로 연구하지 않는 한, 과학자나 학자에게 실질적인 영향력이 없다(베블런은 라틴어 용어가 의학 분야에서 널리 사용되고 있는 것을 염두에 두고 이런 말을 하고 있는 듯하다 : 옮긴이). 물론 지금까지 해온 얘기는 고전의 문화적 가치를 폄훼하려는 것은 아니며, 또 고전을 다루는 학문 분야나 그런 학문에서의 연구가 학생에게 부여하는 인격적 성향을 얕보려는 의도도 아니다. 그런 인격적 성향은 경제적으로는 별 도움을 주지 못한다. 하지만 이런 사실 ─ 경제적으로 별 도움이 되지 않는다는 사실 ─ 은 어떤 사람들이 고전 지식에서 위안과 용기를 얻는 것을 방해하지 않는다. 고전 학문이 학습자의 노동자 기질을 저하시킨다는 사실은 고전 연구자들에게 별로 절실하게 들리지 않는다. 그들은 품위 있는 이상의 함양에 비교해 볼때 일솜씨 본능 따위는 그리 중요하지 않다고 여기기 때문이다.

> 이제 잊히고 방치된
> 선의, 평화, 명예, 겸양을 회복시키기 위해
> 고전의 미덕이 앞에 나서리라. (호라티우스)
> (Iam fides et pax honos pudorque
> Priscus et neglecta redire virtus
> Audet.)

이런 고전의 지식이 우리 교육 체계에서 근본적 요건이 되었기 때문에 남부 유럽의 특정 사어死語(죽은 언어를 가리키는데 구체적으로 라틴어와 고대 그리스어를 뜻함 : 옮긴이)들을 활용하고 이해하는 능력은 자신의 성취를 과시하고 싶은 사람에겐 만족감을 준다. 또한 어떤 학자가 되었든 그런 사어의 지식을 갖췄다는 증거가 있으면 일반인과 지식인 모두에게 호평을 받기가 쉽다. 지금 이런 본질적으로 무익한 지식을 획득하려면 몇 년은 좋이 걸릴 것으로 생각된다. 그렇지만 그런 사어를 할 줄 모른다면, 그 학습자가 고전이 아닌 지식을 황급히 배운 어설픈 학습자에 지나지 않고 천박한 실용성만 중시하는 자라고 추정해 버린다. 이런 것들은 견실한 학문과 지성을 판단하는 소위 고전의 전통에서 볼 때 아주 유해한 것이다.

이런 사례는 재료와 일솜씨의 전문가가 아닌 어떤 구매자가 소비재를 사들이려 할 때와 비슷한 상황이다. 그는 주로 물건의 본질적인 유용성과는 무관한 장식적인 부분이나 마감 질 등이 얼마나 고급스럽게 보이는지를 살피면서 물건의 가치를 추정한다. 그러니까 물건의 본질적 가치와 판촉용 장식의 비용 사이에, 어떤 규정하기 어려운 차이점이 존재하여 그것 때문에 물건을 더 잘 팔 수 있다고 추정하는 것이다. 이것이 고전 교육과 어떤 점에서 비슷할까? 인문학은, 고전 지식이 부족한 학문은 견실하지 못하다고 추정하고, 그리하여 학생들에게 그런 지식을 습득하게 하면서 시간과 노력을 과시적으로 낭비하게 만든다. 품위 높은 학문의 증거로 과시적 낭비를 고집하는 종래의 태도는 학문의 취향과 실용성의 기준에 나쁜 영향을 미쳤다. 이것은 우리가 제품의 실용성을 그 제품의 장식만 보고서 판단하는 태도와 무엇이 다른가?

고전의 장식적 기능

품위의 증거로, 과시적 소비가 과시적 여가(시간의 낭비)를 점점 더 대체하면서, 이제 사어死語 습득은 더 이상 과거처럼 필요조건이 아니며, 학문의 보증수표였던 지위도 크게 손상되었다. 하지만 고전이 학자적 품위의 증거로서 그 절대적인 가치를 잃지 않은 것 또한 사실이다. 왜냐하면 학자는 시간을 낭비했다는 증거를 널리 인정되는 방식으로 뚜렷하게 드러낼 수 있어야 하는데, 바로 그때 필요한 것이 고전 작품들(라틴어나 고대 그리스어로 집필된 고대 그리스-로마 시대의 작품들: 옮긴이)이다. 고전은 바로 이런 용도에 무척 적합하다. 실제로 시간과 노력을 낭비한 증거로서, 또 그런 낭비를 하는 데 필요한 금전적인 힘을 나타내는 증거로서 고전이 유용하다는 것은 의심의 여지가 없다. 이런 낭비는 고등교육 계획에서 고전이 차지하는 특권적인 위치를 보장해 주고, 고전을 모든 학문 중 가장 명예로운 학문으로서 존경받게 한다. 고전은 다른 어떤 지식보다 유한계급 학문의 장식적 목적을 잘 충족시키며, 따라서 그런 이유로 품위를 지키는 효율적인 수단이 된다.

이런 측면에서 고전은 최근까지 경쟁자가 없었다. 여전히 유럽 대륙에선 위험한 경쟁자가 없지만, 최근 대학 체육학이 학문적 성취의 공인된 영역에서 인정받은 기준으로 잘 나가고 있다. 그리하여 체육 분야는 미국과 영국의 학교에서 유한계급 교육 중 고전과 최고의 자리를 놓고 경쟁 중이다(체육학을 거리낌 없이 학문으로 분류할 수 있다면 말이다). 체육학은 유한계급이 중시하는 학문의 목적에서 명백히 고전보다 유리한 위치에 있다. 왜냐하면 어떤 학생이 운동선수로 성공했다면, 그 사실에서 시간과 돈의 낭비뿐만 아니라 약탈적 특성과 기질에 관해 고도로 비산업적인 태곳적 특징을 갖췄음을 추정할 수 있기 때문이다. 독일 대학에서 유한계급의 학문적인 일을 대신하는 체육 활동이나 그리스 문자로 표기되는 대학 동아리 활동은 단계적이고 전문적인 음주벽과 형식적 결투 등으로 보충된다(그리스 문자로 표기되는 대학 동아리 활동: 영국이나 대학의 동아리들은 그들의 모임 명을 고대 그리스어 알파벳에서 가져오는데 가장 대표적인 것이 파이-베타-카파 소사이어티 Phi Beta Kappa Society이다. 이것은 미국의 우등생 친목회로서 1776년에 처음 창립되었다 : 옮긴이).

고상한 언어와 평범한 언어

유한계급과 그들의 미덕 기준 — 의고주의擬古主義:archaism와 낭비 — 은 대학의 교과 과정에 고전이 들어가는 것에 대하여 거의 개입하지 않는다. 하지만 고등교육기관이 완강하게 교과 과정에 고전을 유지하려고 하고, 또 여전히 고전에 높은 명성을 부여하는 것은 그것이 의고주의와 낭비의 요건에 빈틈없이 부합하기 때문이다.

"고전"은 늘 이런 사치스럽고 태곳적이라는 언외의 의미를 갖고 있다. 구체적으로 사어가 되었든, 현재 사용하는 언어의 진부하거나 쇠퇴하는 사상과 어법이 되었든, 또는 그것(고전)을 활용하는 다른 학문적 활동 혹은 학문적 장치를 의미하든, 아주 오래된 것이라는 의미를 내포하고 있다. 따라서 영어의 오래된 관용구는 "고전" 영어라고 말들 한다. 진지한 주제를 언급하거나 그에 관한 글을 쓸 때 고전 영어는 필수적이며, 심지어 가장 흔하고 사소한 대화를 할 때라도 그런 영어를 활용하면 위엄을 갖추는 데 금방 도움을 받을 수 있다.

가장 최근의 영어 구어가 문자로 기록되는 일은 거의 없다. 말에서 의고주의를 요구하는 유한계급의 품위 기준이 너무나 강력하여, 심지어 무식하거나 선정적인 작가조차도 그런 일탈을 감히 꿈꾸지 못한다. 다른 한편으로 가장 고상하고 관례화된 태곳적 어법은 그 본질상 신인동형론 신성과 그의 종(사제) 사이에 나타나는 의사소통에서만 활용된다 (가톨릭교회에서 사제가 모든 전례를 라틴어로 진행하는 것을 꼬집고 있다. 그러나 가톨릭교회의 라틴어 사용은 1962년에 폐지되어 현재는 각 나라의 언어로 미사가 진행되고 있다 : 옮긴이). 이 양극단 사이의 중간에 유한계급의 대화와 문학에서 나타나는 일상적 언어가 있다.

글에서나 말에서나 품격 있는 어법은 호평을 얻는 효율적인 수단이다. 특정 주제를 언급하는데 관습적으로 요구되는 의고주의의 정도가 어느 정도인지 정확하게 아는 것은 무척 중요하다. 연단演壇에서부터 시장市場에 이르기까지 장소에 맞게 활용되는 어법은 서로 상당히 다르다.

시장에서는 늘 그렇듯 비교적 새롭고 효율적인 단어나 표현 방식을 쓰는 게 허용되며, 까다로운 사람조차 그런 시장의 분위기에 맞게 행동한다. 판단력을 발휘하여 신조어를 피하는 건 그런 행동을 하는 사람에게 명예로운 일이다. 왜냐하면 그 사람은 낡은 언어 습관을 습득하는 데 시간을 낭비했을 뿐만 아니라 아주 어릴 때부터 낡은 어법에 친숙한 사람들과 어울렸다는 걸 입증하기 때문이다. 그 때문에 그는 자신이 유한계급 사람임을 은근히 드러낼 수 있다. 언어의 순도가 무척 높다는 건 여러 대에 걸쳐 통속적으로 유용한 일을 하지 않았다는 걸 짐작하게 해주는 증거이다. 비록 그 증거가 그런 신분 요소를 전적으로 결정해주는 것은 아니지만 말이다.

극동을 제외한 지역에서 잘 발견되는 공허한 고전주의의 좋은 사례는 관습적인 영어 철자법이다. 철자법을 어겨 교양 없는 모습을 보이는 건 진실하고 아름다운 것에 관하여 예민한 감각을 가진 사람들의 눈에 지극히 거슬리고, 또 그들로 하여금 그런 글을 쓴 사람을 깔보게 만든다. 영어 철자법은 과시적 낭비의 법칙에 의한 품위의 규범을 충실하게 만족시킨다. 영어 철자법이 태곳적이고, 번거롭고, 비효율적인 것이기 때문이다. 영어 철자법을 습득한다는 건 많은 시간과 노력을 들였다는 뜻이고, 어떤 사람이 그것을 습득하지 못했다는 사실은 쉽게 간파된다. 따라서 학문의 품위 기준에서 가장 먼저 제시되는 시험이 영어 철자법이며, 그 형식에 순응하는 건 온전한 학문 생활을 유지하기 위해 필수불가결한 요건이다.

의고주의와 낭비의 규범에 기반을 다른 요소들에서 그랬던 것처럼, 이런 언어의 순도라는 문제에서도, 대변인들은 그것을 본능적으로 옹호하는 태도를 보인다. 그러면서 오래되고 공인된 어법을 정확하게 사용하면 최근 구어 영어의 형태를 간단히 활용하는 것보다 훨씬 적절하고 분명하게 생각을 전달할 수 있다는 주장을 내세우기도 한다. 반면에 오늘날의 생각은 오늘날의 속어로 가장 잘 표현된다는 주장 역시 잘 알려져 있다. 고전적인 어법은 품위라는 명예로운 미덕을 부여한다. 그런 어법은 유한계급이 인정하는 의사소통 방법으로 주목과 존경을 받았고, 따라서 그런 어법을 구사하는 사람은 생산노동에서 완전 면제되었음을 뚜렷하게 보여줄 수 있다. 공인된 어법의 이점은 사람의 품위를 높여준다는 것이다. 그 어법은 그 자체로 번거롭고 구식이라 익히는데 시간을 허비했고, 또 직접적이고 힘찬 실용 어법과는 무관하다는 것을 보여주기 때문에 좋은 평판을 얻는 것이다.

저자 연보

1857

7월 30일, 미국 위스콘신 주의 매니토웍 카운티에서 12자녀의 여섯째 아이로 태어났다. 그보다 9세 연상의 형 앤드루와 그가 좋아했던 조카 오스월드(앤드루의 아들)는 둘 다 수학 자가 되었다.

그의 부모는 1847년에 노르웨이에서 미국으로 이민 왔고 아버지의 직업은 목수였다. 아버 지 토머스 베블런은 초연하고 냉정한 사람이었고 천천히 생각하면서도 독립심이 강한 인물이 었다. 어머니 카리 베블런은 다정하고, 기민하고, 열정적인 여성이었다. 베블런에게 아이슬란 드 민담과 노르웨이 영웅담을 가르쳤는데 그 영향으로 베블런은 북유럽 민담을 평생 사랑하게 되었다.

1863-1873(6세-16세)

베블런은 그의 집안에서 노르웨이 어로 교육을 받았으며 그가 영어를 배우기 시작한 것 은 학교에 들어간 이후였다. 그래서 그는 언제나 외국인 억양이 남아 있는 어조로 영어를 말했다. 베블런의 결정판 전기인 조지프 도프먼Joseph Dorfman의 『베블런과 그의 아메리 카』에는 베블런이 성인이 되어서야 비로소 영어를 배우기 시작했다고 전한다. 그러나 베 블런보다 9세 위의 형인 앤드루 베블런은 동생이 어릴 때부터 동네 아이들과 어울려 놀 면서 영어를 말했기 때문에 외국인 운운하는 것은 맞지 않는 일이며, 그가 17세가 될 때 가 영어를 몰랐다는 얘기는 아마도 베블런 자신이 그런 신화를 널리 유포하고 싶어 일부 러 그런 척했기 때문이라고 반박했다.

어느 쪽의 주장이 맞든 간에 『유한계급론』의 영어 문장은 영어가 모국어가 아닌 외국인이 쓴 듯한 인상을 준다. A is B 라는 식의 영어 2형식 문장이 과도하게 많이 나오고, 동사를 써야 할 곳에 명사를 쓰는가 하면, 접속사의 사용도 때때로 불안정하고, 전치사 구를 과도하게 많이 사용하여 주어가 금방 파악되지 않으며, 주절과 종속절이 불분명하게 엉켜 있어서 문의를 제대로 파악하기 어려운 경우가 있다.

1874(17세)
집안의 형들이 다닌, 미네소타 주의 노스필드에 있는 칼턴 칼리지에 입학하여 예비학교 과정을 3년 만에 졸업함. 이 학교에서 존 베이츠 클라크John Bates Clark의 지도 아래 경제학과 철학을 공부함. 클라크는 나중에 저명한 미국 경제학자가 되었음.

1877(20세)
칼턴 칼리지의 예비학교 과정 3년을 이수하고 대학 과정에 입학하여 3년 더 다님.

1880(23세)
칼턴 칼리지를 입학 후 6년 만에 졸업.

1881(24세)
존 홉킨스 대학의 대학원에 진학했으나, 그 대학에서 장학금을 주지 않으므로 예일 대학으로 옮겨감. 예일에서 노아 포터Noah Porter와 윌리엄 그레이엄 섬너William Graham Sumner 같은 저명한 교수의 지도를 받음. 베블런은 당시 학장이던 노아 포터 밑에서 철학을 공부했는데 포터는 베블런이 칸트의 『실천력 비판』에 대해서 써낸 논문을 읽고서 무척 감명을 받았다고 함.

1884(27세)
예일 대학에서 철학 박사 학위를 받음. 그 후 7년간 대학에 자리를 얻지 못하여 집안 농장의 다락방에서 독서에 탐닉함.

1888(31세)
칼턴 칼리지의 학장 조카딸이며 뛰어난 개성과 지성을 지닌 엘런 롤프와 결혼함. 베블런은 엘런에게 영국 철학자 허버트 스펜서의 책을 읽어주었고 그녀를 불가지론으로 전향시켰고, 그녀가 바이킹의 최초 영웅인 게인지 롤프의 후손일지 모른다고 생각했다.

엘런의 친정은 아이오와에 농장을 소유하고 있었는데 베블런 부부는 그 농장이 처분될 때까지 그곳에서 살았다. 그러나 부부의 결혼 생활은 우여곡절이 심한 관계였다. 베블런은 원래 혼자 있기를 좋아하는 괴팍하고 신비스러운 사람이었고 게으른 기질의 소유자여서 여인의 보살핌을 필요로 하는 남자였다. 그러나 많은 여자들이 지적이고 이해하기 어려운 베블런에게 마음이 끌렸다. 어떤 여자는 베블런을 가리켜 "침팬지"라고 말하기도 했으나 그런 모습을 별로 개의치 않고 여전히 그를 좋아했다.

베블런은 엘런에게 충실한 남편이 아니었고 때로는 여자 제자와 부적절한 관계를 맺기도 했다. 아내 엘런은 때로는 베블런의 외도와 잔인한 처사 때문에, 때로는 그의 이해할 수 없는 심리 상태 때문에 거듭하여 별거와 결합을 되풀이했다. 그러나 여러 해 동안 베블런은 그녀와의 재결합을 시도했고, 숲속의 그녀 집으로 불쑥 찾아와 손에 든 검은 스타킹을 내보이며, "이거 당신 거요?"라고 말하기도 했다.

1889(32세)
벨라미의 소설 『뒤를 돌아보기, 2000-1887』(1888)을 읽고서 경제학자가 되기로 결심함.

1891(34세)
코넬 대학의 대학원에 입학하여 경제학자 제임스 L. 로플린James L. Laughlin 밑에서 경제학을 새롭게 공부함.

1892(35세)
스승 로플린이 새로 설립된 시카고 대학의 경제학과 과장으로 취임하면서 사랑하는 제자 베블런을 조수로 데리고 감.

1896(39세)
시카고 대학 경제학과의 강사가 됨. 이 해부터 1905년까지 시카고 대학의 『정치경제학 저널』의 편집인을 담당.

1899(42세)
베블런의 대표 저서 『유한계급론』을 발표. 미국의 저명한 소설가 윌리엄 딘 하웰스는 이 책을 읽고 미국의 상류사회에 대한 통렬한 풍자이며 고발이라고 극찬했다.

1900(43세)
시카고 대학 경제학과의 조교수로 승진했다.

1904(47세)
이 해에 시카고 대학의 교수 자리를 그만두어야 했다. 베블런이 동료 교수의 부인과 바람을 피웠기 때문이다. 이 사실을 그의 아내 엘런이 알아내어 대학 당국에 신고하여 학내의 공개적인 스캔들이 되었으므로 사직할 수밖에 없었다. 『기업의 이론*The Theory of Business Enterprise*』 발표.

1906(49세)
스탠퍼드 대학의 조교수 자리에 임명되었다

1909(52세)
시카고 대학을 떠난 것과 똑같은 이유로 스탠퍼드 대학을 떠남. 베블런이 스탠퍼드를 떠났을 때 그 대학의 총장인 데이비드 스타 조단은 시카고 대학 총장 헨리 프라트 저드슨에게 이런 편지를 써 보냈다. "나는 베블런 부인의 도움을 받아 베블런 교수의 여자관계에 대하여 전모를 자세히 파악할 수 있었습니다. 그는 '행실 나쁜 여자들'의 접근에 저항할 힘이 없었던 듯합니다. 나는 그와 직접 면담을 했는데 그런 여자관계에 대하여 그 어떤 부인이나 회피도 하지 않고 남자답게 시인했습니다. 그는 사표를 이미 제출했는데, 수리 일자는 저에게 일임했습니다. 그 시점은 아마도 내년 7월이 될 겁니다. 대학 당국은 해당 개인에 대해서는 동정심을 느끼지만 이런 문제는 결코 묵과할 수 있는 게 아닙니다."

1911(54세)
미주리 대학의 교수로 취임. 아내 엘런과 수차례 별거와 재결합을 반복하다가 최종적으로 이혼.

1914(57세)
옛 제자인 앤 브래들리와 재혼. 그러나 앤은 정신이 온전치 못하여 심한 피해망상증을 앓고 있었고 결국 1919년에 정신병원에 수용되었다. 베블런은 두 번 결혼하여 모두 아내에게 훌륭한 남편 노릇은 하지 못했으나 엘런은 마담 블라바츠키의 신지학에 빠진 영성주의자였고, 앤은 특별한 망상에 사로잡혀 정신이 오락가락하는 여자였다는 정상참작의 사실도 함께 감안되어야 한다. 『일솜씨 본능과 산업 기술의 상태*The Instinct of Workmanship and the State of the Industrial Arts*』 발표.

1915(58세)

『제국 독일과 산업 혁명*Imperial Germany and the Industrial Revolution*』 발표.

1917(60세)

『평화의 본질과 영구 평화를 위한 조건들에 대한 탐구*An Inquiry into the Nature of Peace and the Terms of Its Perpetuation*』 발표하여 국제적 명성을 얻음.

1918(61세)

미주리 대학 퇴임. 『미국의 고등교육: 기업인이 작성한 대학의 행동에 관한 메모*The Higher Learning in America: A Memorandum on the Conduct of Universities by Business Men*』 발표. 뉴욕에서 발간되는 정치 잡지 『더 다이얼』의 기고자가 되어 현대의 새로운 질서에 관하여 여러 편의 논문을 발표함. 이 해에 워싱턴 D.C.에 있는 식량행정국으로 자리를 옮겼다. 그러나 이 자리에는 겨우 다섯 달 있었다.

1919(62세)

1919년에 뉴욕 시의 진보 성향이 강한 <새로운 사회 연구소>에 교수로 참여했고 1926년까지 이곳에서 가르쳤다. 『더 다이얼』에 발표한 논문들을 묶어 『기득권과 산업 기술의 현황*The Vested Interests and the State of the Industrial Arts*』이라는 책을 펴냄.

1923(66세)

마지막 저서 『최근의 부재 소유권과 기업: 미국의 경우*Absentee Ownership and Business Enterprise in Recent Times: The Case of America*』 발표.

1925(68세)

마지막 논문 "가까운 장래의 경제학*Economic Science in the Calculable Future*" 발표. 베블런이 아이슬란드 어에서 영어로 번역한 아이슬란드의 민담 『락스다엘라 전설*Laxdaela*

Saga』이 발간됨. 이 민담집에는 아이슬란드 사람들의 전투에 작용하는 보이지 않는 힘인 하밍기아의 이야기가 나오는데, 베블런은 『유한계급론』이 하밍기아의 개념을 차용해와, 약탈적 기질과 신인동형론 신성의 관계를 설명하는데 활용하고 있다.

1926(69세)
새로운 사회 연구소에서 퇴임. 캘리포니아 주 멘로 파크 근처에 있는, 태평양을 내려다보는 산속의 오두막으로 돌아왔다.

1929(72세)
그곳에서 수양딸과 함께 살다가 1929년 8월 3일 심장마비로 사망

1934
베블런을 연구하는 학도의 가장 기본적인 저서가 되는 조지프 도프만의 『소스타인 베블런과 그의 미국*Thorstein Veblen and His America*』이 발간됨.

해제

이종인

유한계급과 호모 엑스필렌스

소스타인 분데 베블런Thorstein Bunde Veblen 1857-1929은 미국의 경제
학자 겸 사회 비평가로서, 20세기의 가장 독창적인 사회사상가라는 평
가를 받는다. 그의 대표적 저서『유한계급론』은 1899년에 초판이 발간
되고 1912년에 개정판이 나온 이래, 계속 전 세계 독자들의 사랑을 받아
와 이제는 경제학 분야의 고전으로 자리 매김 되었다. 미국 시카고 대학
에서 나온 그레이트 북스 시리즈는 1990년에 현대의 고전 4권을 새롭
게 펴냈는데, 그 중 두 권이 배정된 "20세기의 사회과학 고전"(제57권과
58권)에는 베블런의『유한계급론』이 존 메이나드 케인스의『고용, 이자,
화폐에 관한 일반이론』과 함께 제57권에 들어가 있다.

　말이 경제학 책이지 이 책은 사회 비판의 성격이 강한 인문서라고 해
도 무방할 것이다. 책 속에 경제학 도표나 수식은 하나도 없으며, 또 여
러 분야의 학문에서 유관 사례들을 폭넓게 인용하고 있다. 따라서 독자
의 취향에 따라 이 책을 경제학 연구서로 읽을 수도 있고, 아니면 사회

와 인간성에 대한 비평서 혹은 심리학 이론서로 읽을 수도 있다. 베블런이 1910년대에 미주리 대학에서 강의할 때 가장 인기 높았던 강좌는 "문명 속의 경제적 요인들"이었는데, 그 강좌에서 역사, 법률, 인류학, 철학, 심리학, 사회학, 의상학, 종교학 등 다양한 학문 분야에서 많은 사례들을 가져와 예증을 하여 학생들의 지적 호기심을 자극했다고 한다. 우리는 그런 박학다식함을 『유한계급론』의 갈피마다 발견할 수 있으며, 또 곳곳에서 발견되는 예리하고 심오한 통찰에 무릎을 치게 된다. 20세기 초반의 미국 자본주의를 분석하고 비판한 책이지만 발간 120년이 지난 지금에도 마치 어제 집필된 책처럼 인간의 사회에 대하여 많은 참고점을 제시한다. 이 해제는 저자의 생애, 저작의 배경, 저작의 해설 순으로 진행된다.

저자의 생애

베블런은 1857년 7월 30일 위스콘신 주의 매니토웍 카운티에서 태어났다. 부모는 노르웨이 이민자였고 베블런은 어릴 때부터 괴팍한 아이였다. 가만히 앉아서 생각하기를 좋아하는 게으른 아이였고, 집 안 일을 하기보다는 다락방에 틀어박혀 책 읽기를 좋아했으며, 사람들의 별명을 지어내기를 좋아했다. 그가 지어낸 별명은 자주 식구들에 의해 채택이 되었으며, 그래서 그런지 어린 나이부터 아주 총명하다는 소리를 들었다. 베블런의 한 남동생은 이렇게 말했다. "나의 아주 어릴 적 기억인데 형은 뭐든지 다 알고 있었다. 내가 뭐든지 질문하면 형은 아주 자세히 대답해주었다. 나는 진작부터 형이 해주는 얘기가 순전히 지어낸 것임을 알고 있었으나, 그래도 거짓말일망정 듣고 있으면 아주 재미가 있었다."

베블런은 17세에 미국 학교에 들어가기 전에 노르웨이어로만 말을 했고 늦은 나이에 영어를 배웠기 때문에 그것이 베블런의 글쓰기에 영향을 미쳤다. 뉴딜 정책을 입안한 경제학자 스튜어트 체이스Stuart Chase는 그의 문장을 가리켜 이렇게 말했다. "그의 문장은 어떤 생소한 와인과 비슷하다. 처음 읽는 사람에게는 별로 맛있게 느껴지지도 않고 그래서 이상하다는 느낌을 안겨준다. 그러나 일단 익숙해지면 톡 쏘는 맛이 강하고 떫고 씁쓸한 맛이 나며 독특하다는 생각을 하게 된다. 적어도 나는 그의 문장이 그렇다고 생각한다." 체이스는 베블런의 문장이 어색하다는 것을 완곡하게 지적하고 있다. 베블런의 서투른 문장은 영미권 독자들에 의해 여러 번 지적된 바 있다. 그렇지만 베블런은 평생 모국어인 노르웨이어에 대한 애정을 갖고 있었고, 그래서 일부 인사들은 그를 가리켜 노르웨이 국수주의자라고 말하기도 했다.

베블런은 1880년 미네소타 주의 노스필드에 있는 칼턴 칼리지를 졸업했다. 그는 총명한 학생이었고 기존의 사상에 대하여 비판적인 개인주의자 기질을 보였다. 특히 그 대학에서 시행한 노골적인 루터파 신학교육에 대해서 비판적이었다. 베블런은 이 대학을 졸업한 후, 위스콘신 주의 매디슨에 있는 모노나 아카데미에서 1년간 수학을 가르친 다음에, 당시 대학원이 막 설립된 존스 홉킨스 대학에 입학했다(1881). 그곳에서 논리학자이며 철학자인 찰스 샌더스 퍼스Charles Sanders Peirce의 가르침을 받았다. 그 다음 해인 1882년 학교 측으로부터 재정적 지원을 받지 못하자 예일 대학으로 옮겨가 철학을 공부했다. 예일 시절에 베블런에게 특히 영향을 준 학자는 사회학자 겸 경제학자이고 사회적 다원주의의 강력한 지지자였던 윌리엄 그레이엄 섬너William Graham Sumner였다.

1884년 박사 학위를 취득한 베블런은 그 후 1891년까지 7년 동안 비참한 낭인 생활을 했다. 그는 목사들이 이미 다 자리를 차지한 철학 교수 자리를 얻을 수가 없었다. 그는 할 수 없이 가족의 농장으로 돌아왔으나 그 땅에 정착하여 농부가 될 생각은 없었다. 그는 이 시절에 오로지 독서로만 소일했다. 온갖 분야의 책들을 널리 읽는 와중에서도 틈을 내어 아이슬란드의 민담인 『락스다엘라 전설*Laxdaela Saga*』를 영어로 번역하고 해설과 주석을 달았다. 이 번역서는 출판사를 찾지 못하다가 그가 유명해진 생애 말년인 1925년에 출간되었다.

그는 1888년 서른한 살 때에 엘런 롤프Ellen Rolfe와 결혼했다. 이 시기, 독서인으로 살던 베블런에게 획기적인 책 한 권이 등장했다. 에드워드 벨라미Edward Bellamy의 유토피아 소설 『뒤를 돌아보기, 2000-1887*Looking Backward, 2000-1887*』(1888)였는데, 이 책 때문에 그의 학자 생활은 급격한 방향 전환을 하게 되었다. 이 소설은 1887년의 시점에서 113년 후인 2000년에 미국이 이상적인 사회주의 사회가 된 모습을 상상한 작품이다. 베블런은 이 책을 읽고 경제학자가 되기로 결심했고, 그리하여 1891년 코넬 대학의 대학원에 입학하여 경제학자 제임스 L. 로플린James L. Laughlin 밑에서 새롭게 경제학을 공부했다. 그는 아내를 위스콘신에 남겨놓고 혼자서만 뉴욕 주로 공부하러 떠났는데, 그것은 엘런과 베블런이 그 뒤 여러 차례 겪게 되는 별거의 첫 시작이었다. 베블런은 곧 뛰어난 재능으로 스승 로플린을 감동시켰다.

그 명석한 재능 덕분에 베블런은 로플린을 따라 시카고 대학으로 옮겨갔고, 35세의 늦은 나이에 처음으로 대학 교수가 되었는데 미국에서도 명성 높은 시카고 대학 교수단의 일원이 된 것을 자랑스럽게 생각했다. 교수들 중에는 유명한 철학자이며 교육 개혁가인 존 듀이도 있었다.

베블런은 곧 경제학 주제와 관련하여 왕성하게 논문을 발표했는데 그 논문들은 상당수가 당시의 대학 교과 과정에 대해서 비판적인 내용을 담고 있었다. 그는 1896년부터 1905년까지 시카고 대학의 『정치경제학 저널』의 편집인을 담당했다. 하지만 그는 타고난 교육자는 아니었다. 그는 연구하는 것은 좋아했으나 강의는 별로 좋아하지 않았고 학부 학생을 상대로 강의하는 것은 가능한 한 피하려고 했다. 또 강의 중에 아주 기이한 행동을 하기도 했다. 그런 기행은 학생들과 대학 당국을 난처하게 만들었다. 예를 들어, 그는 학기 초에 자신의 강의를 신청한 학생들에게 중간고사나 기말 고사는 치르지 않겠으며 모든 학생에게 C 학점을 주겠다고 선언했다. 그는 1896년에 시카고 대학 경제학과의 강사가 되었고 1900년에 조교수로 승진했다가 4년 뒤에 사직했다.

2년 뒤인 1906년에 스탠퍼드 대학의 조교수 자리에 다시 임명되었는데, 7년 전에 발간한 『유한계급론』(1899)의 명성이 워낙 높은 덕분이었다. 그는 이 대학에 근무하는 동안에 태평양을 내려다보는 산속의 오두막에서 살았고 나중에 학계에서 은퇴하여 이 오두막으로 되돌아왔다가 결국 여기서 생을 마감했다. 그의 일관된 성격과 기질은 영어로 말한다면 lone wolf(외로운 늑대: 단독 행동을 좋아하는 사람)였다. 베블런은 그 후 1911년부터 1918년까지 미주리 대학의 교수로 근무했는데, 이 대학에서 비로소 학자로서 안정된 생활을 영위할 수가 있었다. 그는 당시의 정통파 경제 이론에 대해서는 거의 신경을 쓰지 않았다. 그는 경제학 이론이 과거를 뒤돌아보는 것이 아니라 앞을 내다보는 것이 되어야 한다고 역설했다.

1899년 베블런은 처녀작 『유한계급론: 사회의 여러 제도들에 대한 경제적 연구*The Theory of the Leisure Class: An Economic Study of*

Institutions』를 발표했다. 이 책은 발간 즉시 미국 사회의 주목을 받았고 네 번이나 재판되었으며 1912년에는 개정판이 나왔다. 그는 이 책을 가리켜 "다 아는 시시한 얘기"라고 말했으나, 그 후 그의 저서들 중 가장 인기 높은 책이 되었다. 이 책의 서문에서도 말하고 있듯이, 이 책의 이론은 " '노동자 본능과 노동의 곤란한 점', '소유권의 시작,' '여성의 야만적 지위' 등 『미국 사회학 저널』 제5권에 수록된 일련의 논문들에 제시되어 있는" 이론이 그 밑바탕이 된다.

이 책의 부제, "여러 제도들에 대한 경제학적 연구"는 의미심장한데 베블런이 자신을 사회학자가 아니라 경제학자라고 생각했음을 보여주는 대목이기 때문이다. 제목의 "유한有閑"이라는 용어는 여러 가지 의미로 사용되고 있는데, 주된 의미는 생계를 위하여 노동을 해야 할 필요가 없는 사람을 가리키는 것이다. 이것은 소비자주의라는 연구로 이어졌는데 물론 1899년 당시에는 이런 용어가 아직 생겨나지 않았다. 『유한계급론』의 마지막 챕터는 "금전 문화를 표현하는 고등교육"인데, 그가 1918년에 『미국의 고등교육: 기업인이 작성한 대학의 행동에 관한 메모*The Higher Learning in America: A Memorandum on the Conduct of Universities by Business Men*』라는 책을 쓰면서 다시 등장하는 주제이다. 이 책에서 그는 미국의 기업에 대해서 비판을 계속한다. 그러면서 연구 대학이라는 그의 이상적 대학관大學觀을 설명하는데, 이상적인 대학은 교수들이 운영을 하고 학생들은 보조 연구원으로 그 연구에 동참해야 한다는 것이다.

『유한계급론』은 베블런이 시카고 대학에 재직할 때 집필된 저서이다. 그 대학에 재직하는 동안 그는 자신의 중요한 경제 이론들을 개발했다. 이러한 사상이 가장 충실하게 반영된 책이 『기업의 이론*The Theory* *of Business Enterprise*』(1904)이다. 이 책에서 베블런은 기업에 대하여 과학적으로 연구해야 할 필요가 있다면서, 현대의 산업 방식과 기업의 행동 혹은 제품 만들기와 돈 만들기, 이렇게 두 가지는 너무나 대립하고 갈등하는 것이어서 서로 타협할 수 있는 가능성이 없다고 보았다.

『일솜씨 본능과 산업 기술의 상태*The Instinct of Workmanship and the State of the Industrial Arts*』(1914)는 그가 '문명에 나타난 경제적 요인들'이라는 강좌에서 강의했던 내용이 가장 충실하게 담겨져 있다. 베블런은 이 책을 자신의 가장 중요한 연구서로 여겼다. 이 책에서 그는 또다시 유익한 일을 바라는 인간의 욕망과, 비효율적인 제도(가령 유한계급)에 의해 생겨나는 인간 에너지의 낭비 사이에서 벌어지는 갈등을 강조했다.

제1차 세계대전이 터지자 베블런은 인류의 미래에 대하여 더욱 비관적인 생각을 갖게 되었다. 『제국 독일과 산업 혁명*Imperial Germany and the Industrial Revolution*』(1915)에서 베블런은 독일은 연합국들과는 다르게 기술적 역량을 국가적 목적에 집중시킬 수 있는 능력을 가졌으나 결국에는 그 자신의 과시적 낭비 체계를 수립하고 말 것이라고 내다보았다. 『평화의 본질과 영구 평화를 위한 조건들에 대한 탐구*An Inquiry into the Nature of Peace and the Terms of Its Perpetuation*』(1917)에서 현대의 전쟁은 국가적 기업들의 이해관계 때문에 발생하며, 기업의 권리를 발생시키는 소유권과 가격 체계의 권리를 희생시켜야만 비로소 평화를 달성할 수 있다고 주장했다.

1918년 베블런은 미주리 대학을 떠나 워싱턴 D.C.에 있는 식량행정국으로 자리를 옮겼다. 그러나 곧 당시 뉴욕 시에서 발간되던 잡지 『다이얼*Dial*』의 편집자로 이직했다. 1차 대전이 종전된 후 터져 나온 적색

공포(공산주의에 대한 공포) 시절에, 그는 볼셰비키를 옹호했고 친지와 추종자들의 기대와는 다르게 공산주의의 이념을 옹호했다. 그는 사망 당시 인간 사회의 미래와 관련하여 가장 좋은 희망은 공산주의라는 신념을 갖고 있었다. 1929년은 러시아 혁명이 벌어진 지 12년이 된 시점이었고, 아직 그 사상의 추악한 측면이 서방에 제대로 알려지지 않은 때였다. 그가 좀 더 오래 살아서 1930년대의 스탈린의 대숙청이나 1950년대의 냉전을 알았더라면 그런 생각에 변화가 왔을 것이다. 그는 1919년에 뉴욕 시의 새로운 사회 연구 대학에 교수로 참여했고 1926년까지 이 대학에서 가르쳤다.

그가 마지막으로 발표한 논문은 "가까운 장래의 경제학Economic Science in the Calculable Future"(1925)인데, 자신의 평소 신념을 그대로 술회한 글이다. 그는 인류의 미래가 기업들에 봉사하기 위해 훈련 받은 경제학자들에게 있는 것이 아니라, 기술적 실천을 연구하는 경제학자들에게 있다고 강력히 주장했다. 기술적 실천의 분야에서는 상식, 수학, 일반 정보의 원칙이 우세한 힘을 발휘하여 결국 독점이 낭비에 지나지 않음을 증명해 줄 것이라는 얘기였다.

베블런은 1926년 교직에서 은퇴하여 멘로 파크 근처에 있는, 태평양을 내려다보는 산속의 오두막으로 돌아왔다. 그는 그 한적한 곳에서 수양딸과 함께 살다가 1929년 8월 3일 심장마비로 사망했다. 그의 유해는 화장되어 유분은 평소 사랑했던 태평양 바다 위에 뿌려졌다.

저작의 배경

베블런이 활동하던 당시의 미국 사회는 벨라미가 지적한 것처럼 자본주의가 성장통을 겪으면서 많은 단점과 결점을 노출한 사회였다. 19세기 후반에 미국 경제는 미국 특유의 독점 자본주의로 발전했다. 신생 대기업들의 독점은 과잉 건설된 철도 부문에서 제일 먼저 나타났다. 1867년 뉴욕 센트럴 철도로부터 시작하여 1894년 펜실베이니아 철도에 이르기까지 많은 철도가 몇 개의 회사로 통합되었다. 또한 풀pool이라는 기업 형태가 등장하여 동업자들이 가격, 시장, 분할, 품질 등을 결정함으로써 독점을 노리려 했다. 풀 다음에 나온 독점 형태는 트러스트trust인데 스탠더드 석유회사는 여러 경쟁 회사들을 흡수하여 9명의 수탁인trustee 에게 맡기는 형식으로 석유업계를 독점 지배했다.

이러한 독점적 행태로 인해 미국 사회 내에 유수한 재벌이 탄생하기 시작했다. 남북전쟁(1860년대) 이전에 백만장자의 숫자는 손가락으로 꼽을 정도로 적었으나 1892년에는 4천명을 넘어섰다. 공업, 철도, 상업, 물류 등에서 많은 부자들이 탄생했으나 농업으로 성공한 부자는 겨우 80명 정도였다. 이들은 대부분이 빈손으로 출발하여 20-30년의 짧은 세월에 커다란 부를 쌓아올린 신흥 벼락부자들이었다. 그들에게는 노블리스 오블리주noblesse oblige(높은 신분에 따르는 도의적인 의무)의 의식은 별로 없었고 돈만 벌 수 있다면 수단 방법을 가리지 않고 달려들었다. 그 양상은 1960년대와 70년대의 개발 독재 시대에 재벌로 올라선 한국 회사들과 비슷했다.

이 시기에 독점 기업은 더 많은 이윤을 올리기 위해 소자본과 소규모 업체를 마구잡이로 흡수하고 합병했다. 그 과정에서 대자본이 소자본을 흡수하는 약육강식의 정글 현상이 벌어졌고 많은 지식인들은 그것을 개탄했다. 소수의 자본가만 행세하고 나머지 사람들은 경제활동의 자유를 박탈당하는 1890년대의 경제 상황은 미국 민주주의의 이념에 크게 벗어나는 것이었다. 더욱이 독점 자본주의 체제 내에서 벌어지는 부익부, 빈익빈 현상은 민주주의의 존립 자체를 위협했다. 당연히 이에 대한 고발과 풍자가 뒤따랐고 독점 체제에 반대하는 운동이 미국 사회 내에 번져나갔다. 가령 록펠러 석유왕국의 내막을 파헤친 아이다 타벨의 『스탠더드 석유 회사의 역사』(1904), 시정 운영의 비민주성을 고발한 링컨 스테펀스의 『도시의 수치』(1904) 같은 저서가 발간된 것도 이 무렵이었다. 이처럼 사회개혁의 필요성을 역설하는 가운데, 링컨 스테펀스는 1919년, 당시 혁명이 터진 지 2년밖에 안 된 공산주의 국가 러시아를 방문하고서 이런 말을 하기까지 했다. "나는 미래를 보았고 이 나라에서 그 미래가 작동하는 것을 목격했다."

베블런의 『유한계급론』은 바로 이런 시대적 배경에서 나왔다. 그는 독점자본가인 유한계급의 과시적 경쟁과 소비가 사회의 진보를 담당하는 노동자와 기술자의 경쟁과 진화를 방해하고 있다고 주장했다. 베블런은 예일 대학의 대학원에서 철학을 공부하던 시절에 사회학자 겸 경제학자이고 사회적 다윈주의의 강력한 지지자였던 윌리엄 그레이엄 섬너(1840-1910)로부터 큰 영향을 받았다. 찰스 다윈의 진화론에서 파생된 영국 철학자 허버트 스펜서의 사회적 다윈주의는, 인간 사회가 경쟁에 의해서 더 잘 굴러가고, 그 과정에서 적자가 생존하게 되는 것은 당연하다는 사상이다. 19세기 말에 등장한 이 사상은 다수의 지식인들로부터 지지를 받았다. 그들은 19세기 말 미국 독점 기업들의 행태를 적자생존, 자연도태, 생존경쟁 등의 생물학 용어로 설명하면서 그 경쟁의 승자인 독점기업과 대자본을 옹호하고 나섰다.

베블런의 스승이었던 섬너는 인간의 사회는 주로 일반 대중이 행동하는 방식에 의해 형성된다고 보았다. 일반 대중의 행동 패턴은 주로 물질적 이해관계 등 그 구성원들의 기본적 필요와 이해관계로부터 생겨난다. 이렇게 해서 대중의 행동은 곧 풍속이 되어 사회의 구조를 정당화하고, 동시에 종교적·정치적 제재에 의해 그 구조가 더욱 강화되기 시작한다. 바로 이것이 『유한계급론』에서 유한계급의 등장을 설명하는 논리이다. 그리고 마지막 단계에서 풍속은 인간의 이성이 그것(풍속)을 지키는 쪽으로 작용하여 진리와 올바름의 원칙이 된다. 풍속은 처음에는 의식적인 의도에서 생겨났지만, 이성이 작용하여 변화와 개선의 여지를 남겨놓게 된다. 이렇게 진행되는 과정은 길고도 힘든 과정이다. 섬너는 이 과정이 결국 사회적 다원주의라고 보는데, 이 다원주의는 "자유, 불공정, 적자생존"으로 쪽으로 작용할 수도 있고, 반대로 "비자유, 공정, 부적합자의 생존" 쪽으로도 작용할 수 있다. 섬너는 경제적 갈등이 결국 이 둘 중 어떤 것이 적합한 것인지 결정하는 합법적 시금석이 될 것이라고 주장했다. 또한 섬너는 『부의 집중과 경제적 정당성』이라는 저서에서, 경쟁이 자연 법칙이며 이로 인해 사회는 물질적으로 성장, 발전한다고 주장했다.

베블런이 『유한계급론』에서 인류 문화의 발달을 원시 – 야만 – 유사-평화 – 산업 사회의 네 단계로 보고서 그 문화의 단계에서 돈 가진 유한계급이 문화의 패턴을 결정한다고 주장한 것은 이런 사회적 다원주의의 영향을 받은 것이다. 그러나 사회적 다원주의가 문제가 없는 것이 아니다. 그 사상은 약자들은 그들의 운명을 감수할 수밖에 없다는 입장을 취하지만, 그런 적자생존의 논리는 스포츠나 상업 등에서만 부분적으로 적용될 수 있으며, 그것도 엄격한 도덕적 제약을 가할 때에만 가능한 얘기이다. 가령 약자가 억압받는 종족, 정복된 나라, 엄청난 가난에 빠진 사회 계급, 질병과 장애로 고통 받는 개인 등이라면 사회적 다원주의는 이론적으로나 도덕적으로 아주 의심스러운 논리가 되는 것이다.

베블런은 『유한계급론』의 후반부에서, 인류의 미래가 유한계급과 산업계급의 갈등으로 전개되어 결국 산업 계급이 승리 쪽으로 나아가야 한다는 주장을 펼치고 있다. 유한계급이 산업계급의 발달에 따라 사회의 주류에서 밀려나면 그 다음에는 어떤 사회가 올까? 베블런이 내다본 그 다음 단계는 그 당시 러시아 혁명이 성공하여 막 세력을 얻어가고 있던 공산주의 사회였다. 그는 이 사상이 인류의 평화적 원시 시대를 다시 복귀시킬 것이라고 생각했다. 당시는 1차 세계대전이 끝난 시점이었고, 미증유의 대재앙을 겪은 후여서 완전히 다른 세상이 오기를 바라는 희망이 지식인들 사이에 널리 퍼져 있었다. 이것은 2차 세계대전이 끝난 후에 『자본주의, 사회주의, 민주주의』(초판 1943, 개정판 1947)라는 책에서 슘페터가 사회주의의 득세를 예측한 것과 비슷한 현상이었다. 슘페터는 자신이 환자(자본주의)의 심각한 증세를 진단하는 의사라고 말했다. 그러면서 20세기 자본주의는 너무 잘 나가서 결국 그것 때문에 망해버릴 것이라고 진단을 내렸다.

그러나 우리가 다 알고 있듯이 자본주의는 망하지 않았다. 어떤 이즘이 되었든 그 이즘을 가지고 모험을 하고, 놀이를 하고, 창조적 파괴를 하고, 이노베이션을 하려는 인간성이 언제나 승리했기 때문이다. 특히 20세기 말엽에 등장한 기업가 정신과 이노베이션은 자본주의를 이끌고 가는 큰 힘이 되었다. 많은 산업 분야들, 가령 합성 화학, 제약 산업, 퍼스널 컴퓨터와 인터넷으로 상징되는 아이티IT: Information Technology 산업은 기업 이노베이션의 무한한 가능성을 증언하고 있다. 이렇게 볼 때, 공산주의 사회를 내다본 베블런의 예상은 빗나갔지만, 그가 풍자한 유한계급(자본가 계급)의 행태는 오늘날에도 유효하여 "갑질"이라는 용어로 바뀌어 여전히 득세하고 있다.

『유한계급론』의 집필에는 또다른 동기가 작용했다. 베블런은 에드워드 벨라미의 소설 『뒤를 돌아보기, 2000-1887』를 읽고서 경제학자의 길을 가기로 결심했는데, 이와 관련하여 이 소설의 내용을 어느 정도 알아둘 필요가 있다. 이 소설의 주인공인 젊은 보스턴 청년 줄리언 웨스트는 1887년에 최면으로 유도된 수면에 들어가 113년 뒤인 2000년에 크게 변화한 보스턴 시에서 다시 깨어난다. 이렇게 먼 세월 후에 소생한 웨스트는 113년 전에 사랑했던 약혼녀의 후손인 이디스 리트와 사랑에 빠지고, 의사인 이디스의 아버지로부터 지나간 세월 동안에 발생한 과학적·사회적 발전상에 대해서 듣게 된다. 지나간 세대의 빈민가, 불의, 불공정 등이 사라진 반면, 웨스트는 독점적 기업들이 발달하여 단 하나의 "대재벌"로 발전한 것을 목격한다. 또 경제적 혼란은 국가 자본주의의 민주적 형태로 대체되어 있음을 발견한다. 개인 기업은 사라지고 모든 시민은 국가의 주인이면서 피고용자이고, 부와 산업의 집단 조직화가 완벽하게 이루어져 범죄, 가난, 프로파간다, 전쟁, 기타 많은 질병이 완전히 사라져 버렸다. 사람들의 문화적 수준은 크게 높아졌다. 닥터 리트는 이러한 변화가 발생하게 된 것은 선량한 사람들 사이에서 사회적 지능과 사회적 윤리 의식이 크게 높아졌기 때문이라고 말한다. 전에는 돈 가진 사람들의 사악한 제도, 특히 경쟁을 부추기는 제도에 의해 희생되었던 시민들이 그 제도를 모두 철폐함으로써 이런 좋은 사회가 성취되었다는 것이다.

이렇게 볼 때 벨라미의 소설은 유토피아를 동경하는 작품이다. 사람들이 유토피아를 동경하는 데에는 다음 세 가지 동기 중 어느 하나가 작용하거나 또는 그 세 가지가 복합적으로 작용한다.

첫째, 호모 루피스 루피니homo lupis lupini(인간이 서로 늑대처럼 경쟁하거나 싸우면서 다른 인간에게 늑대처럼 잔인하게 구는 현상)가 뚜렷하게 드러나지 않는 다른 시간, 다른 장소, 다른(새로운) 사회로 도피하고 싶은 욕구이다.

둘째, 유토피아를 꿈꾸는 사람은 인류가 지금보다 더 좋은 방향으로 갈 수 있는 길을 제시하려는 욕망에 사로잡힌다. 유토피아가 도래하는 시간대가 지금 당장은 아니더라도, 앞으로 5년, 50년 혹은 500년 후라도 그런 세상이 오기를 간절히 바라는 것이다. 그런 새로운 사회를 위하여 인간은 있는 힘을 다 쏟아야 한다고, 유토피아를 동경하는 사람은 말한다.

셋째, 유토피아 소설의 작가는 그가 살고 있는 지금 이 사회에 대하여 논평을 하고 싶어 하는 욕구를 강력하게 느낀다. 현재의 사회를 이상사회와 대비하면서 지금 사회의 결점과 단점을 지적하고 부각하려는 것이다.

베블런의 『유한계급론』 집필에는 위의 세 가지 중 마지막 동기가 강하게 작용했다. 『유한계급론』은 자본주의와 자본가 계급의 행태를 본격적으로 다루었다는 점에서 막스 베버의 『프로테스탄트 윤리와 자본주의 정신』과 일맥상통하는 바가 있다. 베버의 책은 칼뱅의 예정설이 자본주의의 정신을 가져왔다고 분석한 책이다. 마태복음의 겨자씨의 비유(13:31)나 달란트의 비유(25:14)에서 알 수 있듯이, 하느님이 맡긴 돈을 더 많이 늘리는 사람이 선한 종doulos(하인)이고 곧 구원을 받는다는 얘기이다. 다시 말해, 자본가가 열심히 일을 해서 돈을 많이 버는 것은 하느님의 영광을 지상에 드러내는 것이고 또 내세에서 구원을 받는 행위이므로, 그런 의미에서 자본주의는 영혼을 정화시키는 사상이라는 것이다. 베버는 이 책에서 자신의 나라, 즉 독일의 사회를 바꾸고 싶어 했다. 그래서 베버의 책은 "영국인이 되고 싶어 하는 사람이 한창 나이에 쓴 독일에 관한 알레고리"라고 해석된다. 왜냐하면 베버가 말한 '자본주의 정신' 혹은 강한 친화성을 지닌 역동적 프로테스탄티즘(개신교)은, 빌헬름 2세 치하의 권위주의적 독일이 내세웠던 무능력한 정통 루터파를 가리키는 것이 아니라, 맨체스터의 산업정신과 미국의 개신교를 가리키는 것이기 때문이다. 이 프로테스탄티즘은 자결정신, 비국교도의 개인주의, 독립 정신 등의 가치를 품은 것으로서 청교도주의 및 비국교도들이 주창한 대서양 양안兩岸의 개신교인 것이다. 이 종교는 19세기와 20세기를 거치는 동안 하나는 대영제국으로, 다른 하나(미국)는 월드 파워로 만들어 낸 사상적 배경이었다.

베버와 마찬가지로 베블런도 『유한계급론』을 쓰면서 미국의 사회를 냉소적으로 풍자하는 한편, 그 사회를 바꾸고 싶어 하는 강한 의욕을 드러냈다. 그는 마치 50년 뒤의 슘페터가 그렇게 했듯이 환자(자본주의)를 고치려면 환자의 증상이 무엇인지 자세히 알아야 한다면서, 1890년대의 미국 유한계급과 기업들의 여러 결점을 지적하고, 또 그것을 바꾸어 나갈 수 있는 여러 가지 가능성을 언급했다.

저작의 해설

『유한계급론』을 읽기 전에 다음 몇 가지 용어들의 개념을 먼저 파악하고 있으면 큰 도움이 된다.

유한계급 leisure class: 노동 면제와 보수주의를 특징으로 하는 사회 내의 한 계급. 이 계급은 평화로운 원시 사회 단계에서 전투의 습관을 가진 야만 사회 단계로 이행하는 과정에서 생겨났다. 이 계급의 형성 조건은 먼저 공동체가 약탈적 생활을 해야 하고, 생필품의 획득이 쉬워져서 공동체의 상위 구성원들이 노동으로부터 면제되는 것이다. 과거 전통 사회에서는 전사와 사제가 대표적 유한계급이었다. 유한계급은 야만 시대에는 약탈을 가치 있는 일로 여겼고, 후대인 유사-평화의 야만시대에는 폭력보다는 기만에 의지하여 약탈을 했다. 이 계급은 약탈의 요소가 전혀 없는 일상적인 일, 즉 생산에 종사하는 일은 비천하게 여겼다. 자신들이 충분한 부의 축적으로 노동에서 면제되었음을 보여주기 위해, 과시적 소비, 대리적 여가, 금전적 경쟁 등 다양한 행위를 한다.

과시적 소비 conspicuous consumption(낭비): 유한계급의 대표적 행위. 자신이 돈이 많고 그래서 생산 노동을 전혀 할 필요가 없다는 것을 대외적으로 보여주려는 행위. 노동을 하지 않는 사람들이 명예롭게 여기는 네 가지 일은 통치(정부 관리), 전쟁(전사), 종교적 예배(사제), 스포츠(사냥)이다. 후대의 문화로 넘어오면서 돈을 많이 가진 자가 자신의 금전적 능력을 과시하기 위해 하는 행동이다. 베블런은 과시적 소비를 순전히 경제적인 관점(낭비인가 아닌가)에서 파악하여 미국의 백만장자들이 대학, 병원, 박물관을 건립하는 것도 과시적 소비의 일종이라고 진단한다.

대리적 여가 vicarious leisure: 야만 문화의 초기 단계에서 많이 벌어진 행위이며 후대로 내려올수록 과시적 소비가 대리적 여가를 대체했다. 유한계급의 여가는 대부분 약탈적 활동이며 자신이 주인임을 내세우는 적극적인 행위로 구성된다. 여가의 일차적인 동기는 그 여가를 누리는 사람이 노동을 하지 않는다는 것을 남들에게 보여주려는 것이다. 그러나 모든 일에서 가부장이 직접 남들 보는데서 여가를 과시할 수는 없으므로, 대리적 여가의 필요가 생겨나게 되었다. 가부장의 아내나 가부장의 하인들은 주인을 대신하여 여가를 누리게 되는데 이 때의 일차적 목적은 주인이 이런 여가를 허용할 정도로 금전적 능력이 있고 또 사회적 명성이 높은 사람임을 보여주는 것이다.

약탈적 기질 predatory propensity: 야만 시대의 대표적 인간성으로 주로 폭력과 기만에 의해 남의 것을 빼앗는 기질을 말한다. 약탈은 공격적이거나 차별적인 마음이 그 바탕을 이룬다. 베블런은 유사-평화적 야만 시대가 되면 이 약탈적 기질이 폭력보다는 기만에 더 의존한다고 진단한다. 약탈적 기질의 소유자는 이기적이고 강압적이며 기만과 통제의 삶을 지향한다. 과거 전통 사회에서 인간이 누릴 수 있는 가장 큰 명예는, 전쟁에서 비상한 약탈의 능력을 발휘하여 얻은 명예이거나 혹은 정치에서 거의 약탈적인 효율성을 발휘하여 얻은 명예이다. 이것은 심지어 오늘날에도 그러하다. 약탈적 기질은 일반적인 관점이나 심리적인 측면에서 볼 때 과시적 낭비와 일솜씨 본능의 중간쯤에 위치하는 것이다.

금전적 경쟁 pecuniary emulation: 유한계급이 주도하는 금전 문화의 핵심적 특징. 차별적 비교를 바탕으로 사회적 명성을 얻으려는 경쟁인데, 내가 가진 부가 남보다 더 많다고 하는 확신에서 나온다. 그러나 축적된 부가 어느 수준에 도달하면, 다른 사람들과의 차이를 더욱 크게 하려는 욕망이 작용하여 금전적 경쟁은 결코 멈추지 않는다. 경쟁을 선호하는 인간의 성향은 재화의 소비를 차별적 비교의 수단으로 삼는다. 그리하여 인간은 소비재에 지불 능력의 증거라는 이차적 유용성을 부여하고 이것은 소비 행위에 명예로운 특성을 부여한다. 따라서 이런 경쟁적 목적에 잘 부응하는 사치품의 소비는 가치 있는 것이고, 실용적 목적 이외의 목적을 위하여 비용을 들인 제품은 명예롭게 여겨지며 경쟁에서의 승리를 보장한다. 베블런은 소비의 근본적 동기는 경쟁이라고 보는데 그 중에서도 금전적 경쟁이 유한계급의 주된 특징이다.

일솜씨 본능 workmanship instinct: 평화를 좋다고 보고 무익한 삶이나 소비를 불쾌하게 여기는 본능으로 강력한 자기표현의 욕구이다. 베블런은 금전 문화나 유한계급 문화가 일솜씨 본능 중 경쟁의 측면을 강조하는 것이라고 말한다. 이상적인 인간은 평화, 선의, 경제적 효율성을 중시한다. 그는 자신을 합목적적 행위를 수행하는 중추적 행위자라고 생각한다. 그는 모든 행위에서 어떤 구체적·객관적·몰개성적 목적을 달성하기를 바란다. 이런 목적을 추구하는 행위자이기 때문에 구체적 효과를 올릴 수 있는 일을 좋아하고, 그렇지 못한 일은 무의미하게 생각하여 싫어한다. 일솜씨 본능 때문에 인간은 생산적 효율성과 일용에 도움이 되는 것을 우호적 시선으로 바라본다. 이 본능은 모든 사람에게 깃들어 있으며 모든 상황에서도 그 존재를 드러낸다. 따라서 어떤 소비가 아무리 낭비적일지라도 거기에는 이 본능에 부응하는 측면(경쟁에서의 승리)이 있다. 이 본능은 약탈적 기질보다 더 근본적이고 더 오래된 것이다. 일솜씨 본능에서 약탈적 기질이 특별하게 발전되어 나왔으며, 비록 그 기질이 무척 오래됐음에도 불구하고 상대적으로 일솜씨 본능보다 뒤늦게 나타난 후대의 변종이다.

애니미즘과 신인동형론 animism and anthropomorphism: 애니미즘은 종교의 원초적인 형태의 한 가지로, 자연계의 모든 사물에 영혼이 존재한다는 생각이나 신앙을 말한다. 이 용어는 인류학자 테일러E.B.Taylor 1832-1917가 종교 발달의 초창기 단계(원시인의 단계)를 지칭하면서 처음 사용했다. 애니미즘을 신봉했던 야만인들은 어떤 행동을 할 때 무섭거나 전율을 일으키는 것을 모두 살아 있는 것으로 여겼다. 이러한 인식의 범주에는 다수의 자연 풍물과 현상이 들어갔다. 이처럼 자연현상을 생명 있는 사물과 생명 없는 사물을 구분하는 사상은 심지어 오늘날에도 그 흔적이 남아 있다. 베블런은 현대의 고등 종교가 모두 이 애니미즘에서 파생된 것이고, 유한계급의 논리가 신인동형론을 연결고리로 하여 종교계에도 스며들어가 과시적 낭비의 요소가 성직자 계급에도 만연되어 있다고 지적한다.

신인동형론은 인간을 가리키는 그리스어 anthropos와 형태를 가리키는 morphe가 합쳐져서 만들어진 말이다. 인간적인 특징을 비인간적 존재에게 부여하는 것을 가리키는데, 신이 인간과 같은 모습을 하고 있다는 사상이다. 그리스 철학자 크세노파네스(기원전 570-475)는 전통적인 신인동형론 종교에 도전하면서 초월적인 신transcendent God이라는 개념을 제시하여 신학의 새로운 지평을 개척했다. 그는 고대 그리스의 시인들이 신들을 인간과 똑같은 존재로 만들어 부도덕한 짓을 하는 것으로 묘사한 그리스 신화에 대하여 불평했고, 또 인간이 자신의 모습과 똑같은 신들을 만들어 낸 것에 대하여 부당하다는 주장을 폈다. 베블런은 이 책에서 신인동형론 종교가 애니미즘이 고도로 발달된 형태라고 보면서, 유한계급의 주종 관계 이론이 종교에 투사된 것이 신인동형론이라고 진단한다. 베블런은 또한 신분제, 신인동형론, 그리고 보수주의를 애니미즘이라는 같은 뿌리에서 나온 사상으로 보고 있다.

『유한계급론』의 주장은 간단히 스케치하면 다음과 같이 요약될 수 있다. 생존선生存線 이상의 소득을 가지고 있는 사람들은 이 시대에서도 그렇고 또 이전 시대에서도 그 남는 자금을 유익한 용도에 사용하지 않는다. 그들은 자신의 삶을 좀 더 현명하고, 똑똑하고, 사려 깊게 살아가려고 하는 것이 아니라 자신도 남들 못지않게 많은 가처분 소득을 가지고 있음을 널리 홍보하고 싶은 욕망이 더 강하다. 이처럼 남에게 자신이 부자라는 인식을 각인시키려는 충동과 동기를 가리켜 베블런은 과시적 소비라는 신조어를 사용했다. 이 소비는 자신의 에고를 실제보다 더 크게 보이게 하려는 목적을 갖고 있는데, 그것을 위해 사람들은 돈, 시간, 에너지를 아낌없이 소비한다. 이것은 현대의 산업 사회와는 맞지 않는 행동일 뿐만 아니라, 그런 사치성 소비가 문화의 다른 분야에까지도 번져가는 것은 큰일이라고 베블런은 경고한다.

이에 대한 아주 극단적인 사례로 베블런은 중국 유한계급이 여성들의 발을 꼭꼭 묶어서 작은 발을 만들어서 노동의 능력을 아예 빼앗아버린 전족纏足 풍습을 들고 있다. 노동이라면 그 어떤 일도 하지 않는다는 능력을 보여주기 위한 표시로, 중국 여성들은 발이 기형이 되는 고통과 형벌도 기꺼이 받아들였다는 것이다. 그리하여 그 전족한 여자와 그녀가 속한 계급은 천박한 노동을 하지 않아도 된다는 것을 같은 귀족 계급은 물론이고 일반 대중에게 자랑스럽게 드러내 보일 수 있다. 베블런은 이것을 과시적 낭비라는 용어로 설명했다. 그리고 후대에 올수록 물산이 풍부해지면서 과시적 여가보다는 과시적 소비가 유한계급의 주된 특징이 되었다.

또다른 극단적 사례는 어떤 프랑스 왕이다. 그는 좋은 체면을 유지하기 위하여 과도한 도덕적 정력을 탕진한 끝에 자신의 목숨을 잃어버렸다. 왕의 의자를 옮겨주는 직책을 맡은 관리가 옆에 없었기 때문에 왕은 불이 났는데도 아무 불평 없이 의자에 앉아 있다가 그만 불에 타죽고 말았다. 하지만 그렇게 함으로써 왕은 가장 고귀한 자신의 몸이 비천한 노동으로 오염되는 것을 막을 수 있었다. 실제로 이런 왕이 있었는지는 역사적으로 상고해 보아야 할 사안이지만(어떤 학자들은 이것이 베블런이 지어낸 얘기가 아니냐고 의문을 표시하기도 했다), 체면 차리기를 좋아하는 중세의 유럽 왕이라면 충분히 그럴 법하다는 생각이 든다.

현대에 들어와 가장 과시적 소비를 잘 보여주는 물품으로는 승용차를 들 수 있다. 자동차는 안락함이나 운송 목적을 위해 일차적으로 선택되는 것이 아니라 사회 내에서 사람들의 위치를 보여주는 목적으로 주로 선택된다. 자동차의 연식, 모델, 부품, 내부 소파 등으로 그 소비자가 어느 정도로 돈을 쓸 수 있는 사람인지를 드러내는 것이다. 그래서 많은 가정이 자동차 월부 가격은 반드시 부담해야 하는 지출 항목으로 생각하고 있다. 이러한 허세는 금전적 능력이 충분한 사람이라면 별 문제 없겠으나, 그렇지 못한 사람들도 그것을 따라하고 있으니 우려스러운 것이다. 아파트도 또다른 과시적 소비의 대상이다. 자신의 수입으로 감당하기 어려울 정도로 은행 빚을 빌려서 아파트를 사들이는 경향은 널리 알려진 사실이다. 서울 강남에 아파트를 한 채 가지고 있으면 ─ 비록 그 집값의 절반 이상이 대출로 조달된 것일지라도 ─ 누구한테나 부자라는 인상을 주기에 충분하므로, 사람들이 그 지역으로 몰려들고, 그리하여 강남 아파트 값은 올라가기만 한다.

그러나 유한계급의 이론은 양날의 칼이다. 부유한 상류계급은 낭비적인 소비로 금전적으로 열등한 하위 계급에게 강한 인상을 남기는 반면에, 하위계급에 속한 사람들은 자신도 남들 못지않은 금전적 지위를 누리고 있음을 보여주기 위해 수입의 한도 혹은 그 이상까지 소비를 감행하는 것이다. 영어에 keep up with the Jones 라는 구어 표현이 있는데, 이웃에 지지 않으려고 허세를 부리다, 라는 뜻이다. 우리나라에도 뱁새와 황새의 비유가 있다.

베블런은 유한계급의 행태에 대하여 순전히 경제적 관점에서 기술할 뿐, 미학적·도덕적·심리적·종교적 관점은 배제했다고 말한다. 여기서 베블런이 말하는 경제적 관점이란, 노력, 시간, 재화, 서비스의 투자, 소비, 소득을 살펴보는 관점 혹은 이런 것들이 낭비인가, 아니면 유익한 투자인가를 살펴보는 관점이다. 베블런은 과거의 애니미즘에서 유래하는 신인동형론적 사고방식(즉, 주종관계에 의한 신분제)으로는 경제가 발전할 수 없으며 그보다는 산업과정 및 기계적 과정과 밀접하게 상호작용할 때 발전한다고 본다. 그런데 유한계급의 약탈적이고 신분 과시적이며 신인동형론적 행태는 그런 경제적 관점과 배치된다. 그런 비경제적 관점이 의복, 종교, 스포츠, 여성, 대학 등의 문제에도 파급 효과를 미친다. 이 책은 전반부에서 유한계급의 이론을 설명하고 후반부에서는 그 이론과 관련된 사례들을 제시한다.

베블런은 유한계급의 발생을 설명하기 위하여 인간의 문화를 다음 4단계로 나눈다.

1) 평화적 원시 문화

2) 약탈적 야만 문화

3) 유사-평화적 야만 문화

4) 현대 산업 문화

평화적 원시 문화는 책의 후반부에서 산업사회의 발전 방향을 제시하면서 잠깐 언급되는데 연대의식과 선의에 바탕을 둔, 투쟁이나 약탈이 없는 사회를 가리킨다. 이에 비하여 야만 시대는 전쟁으로 남의 것을 빼앗는 약탈의 시대를 가리킨다. 갑이라는 부족과 을이라는 부족이 서로 싸워서 어느 한쪽이 승리를 차지하기까지의 과정은 약탈적 야만의 단계이고, 갑이 을에게 이겨서 그 부족을 흡수하면서 더 이상 싸움이 없어서 일시적으로 평화가 이루어지는 것을 유사類似-평화적 야만 사회이다. 그러나 곧 병이라는 부족이 등장하면 그 유사 평화는 깨어지고 사회는 다시 약탈 야만의 단계로 이행한다.

베블런의 이러한 문화 단계 구분은 학술적으로 정립된 개념이 아니다. 가령 베블런은 서장에서 이런 말을 하고 있다. "유한계급이라는 제도는 야만적 문화의 후기 단계에 이르러 가장 잘 발달이 되었다. 예를 들어, 중세 유럽이나 중세 일본이 좋은 사례이다." 다 알다시피, 중세 유럽이나 중세 일본은 역사적으로나 문화인류학적으로나 야만 시대에 속하지 않는다. 따라서 이러한 시대 구분은 베블런의 경제적 관점을 예증하기 위해 임의로 설정한 구분이다. 이 때문에 여러 논평가들(가령 베블런과 동시대인인 미국 소설가 윌리엄 딘 하웰스)은 이 책을 학술적인 저서라기보다 미국 사회의 신흥 자본가 계급을 풍자하는 일종의 문학 작품이라고 평가했다. 학술적이든 문학적이든 이 책에 나타난 베블런의 박학다식함과 독창적인 통찰력은 높이 평가할 만하다.

베블런은 4단계 문화론에서 금전이 가장 핵심적인 문화 추진 수단이라는 주장을 펴면서, 금전적 경쟁(2장), 금전적 생활수준(5장), 금전적 취향의 기준(6장), 금전적 문화(7장) 등 금전적인 측면을 집중적으로 조명한다. 이러한 진단은 오비디우스의 『변신 이야기』에 나오는 금은동철의 4시대를 연상시킨다. 오비디우스는 황금시대는 사람들이 법률 없이도 자발적으로 신의와 권리를 숭상했다고 서술한다. 베블런이 말하는 평화적 원시 문화의 단계이다. 그 후 순은시대는 황금시대보다는 못하지만 그래도 청동 시대보다는 나은 것이었다. 청동 시대에 사람들의 성격이 사나워졌고 끔찍한 무기를 집어 들었지만 아직 죄악에 깊숙이 빠져들지는 않았다. 맨 마지막 강철의 시대에 들어와 모든 죄악이 밖으로 튀어나왔다. 염치와 진실과 신의는 사라져 버리고, 그 자리에 사기와 기만과 음모와 폭력과 소유욕이 들어섰다. 땅 속에서 각종 금속을 채취하면서 부富가 발굴되었고, 이 부는 모든 사악함을 재촉하는 물건이 되었다. 이렇게 하여 해롭기 짝이 없는 쇠가 등장했고 그 쇠보다 더 해로운 황금이 나타났다. 자연히 쇠와 황금을 얻기 위한 전쟁이 벌어졌고, 전쟁은 그 피 묻은 손으로 무기를 휘둘렀으며 사람들은 약탈 행위로 먹고 살았다.

베블런이 이 책에서 말하는 약탈적 야만 문화와 유사-평화적 야만 문화는 오비디우스가 말하는 청동 시대와 강철의 시대에 대응한다. 이 두 단계에서 사람들은 약탈을 하고 그것이 좀 더 진화되어 기만으로 남의 것을 빼앗는 시대가 왔다. 베블런은 폭력과 기만을 용맹함, 이기심, 배타성, 부정직함과 같은 것으로 보고 있다(제9장).

이러한 문화적 발달에서 두드러지게 나타난 것이 약탈적 인간성인데 이것이 부의 축적을 가져오고 또 축적된 부를 자랑하고 지키려는 유한계급의 의도를 형성시켰다. 일단 유한계급은 자신의 지위를 확보하고 나면 그 지위를 흔들어놓는 모든 운동에 반대하게 된다. 그러나 경제적 효율성을 중시하는 현대의 산업 사회는 그런 과시적 낭비나 금전적 경쟁을 용납할 수 없다. 따라서 현대 사회의 드라마는 유전적 재조정을 촉진시키려는 본능(산업 계급)과 그것을 지연시키려는 본능(유한계급) 사이에 벌어지는 갈등이다. 이러한 맥락에서 유한계급의 역할은 너무나 분명하고 또 중요한 것이다. 이 계급은 과거에서 시작하여 현재까지 존속하고 있는 모든 반反 진화적 충동들을 구현하는 계급이다. 그 충동들은 크게 말하면 다음 세 가지이다.

1) 금전적 경쟁
2) 신분제에 의한 지배
3) 애니미즘에서 나온 신인동형론(신분제를 지탱해주는 사상)

베블런은 미국 유한계급의 행태를 분석하면서, 그 계급은 이런 3가지 태곳적 잔존물을 고스란히 보존하고 있다고 진단한다. 금전적 경쟁에서 이웃을 능가하려는 야만인들의 충동은 현대 사회에서는 과시적인 생산과 소비, 저속한 것을 숭상하는 컬트, 화려한 여성 의상, 값비싼 도구와 집안 장식물의 유행 등에 의해 충족된다. 이와 마찬가지로 스포츠와 전쟁도 남을 지배하려는 야만적 충동의 결과물이다. 베블런은 전쟁이 진화의 목적에 봉사하지 못한다고 보았다. 또 미식축구에 의해 대표되는 스포츠 또한 때때로 유익한 체육 문화와는 전혀 다른 목적에 봉사한다고 생각했다. 베블런은 스포츠가 인간의 성품을 단련시키는 긍정적인 측면도 있지만, 야만 시대의 약탈적 기질이 고스란히 드러난 행위이며 모든 스포츠에는 심판이 없어서는 안 된다는 점을 들어 폭력과 기만의 방법이 그 안에 들어 있음을 반증한다고 말한다.

『유한계급론』은 아쉽게도 평화적 원시 시대에 잘 보존되었던 일솜씨 본능에 대해서 많은 지면을 할애하지 못한다. 그보다는 그 본능과 대척점에 있는 유한계급의 약탈적 기질을 더 자세히 설명한다. 참고로 일솜씨 본능은 생물학적으로 유익한 생산을 위하여 물질과 과정을 멋지게 조직하려는 인간의 소망을 가리키는 말이다. 베블런은 건전한 생산과 관련된 유익한 물질로는, 영양 많은 음식, 오래 입을 수 있는 옷, 잘 지어진 집 등을 들었다. 이런 일솜씨 본능에 대한 설명은 『기업의 이론*The Theory of Business Enterprise*』과 『일솜씨 본능과 산업 기술의 상태*The Instinct of Workmanship and the State of the Industrial Arts*』 등에 소상하게 나와 있다.

유한계급의 구성원을 포함하여 모든 인간은 창조적 원칙을 가지고 있다. 산업 사회에서 이런 진화적 충동을 가장 효율적으로 전달하는 매개는 공장이다. 그곳은 기계, 세심한 경영, 여러 과정들의 질서정연한 통합 등이 작동하는 곳이다. 또한 공장은 인간의 기계공학적 심성(일솜씨 본능), 엔지니어링, 기술에 의해 상상되는 비전 등을 촉진시킨다. 베블런은 이런 것들을 높이 칭송하면서, 기업 사회의 애니미즘, 경쟁, 지배 욕구 등과 크게 대조시키면서 사회는 앞으로 공장을 중시하는 방향으로 나아가야 한다고 역설한다. 그는 진화를 가로막는 유한계급의 가치들은 반드시 극복되어야 할 현상이라고 주장한다. 베블런이 『유한계급론』에서 대비시키는 것은, 진화에 순응적인 기계 과정에 의해 형성된 사고방식을 가진 사람들(산업 계급)과 태곳적 방식으로 세상을 이해하려는 사람들(유한계급) 사이의 갈등이다. 후자를 대표하는 사람들로는 기업인, 법률가, 금융인, 화이트칼라 노동자, 서기, 목사, 스포츠맨, 군 장교, 유한계급의 신사 등이 있다. 물론 진화에 참여하는 모든 사람이 가난한 것은 아니고, 과거의 약탈적 원칙을 지지하는 모든 사람이 부자인 것은 아니다. 하지만 이 두 그룹의 사고방식은 뚜렷하게 대조된다.

그러나 베블런의 진화론이나 심리학은 오늘날의 상식에 비추어 보면 설득력이 떨어지는 부분도 있다. 가령 약탈성이 도태되어야 할 기질이라면, 그것은 어떻게 지난 오랜 세월 동안 없어지지 않고 지금까지 버티어 올 수 있었는가? 인간의 일솜씨 본능은 왜 그동안 숨죽이고 있다가 유독 현대(20세기 초반)에 들어와서 힘을 얻게 되었는가? 또한 여성의 문제에 관한 베블런의 견해는 오늘날의 입장에서 본다면 받아들이기 어려운 것이다. 가령 그는 "여성은 이론상으로는 남자에게 경제적으로 종속되어 있는 존재"(7장), 또는 "시민적·경제적·사회적 영향 면에서 여전히 여자의 삶은 본질적으로 주인(남편)을 대리하는 삶으로 생각된다 … 스스로 결정하고 자주적인 삶을 살려는 여자는 여자답지 못하다고 생각된다"(13장)라고 말한다.

또한 종교에 대해서도 "주님, 저는 당신의 종입니다"라고 말하는 교회의 관습을 가져와서, 신인동형론 종교와 가부장제 하의 신분제(주종관계)는 서로 공통점이 많다고 말한다. 사제는 신을 위해 대리적으로 소비하는 자이고 교회의 화려한 건물은 과시적 낭비에 해당한다고 말한다. 스포츠에 대해서도 약탈적 문화에서 생긴 사행심이 스포츠에 자주 등장한다고 말하면서 스포츠 행위는 도박의 기질과 공통점이 많다고 말한다. 이런 공통점에 착안하여 스포츠 선수들이 갖고 있는 행운을 바라는 심리는 애니미즘적 잔재라고 진단한다. 이러한 베블런의 진단에 대하여 우리는 인간의 문화 내에서 벌어지는 여러 행위와 현상에 대하여 오로지 경제적 관점(낭비인가 아닌가)으로만 파악하는 것이 온전한 분석이 될 수 있을까, 하는 생각을 갖게 된다. 설사 종교 의례와 스포츠 행위에 그런 형식적 측면의 유사성이 있다고 하더라도, 그것은 비유적으로 말한다면 주스와 와인에 일부 물이 들어가 있다고 해서 그 둘을 가리켜 물이라고 하는 것과 비슷하다.

또한 미국 대학에서 벌어지는 인문학 중시 현상에 대해서도 베블런을 맹공을 퍼붓는다. 라틴어와 고대 그리스어를 가르치는 것은 그것이 과시적 여가의 증명이기 때문에 미국 대학에서 그토록 매달린다는 것이다(14장). 그러나 오늘날에도 미국 고등학교에서는 라틴어와 고대 그리스어를 가르치고 있고, 또 이 두 고전어는 대학적성시험의 선택 과목으로 들어가 있다. 이러한 사실은 베블런의 인문학 관련 지적이 일면적이라는 인상을 갖게 만든다. 우리는 이 부분을 읽고 있으면 오늘날 한국 사회에서 벌어지는 한자교육 논쟁에 대해서도 생각을 해보게 된다. 한자교육은 베블런이 말하는 것처럼 시간과 노력을 과시적으로 낭비하는 것인가? 한자를 배우는 것이 산업의 발달과 실용적 지식에는 전혀 도움이 되지 않는 것인가?

『유한계급론』을 읽고 있으면 우리는 결국 인간성이란 무엇인가, 하는 질문을 자연스럽게 제기하게 된다. 이 책이 줄기차게 탐구하는 약탈적 기질과 그로부터 빚어진 여러 현상들은 인간성을 비추는 거울 같은 것이기 때문이다. 인간성은 지금으로부터 3천 년 전인 태곳적 시대나 우리가 현재 살고 있는 21세기나 그 본질은 같다고 보아야 한다. 단지 인간이 처한 시대적 배경에 따라 어떤 성향이 더 우세하게 나타나거나 아니면 수면 아래 잠복하고 있는가 하는 것만 다를 뿐이다.

그렇다면 인간성이란 무엇인가?

베블런이 이 책에서 자주 언급한 태곳적 시대는 아르카이크archaic 시대로서 곧 호메로스의 시대이다. 호메로스가 써낸 두 장편 서사시『일리아스』와『오디세이아』는 그 후 3천년 동안 서양문학의 전범이 된 작품인데 — 그 후의 모든 작품이 결국 이 두 서사시의 주제 범위를 벗어나지 못했는데 — 호메로스에 나타난 인간성의 두 기둥은 일리아스(트로이)의 싸움과 오디세우스의 모험이다. 그리하여 싸움(갈등)이 곧 모험으로 이어진다는 스토리는 서구 문학의 항구적 주제가 되었다.

갈등이 곧 모험이라는 화두를『유한계급론』에 비추어 보면 이렇게 된다. 유한계급 대 산업계급, 약탈적 기질 대 평화적 기질이 갈등하다가 여러 모험을 거쳐 결국은 평화적 기질(유대의식과 선의)로 돌아가야 한다는 것이다. 이 모험을 베블런은 유한계급의 경우 과시적 소비라는 말로, 산업계급은 진화적 발전이라는 말로 설명했다. 이러한 인간의 모험에 대하여 다른 학자들은 다른 용어로 설명했다. 가령 요한 하위징아는 놀이하는 기질이라고 말했고, 요제프 슘페터는 창조적 파괴라고 했다. 이런 모험 때문에 호모 돌림자를 가진 여러 말들이 생겨났다. 가령 호모 사피엔스homo sapiens(생각하는 인간), 호모 파베르homo faber(공작하는 인간), 호모 루덴스homo ludens(놀이하는 인간), 호모 아겐스homo agens(행동하는 인간), 호모 로퀜스homo loquens(이야기하는 인간) 등이 그런 것들이다. 베블런은 『유한계급론』에서 유한계급의 약탈적 기질을 상세히 분석하는데, 이런 점에서 이 책의 주인공을 한 마디로 규정한다면 호모 엑스필렌스homo expilens(약탈하는 인간)가 될 것이다.

우리가 오늘날 『유한계급론』을 읽어야 하는 이유는, 이미 위에서 여러 각도로 살펴본 것처럼 이 책이 인간의 사회와 본성에 대하여 많은 것을 생각하게 만드는 훌륭한 종합 인문서이기 때문이다. 특히 이제 막 대학을 들어간 학생들이 읽기에 아주 적당한 책이라고 생각한다. 독서의 목적은 여러 가지 화제에 대하여 스스로 생각하는 습관을 만들어주는 것인데 그런 용도로는 이 책이 딱 이기 때문이다. 비록 베블런의 주장이 모두 옳다고 할 수는 없겠지만, 금전적(유한계급) 가치와 기계적(산업계급) 가치의 대조라는 핵심적 아이디어는 오늘날에도 여전히 유효한 주장이다. 그것은 선과 악, 혹은 에로스와 타나토스의 갈등만큼이나 오래되었으면서도 여전히 엊그제 주장된 학설처럼 현대적이다.

엊그제라고 하니 옮긴이가 과시적 소비라는 용어를 처음 알게 된 1970년의 일이 생각난다. 당시 고등학교 졸업반이었던 나는 일반사회 과목 시간에 베블런의 과시적 소비와 케인스의 유동성 선호설(이자의 발생 기원을 설명하는 학설)을 배웠다. 그 과목 선생님이 두 용어가 현대 경제생활의 주체인 돈과 그 돈을 많이 가진 계급의 본질을 아주 정확하게 짚어낸 말이라고 설명해 주시던 것이 마치 엊그제의 일처럼 기억난다. 이제 그 중 하나인 과시적 소비를 주장한 베블런 책을 번역까지 하게 되었으니 참으로 감회가 깊다.

마지막으로, 원서에는 각 장의 내용 중에 소제목이 들어 있지 않으나 독자가 내용을 쉽게 찾아보고 또 책의 가독성을 높이기 위하여 옮긴이가 적당한 분량마다 소제목을 붙였음을 밝힌다. 책을 읽기 전에 이 소제목만 훑어보아도 책의 개요를 파악할 수 있으리라 생각한다.

옮긴이 **이종인**

1954년 서울에서 태어나 고려대학교 영어영문학과를 졸업했다. 한국 브리태니커 편집국장과 성균관
대학교 전문번역가 양성과정 겸임교수를 역임했다. 전문 번역가로 활동하며 인문사회과학 분야의 교
양서를 포함해 E. M. 포스터, 존 파울즈, 폴 오스터, 제임스 존슨, 러디어드 키플링, 헨리 제임스 같은
현대 영미 작가들의 소설 등 250여 권의 책을 번역했다.
번역 입문 강의서 『번역은 글쓰기다』, 『살면서 마주한 고전』 등을 펴냈으며, 옮긴 책으로 『리비우스
로마사 I 』, 『로마제국 쇠망사』, 『숨결이 바람 될 때』, 『변신 이야기』, 『작가는 왜 쓰는가』, 『호모 루덴
스』, 『중세의 가을』, 『마인드 헌터』, 『팅커, 테일러, 솔저, 스파이』, 『번역을 위한 변명』 등이 있다.

현대지성 클래식 24

유한계급론

1판 1쇄 발행 2018년 10월 1일
1판 7쇄 발행 2024년 5월 1일

지은이 소스타인 베블런
옮긴이 이종인
발행인 박명곤 **CEO** 박지성 **CFO** 김영은
기획편집1팀 채대광, 김준원, 이승미, 이상지
기획편집2팀 박일귀, 이은빈, 강민형, 이지은, 박고은
디자인팀 구경표, 구혜민, 임지선
마케팅팀 임우열, 김은지, 전상미, 이호, 최고은

펴낸곳 (주)현대지성
출판등록 제406-2014-000124호
전화 070-7791-2136 **팩스** 0303-3444-2136
주소 서울시 강서구 마곡중앙6로 40, 장흥빌딩 10층
홈페이지 www.hdjisung.com **이메일** support@hdjisung.com
제작처 영신사

ⓒ 현대지성 2018

"Curious and Creative people make Inspiring Contents"
현대지성은 여러분의 의견 하나하나를 소중히 받고 있습니다.
원고 투고, 오탈자 제보, 제휴 제안은 support@hdjisung.com으로 보내 주세요.

현대지성 홈페이지

"인류의 지혜에서 내일의 길을 찾다"
현대지성 클래식

1 그림 형제 동화전집
그림 형제 | 아서 래컴 그림 | 김열규 옮김 | 1,032쪽

2 철학의 위안
보에티우스 | 박문재 옮김 | 280쪽

3 십팔사략
증선지 | 소준섭 편역 | 800쪽

4 명화와 함께 읽는 셰익스피어 20
윌리엄 셰익스피어 | 존 에버렛 밀레이 그림
김기찬 옮김 | 428쪽

5 북유럽 신화
케빈 크로슬리-홀런드 | 서미석 옮김 | 416쪽

6 플루타르코스 영웅전 전집 1
플루타르코스 | 이성규 옮김 | 964쪽

7 플루타르코스 영웅전 전집 2
플루타르코스 | 이성규 옮김 | 960쪽

8 아라비안 나이트(천일야화)
르네 불 그림 | 르네 불 그림 | 윤후남 옮김 | 336쪽

9 사마천 사기 56
사마천 | 소준섭 편역 | 976쪽

10 벤허
루 월리스 | 서미석 옮김 | 816쪽

11 안데르센 동화전집
한스 크리스티안 안데르센 | 한스 테그너 그림
윤후남 옮김 | 1,280쪽

12 아이반호
월터 스콧 | 서미석 옮김 | 704쪽

13 해밀턴의 그리스 로마 신화
이디스 해밀턴 | 서미석 옮김 | 552쪽

14 메디치 가문 이야기
G. F. 영 | 이길상 옮김 | 768쪽

15 캔터베리 이야기(완역본)
제프리 초서 | 송병선 옮김 | 656쪽

16 있을 수 없는 일이야
싱클레어 루이스 | 서미석 옮김 | 488쪽

17 로빈 후드의 모험
하이드 파일 | 서미석 옮김 | 464쪽

18 명상록
마르쿠스 아우렐리우스 | 박문재 옮김 | 272쪽

19 프로테스탄트 윤리와 자본주의 정신
막스 베버 | 박문재 옮김 | 408쪽

20 자유론
존 스튜어트 밀 | 박문재 옮김 | 256쪽

21 톨스토이 고백록
레프 톨스토이 | 박문재 옮김 | 160쪽

22 황금 당나귀
루키우스 아풀레이우스 | 장 드 보쉐르 그림
송병선 옮김 | 392쪽

23 논어
공자 | 소준섭 옮김 | 416쪽

24 유한계급론
소스타인 베블런 | 이종인 옮김 | 416쪽

25 도덕경
노자 | 소준섭 옮김 | 280쪽

26 진보와 빈곤
헨리 조지 | 이종인 옮김 | 640쪽

27 걸리버 여행기
조너선 스위프트 | 이종인 옮김 | 416쪽

28 소크라테스의 변명·크리톤·파이돈·향연
플라톤 | 박문재 옮김 | 336쪽

29 올리버 트위스트
찰스 디킨스 | 유수아 옮김 | 616쪽

30 아리스토텔레스 수사학
아리스토텔레스 | 박문재 옮김 | 332쪽

31 공리주의
존 스튜어트 밀 | 이종인 옮김 | 216쪽

32 이솝 우화 전집
이솝 | 아서 래컴 그림 | 박문재 옮김 | 440쪽

33 유토피아
토머스 모어 | 박문재 옮김 | 296쪽

34 사람은 무엇으로 사는가
레프 톨스토이 | 홍대화 옮김 | 240쪽

35 아리스토텔레스 시학
아리스토텔레스 | 박문재 옮김 | 136쪽

36 자기 신뢰
랄프 왈도 에머슨 | 이종인 옮김 | 216쪽

37 프랑켄슈타인
메리 셸리 | 오수원 옮김 | 320쪽

38 군주론
마키아벨리 | 김운찬 옮김 | 256쪽

39 군중심리
귀스타브 르 봉 | 강주헌 옮김 | 296쪽

40 길가메시 서사시
앤드류 조지 편역 | 공경희 옮김 | 416쪽

41 월든·시민 불복종
헨리 데이비드 소로 | 허버트 웬델 글리슨 사진
이종인 옮김 | 536쪽

42 니코마코스 윤리학
아리스토텔레스 | 박문재 옮김 | 456쪽

43 벤저민 프랭클린 자서전
벤저민 프랭클린 | 강주헌 옮김 | 312쪽

44 모비 딕
허먼 멜빌 | 레이먼드 비숍 그림 | 이종인 옮김 | 744쪽

45 우신예찬
에라스무스 | 박문재 옮김 | 320쪽

46 사람을 얻는 지혜
발타자르 그라시안 | 김유경 옮김 | 368쪽

47 에피쿠로스 쾌락
에피쿠로스 | 박문재 옮김 | 208쪽

48 이방인
알베르 카뮈 | 윤예지 그림 | 유기환 옮김 | 208쪽

49 이반 일리치의 죽음
레프 톨스토이 | 윤우섭 옮김 | 224쪽

50 플라톤 국가
플라톤 | 박문재 옮김 | 552쪽

51 키루스의 교육
크세노폰 | 박문재 옮김 | 432쪽

52 반항인
알베르 카뮈 | 유기환 옮김 | 472쪽

53 국부론
애덤 스미스 | 이종인 옮김 | 1,120쪽

54 파우스트
요한 볼프강 폰 괴테 | 외젠 들라크루아 외 그림
안인희 옮김 | 704쪽

55 금오신화
김시습 | 한동훈 그림 | 김풍기 옮김 | 232쪽

56 지킬박사와 하이드 씨
로버트 루이스 스티븐슨 | 에드먼드 조지프 설리번 외 그림 |
서창렬 옮김 | 272쪽

현대지성 클래식 살펴보기